ドイツの核保有問題

敗戦からNPT加盟、脱原子力まで

津崎直人著

昭和堂

ドイツの核保有問題——敗戦からＮＰＴ加盟、脱原子力まで——目　次

第５章　NPTへの執拗な抵抗と変化の兆し（一九六六―六九年）　172

終　章　

装丁　鷺草デザイン事務所

序章

1　はじめに――西ドイツの核保有問題

ドイツ、核兵器

ドイツは二つの世界大戦の主な原因となり、ヨーロッパを荒廃させて世界を混乱に陥れた国であり、ドイツによって数千万の人々が犠牲になった。第二次世界大戦後は冷戦対立の下で東西に分割されたが、西ドイツ（以下「西独」）は強い力を保ち、東側陣営だけではなく西側陣営からも、つまり敵からも味方からも恐れられた。

そして、核兵器は冷戦を背景に人類を未曾有の危機に陥れた。そのような核兵器をドイツ（西独）が入手することは、特別に重大な危険と見なされた。アメリカが核開発を開始した重要な理由の一つも、ドイツが核を入手する可能性への警戒から、それに先んじようとしたからであった。すなわち、そのような可能性を警告し、アインシュタイン（Albert Einstein）も署名した、フランクリン・ルーズヴェルト（Franklin D. Roosevelt）大統領への書簡（一九三九年八月二日付）がアメリカによる原爆開発計画を開始させる契機の一つとなった。(1) そして、そのような警告は具体的な根拠に基づいていた。すなわち、昨年（三八年）末にハーン（Otto Hahn）をはじめとするドイツの科学者たちが世界で初めて核分裂反応を発見していた。それは莫大なエネルギー、すなわち原子力を生み出すため、その軍事利用に関する研究がドイツで進むことも翌年（三九年）から他国の科学者たちの間で強く警戒され始めたため、ルーズヴェルトへの書簡が送られたのである。そのように、ドイツは原子力研究の最先端を走り、史上初の核保有国となることが警戒された国はドイツであった。[2]

実際に、書簡で警告されていたとおり第二次世界大戦中にはドイツでも原子力の軍事利用、すなわち原爆開発に関する研究が進められたが、その規模は小さく、開発に成功したアメリカの計画には全く及ばなかった。[3] それでも、アメリカをはじめとする連合国の警戒心は強く、大戦末期にドイツ占領を進めた際には原爆開発計画に参加した科学者たちの身柄をソ連よりも先に確保することが重要目的の一つとなった。これに成功し、計画の責任者であったハイゼンベルク（Werner Heisenberg）やフリードリッヒ・フォン・ヴァイツゼッカー（Carl Friedrich Freiherr von Weizsäcker）等の科学者たちはイギリスに移送され、軟禁状態に置かれた。[4] ハイゼンベルクは、量子力学を創設してノーベル物理学賞（三二年）を受賞した二〇世紀を代表する科学者の一人である。フリードリッヒ・フォン・ヴァイツゼッカーは、後の著名な連邦大統領、リヒャルト・フォン・ヴァイツゼッカー（Richard Karl Freiherr von Weizsäcker）の兄である。

そして四六年に、東西分断が決定的となりつつあったドイツの西側占領区域、すなわち西独への帰国を彼らが許された後も、占領状態にある西独では原子力に関する研究や活動は原則として完全に禁止されていた。禁止は、西独の主権回復と再軍備を認めたパリ条約（五四年一〇月）の発効（五五年五月）まで十年続いた後、撤廃された。[5]

アデナウアー、核開発放棄宣言、西側統合

ただし、パリ条約を成立させるために西独の初代首相（四九―六三年）アデナウアー（Konrad Adenauer）は五四年、核兵器の開発を放棄することを宣言せねばならなかった（以下「核開発放棄宣言」）。これにアデナウアーは強い不満を抱いたが、西独の再軍備を西側諸国でさえ強く警戒している以上、再軍備への同意を得るためにはやむを得ないという判断から核開発放棄を宣言した。ただし、より積極的な理由としてアデナウアーは、西側諸国との関係強化が絶対に必要と確信してもいたからこそ、それらの国々の要求に従い、核開発放棄を宣言した。

その後もアデナウアーはそのような確信を貫き、「西側統合（Westintegration）」の原則を確立するために尽力したが、それは以下のような原則であった。すなわち、西独が、西側諸国の共同体〔NATO（North Atlantic Treaty Organization）および欧州統合〕の不可分な一員となり、共同体に忠実に従い、それに反する単独行動を厳格に慎むという原則である。多くの西側諸国も、西側諸国の共同体によって西独を厳重に管理することによって平和を確保することを目指した。そして、アデナウアーは多くの困難に直面しながらも西側統合の原則を確立し、西側諸国の共同体の発展に大きく貢献したことによって、戦後の西欧における平和の基礎を築く、偉業を果たした。[6]

西独の核保有問題

しかし、西独にはなおも多くの問題があり、その一つとして核開発放棄宣言にも拘らず、西独が核を保有して劇的に強くなり、またもヨーロッパの平和を破壊するのではないかという強い不安が抱かれた。何故なら、まず、トラクテンバーグ（Marc Trachtenberg）が『構築された平和（*A Constructed Peace*）』で明らかにしたように、ア

メリカが西独の核保有を促すような動きを示したからである。ただし、アメリカも西独への警戒を緩めたわけではなかったが、それ以上の脅威と見なしたソ連に対抗するためには西独を強化する必要があるという判断から、そのような動きを示した。具体的には、アイゼンハワー（Dwight D. Eisenhower）政権（五三—六一年）は西独に対して原子力の発展を促す寛大な支援を提供したが、これによって核開発能力の基礎を与えた。また、アイゼンハワー政権はいわゆる核共有政策をNATOの戦略として採択させた（五七年末）。それは有事の際、西独をはじめとするNATO加盟国の軍隊にアメリカの戦術核を装備させる戦略である。ただし、そのようにして装備された戦術核を発射する指揮権はあくまでもアメリカが掌握し、西独政府やその軍隊、すなわち連邦軍が戦術核を勝手に発射できるわけではなかった。それでも、以上のようなアイゼンハワー政権の動きは、西独が徐々に、段階を踏んで核保有国になっていくことを支援し、容認しているかのような印象を与えた[7]。

そして、アデナウアーに関する最も優れた伝記を著したシュヴァルツ（Hans-Peter Schwarz）が明らかにしたように、アデナウアーが核保有を目指した（五六年後半以降）。具体的には、アデナウアーは原子力をアメリカの支援に基づいて積極的に発展させ始めたことによって核開発能力も発展させ始め、また、五八年三月には核共有政策への参加を正式に決定し、通常兵器だけではなく戦術核も装備し、発射できる、いわゆる「両用兵器（dual-use weapon）」の調達と連邦軍による装備を開始した[8]。

以上のような、西独が核保有に近づく動きに対しては西側諸国の間でも不安が強まったが、これをより強く恐れたのは東側諸国であった。とくに、連邦軍の核武装は東側に対する重大な脅威となった。また、東側諸国は（西側の多くの国々と同じく）ドイツに侵略され、甚大な被害を蒙ったばかりであったことからも、連邦軍の核武装を特別に重大な危険として感じざるを得なかった。第二次世界大戦で最も甚大な被害を蒙った国はソ連であり、ドイツの侵略によって国土が荒廃し、数千万の人々が犠牲になったばかりであった。

五八年一一月、ヨーロッパ冷戦最大の危機、すなわちベルリン危機（五八年一一月―六二年一〇月）が発生したが、危機を発生させた最も重大な原因の一つは、西独連邦軍が核を装備できるようになったことであった。そして、ソ連はベルリン危機を解決するための条件の一つとして西独の核保有禁止を要求した（とくに、六一年九月以降）。受け入れなければ、核戦争の危機が続く。

以上のように、多くの国々が西独の核保有を強く恐れ、それを防ぐことをめぐって、ベルリン危機をはじめ、また、危機の後も多くの問題が起こり、ヨーロッパを不安定化させた。そのような、西独が核を開発し、保有する可能性、および、それらを防ぐことに関わる諸問題を本書は「西独の核保有問題」と総称する。この問題を解決しなければ、すなわち、西独の核開発と保有を確実に防がなければ、西独が核を保有して劇的に強くなる危険性があることを多くの国々が恐れ続けた。しかし、この問題は、西独が核拡散防止条約（NPT：Treaty on the Non-Proliferation of Nuclear Weapons）に加盟したことによって基本的には解決された（ただし、後に説明する理由から加盟後にも注意する必要がある）。何故なら、西独は核開発と保有を国際条約によって法的に禁止されたため、それらを行うことが非常に難しくなったからである。したがって、西独が核保有国になる可能性への不安は大幅に解消され、そのような可能性をめぐって国際関係が不安定化することもなくなった。なお、西独がNPTに署名したのは六九年一一月二八日、連邦議会での批准は七四年二月二〇日（連邦参議院での批准は三月八日）、そして、七五年五月二日に批准書を寄託したことをもって加盟が正式かつ最終的に確定した。

では、NPT加盟に至るまで、西独の核保有問題はどのような展開を見せ、何故、どのようにして解決されたのか。解決されたことには、どのような意味があったのか。これらの諸問題に解答することが本書の目的である。ただし、後に説明する理由からNPT加盟後にも分析対象を広げるため、その分、以上の問題設定も拡張される。

なお、NATOの核共有政策に基づく連邦軍の核武装は、西独（ドイツ）自身の核開発に基づく核保有ではなく、厳密には「西独の核保有」とは言えないが、それに近く、非常に重要なため、連邦軍の核武装も本書の重要な分析対象の一つとする。なお、核共有政策は現在でも続いており、ドイツ連邦軍は今後も核を装備できる。

2　先行研究の諸問題と本書の主張

トラクテンバーグ、『構築された平和』

西独の核保有問題は多くの研究でヨーロッパ国際関係史（とくに冷戦史）の重要問題の一つとして取り上げられているが、この問題に関する代表的な研究とされているのがトラクテンバーグの『構築された平和』であり、以下のように主張している。すなわち、まず、前述のとおりアイゼンハワー政権が西独の核保有を促すような動きを示したが、ソ連はベルリン危機を起こし、危機を解決するための条件として西独の核保有禁止を要求した。そして、ケネディ（John F. Kennedy）政権が危機を解決するために西独の核保有禁止を目指すようになったため、米ソは一致して核保有禁止を目指すようになった。その成果として米ソは六三年に部分的核実験禁止条約（LTBT：Limited Test Ban Treaty）を成立させて、同条約に西独が加盟したことによって、西独の核保有問題は「ほぼ解決（near settlement）」された。そして、ヨーロッパ冷戦における最大の争点であった西独の核保有問題が六三年までにほぼ解決されたことによって、戦後のヨーロッパにおける平和の基礎が「構築」された。(9)

しかし、『構築された平和』には以下の欠点がある。第一に、西独がLTBTに加盟したことによって、核保有問題が六三年までにほぼ解決されたという主張は間違っている。LTBTに加盟しただけではほとんど解決されていなかった。何故なら、まず、そもそもLTBTは核開発と保有を禁止せず、加盟しても核保有国になれるからである（条文で、核開発と保有を禁止するとは全く書いておらず、インド、パキスタンはＬＴＢＴ加盟国のまま核を開発し、核保有国になった）。そのため、多くの国々は西独のＬＴＢＴ加盟で核保有問題がほぼ解決されたとは全く考えず、加盟後も核保有問題を強く警戒し続けた。警戒し続けた重要な理由の一つとして、西独は原子力を大規模に発展させようとしていた。そのため、東側の国々は西独のＮＰＴ加盟を強硬に要求した。何故なら、ＮＰＴは核開発と保有を明確に禁止し、また、原子力の軍事利用を防ぐための査察の受け入れを義務づけるからである。ところが、西独はＮＰＴ加盟を拒もうとしたために東側から厳しく批判され、加盟をめぐって東側との対立が続いた。また、西側諸国も西独の核保有を強く恐れたため、ＮＰＴ加盟を求めた。以上のように、西独のＬＴＢＴ加盟後も核保有問題は解決されず、ＮＰＴ加盟問題として存続し、国際関係を緊張させ続けたことに注意する必要がある。

第二に、西独の外交と政治に関する分析が非常に少ない。『構築された平和』が主な分析対象としているのはアメリカ外交である。確かに、西独の核保有問題ではアメリカが非常に重要な役割を果たしたため、本書でもアメリカ外交は重要な分析対象になる。しかし、西独の核保有問題で最も重要な分析対象は西独である。西独が、自らの核保有問題をどのように考え、これについてどのような外交政策を立案・展開し、また、国内政治でこの問題がどのように扱われたのかという諸問題を分析しなければ核保有問題を理解できない。そのような、西独の核保有問題に関する最も重要な分析対象を『構築された平和』は把握できていない（なお、『構築された平和』は仏英の外交もある程度分析しているが、それらは重要ではない。本書では仏英やその他の国々の外交は必要な限度で言及する）。以上の諸問題との関連で、『構築された平和』がドイツ語の先行研究をわずかしか参照せず、ドイツ語の史料をほとんど分析してないことも大きな欠点である。[10]

キュンツェル、『ボンと原爆』

しかし、西独の核保有問題を、NPT加盟問題も含めて分析したドイツ語の（英訳もされた）優れた研究がある。すなわち、キュンツェル（Matthias Küntzel）の『ボンと原爆（*Bonn und die Bombe*）』である。[11] この研究書は西独の外交と政治を主な分析対象としており、当時、利用できた西独外務省の史料等、ドイツ語の史料も詳細に分析している。そのように、『ボンと原爆』は『構築された平和』のさまざまな欠点を補っており、西独核保有問題の先行研究として最も優れている〔しかし、『構築された平和』（刊行は九九年）は『ボンと原爆』（九二年）を全く参照していない。[12] これも大きな欠点である〕。

そして、『ボンと原爆』は以下のように主張している。西独はNPT加盟を拒もうとしただけではなく、加盟が避けられなくなる事態に備えてNPT作成交渉では原子力への査察を最小限に抑制することを強硬に要求した。この要求を認めさせることに成功したため、また、原子力を大規模に発展させていたため、NPT加盟後も核兵器を開発することが非常に容易になった。つまり、西独はNPT加盟後も、核開発能力に基づいていつでも核保有国になれる選択肢、すなわち核オプションを確保した。そのため、西独がNPTに加盟した意義は乏しく、いつでも核保有国になれる危険性に注意せねばならない。[13]

以上の主張に対して本書は以下のように反論し、証明する。第一に、西独がNPTに加盟した意義は非常に大きく、これによってヨーロッパ国際関係が安定化した。何故なら、まず、西独がNPTに加盟したことによって核保有国になることは非常に難しくなったからである。何故なら、核開発と保有を国際条約（NPT）によって法的に禁止されたからである。そして、西独は国際協調を強く重視する国家であり、また、多くの国々が西独のNPT加盟を強く求めたため、西独がそれらの国々の意向に反してNPTに違反し、あるいはNPTから脱退する可能性は非常に低かった。したがって多くの国々は、西独がＮＰＴに加盟したことに安心し、同国が核を保有してヨーロッパの平和を失わせる危険性に怯える必要がなくなった。そのため、総じて西独のＮＰＴ加盟はヨーロッパ国際関係を安定化させた。

ただし、『ボンと原爆』が指摘するとおり西独はＮＰＴ加盟後も確かに核オプションを保持したが、第二の反論として、それを過大評価してはならない。何故なら、西独は核オプションを行使するような国家ではなかったからである。すなわち、まず、もし西独が核オプションを行使すれば外交的な自殺行為となり、ほぼ完全に孤立する。何故なら、多くの国々が西独の核保有に強く反対したからである。そして、孤立を絶対に防ぎ、多くの国々との良好な関係を維持することが戦後の西独外交の一貫した最重要原則であった。具体的には、西独はアデナウアー政権以来、西側諸国との関係を非常に強く重視し、ブラント（Willy Brandt）政権（六九―七四年）以降は東側諸国との関係も重視したが、もし核オプションを行使すればそれらの関係を破壊するため、決して行使してはならなかった。そのように、西独が西側および東側諸国との外交関係を強く重視したため、関係を破壊することになる核オプションは、実際には行使される可能性がないものであったことに『ボンと原爆』は十分な注意を払っていない。

ただし核オプションは、西独が国際関係で完全に孤立する最悪の事態では行使される可能性がある最終手段だが、前述のとおり孤立を絶対に防いで多くの国々との良好な関係を維持することが、戦後の西独（ドイツ）外交の最重要原則であった。つまり、核オプションは、最悪の事態では役立つかもしれないが、最悪の事態を防ぐことの方がはるかに重要であった。つまり、核オプションを不必要にせねばならなかった。

そのように、核オプションの意義は実際には限られたものであったが、西独がＮＰＴ加盟後もそれを保持したことは軽視できない。しかし第三に、ドイツは核オプションを（完全にではないが）失いつつある。何故なら、原子力の廃絶を目指す「脱原子力（Atomausstieg）」に取り組み、これによって核開発能力も（完全にではないが）失いつつあるからである。そのような脱原子力の動きは、西独がＮＰＴに加盟した直後から始まり、現在も続いている（脱原子力という用語については後に詳しく説明する）。

ドイツ（西独）の核保有問題——ＮＰＴ加盟で基本的な解決、脱原子力で完全な解決へ

したがって、ＮＰＴ加盟後の核オプションや脱原子力にも注意する必要があるが、ＮＰＴ加盟後の核保有問題の意義を説明しておきたい。すなわち、西独の核保有問題はＮＰＴ加盟で基本的には解決されたが、加盟後も核オプションを保持した以上、核保有問題が全くなくなったとまでは言い切れない。それは西独（ドイツ）に限らず、多くの潜在的核保有国に共通する問題である。しかし、ドイツは脱原子力によって核オプションを失おうとしているため、核保有問題は、言わば、より完全な解決に近づいている。そのような点で、ドイツは他の潜在的核保有国とは異なる独自の道を歩んでいる。本書は核保有問題について十分に理解するため、この問題がより完全な解決に近づいている動きも分析対象とする。

なお、以上のように、原子力に関する諸問題は、西独（に限らず、あらゆる国々）の核保有問題にとって決定的に重要である。核保有問題は原子力の問題と密接不可分の関係にあるため、本書では西独（ドイツ）における原子力の諸問題も非常に重要な分析対象になる。

そして、脱原子力によって核保有問題がより完全な解決に近づく動きは、西独がＮＰＴに加盟した直後から、東西ドイツの統一後、ドイツとなってから現在に至るまで続いている。そのため、西独時代の核保有問題と、ドイツとなってからの核保有問題（とくに、脱原子力による核オプション放棄）を合わせて「ドイツの核保有問題」と

総称し、この問題について本書が分析対象とする時期は一九四五年から現在(二〇一〇年代)までとなる。ドイツ(西独)の核保有問題はどのような展開を見せて、何故、どのようにして基本的な解決がもたらされ、また、より完全な解決に近づいているのか。基本的な解決、および、より完全な解決にはどのような意味があるのか。また、今後どうなるのか。

以上が、ドイツ(西独)の核保有問題に関する代表的な先行研究の基本的な主張と、それらに対する本書の基本的な問題提起である。ただし、ドイツ(西独)の核保有問題とは先に定義したとおり、ドイツ(西独)が核保有国になる可能性、および、それを防ぐことに関わる諸問題の総称である。すなわち、NPT加盟問題や核オプション、脱原子力等、さまざまな個別の諸問題の総称であり、それらにも個別に注意する必要がある。以下、個別の諸問題と、それらに関する先行研究の状況、および本書の立場を説明する。

再軍備交渉における核保有禁止問題(五〇—五五年)

西独の核保有問題は再軍備交渉(五〇—五五年)でも重要な争点になった。すなわち、第二次世界大戦の終了後、米英仏に占領された西独は軍事力の保有を禁止されていたが、占領を終結し、主権回復と再軍備を認めるための米英仏と西独の交渉(再軍備交渉)では核兵器の開発と保有を禁止することが西独に要求された。そのような再軍備交渉の結果、五四年、西独の主権回復と再軍備を認めるパリ条約が締結され、また、アデナウアーは核開発を放棄することを宣言した。しかし、結論を先取りすればこの宣言によって西独の核保有問題は解決されなかった。

以上のような西独の再軍備交渉における核保有禁止問題は、再軍備交渉に関する多くの研究で重要問題の一つとして取り上げられており、この問題を中心的な分析対象とする優れた研究もある。(14) 本書はそれらの先行研究に依拠して、再軍備交渉における核保有禁止問題について明らかにする。

再軍備交渉の後、ベルリン危機に至るまでの時期における核保有問題（五五―五八年）

核開発放棄宣言（五四年）にも拘らず五〇年代半ばから、西独が核保有に近づく動きが目立ち始めた。すなわち、アイゼンハワー政権が西独の核開発と保有を促すような動きを示し、アデナウアーも五六年後半以降、核開発と保有を目指し始めた。具体的には、アメリカの支援に基づいて原子力と核開発能力を発展させ始め、核共有政策への参加を決定した。しかし、以上のような動きに対しては西独の国内外で不安と反発が強まり、西独が核共有政策に参加したことが主な原因の一つとなって五八年一一月、核戦争の危機、すなわちベルリン危機が発生した。以上の諸問題も多くの先行研究で詳細に分析されており、本書はそれらに依拠して再軍備交渉の後、ベルリン危機に至るまでの時期における核保有問題について明らかにする。

なお、アデナウアーが核開発と保有を目指すようになったことはシュヴァルツの研究をはじめさまざまな研究で指摘されていたが、アデナウアーが西独による単独での核開発と保有を目指したのか、あるいは他の国々、とくに欧州統合に基づく、西欧諸国との共同による核開発と保有を目指したのかという問題を先行研究は必ずしも十分に明らかにしていなかった。この問題について本書は、先行研究で提供されていた多くの知見に基づき以下のように主張する。すなわち、アデナウアーはあくまでも欧州統合に基づく、西欧諸国との共同による核開発と保有を目指し、西独の単独による核開発と保有は目指さなかった。[15] 何故なら、アデナウアーにとっては欧州統合（を一部とする西側統合の原則）が決定的に重要であったため、核開発と保有もあくまでも欧州統合に基づかねばならなかったからである。

それでも、多くの国々が西独の核開発と保有、とくに、西独が単独で核を開発し、保有して非常に危険な存在になることを強く恐れた。したがって、西独の核保有問題はベルリン危機でも重要な争点になった。

ベルリン危機（五八―六二年）

ベルリン危機を解決するための条件としてソ連は西独の核保有禁止を要求したが（とくに六一年九月以降）、この要求をケネディ政権が受け入れたため、米ソは一致して西独の核保有禁止を目指すようになった。これらの諸事実は『構築された平和』が明らかにしたが、その功績は大きい。しかし、『構築された平和』は、米ソがLTBTではなくNPTで西独の核保有を禁止しようとした事実を見落としている。すなわち、ケネディ政権はベルリン危機を解決するため、NPTで西独の核保有を禁止することをソ連に提案し、ソ連が同意したため、NPTの成立を目指す米ソ間の交渉が六二年から、西独の核保有禁止（すなわち、西独のNPT加盟）を第一の目的として始まった。以上のようなNPTに関する諸事実はベルリン危機に関する他の諸研究でも明らかにされていなかったが、本書が明らかにする。[16]

NPTの起源

また、NPTに関する先行研究では、六一年一二月に国連総会において全会一致で採択されたいわゆるアイルランド決議が、NPTの形成を開始させた、その起源であると説明されていた。アイルランド決議はNPTの形成を主張し、作成交渉を米ソに委任するものであった（その名のとおり、アイルランドが提出した決議である）[17]。しかし、それらの研究は、アイルランド決議に基づいて六二年以降、NPT作成交渉が具体的に、何故、どのようにして始まったのかという諸問題について明らかにしていなかった。何故なら、ベルリン危機を見落としていたからである（専ら国連総会における議論だけを分析していた）。アイルランド決議の意義を十分に理解するためには、それをベルリン危機という文脈の中に位置づけて分析する必要がある。

そのような分析によって本書は以下の諸事実を明らかにする。まず、ケネディ政権はベルリン危機を解決するために西独の核保有を禁止しようとしたが、西独が反対したために一度、断念した（六一年一一月）。つまり、アメリカでさえ西独の核保有を禁止できなかった。しかし、ちょうどその時（一二月）に、禁止できる可能性を有した新たな手段、すなわちＮＰＴの形成がアイルランド決議によって始まりつつあった。

そして、ＮＰＴならば以下の諸特徴のため西独の核保有を禁止できる可能性を有していた。すなわち、まず、西独はアメリカに対し自国だけが核保有を禁止されることは不当な差別だと主張して反対したため、アメリカも禁止できなかった。しかし、ＮＰＴは世界平和のために全ての国々（非核保有国）の核保有を禁止する条約であったため、西独はＮＰＴについて自国だけが核保有を禁止される差別を理由に反対できなかった。また、ＮＰＴの成立を主張したアイルランド決議が全会一致で採択されたことが示すように、ＮＰＴは非常に多くの国々から支持されていた。そのため、西独がＮＰＴに反対することは、やはり難しかった。以上のようなＮＰＴの諸特徴のため、西独が反対することは難しく、したがってＮＰＴは西独を加盟させることによって、その核保有を禁止できる可能性を有していた。

したがってアメリカは六二年三月以降、ソ連に対しＮＰＴによって西独の核保有を禁止することを提案し、ソ連が同意したためＮＰＴの成立を目指す米ソ間の交渉が、西独の核保有禁止（ＮＰＴ加盟）を第一の目的として始まることになった。そして、西独の核保有禁止はベルリン危機を解決するために重要であったからこそ、アメリカは危機を解決するためにＮＰＴで西独の核保有を禁止しようとした。

以上のように、アイルランド決議は、米ソが自らではもたらすことができていなかった、西独の核保有を禁止する手段（ＮＰＴ）を提供するという非常に重要な意義を有した。

ＮＰＴ加盟問題に関する西独の主要政党および歴代政権の立場、ブラント

ただし、ＮＰＴを成立させることができたとしても、西独が加盟するか否かを最終的に決定するのは無論、西独自身であった。そして、西独国内では保守政党のキリスト教社会同盟（CSU）が加盟に強硬に反対した。姉妹政党であるキリスト教民主同盟（ＣＤＵ）の議員の多くは強硬に反対することは自制しつつ、賛成もせず、加盟に消極的でＮＰＴを批判し続けた。ＣＤＵは西側諸国との関係を強く重視したが、西側諸国も西独のＮＰＴ加盟を求めたため、ＣＤＵの議員の多くは西側諸国との関係が悪化することを避けるため、加盟に強硬に反対することは自制した。それでも、ＮＰＴについて多くの批判的な問題提起を行うことによって加盟を避けようとし続けた。要するに加盟を拒もうとしたが、加盟を拒む立場においてＣＤＵはＣＳＵと一致していた。そして、ＣＤＵ／ＣＳＵは四九年から六九年末まで与党として政権を掌握し、ＮＰＴ加盟を拒み続けた。なお、アデナウアー政権期（四九―六三年）にＣＤＵ／ＣＳＵは、五七年から六一年までの時期を除いて、第三党で中道の自由民主党（ＦＤＰ）と連立、エアハルト（Ludwig Wilhelm Erhard）政権（六三―六六年）はＣＤＵ／ＣＳＵとＦＤＰの連立、キージンガー（Kurt Georg Kiesinger）政権（六六―六九年）はＣＤＵ／ＣＳＵと、中道左派の社会民主党（ＳＰＤ）の連立である（その他の小政党が連立形成に参加したこともあったが、本書のテーマには影響しない）[18]。ＳＰＤはＣＤＵ／ＣＳＵに並び得る二大主要政党の一つであり、それらの連立は「大連立」とも呼ばれる。以上のように、ＣＤＵ／ＣＳＵは他の政党との連立を維持したが、第一党として主導権を握り、ＮＰＴ加盟を拒み続けた。加盟を拒んだ主な理由の一つは、加盟で核保有を禁止され、非核保有国になることを差別と見なして嫌悪し、また、西独の地位や影響力が低下することを警戒したからであった（加盟を拒んだ、その他の重要な理由については後に説明する）。

なお、ＣＤＵ／ＣＳＵはＮＰＴ加盟を拒みつつ、西独の核保有を否定した。厳密には、西独が単独で核を開発

し、保有することを明確に否定した。ただし、ＣＤＵ／ＣＳＵはフランスの核を欧州統合の完成によって共有できる権利、いわゆるヨーロピアン・オプションは強く重視した。また、ＣＤＵ／ＣＳＵはＮＰＴに加盟する前提条件として、加盟後も核に関する安全を確保するためにアメリカの「核の傘」が不可欠だと主張したが、以下のようにも主張した。すなわち、将来において核の傘がなくなる危険性に注意せねばならず、そのような事態に備えてアメリカに依存しない独自の核抑止力を確保するため、ヨーロピアン・オプションが不可欠である。したがって、ＮＰＴに加盟する前提条件としてはアメリカの核の傘だけではなくヨーロピアン・オプションも不可欠である。しかし、ＮＰＴはヨーロピアン・オプションを明確に認めていないため、将来において安全を確保できなくなる危険がある。したがって、ＮＰＴには加盟し難い（ヨーロピアン・オプションについて、より詳しくは、後に改めて説明する）。

以上のような立場を取るＣＤＵ／ＣＳＵに対し、ＳＰＤは反核平和主義を方針としているためＮＰＴ加盟に賛成し、ＳＰＤとＦＤＰの連立によるブラント政権期（六九―七四年）に西独はＮＰＴに加盟した（ＦＤＰも反核平和主義を基本方針とし、ＮＰＴ加盟に賛成した）。より厳密には、ブラント政権は成立直後にＮＰＴに署名し、同政権期に連邦議会（および連邦参議院）における批准を終え、これに続くシュミット（Helmut Schmidt）政権期（七四―八二年）（ＳＰＤとＦＤＰの連立）の七五年五月二日に批准書を寄託し、加盟が正式かつ最終的に確定したが、ブラント政権期までに加盟は実質的に確定した。[19] そして、ＳＰＤがＮＰＴ加盟に賛成した理由は反核平和主義を方針としていたからだけではなく、東側諸国との関係改善を目指したからでもあった（東側は関係改善の条件の一つとして、西独のＮＰＴ加盟を強硬に要求した）。そして、ＮＰＴ加盟は東側との関係改善を目指すブラント政権の外交、すなわち東方外交のために不可欠で、それに大きく役立ったことが多くの研究で指摘されていた。[20]

とくに、ＳＰＤ党首（六四―八七年）でもあったブラントがＮＰＴ加盟を実現するために最も重要な役割を果たしたが、加盟の前にブラントが、加盟についてどのような構想を、どのようにして発展させていたのか、また、具体的にどのように取り組んでいたのかという諸問題は明らかにされていなかった。これらについて本書は以下の諸事実を明らかにする（そのために、公刊史料だけではなくSPDの公文書館で収集した未公刊史料等も分析する）。すなわち、まず、ブラントは西ベルリンの市長（五七―六六年）としてベルリン危機を最前線で経験した際に、西ベルリンを守るためには東側との関係改善が不可欠と判断し、そのためには東側が要求する西独のNPT加盟が不可欠であったからこそ、加盟を強く重視するようになった。端的に言えば西ベルリンを守るためにNPT加盟を重視した。そのような問題意識をキージンガー政権の外相（兼副首相）（六六―六九年）としても保ち、加盟に向けてのイニシアティブを発揮していたことは、加盟を実現するための準備作業となっていた[21]。

しかし、そのようなブラントが首相に就任するまで、西独はNPT加盟を拒み続けた。加盟に至るまで多くの難題があり、それらが克服されねばならなかった。

なお、以上のように西独国内ではNPT加盟問題をめぐって立場を異にするさまざまな勢力が存在したが、それらは以下のように分類できる。すなわち、CSUは「NPT加盟反対派」、CDUは（概ね）「消極派」、SPDとFDPは「積極派」である。そして、キージンガー政権期までは反対派および消極派が優勢であったが、同政権期から積極派も影響力を強め、ブラント政権期に積極派が優位に立ってNPT加盟を達成することになる。

アデナウアー政権末期からエアハルト政権、MLF（六三―六六年）

西独核保有問題の最も重要な転機となったのは前述のとおり、ベルリン危機であり、これによって米ソをはじめ東西陣営が一致して西独の核保有禁止、すなわちNPT加盟を目指すようになり、ブラントをはじめとするSPDも加盟を目指すようになった。しかし、CDU／CSUが主導権を握る西独政府は加盟を拒んだだけではなく、ＮＰＴが成立することを妨害する動きも示した。具体的には、まず、ベルリン危機の後、アデナウアー政権の末期からエアハルト政権期に西独政府は多角的核戦力（Multilateral Force）（以下「ＭＬＦ」）の実現を要求したが、そうすることによって、以下に説明する理由からＮＰＴの成立を阻むことができた。そのように、ＭＬＦがベルリン危機の後、西独のＮＰＴ加盟を阻む（そもそも、ＮＰＴの成立を阻む）最初の難題となった。

まず、ＭＬＦ構想とは、ＮＡＴＯ加盟国が共同で運用する、共通核戦力部隊の創設を目指すもので、アメリカが六〇年末から提唱していた。そして、ＭＬＦに核弾頭を提供するのはアメリカだが、非核保有国も核戦力部隊、および、核兵器発射の共同決定に参加させることによって、非核保有国による、一国単位での核保有の欲求を解消し、それを防ぐことを主な目的としていた。この目的は西独に関して最も重視されたように、総じてＭＬＦの目的は西独の核保有を防ぐことであった。

そして、ＭＬＦは六二年から始まった米ソによるＮＰＴ作成交渉を停滞させて、その成立を阻む最大の争点になった。すなわち、まずアメリカは、ＮＰＴがＭＬＦを許容するべきと主張した。何故なら、ＮＰＴの第一の目的は西独を加盟させることにあったが、確実に加盟させるためには、加盟による核保有禁止への代償としてＭＬＦを西独に提供する必要があると判断したからである。しかしソ連は、ＮＰＴはＭＬＦを禁止するべきと主張した。何故なら、ＭＬＦによって西独が核戦力部隊や、核兵器発射の決定に参加することを強く警戒したからである。以上のように、ＮＰＴがＭＬＦを許容することの是非をめぐって米ソの立場が異なり、対立したため、ＮＰＴ作成交渉が停滞した。そして、西独はＭＬＦを強く求めたが、そのような西独への配慮から、アメリカは、ＮＰＴがＭＬＦを許容するべきと主張せねばならず、そのためＮＰＴ作成交渉を停滞させねばならなかった。つまり、西独はＭＬＦを要求することによってＮＰＴの成立を阻むことができた。

以上のようにして、ＭＬＦがＮＰＴの成立を阻み、また、ＭＬＦの是非をめぐって東西陣営の国々が対立したため、ＭＬＦは六〇年代半ばのヨーロッパ国際関係における最大の争点の一つになった。そして、ＭＬＦ問題の焦点に位置したのは西独であり、ＭＬＦ問題は、西独の核保有問題の重要な一部である。したがってＭＬＦ問題は本書でも詳細に分析する必要があるが、その重要性のため既に多くの研究がある。とくに、ＭＬＦ構想を主導したアメリカ外交の観点からの分析が最も多く[22]、イギリス外交を主な分析対象とする研究も多く[23]、フランス外交を分析した研究もある[24]。しかし、西独の外交は十分に分析されていなかった[25]。すなわち、ＭＬＦに関する西独の外交では外務省が最も重要な役割を果たしたが、これまで外務省の政策や史料は十分に分析されていなかった。本書はそれらを分析することによって、ＭＬＦに関する西独の外交について詳細に明らかにする。

総じて、西独の外交と史料が十分に分析されていなかったことはＭＬＦに関する先行研究の大きな欠点であり、本書はそのような欠点を補うことを目指す。ＭＬＦ問題の焦点に位置したのは西独であったため、西独の外交と史料を十分に分析しなければＭＬＦ問題を理解できない。

ＭＬＦの最終的な放棄（六六年一二月）

結論を先取りすれば、西独もアメリカも結局はＭＬＦを断念し、放棄したため、ＭＬＦをめぐるＮＰＴ作成交渉の停滞が打破されたが、具体的に、いつ、何故、どのようにして放棄されたのか、という問題は十分に明らかにされていなかった。その理由は、やはり、西独の外交と史料が十分に分析されていなかったからである。ただし、概六六年末に西独でＳＰＤが政権に参加し、キージンガー政権が成立したことによってＭＬＦが放棄されたと、概括的ながらも指摘した研究はあったが、詳細は明らかにされていなかった（ＭＬＦの最終的放棄に関する先行研究の記述は概して曖昧である[26]）。本書はＭＬＦの最終的放棄について、西独の外交や国内政治過程を分析することによって以下の諸事実を明らかにする。

まず、ブラントをはじめＳＰＤはＮＰＴ加盟を目指していたため、ＮＰＴの成立も重視し、したがって成立を阻むＭＬＦへの執着を止めるべきと主張していた。そしてＳＰＤは六六年末、ＣＤＵ／ＣＳＵとの連立形成の条件としてＭＬＦの放棄を要求したが、ＣＤＵ／ＣＳＵは国内問題への対処を優先的な目標としてＳＰＤとの連立を目指したため、ＭＬＦの優先順位を低下せざるを得なかった。したがってＭＬＦの放棄という条件を受け入れた。そして、ＳＰＤとＣＤＵ／ＣＳＵの連立によるキージンガー政権が成立した直後、外相に就任したブラントは新政権を代表してＭＬＦを求めないという立場を示したために、アメリカもＭＬＦを最終的に放棄することができた。これによって、五年近くに及んだＭＬＦをめぐるＮＰＴ作成交渉の停滞が遂に打破された。

ＮＰＴ加盟回避策（六四―六六年）

ただし、エアハルト政権は、ＭＬＦが結局は放棄されてしまい、ＮＰＴ作成交渉の停滞が打破されてＮＰＴが成立し、加盟を求められることになる事態にも十分に注意していた。そのような事態に備えて、加盟に明確には反対しないが、さまざまな口実で加盟を避けようとする策、すなわち「ＮＰＴ加盟回避策」を準備し、実践した。そのようなＮＰＴ加盟回避策を部分的ながらも分析した研究はあったが[27]、十分に分析されていなかったため、本書は先行研究のそのような欠点を補う。結論を先取りすれば、エアハルト政権は、結局は加盟回避策を断念した。何故なら、エアハルト政権は（アデナウアー政権と同じく）西側諸国との関係を強く重視したが、西側諸国も西独のＮＰＴ加盟を求めたため、回避策に執着すれば西側諸国との関係が悪化することを恐れたからである。それでも、西独が回避策を試みたほどに、ＮＰＴを嫌っていたことに注意する必要がある。

ＮＰＴ加盟が避けられなくなっても絶対に守ろうとしたもの——原子力

以上のように、西独はエアハルト政権期に、まず、ＭＬＦに執着することによってＮＰＴの成立を阻もうとした。また、ＮＰＴ加盟回避策も試みたが、結局はＭＬＦも回避策も断念した。そのため、加盟を拒むことは難しくなりつつあったが、エアハルト政権は、加盟が最終的に避けられなくなる事態にも注意して、加盟しても重要な利益を守るための対策を考慮し始めた。

そのような対策について『ボンと原爆』は以下の諸事実を明らかにした。まず、西独は原子力を非常に強く重視したため、もし、ＮＰＴに加盟しても原子力が制限されることを絶対に防ごうとしたが、ＮＰＴ加盟国の原子力に対しては軍事利用を防ぐため厳格な査察を実施することが目指されていた。しかし、西独は厳格な査察によって原子力が制限されることを強く警戒し、これを防ぐため査察を最小限に抑制しようとした。そのために、具体的にはＩＡＥＡ査察の受け入れを拒否し、ユーラトム査察だけを受け入れようとした。何故なら、ＩＡＥＡ査察は厳格だが、ユーラトム査察は厳格ではなかったからである。しかし、もしＩＡＥＡ査察が否定され、査察が最小限に抑制されれば原子力の軍事利用を防ぐことが難しくなる。ただし、西独は、原子力の利用はあくまでも平和目的に限定し、平和目的の原子力を守るために査察を最小限に抑制せねばならないと主張したが、平和目的の原子力は軍事目的にも利用可能であり、そのような原子力への査察が最小限に抑制されれば軍事利用を防ぐことが難しくなる。要するに、西独は査察を最小限に抑制することを目指したことによって、原子力の軍事利用を容易にすることも目指したことになる。要するに西独は事実上、核オプションを目指した。

以上の諸点を指摘した『ボンと原爆』の功績は大きく、本書は以上の諸点について『ボンと原爆』に大きく依拠する。

キージンガー大連立政権、NPT作成交渉の最終段階（六七年—六八年七月）

前述のとおり六六年末、MLFが最終的に放棄されてNPT作成交渉の停滞が打破され、交渉はNPTの完成を目指す最終段階に入った。この事態に備えて西独はエアハルト政権期に、原子力が制限されることを防ぐためIAEA査察を拒否するという目的を明確化していたが、SPDも原子力を強く重視したため、CDU／CSUと一致してこの目的を追求することになった。なお、NPT作成交渉は米ソを中心に進められたが、西独の要求は、まず、アメリカに伝えられ、そのような要求をアメリカがソ連にも伝えた。

そして、NPT作成交渉の最終段階（六七年—六八年七月）について『ボンと原爆』は以下の諸事実を明らかにした。まず、西独はNPTに関して以下の要求を強硬かつ執拗に提示した。すなわち、もし、加盟しても原子力が完全に守られねばならず、したがって厳格なIAEA査察は受け入れられず、ユーラトム査察だけを受け入れる。しかし、米ソは西独の原子力をIAEA査察によって厳重に監視し、管理しようとした。そのため、西独は形式的な妥協としてIAEAにも一定の役割、すなわち、ユーラトム査察の結果を事後的に確認する（だけの）作業である「検証（verification）」の役割は認めた。すなわち、ユーラトム査察だけを受け入れて、IAEAの役割を検証に限定する（IAEA自身による査察は一切、認めない）ことが、査察に関する西独の要求となった。これ以外にも西独はNPTについて、核保有国の核軍縮義務を明確化すること、NPTを無期限の条約とするのではなく、一定の有効期限を設定すること等、多くの要求を提示した。これらの西独の要求をアメリカは受け入れたが、ソ連が反対したためNPT作成交渉はまたも停滞し、失敗が危惧されるまでになったが、結局、ソ連が譲歩し、西独の要求をほぼ全面的に受け入れたため交渉の停滞が打破され、NPTは六八年七月に成立した。

つまり、NPTは西独の要求を大幅に受け入れた内容で成立した。そして、西独がNPTに関して最も重視した、原子力を完全に守るためユーラトム査察だけを受け入れてＩＡＥＡの役割を検証に限定するという目的は、より厳密には、ＮＰＴの条文（第三条）で、査察に関する以下の方式が規定されたことによって達成された。すなわち、査察に関するルールは、それぞれのＮＰＴ加盟国とＩＡＥＡの交渉によって、それぞれの加盟国ごとに決められるが、交渉の結果、ＩＡＥＡが査察を全く行わない（すなわち、その役割を検証に限定する）ことも認められる。

しかし、米ソは当初、ＩＡＥＡ査察を厳格に実施する内容でＮＰＴを成立させようとしたが、西独の強硬な要求を受け入れた結果、ＩＡＥＡ査察の役割を大幅に低下させて、それをほぼゼロにすることも認めてしまう内容でＮＰＴを成立させた。何故なら、ＮＰＴに関する米ソの最重要目的は西独を加盟させることにあった以上、確実に加盟させるためには、西独が満足できる（ために、加盟できる）内容でＮＰＴを成立させねばならなかったからである。つまり、ＮＰＴの査察制度を当初の構想よりも大幅に弱体化させてしまった張本人は西独であり、その責任は重大である。

以上の諸事実を『ボンと原爆』が、当時、利用できた西独外務省の史料に基づいて詳細に明らかにしたが、その功績は非常に大きい（これらの諸事実はＮＰＴに関する他の諸研究でも明らかにされていなかった。そのため、『ボンと原爆』はＮＰＴに関する研究としても非常に重要である）。そのため、本書もＮＰＴ作成交渉の最終段階の分析に関しては『ボンと原爆』に大きく依拠するが、『ボンと原爆』が執筆された当時では利用できなかった、西独外務省の（未公刊、および公刊）史料、および、『ボンと原爆』が分析していないアメリカの史料を分析することによって、『ボンと原爆』が提供した知見をより精密で豊かにする。

キージンガー政権、ＮＰＴ署名を拒否（六八年七月―六九年九月）

西独の要求をほぼ全面的に認めた内容でＮＰＴが成立したにも拘らず、キージンガー政権は署名を拒否した。

ただし、西独の要求はほぼ全面的に認められていたため、キージンガー政権はかなり強引な理屈で署名を拒否せねばならなかった。すなわち、キージンガー政権はNPTとの関係性が必ずしも明確ではない、国連憲章の旧敵国条項の問題を理由に署名を拒んだ（ただし、署名を拒む、より根本的な理由として後に説明するとおり、ヨーロピアン・オプションの問題も指摘した）。そのような、NPT成立後のキージンガー政権の立場については『ボンと原爆』等による分析があるが、専ら署名を拒否した動きが強調されていた。しかし、SPD、とくにブラントが署名するべきと強く主張し、そのためのイニシアティブを発揮し始めたことにも注意する必要がある。[29] SPDにとっては、NPTに関する要求がほぼ全面的に認められた以上、加盟についてもはや異存はなかった（ただし、CDU／CSUが加盟を拒み、SPDは議席数で劣るため、CDU／CSUの立場に従わざるを得なかった）。そのような、NPTが成立した後、キージンガー政権の後期におけるSPD、とくにブラントのイニシアティブに注意すれば、ブラントが首相となった直後にNPTに署名したことをよりよく理解できるであろう。

ヨーロピアン・オプション——CDU／CSUでさえ西独の単独核保有を否定

CDU／CSUが旧敵国条項の問題だけではなく、ヨーロピアン・オプションの問題も理由にNPT加盟を拒もうとしたことは『ボンと原爆』等の先行研究で指摘されていた。まず、ヨーロピアン・オプションとは、将来、欧州統合による超国家的な統合が完成した際に、統合によって誕生する超国家的な存在が、構成国であった（が、統合が完成すれば独立した主権国家ではなくなる）フランスの、核保有国としての地位を引き継ぎ、核保有を認められる権利を意味する。そして、ヨーロピアン・オプションがNPTで明確に認められていないことを理由の一つとして、CDU／CSUが加盟を拒んだことは先行研究でも指摘されていた。しかし、CDU／CSUがヨーロピアン・オプションに執着した理由は必ずしも明確に説明されていなかった。執着した理由について、本書は、

ＣＤＵ／ＣＳＵが以下のような問題意識を抱いていたことを明らかにする（そのために、公刊史料だけではなくＣＤＵの公文書館で収集した未公刊史料等も分析する）。

すなわち、まず、ＮＰＴに加盟する前提条件としてアメリカによる安全保障の提供、とくに「核の傘」が不可欠だが、それらが永続するとは限らない。核の傘が将来、なくなってしまえば、西独は核に関して全く無防備な状態でソ連の核の脅威に曝される。そのような重大な危険を防ぐため、西独は将来において核に関する自主的な防衛力を確保できるようにせねばならない。しかし、西独は単独で核開発と保有を行わない。何故なら、西独は欧州統合の一員であるため、核に関する自主的な防衛力も欧州統合に基づいて確保せねばならないからである（また、西独の単独核保有には多くの国々が強く反対するため、そもそも不可能である）。そして、そのような防衛力はヨーロピアン・オプションによって確保できるであろう。すなわち、欧州統合に基づく核の共有によって、西独は将来において核に関する自主的な防衛力を確保できるであろう。総じて、ＮＰＴに加盟する前提条件としてアメリカの「核の傘」だけではなくヨーロピアン・オプションも不可欠である。ところが、ＮＰＴはヨーロピアン・オプションを明確に認めておらず、それが明確に認められない限り西独はＮＰＴに加盟できない。

以上のように、ＣＤＵ／ＣＳＵは、アメリカの核の傘が将来においてなくなる危険性に注意しつつ、西独の単独核保有を明確に否定したからこそ、核に関する自主的な防衛力を確保するための手段としてヨーロピアン・オプションを重視した。例えば、ＮＰＴ加盟に最も強硬に反対したＣＳＵ党首（六一―八八年）のシュトラウス（Franz Josef Strauß）でさえ、西独の単独核保有に明確に反対し、それは「愚かである」と強調し、だからこそヨーロピアン・オプションが重要であると強調した（七四年二月一二日。シュトラウスは五〇年代以降、西独が単独で核を開発し、保有するという選択肢を明確に否定し続けた）[30]。ＣＤＵ／ＣＳＵが以上のような問題意識を抱いていたことにも十分に注意する必要がある。

そして、キージンガー政権期にCDU／CSUがヨーロピアン・オプションおよび旧敵国条項の問題を理由にNPT加盟を拒み、議席数で劣るSPDはCDU／CSUの立場に従わざるを得なかった以上、SPDが選挙で勝利しない限り、西独のNPT加盟、すなわち核保有問題の解決は非常に難しかった。西独の核保有問題が解決されることによってヨーロッパ国際関係が安定するか否かは、最終的に西独における総選挙（六九年九月）の結果に委ねられた。選挙の結果、SPDがFDPと連立を形成することによって辛うじて過半数を上回り、政権を奪取し、ブラントが首相に就任した。

ブラント政権、NPTに加盟——署名から批准までの経緯（六九—七四年）

ブラント政権は成立直後にNPTに署名したが、批准のためには、以下に説明する諸理由からいわゆるIAEA—ユーラトム検証協定を成立させる必要があった。すなわち、まず、キージンガー政権はNPT作成交渉において、原子力への査察としてはユーラトム査察だけを受け入れ、IAEA査察を一切、受け入れず、その役割を検証に限定することを強硬に要求し、この要求を認めさせることに成功していた。ただし、NPTの条文（第三条）によると、査察に関するルールは、それぞれのNPT加盟国とIAEAとの間で、交渉に基づいて締結される協定において、それぞれの加盟国ごとに決められねばならなかった。したがって西独に関しても、ユーラトム査察だけを受け入れてIAEAの役割を検証に限定するためには、それらについてIAEAと交渉し、合意する協定、すなわちIAEA—ユーラトム検証協定（以下「検証協定」）を成立させる必要があった。

そして、検証協定によってIAEAの役割を検証に限定することは、西独がNPT加盟に関して最も重視した目的であったため、この目的を検証協定によって確実に達成しない限り、NPT加盟を確定するわけにはいかなかった。すなわち、批准の前に検証協定を成立させる必要があった。そのため、ブラント政権はNPTに署名した際、批准の条件として検証協定が必要という立場を示した。

なお、西独のＮＰＴ加盟は東側との関係改善を目指すブラント政権の東方外交のために不可欠で、それに大きく役立ったことは先行研究でも指摘されていた。そして、東方外交はヨーロッパ国際関係の安定化、すなわち（ヨーロッパの）デタントに大きく貢献したが[31]、そのような東方外交を開始するための前提条件としてＮＰＴ署名が重要であったことは先行研究でも指摘されていた[32]。しかし、ＮＰＴ批准に至るプロセスに関しては、東方外交やデタントに関する先行研究はほとんど注意を払わず、批准のために不可欠であった検証協定にもほとんど注意を払っていなかった。

しかし、それらにも十分に注意する必要がある。何故なら、検証協定の成立に基づくＮＰＴ批准で西独のＮＰＴ加盟が確定しなければ、東方外交やデタントに悪影響を及ぼす危険性があったからである。だからこそ米ソは、西独がＮＰＴに署名した後も注意を怠らず、早急な批准を西独に求めて圧力を加え、西独も外務省を中心に、批准のために不可欠な検証協定を成立させるための交渉に懸命に取り組んだ。以上のような、ＮＰＴ批准に至るまでのプロセスにも十分に注意する必要がある。

そして、検証協定の作成に関する交渉の概要を説明した研究はあったが、史料の不足のため詳細は明らかにされていなかった[33]。本書はドイツ外務省の公文書館で収集した一次史料に基づいて、検証協定の作成に関する交渉の詳細を西独外交の観点から明らかにするが、そのような分析によって、ＮＰＴ批准に至るまでのプロセスについて理解を深めることができるであろう。なお、検証協定は七三年四月五日に成立し、これに基づいてＮＰＴ批准が七四年二月二〇日、連邦議会で議決されたことによって西独のＮＰＴ加盟が実質的に確定した。

ＮＰＴ加盟を可能にした前提条件――アメリカによる安全保障の提供、在欧米軍

西独のＮＰＴ加盟を可能にした前提条件として、アメリカが西独に対し「核の傘」を含めて安全保障を提供していたことは不可欠と言えるほどに重要であった。何故なら、アメリカによる安全保障の提供、とくに核の傘が西独自身による核保有を不要にしたからである。また、アメリカによる安全保障の提供としては核の傘だけではなく、西独をはじめとする西欧諸国に配備している在欧米軍も非常に重要で、それは東側の侵攻を抑止する役割を担っていた。すなわち、東側がもし西欧に侵攻すれば在欧米軍との衝突が避けられず、それはアメリカとの戦争を意味するため、東側も在欧米軍のために西欧に侵攻することは難しかった。したがって、西独にとって在欧米軍は死活的に重要であった。

そして、『構築された平和』はアメリカによる安全保障の提供と、西独による核保有の可能性との関連性を指摘したが、その功績は大きく、より具体的には以下のように主張した。すなわち、まず、アイゼンハワーは、実は在欧米軍を撤退させようとしていた。何故なら、その莫大なコストがアメリカの国力を疲弊させることを警戒したからである。そして、アイゼンハワーは在欧米軍を撤退させて、その代わりに西欧諸国の自主的な防衛力を強化しようとしていた。アイゼンハワー政権が西独をはじめとする西欧諸国に対し、原子力の発展を促す支援を提供して、核開発能力の基礎を与えたことも、西欧諸国の自主的な防衛力の強化（による在欧米軍撤退）を目指した構想の一部として理解できる。そしてアメリカが、もし在欧米軍を撤退させれば、西独が自主的な防衛力を強化するために核保有を目指す可能性があったが、ケネディ政権は西独の核保有を防ごうとしたため、六三年までに在欧米軍の恒久的な駐留を決定した。この決定も（ＬＴＢＴとともに）西独の核保有問題を解決するために不可欠であった。

しかし、アメリカによる安全保障の提供と、西独による核保有の可能性との関連については六三年以降の時期にも注意する必要がある。とくに、NPT加盟問題との関連でアメリカによる安全保障の提供が改めて重要な争点になった。例えば、前述のとおりCDU／CSUはNPTに加盟した後、アメリカによる「核の傘」の提供が永続するとは限らないという問題意識を抱いていた（ため、ヨーロピアン・オプションを重視した）ことに注意する必要がある。

NPT加盟後の原子力政策、原子力技術輸出政策

西独がNPTに加盟した六〇年代末から七〇年代半ばまでの時期に、同国における原子力の発展は全盛期を迎えた。すなわち、約二〇基という多くの原発の建設が始まり、また、原発の使用済み核燃料からプルトニウムを抽出するための、再処理施設の建設も目指されるようになった（試験段階の、小規模な再処理施設は七一年から稼働を開始した）。また、原発で使用される燃料である低濃縮ウランを製造するための、ウラン濃縮施設の建設も始まった。そして、再処理施設で入手できるプルトニウムは、プルトニウム型原爆の開発に利用可能で、ウラン濃縮施設で製造できる高濃縮ウランは、ウラン型原爆の開発に利用できる。つまり、『ボンと原爆』が指摘したように、西独はNPTに加盟した後も核開発能力を保持し、それをさらに発展させようとしていた。

さらに、シュミット政権はブラジルやイラン等への、大規模な原子力技術の輸出によって多大な経済的利益を得ようとしたが、核開発に利用できる再処理およびウラン濃縮の技術も輸出しようとしたため、アメリカをはじめ多くの国々から強く批判された。とくに、アメリカは西独に対し再処理およびウラン濃縮技術の輸出を止めるように要求したが、シュミット政権はあくまでも輸出による経済的利益を重視して、当初、アメリカの要求に応じようとしなかった。そのため、アメリカとの関係が少なからず緊張した。結局、シュミット政権はアメリカの

圧力に屈して再処理およびウラン濃縮技術の輸出を自制するようになったが、それらの、ブラジルへの輸出だけはアメリカの反対を押し切って断行した。

以上のような原子力技術輸出の諸問題は、西独がＮＰＴ体制を尊重せず、弱体化させようとした問題として、本書のテーマとの関連で無視し難い。また、西独の原子力がＮＰＴ加盟後も国際関係を不安定化させる危険性を孕んでいたことを示す問題としても、無視し難い。そのため、本書は原子力技術輸出の諸問題について、既に存在する幾つかの優れた先行研究に依拠して明らかにする。[34]

大転換、脱原子力へ

西独は五〇年代後半から原子力の発展に熱心に取り組み続け、六〇年代末から七〇年代半ばまでの時期に原子力の発展は全盛期を迎えた。ところが、七〇年代半ば以降、以上の動きは突然、逆転し、原子力の廃絶を目指す「脱原子力」の動きが急激に強まり、それが支配的な傾向となって現在に至っている。

まず、「脱原子力」という用語について説明しておきたい。類似する言葉として「脱原発」が用いられることも多い。しかし、七〇年代半ば以降の西独（ドイツ）では、原発だけではなく、再処理施設や最終処分場等、関連施設についても大規模な反対運動が起きた。さらに、それらの反対運動は原子力そのものに反対し、その廃絶を目指すようになったため、それらの運動を総称する言葉として「脱原発」は必ずしも正確ではない。しかし、ドイツ語では、原発だけではなく、原子力そのものの廃絶を目指す動きを総称する言葉（Atomausstieg）があり、本書はこれを「脱原子力」と訳す。また、ドイツ語では類似する言葉として、脱原子力を目指す、とくに市民レベルの運動を意味する言葉（Anti-Atomkraftbewegung）もあるが、本書はこれを「反原子力運動」と訳す。

そして、脱原子力に関してはドイツだけではなく日本でも本田宏、西田慎、青木聡子、川名英之氏らによる多くの優れた研究があり、[35] 本書もそれらに大きく依拠するが、脱原子力に関する先行研究では核保有問題に注意が払われることが少なかった。[36] しかし、脱原子力は核保有問題にとっても非常に重要である。何故なら、脱原子力によって核保有問題が、より完全な解決に近づいているからである。そのため、本書は脱原子力を核保有問題の観点から分析する。また、先行研究では参照されることが少なかった、脱原子力の諸問題に関するさまざまな世論調査のデータを活用することによって、脱原子力について理解を深めることを目指す。具体的には、ドイツ（西独）における世論調査に関する代表的な研究機関であるアレンスバッハ（Allensbach）、エムニート（Emnid）、インフラテスト・ディマップ（Infratest dimap）のデータを活用する。

ドイツに配備された核兵器の撤去、および核共有政策の放棄に関する議論の高まり

ドイツは脱原子力によって核オプションを失いつつあるが、ドイツ国内におけるアメリカの核兵器の配備（現在、推計で二〇発）と核共有政策は現在でも続いていることに注意する必要がある。核共有政策のため、ドイツ連邦軍は今後も有事の際に戦術核を装備できる。

しかし、冷戦終了後のドイツでは、国内に配備された核を撤去し、また、核共有政策も放棄するべきと主張する意見の影響力が現在に至るまで強まり続けている。具体的には、SPDと緑の党が連邦議会でそのように主張し、二〇〇九年以降はCDU／CSUも核兵器の撤去を（原則として）主張するようになっている。しかし、以上のような核兵器の撤去および核共有政策の放棄に関する議論を詳細かつ体系的に分析した研究はない。本書は連邦議会の議事録等を分析することによって、そのような議論について明らかにする。そのような分析によって、核兵器の配備や核共有政策の現状について理解を深めることができるであろう。

なお、以上のような核兵器の撤去および核共有政策の放棄に関する議論では左翼党も重要な役割を果たしてい

る。左翼党は旧東独の社会主義統一党（ＳＥＤ）の後継政党であり、イデオロギー的には緑の党よりも左に位置する、最左翼の政党である。左翼党の以前の名称は民主社会党（以下「ＰＤＳ」）で、二〇〇七年に党名を左翼党に変更したが、本書では、ＰＤＳであった時期はＰＤＳ、左翼党となった後は左翼党、二つの時期をともに意味する場合は「左翼党（ＰＤＳ）」と表記する。

小　括

以上が、ドイツ（西独）の核保有問題に関する個別の諸問題と、それらに関する先行研究の状況、および本書の立場である。以下、第1章に進む前にドイツ（西独）の核保有問題に関する、より根本的な問題を説明しておきたい。

ドイツ問題

『構築された平和』も指摘するように、ドイツ（西独）の核保有問題は、ドイツ問題の一部である。[37] ドイツ問題とは、ドイツの強大な力がヨーロッパの平和を破壊するため、平和のためにドイツの力を厳重に制御し、封印することが不可欠という問題である。[38] それは、ドイツという国が一八七一年に誕生してから現在に至るまでの、ヨーロッパの最重要問題の一つであり、以下のような通説的理解がある。すなわち、ドイツの力は一九四五年までは制御されなかったためにヨーロッパを恒常的に不安定化させて、二つの世界大戦を引き起こし、ヨーロッパを荒廃させた。しかし、四五年以降、ドイツ（西独）の力はＮＡＴＯと欧州統合、すなわち西側統合によって厳重に制御され、封印されたために、ドイツ問題は基本的には解決され、ヨーロッパの平和と安定がもたらされた。[39]

そして、ドイツ（西独）の核保有問題は、ドイツ問題の一部である。すなわち、ドイツ（西独）が核保有国になれば、その力が劇的に強化されてヨーロッパを不安定化させる危険性が高かったため、ドイツ（西独）の核保有問題も、ドイツ問題の一部として理解できる。そして、ドイツがヨーロッパの平和を恒常的に脅かし、破壊した過去の経験からも西独の核保有はとくに強く恐れられた。例えば、ドゴール（Charles de Gaulle）はニクソン（Richard Milhous Nixon）との会談（六九年三月三一日）で以下のように述べた。「ドイツ人の強い野心は過去に苦々しい出来事をもたらしました。フランス人はそれを一八七〇年にはビスマルク（Otto von Bismarck）の帝国によって経験し、一九一四年から一八年まではヴィルヘルム二世（Wilhelm II）によって経験し、そして、ヒトラー（Adolf Hitler）によってさらに酷い経験をしました。だからこそ、フランス人はドイツ人に核兵器を持たせてはならないと決意しているのです[40]」。

では、核保有問題はどのようにして解決されたのか。まず、ドイツ問題は前述のとおり、西側統合によって解決されたというのが通説である。では、核保有問題も西側統合によって解決されたのか。まず、前述のとおり、アメリカが西独に安全保障を提供していることが、NPT加盟を可能にさせた前提条件であり、そのような点において西側統合は核保有問題の解決に役立ったが、以下に説明する理由から西側統合だけでは核保有問題を解決できず、解決にはNPTという、西側統合以外の手段が必要であった。すなわち、まず、NPTが成立する前に西側諸国が西独の核保有問題を自らの努力で、すなわち、西側統合の内部で解決しようとした試みはあった。具体的には、西独の再軍備交渉で核保有問題の解決が目指され、六〇年代にはNATOの共通核戦力部隊、すなわちMLFによる解決も目指されたが、いずれも不成功に終わった。

なお、西側統合は六〇年代までに確立し[41]、西独は西側諸国の共同体に十分に取り込まれていたが、西側諸国でさえ西独の核保有を恐れ、西側統合では核保有問題を解決できない状態が続いた。つまり、核保有問題を重要な一部とするドイツ問題は、まだ解決されていなかったのである。

そして、西側諸国（西側統合）だけでは西独の核保有問題を解決できなかった根本的な理由は、西側諸国（西側統合）の内部で米英仏の核保有は認められる一方、西独の核保有は禁止するという差別や不平等の問題を解決できなかったからである。そのような差別を明確かつ強力なルールとして西側諸国（西側統合）の内部で定着させて、西独に受け入れさせることはできなかった。何故なら、NATOも欧州統合も加盟国間の平等性を最重要原則の一つとしているため、この原則に反する差別を西独に押し付けることは、アメリカにも、英仏にもできなかったからである。また、西独は自国に対する差別的な措置にはどのようなものであっても猛烈に反対した。そして、西独だけに差別や、特別に厳しい制限を課すことはドイツに関する歴史的な経験からも非常に慎重でなければならなかった。すなわち、第一次世界大戦の終了後、ドイツに対して莫大な賠償金の支払いや非常に厳しい軍備制限を命じたヴェルサイユ条約（一九一九年）が、ヒトラーやナチスだけではなく多くのドイツ人を激怒させて復讐心を抱かせたことが、第二次世界大戦の一因になったことに注意すると、西独だけに特別に厳しい制限や差別を課すことには慎重でなければならなかった。

そのような差別、すなわち、米英仏の核保有は認められるが西独の核保有は禁止するという、西側諸国の内部での差別を明確かつ強力なルールとして定着させて、西独に受け入れさせることはできなかったため、西側諸国や西側統合だけでは西独の核保有問題を解決できなかった。そして、差別の問題を解決して、核保有問題を解決するためには、NPTという、西側統合よりも広範な枠組みが必要であった。何故なら、NPTは全ての国々（非核保有国）を対象とするため、西独だけを特別な対象とする差別的なものではなかったからである。ただし、NPTでも、米英仏とソ連、中国の核保有は認められる一方で他の全ての国々の核保有は禁止されるという差別や不平等の問題はあるが、西側諸国（西側統合）の内部での、米英仏と西独の差別に比べると、核保有国と非核保有国というNPTの差別は、言わば、より一般化されている。そして、西側諸国の内部だけで西独に差別を課すと、差別が際立ってしまうが、ＮＰＴという一般的な枠組みでは、西独だけが際立つことを避けることができた。そのため、西独にとっても、西側諸国の内部だけで課される差別よりは、ＮＰＴにおける、自らが目立たない、より一般的な差別の方がまだ受け入れ易かった。また、ＮＰＴが国際社会において広く支持されていることも、西独による反対を難しくさせた。

以上のように、ドイツ問題の一部である核保有問題が西側統合では解決できず、解決にはＮＰＴが必要であった以上、ドイツ問題は西側統合によって解決されたという通説には改善の余地がある。ドイツ問題を解決するためには、すなわち、ドイツ（西独）の強大な力を厳重に制御してヨーロッパの平和を確保するためには、ＮＡＴＯ、欧州統合、ＮＰＴが不可欠であった（今後も不可欠である）。そして、ドイツ問題が解決された時期は、西側統合が確立した六〇年代ではなく、西独のＮＰＴ加盟が確定した七〇年代以降である。それまでは、東側諸国だけではなく西側諸国も、西独が核を保有して劇的に強くなり、ヨーロッパの平和を失わせる危険性に怯え続けたため、ドイツ問題はまだ解決されていなかった。以上のように、ドイツ問題に関する理解をより精密にすることも本書の目的の一つである。

本書の構成

各章で以下の諸問題を分析する。

第１章では再軍備交渉における核保有禁止問題（一九五〇―五五年）、第２章では再軍備交渉の後、ベルリン危機に至るまでの時期における核保有問題（五五―五八年）、第３章ではベルリン危機（五八―六二年）、第４章ではアデナウアー政権末期からエアハルト政権期（六三―六六年）、第５章ではキージンガー政権期（六六―六九年）、第６章ではブラント政権期（六九―七四年）、第７章ではＮＰＴ加盟後から九〇年代初頭までの時期、第８章では九〇年代初頭から現在（二〇一〇年代）までの時期。

第1章に進む。

第1章　再軍備交渉における核保有禁止問題（一九五〇―五五年）

五四年に開催されたロンドン九か国会議（九月二八日―一〇月三日、参加国は米英仏独伊、ベネルクス三国、カナダ）において、西独の主権回復と再軍備、およびＮＡＴＯ加盟に関する合意が成立し、この合意はパリ条約（一〇月二三日に締結）に規定され、同条約の発効（五五年五月五日）をもって西独の主権回復と再軍備、およびＮＡＴＯ加盟が実現することになった。ただし、以上のような合意を成立させるためにアデナウアーはロンドン九か国会議において、核兵器の開発を放棄することを宣言せねばならなかった（五四年一〇月二日）。

では、これによって西独の核保有問題は解決されたのか。結論を先取りすれば、解決できなかった。何故なら、宣言の意義は限られたものだったからである。ただし、とくにフランスは西独の核開発と保有を、より強力かつ確実に禁止しようとしたが、できなかった。

以下、西独の再軍備に関する交渉を、核開発や保有の禁止（放棄）に関する諸問題に焦点を当てて、二つの段階に分けて分析する。すなわち、交渉の第一段階であった、交渉が始まり、ヨーロッパ防衛共同体（European Defense Community）（以下「ＥＤＣ」）条約が締結されるまでの時期（五〇年六月―五二年五月）、および、第二段階であった、ＥＤＣ条約が失敗に終わり、パリ条約が締結されるまでの時期（五四年八―一〇月）。それぞれ、第1、2節で分析する。

1　再軍備交渉の第一段階——ＥＤＣ条約の締結まで（五〇年六月—五二年五月）

再軍備交渉の開始

第二次世界大戦の終了後、ドイツ（西独）では占領軍による直接軍政が実施され、独立した政府の存在さえ認められていなかったが、四九年五月にドイツ連邦共和国（西独）が発足、九月には直接軍政が終了した。ただし、占領統治の権限が米英仏の占領軍から、高等弁務官と呼ばれる（米英仏の、三人の）文官に移されたにとどまり、主権の回復は認められず、軍事力の保有も禁止されたままであった。しかし、東西間の冷戦対立が激化していたため、西独だけではなく米英も、西独が対立の最前線で東側の膨大な通常戦力に対し無防備な状態のまま曝されていることへの危機感を強めていた。しかし、フランスが西独の再軍備に強く反対したため、再軍備を認めることができない状態が続いた。フランスは第二次世界大戦でドイツに大敗したばかりであった。

しかし、この状態を朝鮮戦争の勃発（五〇年六月二五日）が一変し、再軍備を認めるための交渉が始まることになった。何故なら、東側が戦争を仕掛けたため、今後も戦争を他の国々、とくに、無防備な西独に対して起こすことを、これまで以上に強く警戒せねばならなくなったからである。また、西欧で最大の人口と国力を有する西独の軍事力は、西欧全体の防衛のためにも不可欠であった。以上の問題意識から、西独の再軍備を認めるための交渉が始まることになった（ただし、フランスは後に説明するとおり、再軍備になおも反対した）。

そして、とくに米英が西独の再軍備を強く重視したが、西独の軍事力を厳重に管理することにも注意を怠らなかった。西独（ドイツ）の軍事力がヨーロッパを荒廃させたばかりだったからである。そして、米英は西独の軍事力を厳重に管理するため、独立した存在と行動を絶対に許さず、アメリカが率いるＮＡＴＯに絶対に従わせようとした。すなわち、西独の軍事力はＮＡＴＯ統合軍の不可分の一部としてのみ存在を許され、ＮＡＴＯ統合軍の指揮命令系統だけに絶対に服従せねばならない。西独が自らの意思だけで、その軍事力を動かしてはならない。要するに、西独は、西独の軍事力を動かせず、動かせるのはＮＡＴＯだけである。

以上のような米英の構想を、他の西側諸国だけではなくアデナウアーも共有した。何故なら、アデナウアーは自分の国、ドイツ（西独）を危険視していたからである（他の西側諸国と同様に）。そのようなアデナウアーの問題意識について説明しておきたい。すなわち、アデナウアーによるとドイツ（西独）は衝動的な暴走と破滅を繰り返す、端的に言えば自己破壊的な本性を有する国家であり、自分では自分を制御できないため、今後は他の国々、とくに西側諸国の共同体が西独を厳重に管理せねばならなかった。そうしなければ、また、暴走と破滅を繰り返すであろう[1]。とくに、西独が、西側諸国の共同体によって厳重に管理されない独立した軍事力を持ってしまえば、それは「ヨーロッパに対する重大な危険になると百パーセント確信している[2]」。

以上のような問題意識から、アデナウアーと、米英をはじめとする西側諸国は西独の軍事力を西側諸国の共同体、とくにＮＡＴＯによって厳重に管理しようとした。したがって、西独の再軍備もＮＡＴＯの枠組みの中で実現しようとした。

しかし、フランスは依然として再軍備に強く反対していた。そして、フランスは再軍備を非常に難しくさせるための方策として五〇年一〇月、ＥＤＣ構想を発表したが、その内容は以下のようなものであった。欧州統合による、超国家的な統合が完成した際に設立される、欧州防衛共同体（ＥＤＣ）の一部としてのみ西独の軍事力を認める。つまり、超国家的な統合が完成しない限り、再軍備を認めない。

しかし、超国家的な統合の完成は無論、非常に難しいだけではなく、大変に長い年月を要することは明白であった。そのため、米英は当然、ＥＤＣ構想に難色を示したが、フランスがこれに執着する以上、拒否できず、五一年九月の米英仏外相会議（ワシントン）では、ＥＤＣ構想に基づいて西独の再軍備を目指すことが合意され、西独もそのような合意に従わざるを得なかった。また、ＥＤＣ条約の作成に関する交渉とともに、西独の主権回復を認める条約、すなわちドイツ条約の作成に関する交渉も始まることになった。以上のようにして、西独の再軍備と主権回復に向けて、一応、道筋がつけられた。

核兵器の開発禁止

米英仏は西独の主権回復と再軍備を認めても、核兵器（および生物、化学兵器）の開発を禁止することについて合意した（以下、核兵器の開発禁止のみについて説明する）。また、核兵器の開発禁止を確実なものとするため、米英仏は原子力も厳しく制限しようとした[3]。以下、まずは核兵器の開発禁止について説明し、その後、原子力の制限について説明する。

まず、米英仏は西独の核開発を禁止することについて合意したが、どのようにして禁止するかという問題に関しては、米英とフランスの間で意見の違いがあった。米英は西独、とくにアデナウアーに核開発を放棄することを宣言するように求めて、そのような宣言で禁止しようとした（以下「宣言方式」）[4]。これに対し、フランスは西独の核開発をＥＤＣ条約で禁止するべきと主張した（以下「条約方式」）。条約で禁止すれば法的拘束力を確実に伴うため、禁止は宣言よりも確実で強力になる。しかし、米英仏が作成するＥＤＣ条約で西独の核開発を禁止すれば、米英仏が禁止を強制している印象を与え、西独国内で米英仏への反発が強まりかねないことを米英は危惧した（ため、宣言方式を考慮した）。それでも、ドイツ条約およびＥＤＣ条約を成立させるためにはフランスの同意が不可欠で、関連する重要な問題である、西独の核開発を禁止する方式についてもフランスの同意が不可欠であった以上、条約方式を主張するフランスに米英だけではなく、無論、西独も配慮し、歩み寄らねばならなかった。

そして、アデナウアーは五一年一一月二六日、米英仏の高等弁務官との会談で、主権回復および再軍備を認められた後も核兵器の開発が禁止されることを伝えられた。アデナウアーは、当初はそのような禁止に難色を示したが、一二月以降、宣言方式を受け入れ、また、条約方式も事実上、受け入れる以下の立場を示した。すなわち、まず、東側の勢力圏に直接、隣接している西欧の地域は「戦略的に露呈された地域（strategically exposed zone）」（以下「SEZ」）として定義される。SEZは東側から攻撃され易く、非常に脆弱なため、SEZで核兵器等の重要な兵器を生産しようとすることは非合理的である。したがって、SEZでは核兵器等の重要な兵器は生産されるべきではない。そして、SEZとは要するに西独であるが、以上のような婉曲的な表現や理屈で西独の核開発がEDC条約で禁止されること（以下「SEZ方式」）をアデナウアーは認めた（なお、後に詳しく説明するとおり五〇年代前半の時期にアデナウアーは核兵器をあまり重視しておらず、核開発と保有を目指すようになったのは五六年以降である）[5]。

そして、五二年二月（一三―一九日）にロンドンで開催された西側諸国の会議で、フランスはSEZ方式による西独の核開発禁止に同意し、その他に残されていた諸問題に関しても決着がつけられたため、ドイツ条約およびEDC条約に関する基本合意が成立した。そして、西独の核開発を禁止する方式について、アデナウアーは宣言方式とSEZ方式の両方を受け入れたが、宣言は米英仏政府への書簡に記すこと、また、SEZ方式はEDC条約第一〇七条に明記することも合意された[6]。

ただし、ドイツ条約とEDC条約を完成させる前に解決せねばならない問題が残されていた。すなわち、西独の原子力を制限することであり、それは核開発の禁止を確実にするために不可欠であった。制限しなければ西独に核開発能力を与えてしまうからである。

原子力の制限

第二次世界大戦の終了後、西独では原子力に関する研究や活動は一部の例外を除き原則として完全に禁止されていた。具体的には、まず、ドイツにおける占領政策を当初、担当した連合国管理理事会（Allied Control Council）が制定した占領法規二五号（四六年五月七日に発効）が、原子力に関する研究や活動を原則として完全に禁止した。そして、直接軍政が終了し、占領統治の権限が高等弁務官に移された後も、原子力の原則としての完全な禁止は、高等弁務官法規二二号（五〇年三月二日に制定、一五日に発効）として制定し直され、維持された[7]。

ただし、ドイツ条約によって西独の主権が回復されれば、占領法規である高等弁務官法規は効力を失い、したがって原子力の禁止も撤廃されることになるが、米英仏は西独の主権回復後も原子力を厳しく制限しようとした。例えば、前述のロンドンにおける会議（五二年二月一三―一九日）の後、アメリカの高等弁務官マックロイ（John J. McCloy）は以下の考えを示した（国務省への電信、二月二三日付）。会議で合意された核開発の禁止を確実なものとするためには、今後、原子力の厳格な制限について詳細かつ具体的に取り決める必要がある[8]。そのような取り決めに関する米英仏間の協議の結果、原子力の制限について以下の合意が形成された（三月七日）。すなわち、（原爆の開発に利用できる）核分裂性物質の年間の生産量は五〇〇グラム以下、原子炉の建造に関しては、研究目的の小規模なものだけを認め、発電目的の大規模なものは認めず、濃縮ウランの濃度の上限は二・一パーセントとする（この程度の濃度では原爆開発に利用できない）[9]。

以上のような原子力の制限について、五二年三月以降、米英仏と西独の間で交渉が進められ、西独の側ではハイゼンベルクもアドバイザーとして交渉に参加した。米英仏が提示した制限の内容について、ハイゼンベルクは、アデナウアーの側近であったハルシュタイン（Walter Hallstein）との協議（三月二四日）で以下のように主張した。

すなわち、当初の二年間は提示された制限を受け入れるとしても、民生（平和）目的の原子力研究のさらなる発展のため、二年後に制限の変更について交渉できるように要求するべきである。そして、アデナウアーは米英仏の高等弁務官との会談（四月二八日）でそのように要求し、認めさせることができた。この会談に参加したハイゼンベルクは、さらに、当初の二年の間も、核分裂性物質の年間の生産量の上限を五〇〇グラムから二五〇〇あるいは三〇〇〇グラムにまで引き上げることを要求した。そしてハイゼンベルクは、上限の引き上げはあくまでも民生（平和）目的の原子力の発展のために必要であると強調したが、引き上げれば「二、三年のうちに原爆を開発できる」ことも認めた。そのような問題のために、米英仏は上限の引き上げを認めなかった。[10]

そのような、民生（平和）目的の原子力であっても核開発に利用できるという問題は、その後も一貫して西独の核保有問題に関する最重要問題の一つであり続けるが、既に五〇年代前半の時点で重要な争点になっていたのである。

以上のように、西独は、米英仏が要求する原子力の厳格な制限を受け入れざるを得なかったが、これによってドイツ条約およびEDC条約を成立させるための条件が満たされた。ドイツ条約は五二年五月二六日に、また、EDC条約は二七日に締結され、これらに先立つ五月七日付の、アデナウアーから米英仏政府への書簡では、西独が核開発を放棄し、原子力の制限を受け入れるという宣言が記された。EDC条約第一〇七条では、SEZ（西独）では核兵器の開発が禁止され、原子力が厳しく制限されることも規定された。また、書簡における宣言では、核兵器の開発だけでなく「保有」も放棄することが明記された。[11]

そして、EDC条約が批准され、発効すれば西独の核開発は条約で法的に禁止され、また、原子力も厳しく制限されるため、核開発能力の獲得も非常に難しくなる、はずであった。

2　再軍備交渉の第二段階――パリ条約の締結まで（五四年八―一〇月）

ＥＤＣ条約失敗、フランスの立場が弱まり、西独の立場が強まる

五四年八月三〇日、フランスの議会がＥＤＣ条約の批准を否決したため同条約は失敗に終わり、不可分の関係にあったドイツ条約も失敗に終わった。したがって、主権回復と再軍備を認める、別の新たな条約を改めて作成せねばならなくなったが、西独にとっては以下に説明する諸理由のためチャンスが生じた。すなわち、まず、フランスの影響力が低下した。ＥＤＣ条約を強硬に要求したのはフランスであったにも拘らず、そのフランスがＥＤＣ条約を失敗に終わらせたため、説得力と信頼を失ったのである。そして、ＥＤＣ条約や、同条約による西独の核開発禁止を最も強く要求したのもフランスであったが、その影響力が低下したため、西独にとっては再軍備や核開発の禁止について、より有利な条件で合意を形成できるチャンスが生じた。チャンスが訪れたことを証明するものとして、アメリカの国務長官ダレス（John Foster Dulles）は八月三一日、フランスを批判し、西独を差別せず「平等なメンバー」として主権回復と再軍備を迅速に達成するという立場を示した。[12]そして米英と西独は、本来の構想であった（が、フランスが反対したために断念していた）、西独のＮＡＴＯ加盟に基づく再軍備を目指すようになった。

ただし、フランスの立場にはなおも注意する必要があった。影響力を低下させはしたが、西独の主権回復とＮＡＴＯ加盟および再軍備を実現するためにはフランスの同意が不可欠で、それらになおも強い不満を抱くフランスの同意を得るためには、西独が一定の対価を支払うこと、とくに核兵器をはじめとする強力な兵器について、

少なくとも一定の制限を受け入れることが不可欠であった。イギリス首相のチャーチル（Winston Churchill）はアイゼンハワーへの書簡（五四年九月一日付）で、西独が軍事力について一定の制限を受け入れると宣言することが望ましいと提案したが、アイゼンハワーも、そしてアデナウアーも同意した。ただし、米英はＥＤＣ条約のような、条約による厳格な制限までは求めず、アデナウアーも今度はそのような厳格な制限を避けようとした。[13]

そして、フランスは西独のＮＡＴＯ加盟による再軍備を原則として認めたが、その条件としてＥＤＣ条約と同等の厳格な軍事力の制限を、条約で受け入れることを要求した（五四年九月一五、一六日）。[14] しかし、西独は制限を可能な限り緩和することを目指した。そのため合意形成の見通しは不透明ではあったが、西独の主権回復とＮＡＴＯ加盟および再軍備に関する合意形成を目的とした、ロンドン九か国会議が開催されることになった（九月二八日—一〇月三日）。

会議における最大の争点は、再軍備へのフランスの同意を得るために不可欠な軍事力の制限を、西独がどの程度まで受け入れるか、また、どの程度であればフランスが満足するかという問題であった。ただし米英は、他の諸問題でもフランスを満足させることによって再軍備への同意を得ようとした。すなわち、アメリカは今後もヨーロッパの安全保障に貢献し続けることを宣言し、イギリスは自国軍を大陸ヨーロッパに駐留させ続ける方針を示した。しかし、それらだけではフランスの同意を得られなかった。そのためには、やはり西独の軍事力の制限が不可欠であったが、西独はこの問題に関する立場を明らかにすることを頑なに拒み続けた。そのため、多くの国々が会議の失敗を恐れるようになった段階でようやくアデナウアーは核（および生物、化学）兵器の開発放棄を宣言した（一〇月二日）。これに多くの国々が安堵し、フランスも納得したため、西独の主権回復とＮＡＴＯ加盟および再軍備に関する合意が形成された。以上の合意はパリ条約（一〇月二三日）に正式に規定され、アデナウアーの宣言は条約の付属文書に明記された。[15]

では、西独の核保有問題は解決されたのか。

核保有問題は解決されたのか？——ＥＤＣ条約と宣言（五四年）の違い

五四年の宣言の意義は小さいものではなく、これを西独が無視することは容易ではなかったが、その意義は十分でもなく、核開発と保有を可能にする抜け穴もあったため、総じて核保有問題を解決するものではなかった。以上の問題点を、例えばソ連の最高指導者であるフルシチョフ（Nikita Sergeyevich Khrushchev）も十分に理解し、フルシチョフはフランス首相のモレ（Guy Mollet）との会談（五六年五月）で、宣言にも拘らず、西独による核開発と保有の危険性が残されていることを強く警告した[16]。

そして、宣言（五四年）に比べると、ＥＤＣ条約による西独の核開発禁止は、より強力かつ確実であったが、そのようなＥＤＣ条約と宣言（およびパリ条約）を比較すれば、宣言のさまざまな問題点が明らかになる。すなわち、第一に、ＥＤＣ条約は本文（第一〇七条）で西独の核開発を禁止したが、パリ条約は禁止せず、宣言だけである。つまり、核開発は条約で禁止されなくなった。第二に、ＥＤＣ条約の締結とともにアデナウアーが米英仏政府に送付した書簡（五二年五月七日付）では、核保有の放棄も宣言されていたが、五四年には、保有の放棄は宣言されていない。つまり、西独は核を保有できる。例えば、他国から核を入手して保有できる。第三に、自国の領土内での核開発の放棄は宣言しているが、領土外での核開発の放棄は宣言していない。したがって、領土外で核を開発し、そして、保有できる。第四に、ＥＤＣ条約は原子力も厳しく制限したため、核開発能力の獲得を非常に難しくさせたが、五四年の宣言（およびパリ条約）は原子力の制限を（一部の例外を除いて）伴っていない。そのため、西独は原子力に関する自由を回復し、核開発能力を獲得できるようになった[17]。

以上のように、ＥＤＣ条約と比較すると五四年の宣言の意義は限定的で、核開発と保有を可能にする多くの抜け穴もあったが、そのようになった最も重要な理由は、フランスの影響力が低下したからであった。すなわち、西独の核開発をＥＤＣ条約によって強力かつ確実に禁止することを最も強硬に要求した国はフランスであったが、そのフランスがＥＤＣ条約を自ら葬り、影響力を低下させてしまった後は、ＥＤＣ条約と同等の禁止を実現することが難しくなった。その一方で、米英は従来から条約による禁止を重視せず、宣言でよいと考えていた。以上のような展開は西独にとって大きなチャンスとなったが、西独はこのチャンスを最大限に活かした。また、ロンドン九か国会議におけるアデナウアーの交渉戦術も重要であった。すなわち、アデナウアーは、どの程度の禁止を受け入れるかという点について最後まで手の内を明かさず、そのため、会議の失敗が危惧されるまでになった段階で初めて核開発放棄を宣言したが、他の参加国はそれで安心し、満足してしまった。何故なら、会議の失敗を避けることを何よりも優先するようになっていたからである。

以上のように、五四年の核開発放棄宣言は西独の核保有問題を解決せず、その後も多くの国々が核保有問題に悩み続けることになった。何故なら、宣言の意義が限られたものであったからだけではなく、宣言したアデナウアー自身が五六年以降、核開発と保有を目指し始めたからである。したがって、アデナウアーは宣言を無効にしようともし始めた。

宣言は事情が変化しない限り有効というダレスの発言――本当にあったのか？

アデナウアーは、核兵器（および生物、化学兵器）の開発放棄をロンドン九か国会議で宣言した当時の状況について、六六年に出版した回顧録で以下のように説明した。「私がこのように宣言すると、ダレスが立ち上がった。会議室の長い机の向かい側の席に彼は座っていた。そして私のところに来て、部屋の中の誰もが聞こえる大きな声で言った。「首相、あなたは、ドイツ連邦共和国が自国の領域内ではＡＢＣ兵器の開発を放棄することを宣言されました。この宣言は、他の国際法上の宣言や義務と同じく、事情が変化しない限り有効であるに過ぎません(nur rebus sic stantibus gilt)」。私も同じような大声で答えた。「全くそのとおりです」。他の参加者たちは黙っていた[18]」。

そのように、アデナウアーによると、ダレスがロンドン九か国会議で示したという立場は、一般的に事情変更の原則と呼ばれる。すなわち、条約の締結後、締結時には予見できなかった重大な状況の変化が起きた場合には、条約を無効にできるという原則である。この原則が適用されるための要件等については諸説あるが、核開発放棄宣言についてもこの原則の適用が認められれば（また、事情の変化があれば）、宣言を無効にすることも可能で、その場合、西独は核兵器を開発できることになる。そして、アデナウアーによると、核開発放棄宣言についてダレスがこの原則の適用を認めたという。宣言の直後に西側同盟の盟主であるアメリカの国務長官がこの原則の適用を認めたのであれば、それは、原則が本当に適用されて、宣言を無効にするための有力な根拠となり得るであろう。そして、アデナウアーは回顧録の他にもさまざまな機会で、ダレスがこの原則の適用を認めたと繰り返し強調し続けた〔例えば、五六年九月一九日の西独政府内の会議、六一年一一月二二日のケネディとの会談、六二年六月二一日のアメリカの国務長官ラスク（Dean Rusk）との会談、六二年七月四日のドゴールとの会談等[19]〕。

ところが、ロンドン九か国会議でダレスの発言があったことを証明する史料は発見されておらず、そのような発言はなかったという証言もある。まず、旧ドイツ国防軍の軍人であった（また、その後、西独連邦軍に参加した）キールマンゼグ（Johann Adolf Graf von Kielmansegg）は、再軍備交渉では軍事問題に関するアドバイザーとしてアデナウアーと側近たちを補佐し、ロンドン九か国会議でアデナウアーが核開発放棄を宣言した時にも傍にいたが、後に八九年、宣言の直後の一連の出来事について以下のように説明した。宣言のすぐ後に休憩となり、まずは元ベルギー首相のスパーク（Paul Henri Charles Spaak）がアデナウアーのところに来て、キールマンゼグが通訳を務めた。スパークはアデナウアーに「あなたは私よりも偉大なヨーロッパ人です」と称賛した。その後にダレスが来て、宣言には「大変に感謝しておりますが、それは首相とドイツにとって一体何を意味するのでしょうか」と質問した。アデナウアーは、それほど大きくはない声で、まずは再軍備を認められた戦力（一二個師団）を完成させることが重要で、宣言の意義についてはその後に改めて交渉できるでしょうと答え、これで会話は終わったという。[20]

つまり、キールマンゼグによると、事情変更原則の適用を認めたダレスの発言はなかった。また、そのような発言があったことを証明する史料も発見されていない。それを探したアデナウアー自身が発見できなかった。すなわち、まず、アデナウアーは前述した六六年に出版した回顧録を六五年に執筆していた際、そのような史料を探し、首相府の外交政策室（das Außenpolitische Büro des Kanzleramts）に調査を依頼したが、外交政策室は、ダレスの発言があったことを証明する史料を首相府だけではなく外務省でも発見できなかった。ロンドン九か国会議でアデナウアーの通訳を務めたヴェーバー（Heinz Weber）も、そのような発言があったことを思い出せなかった。そこで、アデナウアーは外交政策で最も信頼した側近たちであり、ロンドン九か国会議でも重要な役割を果たしたブランケンホルン（Herbert Blankenhorn）およびハルシュタインに、それぞれ七月三〇日付の書簡で、ダレスの発言があったことを確認するように求めたが、ブランケンホルンは「思い出せない」と答えた（アデナウアーへの返信、八月一三日付）。ただし、ハルシュタインは、ダレスの発言はあったと回答しつつ、そのような発言を「会議の参加者の全てが誤解の余地なく聞き取ったとは、おそらく言えないでしょう」とも付け加えた（アデナウアーへの返信、八月二二日付）。その後、八七年に出版されたフランスの外交文書の公刊史料集では、アデナウアーの宣言は記されているが、ダレスの発言は記されていない。アメリカの公刊史料集でも同様である。[21]

以上のように、ダレスの発言があったとアデナウアーが回顧録で記したことの根拠は、ハルシュタインおよびアデナウアー自身の記憶に限られるようである。しかし、部屋の中の誰もが聞こえる大声でダレスが発言したという回顧録の記述は、ハルシュタインの記憶とは全く異なる。そもそも、会議でアデナウアーのすぐ傍にいた人々は、ハルシュタインを除き、ダレスの発言があったことを記憶していない。発言を証明する史料も全く発見されていない。

以上の諸問題に注意すると、ダレスの発言は、本当はなかった可能性が高い。つまり、アデナウアーが嘘をついた、あるいは自らの記憶を都合よく改変した可能性がある。そこまでしてアデナウアーが、ダレスの発言があったと強調し続けた理由は、もし本当にあれば（あるいは、本当にあったと、人々に信じ込ませることができれば）、そのような発言は核開発放棄宣言を無効にするための、有力な根拠となり得るからであった。そして、宣言を無効にしようとした理由は第2章で説明するとおり、五六年九月以降、核開発と保有を目指すようになったため、宣言が邪魔になったからである。

なお、アデナウアーは五五年までの時期においても核に関する諸問題に注意を払っていたが、以下、核に関するアデナウアーの、五五年までの時期における認識を説明しておきたい。そのような認識は以下のように要約できる。すなわち、まず、核を保有する国々の間でそれを使用し合えば、いずれも多大な被害を蒙ることは明白なため、どの国も核の使用を自制するであろう。第二次世界大戦ではいずれの交戦国も毒ガスの使用を自制したように。したがって、通常戦力が依然として非常に重要である。しかし、核が使用される可能性を完全には排除できず、とくに西独は冷戦対立の最前線に位置するため、戦場となった国内で核が使用される危険性が高い。そのような事態は絶対に防がねばならない。ただし、水爆の開発にも成功したソ連の核戦力がさらに増強されれば、ソ連に対抗しようとするアメリカの意思が弱まり得ることに注意せねばならない。これを防ぐため、アメリカが核戦力において大幅な優位を保つことが望ましい。また、西独国内で核が使用される事態に備えて、被害を最小限に抑えるための民間防衛を発展させねばならないが、それと同時に、東側に対抗するため、西独国内へのアメリカの戦術核の配備も認めねばならない[22]。

以上のように、アデナウアーは核兵器の諸問題に注意しつつ、通常戦力の方が依然として重要であるとも考えていた。しかし、第2章で説明するとおり五六年以降、そのような考えを変えることになる。そのような変化を促した重要な問題の一つが、西独にも大量に配備され始めた戦術核の発展であったが、本章では最後に、アメリカが五〇年代半ばから戦術核を西独国内に配備し始めたことを説明しておきたい。まず、五三年末までに核弾頭を発射できる二八センチ砲（地対地、射程約三〇キロ）が配備され、五四年までに同じく核弾頭を発射できるマタドール・ミサイル（地対地、射程約五〇〇キロ）が配備され、五四年には核弾頭の管理を担当する部隊も配備された。

以上の経緯から、核弾頭の配備が始まったのも五四年頃からであったと考えられる。五四年から五五年までに二八センチ砲の数が増やされただけではなく、核弾頭を発射可能な新たな地対地ミサイル、オネスト・ジョン、コーポラル（それぞれ射程約二〇、一二〇キロ）も配備され、その後も核弾頭を発射可能な各種の兵器の配備、そして核弾頭の配備、増強が続いた。それらの戦術核は戦場での使用を目的としたもので、戦場となることが想定された地域は専ら西独国内であった。つまり、有事の際、西独を守るはずの大量の核は、西独で爆発することになる。五四年九月に西独で実施されたＮＡＴＯの軍事演習（「バトル・ロイヤル」）では二八センチ砲の使用が検証され、五五年には、数百発の戦術核を、西独に侵略した東側の軍隊に対して使用することを想定した軍事演習（「カルト・ブランシュ」）が実施された（詳しくは第2章で説明する[23]）。

核兵器と運搬手段は質、量において劇的な進化と増強を続け、それらは冷戦対立の最前線に位置する西独に大量に配備され始めた。しかし、占領状態にあった西独では国民に対し、それらの配備について十分な情報は与えられていなかった。五五年にようやく主権を回復し、新たなスタートを切ろうとしていた時に、西独は既に、核に関する重大な諸問題に巻き込まれていた。

第2章　核保有を目指すアデナウアー、これを禁止しようとする圧力（一九五五―五八年）

再軍備を認められたのと同時に西独は核を強く重視するNATOの新戦略への貢献を求められた。その他の諸問題に関する考慮からもアデナウアーは、核は決定的に重要であると痛感するようになり、五六年後半以降、核開発と保有を目指し始めた。具体的には、アメリカの支援に基づき、核開発能力の基礎となる原子力を発展させ始め、また、核共有政策への参加に基づく連邦軍の核武装を目指した。その一方で、西独の核開発と保有、連邦軍の核武装を防ごうとする圧力が国内外で強まり始めたが、アデナウアーの決意は全く揺るがなかった。しかし、西独が、東側の強硬な反対を無視して核共有政策への参加を決定したことが主な原因の一つとなって、ソ連は五八年一一月、核戦争の危機を起こした。

以下、第1節ではNATOの新戦略とそれが西独にもたらした諸問題を説明する。第2節ではNATOの新戦略等を機にアデナウアーが核保有を決意した理由や、そのために追求し始めた諸政策を説明する。第3節では、それらの諸政策に対して強まり始めた、核保有を禁止しようとする圧力と、そのような圧力に対するアデナウアーの態度を説明する。第4節では、短期間ながら極秘裏に模索された仏独伊共同核開発計画と、NATOによる核共有政策の正式な採択、および、西独による核共有政策への参加の決定を説明する。最後に、第5節ではソ連がベルリン危機を起こすに至った経緯を説明する。

1　核時代に巻き込まれる西ドイツ（五四年末―五六年後半）

NATOの新戦略

まず、西独の再軍備とNATO加盟は五四年一〇月に締結されたパリ条約で認められ、同条約が五五年五月に発効したことによってNATO加盟が実現し、再軍備が始まることになったが、その間、五四年一二月にはNATOの新たな軍事戦略であるMC四八が採択されていた。そして、MC四八は大量の核兵器（戦略核、および戦術核）を積極的に利用しようとする戦略であったが、NATO統合軍の一部である西独連邦軍はそのような戦略に貢献せねばならなかった（とくに、戦術核について）。なお、以下、核の「利用」とは、実際の使用だけではなく、実際に使用する態度を示して（実際には、使用することなく）敵を抑止しようともする、さまざまな利用のあり方を意味するものとする。

そして、MC四八が採択された最も重要な理由の一つは、核兵器に関する技術革新が急速に進み、核の重要性がますます高まっていたからであった。すなわち、核弾頭の大量生産だけではなく小型化も進み、戦場において大砲や航空機から発射される戦術核を大量に配備し、発射することも可能になっていた。そのような変化を受けてMC四八は以下のような判断を示していた。すなわち、東側との軍事的な衝突や戦争が発生した場合には、東西の双方が当初から直ちに戦略および戦術核を大量に使用する事態を想定せねばならなくなった。また、通常戦力における西側の深刻な劣勢を補うためにも核を積極的に利用せねばならず、とくに、東側の膨大な通常戦力による侵略に対し、直ちに大量の核使用で反撃できる態勢を整えねばならない。そうしなければ、通常戦力で劣る西側は重大な危機に陥る[1]。

以上のような新戦略は、アイゼンハワー政権が、大量の核を積極的に利用しようとする自らの新たな戦略方針をＮＡＴＯ全体に反映させて、採択させたものでもあった。そして、アイゼンハワー政権の新戦略は以下のような構想に基づいていた。すなわち、まず、アメリカが冷戦を戦い抜くためには国力の基礎である経済力を弱体化させてはならず、とくに軍事費の膨張を抑制せねばならない。そのためには、通常戦力に比べると相対的に低コストで防衛力や抑止力を高めることができる核兵器を積極的に利用せねばならない。とくに、朝鮮戦争のような局地戦にアメリカを引き込んで国力を消耗させようとする東側の策略には今後も注意せねばならないが、そのためには東側からの軍事的な挑戦に、今後はコストのかさむ通常戦力ではなく、いつでも、どこでも大量の核使用で対処せねばならない。核ならば直ちに敵を殲滅できる。そのような使用の態勢を示すことによって、東側が朝鮮戦争型の軍事的な挑戦を仕掛けることを抑止することも重要である[2]。

以上のようなアメリカの新戦略は、ダレスの講演（五四年四月）によって「大量報復（massive retaliation）」戦略として広く知られるようになり、同盟国にもショックを与えていた。そして、アメリカは大量の核を積極的に利用しようとする自らの新戦略をＭＣ四八としてＮＡＴＯに採択させることによって、西欧諸国にも新戦略への参加と貢献を求めたが、西欧諸国の中でＭＣ四八への貢献が最も期待された国が西独であった。何故なら、西独は潜在的には、西欧諸国の中で最大の軍事力を発展させ得る、西欧の最強国だったからである。具体的には、再軍備によって一二個師団、約五〇万の軍事力として完成することが目指された連邦軍が、ＮＡＴＯ統合軍の中核となることが期待されていた。そしてＭＣ四八では、西独連邦軍も新戦略に貢献するべき、すなわち核に関して重要な役割を担うべきという方針が明記されていた[3]。

そのようなMC四八に基づいて、NATOは後に核共有政策を採択し（五七年一二月）、連邦軍に戦術核を装備させることになる。

カルト・ブランシュ演習の衝撃——西独における核に関する議論の本格化（五五年）

NATOは五五年六月二〇日から二八日にかけてMC四八に基づく初の本格的な軍事演習「カルト・ブランシュ」を実施した。それは、西独に侵攻したソ連軍をNATOの空軍が戦術核で撃退する作戦を検証するものであり、演習の結果は以下のようなものであった。すなわち、西独では、北はハンブルクから南はミュンヘンまで一〇〇箇所以上の目標に三〇〇発以上の戦術核が発射され、爆発し、民間の死者は約一七〇万人、負傷者は約三五〇万人に達し、戦後も放射性降下物による被害が続く。以上のような演習の結果は西独国内でも広く報道され、多くの人々が強い恐怖を感じ、核兵器が非常に重要になっていることに気づいた。[4]

ところが、西独政府はアデナウアーをはじめ依然として専ら通常戦力を重視し、MC四八にも十分に注意していなかった。そもそもアデナウアーをはじめとする政府首脳の戦争や軍事力に関する基本的な認識は、二つの世界大戦という経験に強く規定されたままであった。[5]

その一方で、野党のSPDはカルト・ブランシュ演習の後、核を積極的に利用しようとするNATOの戦略、すなわちMC四八を厳しく批判し、また、アデナウアー政権はMC四八の危険性に注意していないと批判した。また、CSUの若手政治家として台頭し始めていたシュトラウスも、核が重要性を高めている変化に適応せねばならないと主張した。なお、シュトラウスは、アデナウアー政権では無任所大臣（五三—五五年）、原子力大臣（五五—五六年）、国防大臣（五六—六二年）を歴任し（後に、キージンガー政権では財務大臣（六六—六九年））、CSUの党首（六一—八八年）にもなり、西独の核保有問題で重要な役割を果たし続けることになる。[6]

しかし、SPDやシュトラウスの主張に対するアデナウアー政権の反応は微温的で、通常戦力を重視する立場を崩さなかった。[7]

アデナウアー政権も核の重要性を認める（五六年七月以降）

しかし、五六年七月以降、いわゆるラドフォード・プランをめぐる騒動によって、核が通常戦力よりも重要になったという認識が西独でさらに強まり、アデナウアー政権も核の重要性を認めねばならなくなった。まず、五六年七月一三日付のニューヨーク・タイムズ紙は、アメリカの統合参謀本部議長ラドフォード（Arthur Radford）によるものとする米軍の大規模な再編計画（ラドフォード・プラン）を報じたが、その内容は以下のようなものであった。六〇年代半ばまでに戦略核戦力を強化しつつ、通常戦力を八〇万人削減するが、削減は専ら海外に駐留している米軍の撤退によってなされる。[8] そのように、ラドフォード・プランは核を強く重視する一方、通常戦力の役割を劇的に低下させようとするものであった。

以上のようなラドフォード・プランに関する報道は、西独（をはじめとする西欧諸国）に強いショックを与えた。とくに、アデナウアーをはじめ西独は在欧米軍の撤退を強く恐れるようになった。そして、アデナウアーはアイゼンハワー政権に対しラドフォード・プランの放棄を強硬に要求した。そしてラドフォード自身が、自らの案として報道された記事の内容を直ちに否定し、アイゼンハワー政権もアデナウアーに対し、西欧諸国が在欧米軍の駐留を望む限り、その削減あるいは撤退はないと約束した〔アイゼンハワーからアデナウアーへの書簡（五六年九月二八日付）〕。それでも、在欧米軍の削減、さらには撤退という最悪の事態に関する、アデナウアーをはじめとする、西独における多くの人々の不安は解消されなかった。[9]

そして、ラドフォード・プランに関する報道によって、核が通常戦力よりもはるかに重要になったという認識が西独でさらに強まったことを受けて、アデナウアー政権も核の重要性を認めねばならなくなった。具体的には、以下に説明する再軍備計画の見直しにおいて核の重要性を認めた。まず、SPDとCSU、とくにシュトラウスは核の重要性をふまえて以下のようにも主張していた。すなわち、通常戦力の意義が低下しているため、アデナウアー政権の再軍備計画で目標とされている約五〇万もの兵力は不要で、目標とする兵力を引き下げるべきである。そして、SPDは目標とする兵力を二五万から二〇万までの間に引き下げるべきと主張し、シュトラウスも、連邦軍は数よりも質を重視し、核が重要になっている変化に適応した最新鋭の軍事力にならねばならないと主張した。以上のような主張が説得力と影響力を強めていたため、アデナウアーはシュトラウスの主張を受け入れ、五六年一〇月一六日、シュトラウスを国防相に任命して再軍備の見直し、すなわち連邦軍の、核時代に適応した近代化、要するに戦術核武装を目指すという重要な任務を担わせた(10)。

そして、アデナウアーは西独による核開発と保有も目指すようになった。

2　アデナウアー、核保有を目指す

アデナウアー、核保有を目指し始める（五六年九—一〇月）

五六年九月一九日から一〇月五日までのアデナウアーの発言を見ると、言葉を選びつつ、西独による核保有の重要性を強く示唆しており、要するに、それを目指すようになったことがわかる。「ドイツは核に関して、守られるだけの存在にとどまることはできない」（九月一九日）。「二つの超大国だけが核を保有して地球上の他の全ての国々の運命を決定することは受け入れられない。それは全ての国々にとって受け入れられない。そのような事態からどのようにすれば抜け出せるのか、われわれは考えねばならない」（CDU執行部、九月二〇日）。そして、一〇月五日の閣議では以下のように述べた。「ユーラトムによって核兵器を開発できる能力を早急に獲得することを望む……ユーラトムが設立されれば、われわれは将来……核兵器を入手できるであろう」。ただし、アデナウアーはロンドン九か国会議（五四年）で核開発放棄を宣言してしまったが、「その時にダレスが言ったように、この宣言は状況が変化しない限り有効であるに過ぎない」（九月一九日）[11]。

また、アデナウアーは九月二〇日にはCDU執行部で、戦術核を装備した東側の軍隊が西独に侵攻した際、連邦軍が戦術核を装備していなければ圧倒的に不利になる危険性を指摘し、装備を強化する必要性を示唆した。要するに、戦術核武装の必要性を指摘した。「私は決して軍国主義者ではないが、言わねばならないことが一つある。防衛力を持たない国家は国家ではないということを[12]」。

以上のように、アデナウアーは、ユーラトムに基づいて原子力を発展させて核開発能力を得ること、および連邦軍の戦術核武装を目指したが、その理由は以下のように要約できる。すなわち、米ソの圧倒的な影響力に対抗し、影響力を強めるため、また、東側の軍隊が戦術核を装備していることに対抗して防衛力を高めるため。

また、アデナウアーが核開発と保有を目指すようになった、その他の重要な理由としてアメリカへの不信感や、さまざまな批判的問題意識を強めていたことを指摘できる。すなわち、アデナウアーは、まず、ラドフォード・プランに関する報道の結果、在欧米軍が撤退し、アメリカが西欧諸国を見捨てる危険性に注意していた。また、アデナウアーは、アメリカへの過度の依存によって西欧諸国が自立性や活力を失うことも危惧した。さらに、アデナウアーはスエズ危機（五六年）の経験からも、アメリカが常に西欧諸国を守るとは限らず、見捨てることがあることに注意するようになった。以上のような問題意識のために、アデナウアーはアメリカへの過度の依存を戒め、西独をはじめとする西欧諸国が自立性を強めることを重視し、そのための手段としても核保有を重視するようになった。「アメリカがヨーロッパから立ち去ることは絶対にない、と考えることは誤りである。とくに、核兵器の発展によってアメリカがヨーロッパから撤退する可能性に、われわれは常に注意せねばならない（CDU執行部、九月二〇日）[13]」。また、アデナウアーはブリュッセルにおける講演（九月二五日）で以下のように主張した。「幸福と安全の確保をアメリカに頼り切ってしまえば、ヨーロッパ諸国は十分に成長できなくなる。そのようになってしまえばヨーロッパの力が衰え、また、アメリカも、ヨーロッパのためにいつまでも尽力し続ける意思を有してはいない……スエズ危機が示すように、ヨーロッパが求めるものとアメリカが求めるものが一致するとは限らず、政治的な立場が異なれば、必然的に独立した行動を取らねばならなくなる[14]」。

そのように、スエズ危機もアデナウアーの問題意識に影響を及ぼしていた。この危機においてアメリカは英仏を助けず、見捨てていた。そのようなアメリカの態度や、ラドフォード・プランに関する報道のために、アデナウアーはアメリカへの不信感を強めていた。そして、アメリカに頼ることなく自立した影響力を強めるためにも核保有を目指すようになったが、前述の理由から連邦軍の戦術核武装も目指した。

連邦軍の戦術核武装

シュトラウスは五六年一〇月一六日に国防相に任命されてから二日後、通常戦力だけを重視して戦術核武装を重視していない現行の再軍備計画を見直すという立場を示し、一一月にはより具体的に、目標とする総兵力を約五〇万から三五万にまで引き下げ、その代わりに「最も近代的な兵器」を装備するという方針を示した。そして、NATO閣僚会議（一二月一一―一四日）では、NATO統合軍の戦術核武装が議題となったが、シュトラウスは以下のように主張した。NATO統合軍は「戦術核兵器を師団のレベルでも利用できるようにするべきである」。また、連邦軍は「最も近代的な兵器を装備せねばならない[15]」。

以上のように、シュトラウスは「近代的な兵器」と婉曲的に表現しつつ、連邦軍の戦術核武装を目指す立場を公に示した。そして、NATO閣僚会議ではシュトラウスだけではなくフランス、イギリス、オランダ、イタリアが、東側の膨大な通常戦力に対抗するためにはNATO統合軍の戦術核武装が必要と主張し、それを目指すことに関する合意が形成された[16]。ただし、西独連邦軍の戦術核武装についてはイギリスが少なからぬ不安を示し、外相のロイド（Selwyn Lloyd）はダレスとの会談（五六年一二月一一日）で「ドイツ人たちは条約上、原爆を持つことはできない」と主張した。しかし、ダレスは以下のように反論した。「ドイツ人たちは原爆を作ることは禁じられているが、アメリカから原爆を購入することは、条約上、禁じられていない」。すなわち、第1章で説明したとおりアデナウアーは核開発の放棄を宣言したが、保有の放棄は宣言しなかったため、他国からの提供に基づいて核を保有しても宣言に反することにはならなかったのである[17]。

ただし、西独自身では核を開発できない以上、連邦軍の戦術核武装は、ダレスが示唆したように、アメリカが戦術核を提供することに基づいて実施されねばならなかった。そして、NATO軍最高司令官のノースタッド（Lauris Norstad）は五七年三月二〇日、記者会見で以下のように述べた。すなわち、通常兵器としても利用できるが、戦術核弾頭を装備し、発射することもできる両用兵器を西独がアメリカから購入することは法的に問題がなく、また、連邦軍が戦術核に関する実戦能力を発展させることを望む[18]。

以上のように、連邦軍の戦術核武装はアメリカやNATOからも支持された。何故なら、それはNATOの戦略（MC四八）だったからである。また、西独は核開発能力の基礎となる原子力の発展も目指したが、これもアメリカから支持された。

原子力の発展

まず、第1章で説明したとおり西独では第二次世界大戦の終了後、原子力に関する研究や活動は占領法規によって原則として完全に禁止されていたが、主権回復（パリ条約の発効）によって禁止は撤廃され、西独は原子力の自由を回復した。ただし、パリ条約が締結される前からハイゼンベルクをはじめとする科学者たちや財界は原子力に強い関心を抱き、主権回復後は直ちに原子力の研究開発に着手できる体制を整えようとしていた。そして、アデナウアーも原子力を強く重視したため、パリ条約の発効（五五年五月）によって原子力に関する自由を回復したのと同時に、その発展に積極的に取り組み始め、まずは六月、政府が原子力の発展を支援するための組織として原子力省を新設する構想を示した。ただし、当初、原子力に関する諸問題を所管していたのは経済省で、大臣のエアハルトは市場原理を重視し、政府が原子力の発展を支援することに反対したが、アデナウアーは反対を押し切って原子力省を一〇月に新設し、シュトラウスを初代の大臣に任命した。また、一二月には原子力政策について政府と科学者、財界の代表が協議する場となる原子力委員会も設置された。さらに、野党のSPDも原子力の軍事利用には断固として反対しつつ、その平和利用の発展を強く主張したように、総じて、戦後の西独における原子力の発展は国内の広範な合意や強い期待に基づいて始まったのである。原子力は多大な可能性を秘めた最先端の科学技術の一つとして、概して好意的に受け止められていた(19)。

ただし、原子力に関する研究や活動を一〇年もの間、ほぼ完全に禁止されていた西独がそれを全くの独力で発展させることは難しかったため、アメリカの支援を重視した。また、濃縮ウランをはじめとする核物質の供給についてもアメリカに大きく依存せねばならなかった。そして、アメリカは五三年末以降、いわゆる平和のための原子力構想に基づいて多くの国々に原子力の発展を促す寛大な支援を提供し始めていたが、西独もアメリカとの間で締結した二国間協定（五六年二月一三日）に基づき、まずは研究用の原子炉の建設について支援を受けることになった。その後もアメリカからさらなる支援を得ようとした[20]。

ユーラトム

しかし、アメリカは原子力について支援を提供した国々が核開発能力を獲得することにも注意していた。そのため、アメリカは西独をはじめとする西欧諸国に関してはユーラトムを設立させて、ユーラトムによって原子力の軍事利用を防ごうとした。アメリカは、ユーラトムが核物質の独占的な所有権を有するべきと主張した。ユーラトムの独占的な所有権によって、加盟国による核物質の軍事利用を防ごうとしたのである。そして、アメリカはユーラトムが設立されない限り、西独をはじめとする西欧諸国に対しては原子力に関する支援の継続を再考する可能性があるという立場を示し、圧力を加えた（五六年五月以降）。そのため、アメリカからの支援の継続を確実にするためには、ユーラトムを設立せねばならなかった[21]。

そして、ユーラトムの設立を目指す交渉は欧州経済共同体（ＥＥＣ）の設立を目指す交渉とともに、五五年から独仏伊およびベネルクス三国の間で始まっていたが[22]、アデナウアーはユーラトムを強く重視し、政府内で以下のように指示していた（五六年一月一九日付文書）。ユーラトムを設立せねばならず、アメリカもユーラトムを強く重視していることに注意せねばならない。また、原子力の平和利用と軍事利用は区別できないため、西独が一国だけで原子力を発展させようとすれば他国から多大な不信感を抱かれるであろう。これを防ぐためにもユーラトムが重要である[23]。そのように、アデナウアーは西独の原子力をユーラトムに基づいて、他の西欧諸国との緊密な協同に基づいて発展させることを強く重視した。何故なら、アデナウアーにとっては西側統合が最も重要であったため、原子力も（そして、後に説明するとおり核開発も）西側統合、とくに欧州統合に基づかねばならなかったからである。

そして、ユーラトムの基本構想は五六年一月一八日、モネ（Jean Monnet）等によって示されていたが、その主な内容は以下のようなものであった。第一に、ユーラトムが核物質の独占的な所有権を有する（加盟各国の政府や企業には所有権が認められない）。第二に、原子力の利用は平和目的に限定し、軍事利用を禁止する。[24]

しかし、以上のような構想をめぐって西独とフランスの立場が異なり、ユーラトムの設立を難しくさせた。第一の点にはフランスが賛成したが、西独が反対した。ユーラトムに核物質の独占的な所有権が認められれば、西独の政府や企業による核物質の利用が大幅に制限され、原子力の発展が阻害されることを警戒したからである（ただし、アデナウアーは第一の点をある程度は受け入れようとする立場を示した）。第二の点にはフランスが反対し、軍事利用を目的とする原子力をユーラトムによる管理の対象外とすることを要求した。何故なら、核開発を目指したからである。しかし、ユーラトム設立交渉に参加した国々の中で、核開発を目指した国はフランスだけであり、フランスの要求が認められれば、フランスだけが特別扱いを受けることになるため、これを西独は他の加盟国への差別と見なした。そのような差別を避けるために、西独はフランスの要求を認めず、軍事利用を目的とする原子力もユーラトムによる管理を受けるべきと主張した。[25]

以上のような独仏の対立のためにユーラトム設立交渉は難航したが、五七年初めまでに妥協が成立し、[26]第一の点に関しては西独の立場が認められ、第二の点に関してはフランスの立場が認められた。すなわち、第一の点に関して、ユーラトムによる核物質の独占的な所有権は否定された。ただし、所有権は形式的には認められたが、実質的な意義はほとんどなかった。何故なら、ユーラトムが（形式的に）所有する核物質を、加盟国の政府や企業が無制限に利用できる権利も認められたからである（それでも、形式的なものであれユーラトムの所有権を認めねばならなかった理由は、それをアメリカが重視していたからであった）。その一方で、西独は第二の点に関しては、軍事目的の原子力（関連施設や物質）をユーラトムによる管理の対象外とすることを認めた。この点では、フランスの主張が認められたのである。[27]

そのため、最終的に成立したユーラトム条約（五七年三月二五日に締結）は原子力の軍事利用を明確には禁止しない内容になっている〔これに対し、同じく五七年に締結されたIAEA憲章は（第二条で）原子力の軍事利用防止を目的として明記している〕[28]。また、ユーラトムによる核物質の所有権も実質的には否定されたため、総じてユーラトムは、加盟国の原子力を厳重に管理し、軍事利用を防ぐ強力な地域機構となることを目指した当初の構想とは大きく異なり、実質的な機能や意義が乏しい組織として誕生した。そのため、西独をはじめとする西欧諸国の原子力の発展は、それぞれ独立して進められていくことになった。ただし、ユーラトムの査察制度だけは、その、数少ない実質的な機能の一つとして成立した（そして、ユーラトム査察は第4章以降で説明するとおり、NPTとの関連で非常に重要な意義を有することになる）。

以上の結果は、ユーラトムを強く重視したアデナウアーにとっては十分に満足できるものではなかったかもしれないが、ユーラトムの設立によって原子力に関するアメリカからの支援を継続できるようになったことは非常に大きな収穫であった。

アデナウアーが目指した核開発と保有――あくまでも西側統合（とくに欧州統合）に基づく

なお、ユーラトムの当初の構想ではウラン濃縮施設を共同で建設することも目指されていたが、そのために必要な莫大なコストへの懸念から共同の建設は断念され、ウラン濃縮施設は、フランスが核開発のためにも単独で建設することになった。ただし、アデナウアーは共同の建設を重視し、以下のような考えを示していた。すなわち、フランスが単独で建設するよりも共同の建設の方が有益で、これに西独が参加することによってのみ、原子力の「軍事利用についてわれわれが発言権を得られる可能性がある」（閣議、五七年一月一五日）[29]。

また、アデナウアーは五六年一〇月五日の閣議でも前述のとおり、ユーラトムに基づいて核開発能力を獲得するべきと主張していた。また、アデナウアーは五六年一月一九日付の文書では前述のとおり、西独が一国だけで原子力を発展させようとすれば他国から不信感を抱かれる（何故なら、原子力は核開発に利用できる）ため、原子力はあくまでもユーラトムに基づいて発展させねばならないとも主張していた。

以上のように、アデナウアーの問題意識によると原子力や核開発能力はユーラトムに基づき、他の西欧諸国との共同で発展させて、獲得せねばならず、西独が単独で発展させて、獲得するべきではなかった。何故なら、アデナウアーの問題意識によると西独にとっては欧州統合が決定的に重要なため、核開発も欧州統合に基づかねばならなかったからである。また、第1章で説明したとおりアデナウアーは、西独が、西側諸国の共同体によって厳重に管理されない独立した軍事力を保有することを強く危険視し、それに反対していた。そのような問題意識にも注意すると、アデナウアーが西独の単独による核開発と保有を目指したとは、やはり考え難い。

しかし、ユーラトムは、アデナウアーが期待した、原子力や核開発能力の発展を西欧諸国の共同で目指す地域機構とはならなかった。では、ユーラトムに関する期待が満たされなかった後、アデナウアーは、ユーラトムや他の西欧諸国との関係にはこれ以上注意することなく、西独による単独での核開発と保有を目指すようになったのか。

この問いへの答えは、否である。ユーラトムに関する期待が満たされなかった後も、アデナウアーはユーラトムに関して抱いていた問題意識を保ち、原子力や核開発に関わる諸問題についてはあくまでも他の西欧諸国との関係に注意し、他の西欧諸国との共同に基づかない限りは、決して核開発や保有を行おうとはしなかった。そのことは、第4節で説明する仏独伊三国の共同による核開発計画の経緯からも確認できる。

総じて、アデナウアーは原子力と核開発能力を発展させて、将来的には核開発を行い、核保有国になれる選択肢、すなわち核オプションを獲得しようとしたが、それらは欧州統合に基づかねばならなかった。すなわち、核開発や保有は、西独が単独で行ってはならず、あくまでも他の西欧諸国との共同で行わねばならなかった。西独にとっては欧州統合が最も重要だったからである。

同様のことは、連邦軍の戦術核武装についても言える。それは、アメリカが主導したＮＡＴＯの戦略に従うことによってのみ実現可能であった。

しかし、連邦軍の戦術核武装や、西独による原子力の発展、すなわち、これに基づく核開発能力の発展が進みつつあることは西独の国内外で不気味な印象と多大な不安感を与え始めていた。したがって、西独の核開発と保有、連邦軍の核武装を防ごうとする圧力も強まり始めた。

3　核保有を禁止しようとする圧力の高まり

前節まではアデナウアーをはじめとする西独政府や、他の西側諸国の動向が中心的な分析対象であったが、本節からは西独国内の世論や野党のＳＰＤ、そして東側諸国等、他のアクターも重要な分析対象となる。何故なら、それらが西独の核開発と保有、および連邦軍の核武装を防ごうとする主要な勢力となったからである。まずは、連邦軍の核武装の問題に関する、西独国内の情勢（五七年四―九月）について説明する。

西独国内における反核世論の高まり

西独ではカルト・ブランシュ演習（五五年六月）の後、大量の核が自国内で使用されて爆発し、破滅的な結果へと至る危険性への不安が強まっていた。それにも拘らず五六年一〇月以降、前節で説明したとおりシュトラウスを中心に連邦軍の戦術核武装を目指す政府の動きが強まっていることへの不安が強まっていたが、そのような不安を急激に強めたのが、五七年四月五日の記者会見におけるアデナウアーの以下のような発言である。すなわち、核に関しては「大きな」ものと「小さな」ものを区別できるが、「戦術兵器は大砲を発展させたものに過ぎない。われわれの軍隊は……最先端の段階に入らねばならない。大きな兵器は持たないが[30]」。

そのように、首相のアデナウアー自身が連邦軍の戦術核武装を示唆したことだけではなく、それをあたかも安易な問題であるかのように説明し、その危険性を十分に認識していないように見受けられたこと、あるいは、危険であるという印象を避けるため、国民を騙すような説明を行っているようにも見受けられたことが国民の不安や危機感を急激に強めた。

そのようなアデナウアーの発言への反発から、連邦軍の戦術核武装に反対する意見が急激に強まった。発言の後、五七年四月に実施された世論調査によると回答者の七二パーセントが連邦軍の核武装に反対した（また、七七パーセントが、アメリカが西独に核を配備することに反対した[31]）。そして、アデナウアーの発言から一週間後の四月一二日に発表されたいわゆるゲッティンゲン宣言も連邦軍の核武装に強く反対したが、この宣言にはハイゼンベルク、ハーン、フリードリッヒ・フォン・ヴァイツゼッカー等の多くの著名な科学者たちが参加したため国民の間で強い影響を及ぼし、核武装に反対する意見を強めるためにとくに重要な役割を果たした。宣言は（アデナウアーが言う）「小さな」戦術核でさえ広島に投下された原爆に匹敵する巨大な破壊力を有しているため、非常に危険であると指摘し、したがって西独は「あらゆる形態の原爆保有を明確かつ自発的に放棄するべき」と主張した（なお、フリードリッヒ・フォン・ヴァイツゼッカーは戦後、反核平和主義者になっていた[32]）。

そして、ゲッティンゲン宣言や、連邦軍の核武装に反対する世論の盛り上がりに対しては、当初、アデナウアーをはじめ政府は冷淡に応じたが、核武装に反対する世論が総選挙（五七年九月）に影響することは警戒した。とくに、CDU／CSUは核武装を目指したため、支持率の低下を警戒せねばならなかった[33]。

以上のような事情から、政府は連邦軍の核武装に反対する世論の鎮静化に取り組んだ。まず、アデナウアーをはじめとする政府首脳は五七年四月一九日、ゲッティンゲン宣言に参加した科学者たちを首相府に招待して会談を開き、会談後の声明で、宣言や、核に関する国民の不安に理解を示し、西独は決して核開発を行わないという立場を示した。ただし、連邦軍の核武装については明確な立場を示すことを避けた[34]。

これに対し、SPDは五七年四月末、連邦軍の核武装への反対を総選挙の争点とする方針を採択し、核武装を目指す政府を攻撃し始めた[35]。これに対し、アデナウアーは核開発放棄宣言（五四年）を守ると改めて強調し（五月一〇日）、「われわれは決して原爆を望まない」とも強調した（七月五日）。また、アデナウアーは、反核を声高に喧伝するSPDに対し、CDU／CSUの冷静な態度を印象づける選挙戦術を着実に遂行した。また、国民の多くは連邦軍の核武装に反対はしたが、そのような安全保障の問題よりも、戦後復興等の経済の問題をより強く重視しており、経済に関してはCDU／CSUが大成功を収めていた。以上の諸事情のため、総選挙（九月一五日）ではCDU／CSUが戦後、初めて過半数を上回る議席数を獲得する大勝利を収めた[36]。

以上のようにして、連邦軍の核武装に反対する西独国内の動きは、総選挙におけるCDU／CSUの勝利とSPDの敗北によってひとまずは緩和されたが、これによって核武装への国民の不安が解消されたわけでは全くなかった。五七年九月に実施された世論調査によると、連邦軍の核武装に反対すると回答した人々の割合は七一パーセントという、依然として高い水準に保たれていた[37]。それでもアデナウアーは核武装を目指す立場を全く変えず、選挙における勝利で強化された国内の政治基盤に基づいてそれを実現しようとした。

しかし、連邦軍の核武装や、西独の核開発と保有を防ごうとする圧力は国外からも強まっていた。

東側の不安と外交攻勢が強まる

まず、ソ連は五六年三月二七日に国連総会に提出した軍縮案で、東西ドイツを含むヨーロッパの一定の地域を軍備制限区域として、域内で核兵器の配備を禁止することを主張していた。また、ソ連は五七年三月一八日に国連総会に提出した軍縮案でも同様の立場を示した。[38] そして、西独連邦軍の戦術核武装を目指すCDU／CSUが九月一五日の総選挙で勝利を収めてから約二〇日後の一〇月二日、国連総会でポーランド外相ラパツキー（Adam Rapacki）は、いわゆるラパツキー案の基本構想を示した（より詳細で正式な案は五八年二月に公表した）が、その主な内容は以下のようなものであった。すなわち、東西ドイツおよびポーランド、チェコスロバキアを含む中欧地域を非核地帯とし、非核化された地域内では核の開発や保有、配備が禁止される。そして、域外国が核を配備することも禁止されるため、西独に配備されたアメリカの核は撤去せねばならず、連邦軍の核武装も禁止されることになる。[39]

以上のようなソ連の案やラパツキー案には西独政府だけではなくアメリカをはじめとする西側諸国も反対したため、実現する見込みはなかった。[40] それでも、以上の動きが示すように、西独の核開発や保有の禁止、および、連邦軍の核武装禁止を目指す東側の外交攻勢が強まった。また、ソ連の最高指導者であるフルシチョフは五六年五月にフランスを訪れて首相のモレに対し、当時、交渉中であったユーラトムの設立が西独に核開発能力を与える危険性を警告していた。すなわち、ユーラトムは「西独における軍国主義者のグループに……原爆開発の十分な可能性を与える」ため、ヨーロッパに対する重大な脅威になる。これに対しモレは、西独はロンドン九か国会議（五四年）で核開発放棄を宣言したため、そのような危険はないと応じた。フルシチョフは納得せず、宣言には抜け穴があるため西独が他国から核を入手することは可能で、これによって西欧における支配的地位を確立し、フランスにも脅威を及ぼすと警告した。モレは、フランスは西独を欧州統合に緊密に取り込むことによって、その核保有を絶対に防ぐと主張したが、フルシチョフは納得せず、西独の核保有に関する警告と批判を続けた。また、ソ連の外務省は五七年三月一六日に以下の立場を表明した。西独はユーラトムによって核開発能力を獲得しようとしているが、それは西独による「新たな軍事的冒険」を可能とさせるため、「ヨーロッパの諸国民に対する重大な危険になる」[41]。

そして、ソ連は西独連邦軍の核武装も強く警戒し、それを止めるように主張し続けた。とくに、アデナウアーによる、前述の、連邦軍の核武装を示唆した発言（五七年四月五日）を受けてソ連政府は西独政府に対し以下のように威嚇する覚書を送付していた。すなわち、もし、連邦軍の核武装によって西独が核戦争の拠点となり、そして、もし西独から核兵器が発射されることになれば、西独自身に対して核兵器が「強力かつ集中的に発射される」ことは不可避で国土の「全体が墓場になる」[42]。

しかし、アデナウアーは脅しや圧力には絶対に動じない人物である。そして、ソ連を欺きながら連邦軍の核武装を進めようとした。すなわち、アデナウアーは駐西独ソ連大使スミノフ（Andrei Smirnov）との会談（五七年四月）等で、核武装について全く関心を有していないような態度を装った。その一方で、アデナウアーは訪米の際（五月二四—二九日）、核武装のために必要な両用兵器の提供をアイゼンハワー政権に求め、その準備を着々と進めていった[43]。ラパツキー案など論外であった。

西側、西独核保有問題に関する東側との外交交渉を拒否——連関の原則、力の政策

以上のように、五六年以降、すなわち、アデナウアーが核開発や保有および連邦軍の核武装を目指し始めたのと同時に、それらを禁止しようとする東側の外交攻勢が強まり始めたが、西側諸国は、西独の核保有問題（連邦

軍の核武装問題を含む）に限らず、軍備管理・軍縮の全般について東側との交渉を拒んだ。何故なら、いわゆる「連関（Junktim）」の原則に配慮せねばならなかったからである。この原則は、軍備管理・軍縮と東西ドイツの統一問題との関連性に関わる。すなわち、まず、統一は非常に難しくなっていたが、西独は統一を依然として強く重視していた。また、西独は、軍備管理・軍縮によってヨーロッパの現状が安定化し、東西ドイツの分断という現状も安定化し、固定し、統一が難しくなることを恐れた。[44] そのため、西独は、統一に関する東西間の交渉が進展しない限り、軍備管理・軍縮に関する交渉を進めないように、西側諸国に要求した。そのような関連付けが「連関」の原則である。しかし、統一に関する交渉が進展する見込みはほとんどなかったため、連関の原則を守れば軍備管理・軍縮に関する交渉を進めることができなくなる。それでも、西側諸国はこの原則を尊重せざるを得なかった。そうしなければ、西独の、西側諸国への信頼が失われ、関係が悪化することを恐れたからである。以上のようにして、西側諸国は連関の原則を尊重したため、軍備管理・軍縮に関する交渉を進めることができなかった。[45] したがって、西独の核保有問題（連邦軍の核武装問題を含む）についても、東西間の軍備管理・軍縮交渉で取り上げられ、解決が目指される見込みはほとんどなかった。

また、アデナウアーは西独の核保有問題だけではなく、ドイツ統一問題等、重要な諸問題に関する東側との交渉を事実上、一切、拒否する立場を取っていた。いわゆる「力の政策（Politik der Stärke）」を信奉したからである。「力の政策」とは、以下のようなアデナウアーの信念に基づく方針である。すなわち、東側との交渉を有利に進めるためには、交渉力の基礎である軍事力が不可欠である。しかし、西独の軍事力は弱いため、それを強化しない限り交渉を開始できない。端的に言えば「ロシア人と少なくとも同じ程度に強く」なる必要がある。[46] そして、アデナウアーは軍事力を強めるために核保有や連邦軍の核武装を目指した。アデナウアーが、それらを禁止しようとする東側との交渉に応じるはずがなく、交渉を他の西側諸国が進めようとすることを許すはずもなかった（そのような交渉をさせないために、連関の原則を主張すればよかった）。

以上のように、西独は連関の原則によって東西間の軍備管理・軍縮交渉を不可能にし、力の政策に基づいて核保有や連邦軍の核武装を目指したため、東側との関係を悪化させていた。そして、西独の核保有問題が外交交渉で取り上げられることさえできないのであれば、これに対処するために東側はどうすればよいのであろうか。最終的には、外交以外の強硬な手段に訴えねばならなくなるのであろうか（実際に、ソ連は核戦争の危機という重大な圧力を利用することになる。この圧力を利用して強制的に西側を交渉の席に座らせて、外交による解決を目指すことになる）。

アデナウアーは西側諸国との関係は強く重視し、西欧の平和と安定に大きく貢献したが、東側との関係はあまり重視せず、関係を悪化させて緊張を高めていた。

そのような状況で五七年一一月、アデナウアーにとっては思わぬ幸運が舞い込んだ。

4　仏独伊共同核開発計画、核共有政策と連邦軍の戦術核武装の正式な決定

仏独伊共同核開発計画

五七年一一月一六日、フランス外務次官のフォール（Maurice Faure）は西独を訪れ、アデナウアーに対し、フランス、西独、イタリアが共同で核兵器（および、その運搬手段）を開発する計画を提案した。アデナウアーは即座に同意した。フォールによると、この計画は首相のガイヤール（Félix Gaillard）、外相のピニョー（Christian Pineau）、国防相のシャバン＝デルマス（Jacques Chaban-Delmas）等のフランス政府首脳の間で話し合われ、合意が形成されており、参謀本部も賛成しているという。これらのフランス政府首脳は、スエズ危機の最終局面にお

けるアデナウアーの行動に感動し、信頼を深めていた（危機の最終局面でフランスは完全に孤立していたが、アデナウアーだけがフランスを助けようとする行動を取っていた）[47]。また、これらのフランス政府首脳は、衰退を続けるフランスの威信を回復するためにも核開発を望んだが、国力が疲弊していたため西独との共同、とくに資金面での貢献を必要とした。そして、アデナウアーも他の西欧諸国との共同による核開発と保有を目指すようになっていたため、独仏政府首脳の思惑が一致した。以上のように、共同の核開発に関するフランスからの申し出を受けて、アデナウアーは、初めて、具体的な核開発計画に着手することになったのである[48]。

そして、フォールとアデナウアーの会談から四日後の五七年一一月二〇日には早くも、開発計画の具体的な内容に関する交渉が独仏の国防相、すなわちシュトラウスとシャバン＝デルマスの間で始まった。シャバン＝デルマスは、早ければ翌年にでもサハラ砂漠で核実験を実施するという目標を示した。そして、西独が自国の領域外で核開発を行うことは、第1章で説明したとおり、核開発放棄宣言（五四年）に反することにはならなかった。そのような点でも共同開発計画は西独にとって非常に魅力的であった。ただし、計画が露見すれば多大な反響を呼び起こし、とくにソ連を非常に強く刺激することへの警戒から、計画に関与した独仏政府の首脳は、これを極秘に進めていくことについても合意し、計画に必要な費用は、西独の連邦議会では「ヨーロッパ航空研究所」という名目で計上することになった。

ただし、アデナウアーもフランス政府首脳もアメリカとの関係には注意したため、アメリカには計画について知らせて、同意を得ようとした。アデナウアーはダレスとの会談（五七年一二月）で計画について説明した。ダレスは明確には反対しなかったが、賛成もせず、ガイヤール政権の基盤は非常に弱いため、いつまで存続するかわからない（すなわち、政権交代によって計画が破棄されるかもしれない）ことに注意を促した。ダレスが明確には反対しなかった理由として、以下のような問題意識を抱いていたことを指摘できる。「アメリカ、ソ連、イギリスが核を作り続ける一方で、他の国々がそれを作る権利を永久に放棄することは難しい」（国務省での会議、五六年二月三日）[50]。そのように、ダレスは他の国々の核開発や保有に反対することは難しいと考えていた。そもそもアメリカが核を開発し、保有しているからである。また、アデナウアーは前述のダレスとの会談で、以下のようにも主張していた。「イギリスが水爆を保有した後……他のNATO加盟国も同じ兵器を持つことは論理的に」必然である[51]。以上のように、米英（およびソ連）が核を保有する一方で、他の国々の核保有を否定することは難しかった。アメリカでさえ、フランスや西独の核保有を否定することは難しかった（したがって、第3章以降で説明するとおり、アメリカが西独の核保有を否定するためにNPTが不可欠になる）。

そして、アメリカが少なくとも反対はしなかったことを受けて、共同核開発計画が進み、五八年一月からは計画に関する協定の成立を目指す交渉が始まり、その結果、協定は四月にローマで極秘裏に調印され、計画の総費用は独仏伊によってそれぞれ四五、四五、一〇パーセントの割合で分担することが合意された[52]。

しかし、五八年六月、フランスの首相に就任したドゴールが計画を直ちに破棄し、これを受けてアデナウアーも直ちに断念した（そして、計画の責任を全てシュトラウスに押し付けようとしたが、当初から西独側で計画を主導していたのは、無論、アデナウアーであった）[53]。

こうして千載一遇のチャンスが失われたが、連邦軍の核武装は遂に可能になりつつあった。

NATOによる核共有政策の採択、西独による参加の決定

まず、五七年一二月のNATO首脳会議では核備蓄（nuclear weapons stockpile）計画、および核共有政策が正式に採択されたが、それらの主な内容は以下のようなものであった。すなわち、アメリカが西独をはじめとするNATO加盟国の領域内に核兵器を配備（備蓄）し、有事の際に、それらの核兵器を西独連邦軍をはじめとす

る加盟国の軍隊に装備させる。配備（備蓄）された核兵器はアメリカ（軍の、管理を担当する部隊）が厳重に管理し、有事において連邦軍等に装備された核兵器の発射に関する指揮権もアメリカが厳重に掌握する。したがって、連邦軍や西独政府が独自の判断で核兵器を発射できるわけでは全くなかった。そして、連邦軍等が有事において核兵器を装備し、発射するためには両用兵器が必要だが、その購入に関するアメリカとの交渉はアデナウアーの指示に基づいてシュトラウスが進め、その結果、購入に関する合意も形成された[54]。

残る課題は、核共有政策への参加、すなわち、連邦軍の戦術核武装（および、両用兵器の調達と装備）について、国内で正式な最終決定を下すことであった。しかし、核武装への国民の不安は依然として強く、五八年二月の世論調査では、反対すると回答した人々の割合は約七一パーセントという、依然として高い水準にあった[55]。しかし、CDU／CSUは五七年の総選挙で勝利し、連邦議会における議席数は過半数を上回っていたため、決議を採択することは容易になっていた。そのため、アデナウアーは核武装を承認する決議を採択することによって、国内の合意が形成されたような体裁を繕おうとした。

しかし、そのような強引な手法に反対する野党や国民の不満も強まっていた。また、連邦軍の核武装の問題との関連で、東側への強硬姿勢を崩さないアデナウアー政権への反対も以下の諸事情から強まっていた。すなわち、まず、ドイツの東西分断という現状が固定しつつあったため、その克服には長い時間を要することを、国民の多くが認めざるを得なくなっていた。そして、西独を最前線とする東西間の軍事対立が激しく、危険であることに注意すると、ドイツの東西分断という現状をふまえた上で、東側との関係改善を進めざるを得ないという意見がSPDやFDPによって主張され、国民からの支持を集め始めていた。

これに対してアデナウアーは「力の政策」を重視していたために、東側との交渉や関係改善を拒み、連邦軍の核武装を目指した。しかし、SPDから見れば「力の政策」、とくに核武装は東側との関係改善を難しくするだけではなく、東西間の対立をさらに悪化させる危険な動きであった。ＳＰＤはそのような問題意識に基づき、また、核武装に反対する世論の多数意見を背景に、それを阻止するための全面的な対決姿勢を取った。ただし、連邦議会では議席数でＣＤＵ／ＣＳＵに劣るため、核武装を承認する決議の採択を防ぐことは難しかった。そのため、ＳＰＤは議会の外で核武装に反対する大勢の国民を動員し、その圧力で核武装を阻止しようとする作戦を実行することとなったが、それは「原爆による死に反対する闘争（Kampf dem Atomtod）」と名づけられた。[56]

そして、連邦議会での激しい論戦の末に五八年三月二五日、連邦軍の核武装を承認する決議が採択されたことに対し、ＳＰＤは「原爆による死に反対する闘争」を開始したが、これに参加した人々の数は全国で約一五〇万人に及び、その一部がストライキを主張する等、急進化し、国内を騒然とさせた。そして、七月のノルトライン・ヴェストファーレン州議会選挙が、核武装をめぐる闘争の決着の場として位置づけられた。[57] しかし、選挙ではＣＤＵが勝利を収め、運動も収束し、ＳＰＤの敗北に終わった。以上の動きについてアデナウアーは、運動の急進化による騒乱が国民を不安に陥れるため、むしろＳＰＤにとって不利になると判断し、冷静に対処していたが、そのような判断と対応は概して妥当であった。ＳＰＤは方針の根本的な再検討を迫られることになった。こうして、連邦軍の核武装に反対する国内の最大の圧力が取り除かれ、アデナウアー政権は両用兵器の購入と、連邦軍による装備を開始した。

以上のようにして、西独連邦軍は核兵器を装備できることになった。

なお、アイゼンハワー政権はＮＡＴＯの核備蓄政策や核共有政策を、西独の核開発と保有を防ぐための手段としても重視するようになっていた。すなわち、アイゼンハワー政権は、西独がアメリカの核を有事の際に利用できる制度があれば、西独自身が核を開発し、保有する必要性が低下するため、それらを防ぐことに役立つと考えたようである。[59] しかし、東側諸国をはじめ大半の国々が、これらの制度によって西独による核開発と保有の可能性がなくなったと判断し、安心したとは言い難い。これらの制度が設立された後も、多くの国々が西独の核開発と保有を強く恐れ続けた（アイゼンハワー政権自身がその後も西独の核開発と保有を恐れ続けたため、それらを防ぐことを目的とした他の手段、すなわちMLFを考案し、その実現を目指すことになる）。

核備蓄制度や核共有政策によって、多くの国々は安心するどころか、むしろ不安を強め、西側諸国でさえ、それらの政策、とくに、それらがもたらす、西独連邦軍の核武装に反対する意見が表明されていた。例えば、後にイギリスの国防相（六四―七〇年）となるヒーリー（Dennis Healey）や、アメリカの大統領となるケネディ（当時は上院議員）等の有力政治家たちが反対する立場を示した。東側との関係が悪化すること等を危惧したからである。[60]また、イギリス首相のマクミラン（Maurice Harold Macmillan）は連邦軍の核武装に関する不安を記した手紙（五九年一一月）で以下のように述べていた。「これらの全てについてドイツ人たちが行っていることは、ますます不透明性を増しているように感じられる。現在、どれほど多くの元ナチス党員が軍隊や行政機関、裁判所で活動しているのか、誰も分からない[61]」。そのように、マクミランは西独に対して強い不信感を抱いていた。そして、核武装は西独（ドイツ）によるものであるからこそ一層、不気味で、不安に感じられたのである。

それでも、西独はアデナウアーのイニシアティブによって西側陣営には着実に取り込まれつつあったが、東側には「力の政策」で対抗していた。連邦軍の核武装への不安は、東側の方で、より強く感じられた。

5 東側の反撃、最大の危機へ

対応を迫られるフルシチョフとウルブリヒト、東独の弱体化

とくに、東独の最高指導者であるウルブリヒト（Walter Ulbricht）が西独連邦軍の核武装を重大な脅威としてとらえた。ウルブリヒトはソ連に対し、東独を守るために強い措置を取るように要求した。また、東独だけではなくソ連も、東独について連邦軍の核武装だけではなく、以下の諸問題に関しても危機感を強めていた。すなわち、西独の経済が急速に発展し続ける一方で東独の経済は停滞し、東独から西独への大規模な人口流出が続いていたため、西独と比べて東独が著しく弱体化していることが東側にとっての深刻な問題になっていた。そのため、ウルブリヒトだけではなくフルシチョフも東独の弱体化に歯止めをかけて、同国を守らねばならないという決意と、焦りを強めていた(62)。

以下、本節では東側がベルリン危機を起こすに至った経緯を説明するが、結論を先取りすれば、危機を起こした第一の目的は人口流出を止めて東独を守ることであった。また、西側は東独について、国家としての承認を拒み、その存在を否定していたが、西側に東独の存在を認めさせて、その生存を確保することも東側の重要な目的であった。そして、連邦軍の核武装も危機の原因の一つとして重要であった。これによって東側が西側への敵意を著しく強めたからである。東側は、当然、強い脅威も感じ、相応の強い対抗策を取らねばならないという決意を強めた。とくに東独は、西独の軍事力が核武装によってさらに強化されていることに強い圧迫感を感じ、人口流出の問題と相まって自らの安全と生存が脅かされることに強い危機感を抱いた（ウルブリヒトは、西独は核武装

の圧力を利用して東独を併合しようとしているとまで主張した（五八年五月二〇日）。ソ連も、急激に強くなっている西独から東独を守るため、強い対抗措置を取らねばならないという決意を強めた。以上のような問題意識を東側に抱かせてしまったため、連邦軍の核武装はベルリン危機の重大な一因になった。(63)

そして、第3章で説明するとおり東側は人口流出を止めるという最優先の目的を六一年八月、ベルリンの壁で強制的に達成することになるが、その後も続いた危機の圧力を利用してソ連は六一年九月以降も他の諸目的、すなわち、東独の承認、および西独の核開発と保有の禁止の明確化（および、オーデル・ナイセ線の承認等）を達成することを目指した。ただし、連邦軍の核武装は既成事実となっており、それを禁止することは難しくなっていたこともあり、東側はそれを黙認することになるが、西独の核開発と保有の禁止の明確化という目的は危機の圧力を利用して達成しようとした。そのように、西独の核保有問題がベルリン危機、とくに米ソ間の交渉で中心的な争点となったのは、とくに六一年九月以降のことである。そして、第3章で説明するとおり、西独核保有問題の解決が、六一年九月以降のベルリン危機に関するソ連の最重要目的になる。それまでは東側にとって、より優先的に取り組まねばならない緊急の課題は人口流出を止めることであった。以上のように、東側が達成しようとした諸目的の優先順位（換言すれば、危機で争点となった諸問題の優先順位）は、危機の展開に応じて（とくに六一年八月、ベルリンの壁を転換点として）変化したことに注意する必要がある。(64)

以下、東側がベルリン危機を起こすに至った経緯を説明する前に、焦点となった西ベルリンについて説明しておきたい。

西ベルリン

第二次世界大戦の終了後、首都であったベルリンはドイツ全体と同じく東西に分割占領され、ソ連が東ベルリンを、米英仏が西ベルリンを占領した。しかし、（東西）ベルリンは東西ドイツの境界線から東に約一六〇キロの地点、東独の領土内にあり、間もなく始まった冷戦のため西ベルリンは敵国の領土内に残された。さらに、ソ連の大軍に包囲されたため、東側が西ベルリンへの攻撃や占領を試みれば、西側がそれらを防ぐことは、ほぼ絶対に不可能であった。また、西ベルリンと西独を結ぶ通行路（access route）も東独の領土内にあるため、非常に脆弱であった（なお、通行路の管理権はソ連が掌握していたが、この点も後に説明するとおり、重大な争点の一つになる）。

しかし、西ベルリンと通行路を守ることは西側にとって非常に重要であった。何故なら、まず、西ベルリンが西独の一部、すなわち西側の不可欠な一部であったからだけでなく、とくにアメリカにとって西ベルリンを守ることには、西側同盟の盟主としての威信がかかっていたからである。西ベルリンは冷戦の最重要ポイントの一つであり、アメリカがそれを守らねば同盟国からの信頼を失い、西側陣営が動揺する危険性があった。また、通行路は西独から西ベルリンに食糧等、都市生活の必需品を供給するルートであったため、西ベルリンの生存のために死活的に重要であった。そのため、通行路を守ることも重要であった。

その一方で、東側にとって西ベルリンは、西側に圧力を加えるために非常に有効なポイントであったが、実は、自らにとっても重大な弱点になっていた。東独から西独への人口流出は、東ベルリンと西ベルリンの間を自由に移動できることを利用して起きていたからである（東独から西独への移住を望む人々は、まずは東ベルリンに行き、そこから西ベルリンに行き、通行路をたどって西独に行くことができた）。また、西側諸国が西ベルリンを、東独に対する大規模な諜報および工作活動の拠点としていたことも東側を怒らせ、危機感を強めさせていた[65]。

西ベルリン支配を目論む東独、そのための平和条約案

人口流出を止めるためには、西ベルリンという脱出口を塞ぐ必要があり、そのために東独は西ベルリンを支配

しようとした（西ベルリンを拠点とする西側の諜報および工作活動を止めさせるためにも、西ベルリンを支配する必要があった）。そして、東独が西ベルリンを支配するためには、西ベルリンから米英仏を追い出す必要があり、そのための方策として東独は五八年四月以降、ソ連に対し、東西ドイツと米英仏ソの間で第二次世界大戦の平和条約を締結することを提案した。すなわち、まず、西ベルリンを米英仏が管理している現状は、ベルリンの分割占領に関する大戦終了時の合意に基づいていた。その後、占領を終結させる、大戦の平和条約は締結されていなかったため、西ベルリンは法的には占領状態にあった。しかし、平和条約が締結されれば西ベルリンの占領状態は終結し、米英仏が西ベルリンを管理する権限も喪失する。したがって、米英仏は西ベルリンを放棄し、駐留させている軍隊も撤退させねばならなくなる。要するに、東独は平和条約によって西ベルリンから米英仏を追い出し、代わりに、自ら西ベルリンを支配しようとした[66]。

しかし、以上のような意義を有する平和条約には米英仏および西独が反対することは確実で、締結される見込みはほとんどなかった。それでも、東独はソ連との間だけで平和条約を締結し、西ベルリンの占領状態を一方的に終了させて米英仏を追い出し、西ベルリンを支配しようとした。しかし、そのような動きに対しては無論、アメリカが黙っていない。東側が西ベルリンから米英仏を追い出そうとするのに対して、米英仏は西ベルリンにとどまろうとするであろう。しかし、西ベルリンをめぐって通常戦力ではソ連が圧倒的に優越し、アメリカは西ベルリンを守れない。西ベルリンに駐留する米英仏軍は約一万一千、これを包囲する、東独に配備されたソ連軍の総兵力は約五〇万であった[67]。したがって、アメリカは西ベルリンを守るため、もし東側が西ベルリンの占領を試みれば、核兵器を使用するという脅しをかけることが予測された。そのような脅しに対してソ連は、引き下がらないのであれば、核兵器で報復するという脅しで対抗し、アメリカを諦めさせねばならなくなる。アメリカがソ連からの脅しに怯えて西ベルリンを諦めれば東側の勝利となり、西側は西ベルリンを放棄し、代わりに東独が西ベルリンを支配し、人口流出を止めることができるであろう。しかし、アメリカは諦めるであろうか。諦めなければ、どうなるのか。東西の間での、覚悟の勝負となるが、どちらも引き下がらなければ核が本当に使用される危険性が高まる。

要するに、東側が平和条約に基づいて西ベルリンを支配しようとすれば、核戦争の危機になる。そのような危険を冒してでも西ベルリンを支配して人口流出を止めようとしたように、東独はこの問題への危機感を強めていた。

フルシチョフが危機を起こした諸理由

そして、フルシチョフも五八年五月以降、人口流出を止めて東独を守るため、西ベルリンを支配するべきという東独の主張に同調し始めた。それは核戦争の危機を伴ったが、フルシチョフがベルリン危機を起こした、人口流出を止めるという目的以外の、他の理由として以下の諸事情が指摘されている。第一に、度重なる反対にも拘らず西側が連邦軍の核武装を決定したため、強い対抗策を取らねば権威と影響力が低下する危険があったこと。第二に、五八年八月には毛沢東がいわゆる（第二次）台湾海峡危機でアメリカに果敢な挑戦を仕掛けて存在感を強めていたが、これと比べてフルシチョフが人口流出や連邦軍の核武装という問題に微温的な対応を取るにとどまれば、影響力が低下しかねなかった。第三に、フルシチョフはスエズ危機で仏英に、すなわち西側に勝利した経験等から、ソ連の核戦力への自信を強めていた(68)。

以上のように、連邦軍の核武装もベルリン危機の原因の一つとして重要で、ソ連と東独は危機を起こす直前まで核武装を厳しく批判し、それを止めるべきと主張し続けた。そのように、連邦軍の核武装によって東側は西側への敵意を強め、また、無論、核武装に強い脅威を感じ、強い対抗措置を取らねばならないという決意を強めた。

そのような問題意識を東側に抱かせてしまった点でも、連邦軍の核武装は危機の原因の一つとして重要であった。[69]

ただし、フルシチョフはスエズ危機の後、基本方針としては西側との関係の修復と改善を目指し、その意思を西側にも伝え、五八年一月と七月、そして、一〇月になってもアメリカをはじめとする西側主要国に首脳会談の開催を呼びかけていた。多くの諸問題を首脳レベルの外交で解決しようとしたが、西側は首脳会談を拒否した。首脳会談を拒否されたことはフルシチョフにとって、多くの重要な諸問題を外交で解決できなくなったことを意味した。そのような状況で、核戦争の危機を起こすことによって、危機の圧力で西側を無理矢理にでも交渉の席に座らせて、外交を開始し、諸問題の外交による解決を目指すことが、フルシチョフが危機を起こした理由の一つであったという指摘もある（実際に五九年以降、そのような展開になり、とくに西独の核保有問題については六一年九月以降、アメリカとの間で解決を目指す積極的な交渉を進めることができるようになった）。[70]

ベルリン危機

首脳会談を拒否されたことで苛立ちを強めたフルシチョフは東独と平和条約を締結し、これに基づいて東独が西ベルリンを支配する（ことによって人口流出を止める）という、核戦争の危機を伴う手段に訴える決意を強めていった。また、ソ連は平和条約の締結を、英米仏への覚書で要求する（ことによって、危機を起こす）ことになるが、ウルブリヒトは覚書を五八年一一月の後半、東独における総選挙の約二週間前に送付することをソ連に要求した。そのように、ウルブリヒトは自らの強硬策をソ連が支持していることを選挙前に明らかにすることによって、国内における立場を強めようとした（そのような理由のため、ベルリン危機は一一月末に発生することになった）。[71]

覚書を送付する前にフルシチョフは五八年一一月一〇日、モスクワにおける演説で、平和条約の締結に伴い、ソ連が西ベルリンと西独を結ぶ通行路の管理権を東独に譲渡するという立場を示した。[72] 管理権が東独に譲渡されれば、西側は通行路を利用するために東独を相手にせねばならなくなるが、それは東独を承認することを意味した。しかし、西側は東独の承認を拒んでいる。しかし、西側が東独の承認を避けるために、東独を無視して通行路を利用しようとすれば、ソ連が黙っておらず、通行路の利用を妨害することが予測された。しかし、通行路をめぐっても通常戦力では西側が圧倒的に不利なため、西側は勝利できない。したがって、西側、とくにアメリカはソ連の妨害に対し、核兵器を使用するという脅しの態勢を取って妨害を排除しようとするであろう。そのような脅しに対しては、ソ連も核兵器で報復するという脅しの態勢を取り、アメリカを諦めさせて、通行路をめぐる対立での勝利を目指す。ソ連にとっての、通行路をめぐる対立における勝利とは以下のシナリオを意味した。すなわち、核のレベルにまでエスカレートするであろう通行路をめぐる危機的な対立において、アメリカが核戦争の危機に怯えて核使用の脅しを断念し、軍事的な対立における敗北を認め、ソ連との軍事的な対立を避けて通行路を利用するため、やむを得ず東独を承認すること（通行路の管理権を譲渡された東独をアメリカが承認さえすれば、軍事的に対立することなく通行路を利用できる）。そのように、通行路をめぐる対立におけるソ連の目的は、西側に東独を承認させることであった。東独の生存と安全を確保するためには、西側に東独という国家の存在を承認させる必要があったからである。そのためにフルシチョフは（西ベルリンだけではなく）通行路をめぐっても核戦争の危機を起こそうとした。

しかし、以上のようなフルシチョフの強硬策が重大な危機を招くことを、ソ連ではフルシチョフに次ぐ地位にあったミコヤン（Anastas Ivanovich Mikoyan）が強く警戒してフルシチョフを抑制し、強硬策を以下のようにある程度は緩和させることに成功した。すなわち、第一に、平和条約の締結を米英仏が拒否しても、ソ連と東独は直ちに平和条約を締結するのではなく、六か月後に締結する。通行路の管理権の譲渡も六か月後とする。つまり、西側に六か月の猶予期間を与える（六か月の間に平和条約の締結について、あるいはその他の譲歩案や妥協案について西側に考えさせる)。第二に、六か月を過ぎた後は、平和条約の締結に基づいて西ベルリンを、国際的には中立の、非軍事化された「自由都市」にする。西ベルリンは西側の都市ではなくなり、米英仏は西ベルリンから軍隊を撤退させねばならないが、東独も「自由都市」である西ベルリンを支配できない。それでも、西ベルリンから米英仏を排除できれば、西ベルリンに対する東側の影響力が相対的には強まるため、人口流出を止めるという目的を、より達成し易くなることは期待できる。[73]

以上のように、西側に六か月の猶予期間を認めた点では、フルシチョフの強硬策は少なからず緩和され、重要な意義があった(実際に、第3章で説明するとおりこの時間を利用して危機のエスカレーションが回避されることになった)。また、西ベルリンを「自由都市」にするという案によると、東側も西ベルリンを直接、支配できなくなるため、直接支配を目指した従来の強硬策よりは緩和された。しかし、「自由都市」の案は、西側に西ベルリンの放棄を要求することも意味し、その点では従来の強硬策と同じで、西ベルリンをめぐって危機を発生させることは確実であった。

ただし、危機を起こす前に、外交による解決を模索する最後のチャンスを外相のグロムイコ(Andrei Andreyevich Gromyko)がソ連政府内で要求し、了承された。グロムイコは五八年一一月二一日、駐ソ西独大使のクロール(Hans Kroll)に送付した覚書で、この覚書が危機を防ぐ最後のチャンスであることを示唆しながら、以下の諸点を受け入れることを要求した。すなわち、西独が連邦軍の戦術核武装を止めて、平和条約に関する交渉に東独とともに参加する(すなわち、東独を事実上、承認する)こと。クロールはボンに赴いてアデナウアーにグロムイコの要求を伝えたが、アデナウアーは無論、拒否した(一一月二三(二四?)日)。アデナウアーが最も重用した側近の一人であるクローネ(Heinrich Krone)にも伝えたが、クローネも拒否した(一一月二六日)[74]。一一月二七日、アデナウアーはCDU/CSU執行部で、東側には今後も断固とした態度で立ち向かい、従来の諸政策を全く変えてはならないと主張し、東側との関係改善を主張するＳＰＤを厳しく批判した。

その最中、以下の知らせが届いた。同日、ソ連は米英仏に覚書を送付し、東西ドイツと米英仏ソが第二次世界大戦の平和条約を六か月以内に締結することを要求した。受け入れなければ、六か月後、ソ連と東独が単独で平和条約を締結して西ベルリンの占領状態は終結し、西ベルリンは「自由都市」になり、また、通行路の管理権はソ連から東独に譲渡される[75]。したがって、米英仏は六か月以内に西ベルリンを放棄せねばならず、また、通行路を利用したいのであれば東独を承認せねばならない。六か月以内にそうしなければ、西ベルリンと通行路をめぐって東側と軍事的に衝突する。しかし、西ベルリンと通行路は数十万の、最精鋭のソ連軍が包囲しているため、西側が通常戦力でそれらを守ることは絶対に不可能である。

したがって、西側は核に頼らねばならないが、ソ連も核で対抗するため、核戦争の可能性がある。ソ連は平和条約の草案を五九年一月一〇日付の覚書で米英仏に伝えたが、その第二八条では（平和条約によって統一された）ドイツによる核開発と保有の禁止が規定されていた。ヨーロッパ冷戦最大の危機が発生したが、この危機でも西独の核保有問題が重大な争点になろうとしていた[76]。

第3章　ベルリン危機（一九五八―六二年）

ベルリン危機の中心的な争点（西ベルリンと通行路をめぐる対立、東独の承認問題）に関して米ソは一歩も譲らず、危機を解決できなかったため、アメリカは軍備管理・軍縮交渉でソ連との関係を改善し、危機を緩和し、核戦争を防ごうとした。そのような軍備管理・軍縮交渉は「ヨーロッパ安全保障」と呼ばれたが、ソ連が「ヨーロッパ安全保障」について最も重視したのは西独の軍事力の制限、とくに核保有禁止であった。したがって、ソ連を満足させて関係を改善し、危機を緩和するためには西独の軍事力を制限し、とくに核保有を禁止しなければならなかった。しかし、そのような「ヨーロッパ安全保障」には西独が猛烈に反対したため、アイゼンハワー政権はヨーロッパ安全保障について交渉することさえできなかった。そして、ケネディ政権はヨーロッパ安全保障について、とくに西独の核保有禁止を取引条件としてベルリン危機を緩和し、解決しようとしたが、やはり西独が反対したため、六一年一一月までに断念せねばならなかった。なお、危機に関する東側の当面の最重要目的は東独から西独への人口流出を止めることであったが、この目的を八月、ベルリンの壁で強制的に達成した後は、危機を解決するために最も重要な取引条件として西独の核保有禁止を要求するようになった。だからこそ、ケネディ政権は西独の核保有を禁止しようとしたが、西独が反対したために断念した直後の一二月、禁止できる可能性を有した新たな手段が誕生しつつあった。すなわち、NPTであり、国連総会ではNPTの成立を主張したアイルランド決議が全会一致で採択された。NPTによって西独の核保有を禁止することを、アメリカがソ連に提案し、ソ連が同意したため、米ソは西独の核保有禁止を第一の目的としてNPT作成交渉を開始した。ただし、NPTを成立させることができたとしても、西独による加盟の是非を決定するのは無論、西独自身であり、アデナウアーとCDU／CSUは加盟を拒もうとしたが、ベルリン危機の最中にブラントとSPDはNPT加盟を重視し、アデナウアーとCDU／CSUに代わり得る有力な勢力として台頭し始めた。

以上のように、ベルリン危機によって西独の核保有問題の解決を目指す国際的な潮流が生み出され、また、危機の最中に、解決を可能とさせる西独国内の条件も整備され始めた。総じて、ベルリン危機によって西独の核保有問題の解決に向かう大きな流れが生み出された。

以下、第1節ではベルリン危機の始まりから六一年半ば頃までの展開、第2節ではケネディ政権の外交戦略、第3節ではアイルランド決議、第4節ではアイルランド決議に基づくNPT作成交渉の開始、第5節ではブラントとSPDについて説明する。

1　ベルリン危機（五八年一一月―六一年六月）

ソ連が五八年一一月二七日に米英仏に提示した最後通告によると六か月後、すなわち五九年五月二七日にソ連は東独と平和条約を締結して西ベルリンの占領状態は終結し、西ベルリンは、国際的には中立で非軍事化された「自由都市」となり、西ベルリンと西独を結ぶ通行路の管理権はソ連から東独に譲渡される。そして、西ベルリンが中立の「自由都市」になれば、米英仏は西ベルリンを放棄せねばならないが、これらを拒めば六か月後、ソ連が西ベルリンから米英仏を強制的に排除しようとする危険性があった。すなわち、ソ連と軍事的に衝突する危険性があるが、通常戦力による西ベルリンの防衛は不可能なため、アメリカはソ連に対し核を使用すると脅さねばならない。これに対し、ソ連は核で報復すると脅すため、核戦争を覚悟せねばならない。また、通行路の管理権が東独に譲渡された後、西側が東独の承認を避けるために同国を無視して通行路を利用しようとすればソ連が黙っておらず、通行路の利用を妨害することが予想されるが、西側がソ連の膨大な通常戦力による妨害を排除して通行路を利用するためには核を使用すると脅さねばならず、核戦争を覚悟せねばならない。

ただし、西ベルリンをめぐる核戦争を避けたいのであれば、米英仏が西ベルリンを放棄すればよく、通行路をめぐる核戦争を避けたいのであれば、通行路の管理権を譲渡された東独を相手として通行路を利用すればよい、つまり東独を承認すればよい。要するに、米英仏に対するソ連の要求は西ベルリンの放棄および東独の承認であり、五九年五月二七日までにそうしなければ核戦争になるということであった。そして、ソ連が西ベルリンの放棄を要求した理由は、人口流出の原因となっている西ベルリンから米英仏を追い出すことによって、代わりに、西ベルリンに対する東側の影響力を強め、流出を止めようとしたからであった。(1) また、ソ連が東独の承認を要求した理由は、著しく弱体化している同国の生存を確実にしようとしたからであった。総じて、東独を守ることがソ連の目的であった。

しかし、アデナウアーは絶対に、全く、譲歩するつもりはなかった（ただし、後に説明するとおり核戦争を避けるためには、譲歩はやむを得ないという立場を示したが、核戦争が近づくまでは東側の要求を拒絶する姿勢を崩さなかった）。アデナウアーはダレス、マクミラン、ドゴールへの書簡（五八年一二月一一日付）で西ベルリンを絶対に守り、東側に譲歩してはならないと強く主張した。ただし、ダレスは当初、東独を事実上、承認することに近づく案を示したことがあったが、西独の強い反対を受けて撤回し、米英仏と西独は一二月一四日、ソ連の要求（西ベルリンの放棄、東独の承認）を拒絶するという共同声明を発表した。また、NATO理事会も一二月一六日の声明で同じ立場を示した。[2]

ただし、アデナウアーは強硬姿勢を保ちつつ核戦争を避けるため、グロプケ（Hans Globke）等のごく一部の側近たちとの間でソ連の要求にある程度までは歩み寄ろうとする案〔いわゆるグロプケ案（Globke-Plan）〕を極秘裏に準備した（五九年一、二月）。また、ソ連の要求を拒絶すれば核戦争になりかねないが、アデナウアーは絶対に核戦争をしてはならないと強く主張した〔ダレスとの会談（二月八日）、アイゼンハワーとの会談（八月二三日）〕。そして、アデナウアーは、核戦争を避けるためであれば西ベルリンを「自由都市」にするという東側の要求を受け入れざるを得ないという立場も示し、この要求に歩み寄る妥協案（西ベルリンを、国連が管理する「保障都市（guaranteed city）」にする案）も考慮した（八月）。ただし、アデナウアーは、核戦争が近づくまではあくまでもソ連の要求を断固として拒絶する姿勢を崩さなかった。そして、ソ連の要求を拒絶すれば発生しかねない核戦争に対してはソ連も恐怖を感じているはずであり、核戦争を発生させかねないそもそもの原因はソ連の要求であったため、ソ連が、核戦争への恐怖から要求を取り下げることも期待できた。したがってアデナウアーは、ソ連が核戦争への恐怖から要求を取り下げ、敗北を認めることを目指した。[3]

そして、アメリカも断固とした姿勢を保ちつつ、ソ連との間で、その要求を諦めさせる（ことによって、危機を終了させる）ことを目的とした交渉を開始することを決定した（五九年一月二九日）。具体的には、アメリカは外相会議（米英仏ソ）の開催をソ連に提案した（二月一六日付の覚書）。[4] ところが、外相会議が始まる前にマクミランが単独で、勝手にモスクワを訪れて首脳会談を開いてしまった（二月二一日―三月三日）。[5] それは西側の交渉方針を無視した動きで、西側の結束を乱した。アイゼンハワー政権はマクミランを批判し、アデナウアーは激怒し、マクミランを信用しなくなった。[6]

ただし、西側の結束を乱したマクミランの動きはフルシチョフにとっては大きな得点になった。また、米英仏が外相会議の開催を呼びかけたため、東側の要求の実現を外交交渉で目指せるようになったことも得点になっていた。フルシチョフはこれらの得点にある程度は満足して、また、面子を保ったと判断して、五九年五月二七日になっても平和条約を締結せず、通行路の管理権も東独に譲渡しないとマクミランに伝えた（三月二日）。つまり、西側は五月二七日までに西ベルリンを放棄する必要がなくなり、また、東独を承認する必要もなくなった。こうして、核戦争の危機はひとまずは回避された。何故なら、フルシチョフも核戦争（五月二七日以降）が近づいていることに焦っていたからである。そして、フルシチョフは外交交渉で要求（西ベルリンの放棄、東独の承認）を受け入れさせることを目指すようになった。[7] すなわちソ連政府は、米英仏が提案していた外相会議に参加すると回答し（五九年三月二日）、会議は五月一一日から八月五日まで、ジュネーブで開催されることになった。[8]

以上のようにして危機のエスカレーションは回避されたが、予断を許さない緊張状態が続いた。東側が危機を起こした理由である、東独を守る（ため、人口流出を止め、西側に東独を承認させる）という目的は、まだ達成されていなかったからである（また、ベルリン危機の発生によってむしろ人口流出が激増していた）。したがって、外交交渉でこの目的を達成できなければソ連が態度を硬化させて、目的を強制的に達成するため再び核戦争の危機を起こすことを警戒し続けねばならなかった。しかし、ソ連との間で始まった外交交渉でも西側はソ連の要求を拒んだため、緊張状態が続き、前述した米英仏ソの外相会議、および、米ソ首脳会談（五九年九月）も成果なく終了した。[9]

ヨーロッパ安全保障――実際の標的は西独

そのように、ベルリン危機の中心的な争点（西ベルリンと通行路をめぐる対立、東独の承認問題）に関しては、東西間の立場の違いは全く解消されず、予断を許さない緊張状態が続いたが、緊張を緩和するため西側は軍備管理・軍縮交渉で東側との関係を改善しようとした。そして、軍備管理・軍縮の諸問題は「ヨーロッパ安全保障」と呼ばれた。例えば、前述したNATO理事会の声明（五八年一二月一六日）はソ連の要求を拒絶しつつ、「ヨーロッパ安全保障」については交渉する用意があると伝えていた。

そして、東側は「ヨーロッパ安全保障」については西独の軍事力の制限を最も重視した。したがって、東側を満足させて緊張を緩和するためには西独の軍事力を制限しなければならなかった。ただし、「ヨーロッパ安全保障」の対象には東独やポーランド、チェコスロバキア等、他の国々も含まれたが、それらはほとんど重要ではなく、最も重要な標的はあくまでも西独であった。要するに「ヨーロッパ安全保障」とは西独の軍事力を制限することであった（「ヨーロッパ安全保障」という一般性を装った名称や他の国々は、西独が真の標的であることを隠蔽するためのカモフラージュに過ぎなかった[10]）。

しかし、西独、とくにアデナウアーが「ヨーロッパ安全保障」に強硬に反対した。西独の軍事力について東側がとくに強く警戒しているのは核開発と保有および連邦軍の核武装であったため、アデナウアーは「ヨーロッパ安全保障」によってそれらの禁止が目指されることを強く警戒した[11]。例えば、アデナウアーは駐西独アメリカ大使との会談（五九年三月二四日）で、西側が東側との間で連邦軍の核武装禁止について合意することは絶対に受け入れられず、それは「NATOの終了を意味する」と警告した[12]。

しかし、アメリカは米英仏ソ外相会議（五九年五―八月）で以下のようなヨーロッパ安全保障の案を提示しようとした。ヨーロッパに東西ドイツ（およびポーランド、チェコスロバキア）を含む「特別安全保障地域（Special Security Area）」を設定し、ドイツ再統一に関する合意が成立した時点で域内における核（および生物、化学）兵器の配備を禁止する。しかし、アデナウアーが反対したため、特別安全保障地域案をはじめ、ヨーロッパ安全保障は（一部の例外を除いて）外相会議では取り上げられないことになった。特別安全保障地域案についてアデナウアーは、ラパツキー案と同じものと見なし、反対した。[13] シュトラウスもアメリカの国防副長官との会談（八月二九日）で、西側がソ連との交渉で連邦軍の核武装の問題を議題として取り上げることに反対した。[14]

しかし、その後もアメリカはヨーロッパ安全保障に関する交渉の進展によって緊張を緩和しようとする外交戦略を諦めず、五九年末以降は以下のようなヨーロッパ安全保障の案、いわゆるノースタッド案についてソ連と交渉を進めようとした。すなわち、東西ドイツを中心とする中欧地域に、東西陣営が（奇襲攻撃を防ぐための）相互査察を実施する体制を成立させることを目指し、そのような体制を成立させることができた後、軍備管理・軍縮についてさらに交渉を進める。しかし、以上のような案にもアデナウアーが反対したため、アメリカはこの案も断念した。アデナウアーは、この案も西独に対する差別的な取り決めを導きかねないと主張した（六〇年三月から五月）。[15]

アイゼンハワー政権からケネディ政権へ

六〇年になっても西ベルリンと通行路をめぐる緊張は緩和されず、西側も東側も中心的な争点（西ベルリンと通行路をめぐる対立、東独の承認問題）に関する立場を変えなかったため、外交交渉も進展しなかった。中心的な争点では妥協できなかったため、西側は「ヨーロッパ安全保障」によって東側との関係を改善しようとしたが、それは西独の軍事力の制限を意味したためアデナウアーが強硬に反対し、ヨーロッパ安全保障については交渉することさえできなかった。したがって、緊張は緩和されなかった。

そのような状況において、東側、とくに東独は、危機を起こしたそもそもの目的、すなわち、東独の弱体化に歯止めをかけて同国を守るという目的が達成されず、むしろ危機を起こした後、東独がさらに弱体化していることへの危機感を一層強めていた。人口流出の問題がさらに悪化していたからである。ウルブリヒトは人口流出を一刻も早く止めるために、強硬な措置を取ることをソ連に執拗に要求し続けた[16]。

ウルブリヒトからの圧力に押されてフルシチョフは六一年六月四日、ケネディとの会談で、五八年一一月二七日に最初にベルリン危機を起こした時と同じ内容の最後通告を提示した。すなわち、六か月後にソ連は東独と平和条約を締結して西ベルリンの占領状態が終結し、西ベルリンは「自由都市」となり、通行路の管理権はソ連から東独に譲渡される。これらが意味することは五八年一一月二七日の最後通告と同じく、核戦争を避けたいのであれば六か月以内に西ベルリンを放棄して東独を承認しろということであった。

最後通告に対してケネディ政権は、東側の要求を拒絶し、西ベルリンと通行路を守ることに関してはアイゼンハワー政権と同様に断固とした姿勢を保ちつつ、再発したベルリン危機を緩和し、解決するためにアイゼンハワー政権よりも積極的にヨーロッパ安全保障について交渉を進めようとした。そして、ケネディ政権はヨーロッパ安全保障に関しては、ソ連が最も重視する西独の核開発と保有の禁止をとくに積極的に目指すようになり、そのような禁止を取引条件としてベルリン危機を緩和し、解決しようとした（なお、西側にとってのベルリン危機の緩和や解決とは、西ベルリンと通行路に対するソ連の圧力を緩和させて、最終的には西ベルリンと通行路の現状維持と安全をソ連に確実に約束させることを意味した）。

そのように、アメリカにおける政権交代によって西独の核保有問題は大きな転機を迎えようとしていた。

西独核保有問題の深刻化

西独の核保有問題はベルリン危機において重要な争点になったが、ベルリン危機以外にも、以下に説明する諸問題のため核保有問題は深刻さを増していた。すなわち、西独が核を保有するのではないかという不安が一層、強まっていた。

第一に、イギリスに続いてフランスが核保有国になったため（六〇年）、次は西独が核を保有するのではないかという不安が強まった。西独は西側同盟の内部で英仏に並ぶ地位にある大国であり、国力は英仏を上回っていた。しかし、核を保有しないために英仏と比べて地位や影響力が低下すれば不満を強め、核保有を目指すことが危惧されるようになった（フランスの核保有は、それ自体ではヨーロッパ国際関係をそれほど悪化させなかったが、西独の核保有を誘発しかねない点では重大な問題であった）。また、イギリスは水爆実験の成功（五七年）等によって核戦力の強化を進めており、フランスも最初の核実験に成功した後、核戦力をさらに強化しようとしていたが、それらの動きも西独を刺激することが恐れられた。

第二に、いわゆるスプートニク・ショック（五七年一〇月）の結果、アメリカの「核の傘」への信頼が大きく揺らいでいたため、西独（に限らずアメリカの多くの同盟国）が核を保有するのではないかという不安が強まった。スプートニク・ショックは、ソ連がアメリカを核ミサイルで直接、攻撃し、瞬時に破滅させる能力を獲得したことを証明した。したがって、アメリカが西独をはじめとする同盟国をソ連から守るために、ソ連に対して核を使用すると脅しても、ソ連が核ミサイルでアメリカに報復すると脅せばアメリカが怯えて、同盟国を見捨てるのではないかという不安が強まった。しかし、アメリカが西独をはじめとするヨーロッパの同盟国を核で守ることは、それらの国々にとって死活的に重要であった。ところが、スプートニク・ショックの後、アメリカの核にもはや頼れなくなったのであれば、西独をはじめとする同盟国が自力で自らを守るため、核を保有せざるを得ないのではないかという認識が強まっていた。実際にフランスが、アメリカの核には頼れなくなったと主張して核を保有した。そのようなフランスに西独をはじめとする他の国々も同調して核を保有することが強く危惧されるようになった。

第三に、西独が原子力を本格的に発展させ始めた。ただし、西独に限らず多くの国々が原子力を発展させ始めていたため、それらの国々が核開発能力を獲得し、核拡散問題が本格化することが強く警戒されるようになっていたが、それらの国々の中でも西独が経済力と科学技術力においてとくに優れていたため、核開発能力を大規模に発展させることが強く警戒されるようになった[17]。

ただし、西独国内では核開発や保有を主張する人物や勢力は一部を除き、ほとんど存在しなかった。アデナウアーは確かに核開発と保有を望んだが、他の西側諸国の同意が得られない限り、決してそれらを行おうとはしなかった。有力政党のSPDは西独の核開発と保有に明確に反対した。NPT加盟に最も強硬に反対することになるシュトラウスでさえ、西独が単独で核開発と保有を行う選択肢を明確に否定した〔ただし、シュトラウスは、信頼性を低下させたアメリカの核抑止力に依存しない、自立した核抑止力を確保することは重視したが、そのような核抑止力を、フランスとの共同で獲得することを目指した（詳しくは、第4章第2節で説明する）〕。

西独自身はアデナウアー（やシュトラウス）を除き核保有を望んでおらず、アデナウアーでさえ西側諸国の同意が得られない限り核を保有しようとはせず、そして、西側諸国は核保有を認めなかった。それでも、西独自身の現時点での意思とは無関係に、第一、第二の問題は核保有を促す重大な圧力として作用し、第三の問題のため核保有が可能であることを多くの国々が強く恐れた。したがって、アイゼンハワー政権は西独の核保有を防ぐための特別な手段、すなわち、NATOの共通核戦力部隊（MLF）を創設しようとし始めた（六〇年）。東側諸国も西独の核保有を強く恐れ、ソ連はベルリン危機を解決するための最も重要な条件として西独の核保有禁止を要求するまでになった（六一年九月以降）。

西独自身に関しては、少なくとも現時点では核保有の意思がほとんど見当たらないにも拘らず、何故、西独の核保有はそれほどまでに強く恐れられたのか。第2章第4節で説明したとおり、マクミランは西独（ドイツ）という存在自体に強い不信感を抱いていたが、ドゴールも同様に強い不信感を抱き、西独（ドイツ）はアデナウアーの強力な指導力によって辛うじて安定しているが、アデナウアーがいなくなれば安定性を失い、またも破滅をもたらすのではないかという不安感を示したことがあった[18]。

西独（ドイツ）は世界大戦を起こしてヨーロッパを壊滅させた国であり、ユダヤ人の大量虐殺を行った国であった。六〇年、大量虐殺の責任者であったアイヒマン（Adolf Otto Eichmann）がイスラエルに捕えられ、その罪を裁く裁判、いわゆるアイヒマン裁判が六一年四月からエルサレムで始まり、世界中の注目を集めていたが、これによって西独（ドイツ）の恐ろしい過去が改めて強く思い起こされていた[19]。

西独（ドイツ）は過去の行いのために強い不安と恐怖を感じさせる存在であった。多くの国々が西独の核保有を強く恐れた根本的な理由は、西独（ドイツ）がそのような存在だったからであると考えられる。

2　西独核保有問題の解決を目指す新たな動き——ケネディ政権

ケネディの最重要目標の一つ——核不拡散

ケネディ政権が西独の核開発と保有の禁止を目指した、より一般的な理由は、ケネディ自身が大統領に就任する前から核拡散問題の全般について強い危機感を抱き、核不拡散を最重要目的の一つとしていたからであった。ケネディは核拡散によって、とくに、米ソ二極体制が動揺することを強く恐れていた。例えば、五七年に発表した論文では以下のような問題意識を示していた。「核時代の到来によってまずはワールドパワーの二極構造化が強化されたが、その次の段階として力と影響力の分散が生じようとしている。イギリスは核開発において独立した道を歩む必要性を感じた。フランスも独自の道を歩もうとしている。中国、ドイツ、インド、およびその他の幾つかの小国もすぐに核爆発装置を手に入れるかもしれない[20]」。また、五九年の演説では以下のように述べていた。「核兵器を開発し、貯蔵する他の国々の能力は、力の全体的な均衡を急激に変えて、われわれは不注意で無責任な、あるいは意図的な地球上のあらゆる所からの核攻撃に」曝されることになる。「中国、フランス、スウェーデン、その他の国々が原子爆弾の実験に一度でも成功すれば、ロシアもアメリカも安全を失って危険になる[21]」。そして、大統領就任演説（六一年一月二〇日）でも以下のように述べた。東西陣営の「双方とも恐るべき原子力の拡散に当然のことながら恐怖を感じている[22]」。

以上のように、ケネディはアメリカだけではなくソ連も核拡散を恐れていると判断していた。したがって、ケネディは大統領に就任した後、核拡散を防ぐため米ソが協調することを重視し、そのために、具体的にはソ連とともにNPTの成立を目指すようになった。そして、ケネディは西独の核開発と保有の禁止もソ連とともに目指すようになったが、それはベルリン危機を緩和し、解決するためにも重要であった。

以上のように、大統領のケネディ自身が核不拡散を強く重視したからこそ、政府の全体も核不拡散を強く重視するようになったが、核不拡散に関する当面の最重要課題は西独の核開発と保有を禁止することであった。そして、ベルリン危機を緩和し、解決することを目的とした政策の立案作業でも、ヨーロッパ安全保障の一部としての西独の軍事力の制限、とくに核開発と保有の禁止は、アイゼンハワー政権期よりも明確かつ直接的に、危機を緩和し、解決するために最も有効な方策の一つとして重視されるようになった。

ベルリン危機を緩和し、解決するための西独核保有禁止——政策立案作業（六一年三—九月）

まず、国務省が作成し、安全保障問題担当大統領補佐官のバンディ（McGeorge Bundy）に提出した文書（六一年三月二四日付）では以下の考えが示されていた。ヨーロッパ安全保障の一部として西独の軍事力の制限をソ連に提案すれば、西ベルリンへの圧力を緩和させることに役立つ。[23] そして、フルシチョフがケネディとの首脳会談（六月四日）で最後通告を提示し、危機が再発した後、危機を緩和し、解決することを目的とした政策の立案作業が本格化した。まず、国務省が七月末に作成し、ケネディに渡された文書では以下のように提案されていた。ソ連との交渉では、ヨーロッパ安全保障についてはアメリカがソ連の要求を受け入れる見返りに、西ベルリンと通行路については西側に有利な解決策をソ連が受け入れる取引を目指し、そして、ヨーロッパ安全保障について具体的には以下の内容を提案するべきである。すなわち、「西独の軍隊も東独の軍隊も核兵器の独立した指揮権あるいはその運搬手段を持たないという保障」、「ドイツに中距離ミサイルを配備しないという暗黙の合意」等。[24]

そして、六一年八月に東側がベルリンの壁を築き、東西ベルリン間の交通を一方的に遮断したことによって緊張がさらに高まったことを受けて、ケネディはベルリン危機を緩和し、解決することを目的としたソ連との交渉を開始することを決意し、国務長官のラスクに、以下の考えを示した（覚書、八月二一日付）。「ベルリンに関する交渉において強い指導力を発揮したい」、とくに、西独をはじめとする同盟国との協議については「われわれは他のいかなる国の拒否権も認めない……彼ら（同盟国）はわれわれとともに進まねばならない、さもなければ取り残される」[25]。具体的には、ケネディは、アデナウアーの反対を無視してでもソ連との交渉でヨーロッパ安全保障を取り上げようとした（実際に、後に説明するとおり、取り上げた）。

そして、安全保障問題担当大統領副補佐官のケイセン（Carl Kaysen）はバンディへの覚書（六一年八月二二日付）で以下の考えを示した。ベルリン危機に関するソ連の目的の一つは「西独の軍事力に何らかの制限を課すこと」であり、「とくに、西独の核兵器に対するソ連の抗議は本当に不安を感じている」からであると判断できるため、ベルリン危機を緩和し、解決するために「ドイツにおける非核地帯の創設」をソ連に提案するべきである。[26] そして、バンディはケネディへの覚書（八月二九日付）で以下のように提案した。すなわち、ソ連との交渉では、西ベルリンに関するアメリカの要求を認めさせるための取引条件の一つとして、「西独が核兵器を放棄すること」を提案するべきである。[27] そして、ケネディは九月五日、国務省に対し、ベルリン危機に関するソ連との交渉において「東西ドイツにおける核兵器の制限あるいは禁止」を提案することについて検討するように指示した。[28]

ケネディの指示を受けて国務省が作成した文書、「ベルリン、ドイツ、およびヨーロッパ安全保障に関する交渉の最終案」（六一年九月八日付）では以下のように主張されていた。まず、ソ連との交渉では、ヨーロッパ安全保障に関するソ連の要求を受け入れる見返りに、西ベルリンと通行路に関しては西側に有利な解決策をソ連が受け入れる取引を目指すべきであり、これによってヨーロッパを安定させることは東西陣営にとって共通の利益になることをアピールするべきである。そして、ヨーロッパ安全保障の対象に含まれる国々は東西ドイツ、ポーランド、チェコスロバキア、ベネルクス三国およびデンマークであり、これらの国々には以下のような核不拡散の一般的なルールが適用される。すなわち、「現在核弾頭を開発あるいは保有していない全てのＮＡＴＯ加盟国およびワルシャワ条約加盟国は、核弾頭の開発と保有を禁止される。核弾頭を保有している国々は、その指揮権（control）を自らの手中に掌握する。核弾頭を製造するために必要な物質と技術を所有する国々は、それらの物質や技術を所有していない国々に、それらを譲渡しない」。[29]

そのように、ヨーロッパ安全保障の対象に含まれる国々（全て非核保有国）は、西独を含め、核開発と保有を禁止される。ただし、この文書の案では対象となる国々への核の配備は禁止しておらず、核保有国が「指揮権を自らの手中に掌握する」限り、核弾頭を非核保有国に提供することも禁止していない。つまり、連邦軍の核武装を禁止せず、許容する内容となっている。これをソ連に認めさせることは難しいであろうが、それでも国務省は、西独の核開発と保有の禁止を取引条件としてベルリン危機を緩和し、解決するという外交戦略を明確に提案するようになった（ただし、連邦軍の核武装をソ連に認めさせねばならないという難題が残るが、ソ連は連邦軍の核武装を第3節で説明するとおり、国連総会においてアイルランド決議に賛成することによって黙認することになる）。

そして、ケネディ政権は以上のような国務省の案を実践することになった。

米ソ交渉（六一年九―一〇月）

ベルリン危機を緩和し、解決することを目的としたアメリカのソ連との交渉は、両国の外相であるラスクとグロムイコの間で始まり（六一年九月二一、二七、三〇日）、中心的な争点である西ベルリンと通行路の諸問題については両者は譲歩せず、交渉が進展しなかったが、この事態を打開するためラスクは以下のように提案した。西ベルリンと通行路に関するアメリカの要求をソ連が認めるのであればヨーロッパ安全保障、とくに核不拡散について交渉できる（アメリカの要求とは、西ベルリンと通行路の現状維持と安全であった）。ただし、ラスクは核不拡散の対象となる国々を明示しなかった。西独の反発を警戒したからであると考えられる。それでもグロムイコは関心を示し、核不拡散については西独を明確な対象とすることを要求し、それらを交渉の議題とするのであれば、西ベルリンと通行路に関するアメリカの要求に歩み寄る可能性を示唆した。ただし、ラスクが提案した核不拡散は、非核保有国による核開発と保有は禁止するが、連邦軍の核武装を禁止するものではなかった。これに対しグロムイコは連邦軍の核武装も禁止することを要求した。そのように、連邦軍の核武装の是非については米ソの間で立場の違いがあったが、グロムイコは核不拡散、とくに西独の核開発と保有の禁止を目指すのであれば、西ベルリンや通行路について西側に有益な解決策を認める可能性を示唆したのである。[30]

そして、グロムイコはケネディとの会談（六一年一〇月六日）でも西独の核開発と保有の禁止を要求した。ただし、ラスクとの会談とは異なり、この問題と、西ベルリンや通行路の諸問題との関連性を否定した。すなわち、ソ連だけが一方的に利益を得ようとする立場を示したのである。また、グロムイコは、核不拡散に関してはとくに西独を重視していることを改めて強調し、「ソ連政府はこの問題を最も重視している」と念を押した。すなわち、グロムイコは西独の核開発と保有の禁止以外にも、東独とオーデル・ナイセ線の承認、NATOとワルシャワ条約機構の相互不可侵協定等も要求したが、これらの諸要求の中でも、西独の核開発と保有の禁止を「最も重視している」と強調したのである。なお、ソ連をはじめとする東側がベルリン危機を起こした、当初の最も重要な目的は人口流出を止めることであったが、この目的をベルリンの壁で達成した後は、西独の核開発と保有の禁止が最も重要な目的になった。そしてグロムイコは、西独の核開発と保有を禁止することは米ソにとって共通の利益であるとも強調した[31]。

以上のように、核不拡散（とくに、西独の核開発と保有の禁止）と引き換えに西ベルリンと通行路に関する要求を認めさせようとするアメリカの案は、一〇月六日の会談では拒否されたが、少なくともそれ以前のラスクとグロムイコとの会談では、その案が有効であり得る可能性が示され、ソ連が西独の核開発と保有の禁止を「最も重視している」ことも明らかになった。また、グロムイコは一〇月六日の会談で六か月のタイムリミットを撤廃することを明らかにした。すなわち、西側は期限内に西ベルリンを放棄し、東独を承認する必要がなくなったのである。それでも、その後も一〇月二七日から二八日にかけて東西ベルリンの境界線を挟んで米ソの戦車部隊が睨み合い、一触即発の状態になる等、危機的な対立が続いた。そのため、ケネディ政権は危機の緩和と解決のために全力を尽くさねばならなかった。

しかし、危機を解決するための取引条件として西独の核開発と保有の禁止が重要な争点になった米ソ交渉の展開に対しては、西独が怒りを強めていた。

アデナウアーの反対、ケネディ政権、ヨーロッパ安全保障を断念（一〇—一一月）

アデナウアーはケネディへの書簡（六一年一〇月四日付）で、アメリカがソ連との交渉でヨーロッパ安全保障を取り上げたことに抗議し、それが、とくに西独に対する差別的な取り決めを導くことへの不安を伝えた。[32] また、駐米西独大使のグレーヴェ（Wilhelm Georg Grewe）は国務省ヨーロッパ局長との会談（一〇月一〇日）で、ヨーロッパ安全保障は「ラパツキー案のようだ」という不満を示し、西独の核開発と保有の禁止について米ソが交渉を進めることに反対した。[33]

そして、ケネディ政権は六一年一一月下旬に訪米したアデナウアーおよび外相のシュレーダー（Gerhard Schröder）との一連の会談（二〇—二二日）の結果、ベルリン危機に関する交渉の議題を、西ベルリンと通行路の諸問題に限定し、ヨーロッパ安全保障等、他の諸問題は議題としないことを約束せざるを得なかった。したがって、ヨーロッパ安全保障の一部である核不拡散についても交渉できなくなり、西独の核開発と保有の禁止についても交渉できなくなった。すなわち、そのような禁止を取引条件としてベルリン危機を緩和し、解決しようとした外交戦略を断念せざるを得なかった。西独が反対したからである。ケネディ政権も西独の反対を無視できなかった。ただし、西独は、ソ連が核不拡散を議題として取り上げようとすれば核開発放棄宣言（五四年）を再確認してもよい、という立場を示したが、この宣言は第1章で説明したとおり、西独の核開発と保有を禁止するためには不十分であった。[34]

以上のように、アメリカは西独の核開発と保有を禁止できなかった。とくに、禁止を明確かつ強力なルールとして定着させて西独に受け入れさせることは、アメリカでもできなかった。ソ連もできなかった。

しかし、禁止できる可能性を有した、新たな手段が国連総会において誕生しつつあった。

3　ＮＰＴの起源（五八―六一年）

アイルランド決議

六一年一二月四日、国連総会においてアイルランド決議が全会一致で採択された。それは全ての国々（非核保有国）の核開発と保有を禁止する核不拡散の一般条約、すなわちＮＰＴの成立を主張し、また、ＮＰＴ作成交渉を核保有国（とくに米ソ）に任せるものであった。

そして、西独は「ヨーロッパ安全保障」の一部としての核不拡散に関しては、実際には自国の核保有禁止だけが際立って重要な争点になるため、自国への不当な扱いになり易いことを理由に反対できたが、ＮＰＴに関してはそのような理由で反対できなかった。何故なら、ＮＰＴは全ての国々を対象とするからである。また、ＮＰＴは国連総会において全会一致で支持されたため、国際的な影響力が強いことからも、西独が反対することは難しかった。以上のような特徴のため西独がＮＰＴに反対することは難しく、ＮＰＴは西独の核開発と保有を禁止できる可能性を有していた。

そして、ソ連は西独の核開発と保有の禁止を、ベルリン危機を解決するための最も重要な条件として要求したため、禁止できる可能性を有したＮＰＴは危機を解決するための手段としても重要になった（なお、ベルリン危機が六二年末に終了した後も、西独の核保有問題は東西間の重大な争点の一つであり続けたため、この問題を解決して東西関係を改善する手段としてＮＰＴは重要であり続けた）。

そして、アイルランド決議に基づいてＮＰＴの成立を目指す、米ソが主導する条約作成交渉は、具体的には六二年三月一四日から開催される、一八か国軍縮会議（以下「ＥＮＤＣ」）において始まることになったが、この交渉はベルリン危機と密接に関連することになる（なお、ＥＮＤＣは国連で提起された軍備管理・軍縮の案について、より詳細に議論するための国際機構である）。すなわち、ケネディ政権はＥＮＤＣでＮＰＴの成立を目指し、ＮＰＴで西独の核開発と保有を禁止することによってベルリン危機を緩和し、解決しようとする外交戦略を実践することになる。そのような外交戦略を可能にしたのがアイルランド決議である。

そのような外交戦略については第４節で説明するが、その前に本節では、アイルランド決議が全会一致で採択されるに至った経緯を説明しておきたい。何故なら、そのような経緯も西独の核保有問題、とくに、ベルリン危機の一因であった連邦軍の核武装の問題に大きく関わるからである。結論を先取りすれば、アイルランド決議で提案されたＮＰＴの基本的な案はＮＡＴＯの核共有政策と、これに基づく連邦軍の核武装を許容する内容であったにも拘らず、西側諸国だけではなく東側諸国も賛成したため、東西が一致して、そのような内容でＮＰＴを成立させることについて合意した。すなわち、アイルランドのイニシアティブによって東側諸国は連邦軍の核武装を黙認するようになったため、この問題をめぐる東西間の対立も大幅に緩和された[35]。そのためには、アイルランドの中立国としての立場が役立った。

核不拡散に関する国際合意の形成を目指すアイルランドの外交（五八―六一年）

アイルランド決議を全会一致で採択させるために最も重要な役割を果たしたのは、アイルランド外相のエイケン（Frank Aiken）であったが、エイケンは米ソを中心とする東西関係を安定化させることを主な目的として核不拡散の一般協定、すなわちＮＰＴの成立を主張した。すなわち、エイケンは、核拡散によって米ソ間の「恐怖の均衡」が動揺し、核戦争の危険性が高まることを警告し、それらを防ぐ手段として核不拡散の一般協定（ＮＰＴ）

が必要であると主張した。[36]

なお、アイルランドは六一年だけではなく、五八年にも核不拡散の取り組みを強化するべきと主張する決議案を提出し、五九、六〇年に提出した決議案では六一年の決議案と同じく、全ての国々（非核保有国）の核開発と保有を禁止する、核不拡散の一般協定（すなわち、ＮＰＴ）の成立を主張した。ただし、年ごとに決議案の内容、とくに、決議案で主張した核不拡散協定の内容が異なり、五八年から六〇年までは全会一致の賛成を得られなかったが、六一年の決議案で全会一致の賛成を達成した。

そして、核不拡散協定の影響力を強めるためには、協定に可能な限り多くの国々が賛成する必要があり、影響力を最大限に強めるためには、全会一致の賛成が最も望ましかった。アイルランドは全会一致の賛成を目指す努力を五八年から開始し、六一年に達成した。そして、当時、国連の加盟国は三つの勢力、すなわち西側諸国、東側諸国、非同盟運動諸国に分かれていたが、全会一致の賛成を得るためにはそれらの勢力の全てから賛成を得る必要があった。[37]

そのためには克服せねばならない難題があった。この難題をめぐって東西陣営の国々が対立したため、アイルランドは、全会一致の賛成を得るために、そのような難題に関して東西陣営が一致して賛成できる内容で決議案（とくに、核不拡散協定の案）を作成する必要があった。その難題とは、核不拡散協定が、核保有国から非核保有国への、指揮権の譲渡を伴わない、核兵器の提供を禁止するべきか、許容するべきかという問題である。具体的には、ＮＡＴＯの核共有政策、とくに、これに基づく西独連邦軍の核武装を禁止するべきか、許容するべきかという問題である。当然、東側は（当初）禁止するべきと主張し、西側は許容するべきと主張した。この問題をめぐって東西陣営の国々は国連総会でも対立したため、アイルランドが、全会一致の賛成を得るためには、東西陣営の国々がこの問題についても一致して賛成できる内容で決議案を作成する必要があった。そのための試行錯誤の努力をアイルランドは五八年から開始し、六一年に目的を達成したが、そのためにはアイルランドの中立国としての立場が役立った。以下、そのような経緯について説明する。

まず、アイルランドは五八年一〇月一七日に国連総会（第一委員会）に提出した決議案で、核不拡散のための国際的な取り組みを強化するべきと主張し、より具体的には、非核保有国が核開発と保有を行わず、核保有国が非核保有国に核兵器を提供するべきではないと主張した[38]。そして、核保有国から非核保有国への核兵器の提供の禁止は、指揮権の譲渡の有無にかかわらず、絶対的なものとされた。したがって、NATOの核共有政策と、連邦軍の核武装は禁止されることになる。そのため、アイルランドの決議案に東側は賛成したが、西側は棄権した（非同盟運動諸国は賛成した）[39]。なお、アイルランドは連邦軍の核武装をはじめとする、西独の核保有問題に対する東側諸国の強い恐怖感にも配慮していた[40]。

しかし、全会一致の賛成を得るためには無論、西側諸国の賛成も不可欠であった。アイルランドは五八年には、決議案を提出する前に西側諸国、とくに、最も重要なアメリカとの間でほとんど協議をしていなかったが、五九年には決議案についてアメリカとの間で十分な協議を進め、その結果、国連総会（本会議）に提出した決議案で以下の内容の核不拡散協定の成立を主張した[41]。すなわち、非核保有国は核開発と保有を行わず、また、核保有国は非核保有国に対し核兵器の指揮権を譲渡しない。そして、指揮権が譲渡されない限り、核保有国から非核保有国への核兵器の提供は禁止されず、許容される。つまり、連邦軍の核武装は許容される。そのため、アイルランドの決議案（五九年）に西側諸国（および非同盟運動諸国）は賛成したが、東側諸国が棄権したため、またも全会一致の賛成には至らなかった[42]。

そして、アイルランドは六〇年、国連総会に提出した決議案で以下の内容の核不拡散協定の成立を主張した。すなわち、非核保有国は核開発と保有を行わず、また、核保有国は非核保有国に対し核兵器の指揮権を譲渡しない（すなわち、連邦軍の核武装は許容される）。以上の内容は五九年の決議案と同じだが、六〇年の決議案では以下の内容が加えられた。すなわち、核保有国は非核保有国に対し、核開発に必要な情報を提供しない（すなわち、核保有国は、非核保有国による核開発を支援しない）。また、核不拡散協定が成立する前の段階でも、全ての国々が協定の義務を自主的に守る。[43]

以上のように、六〇年の決議案で提案された核不拡散協定も連邦軍の核武装を許容するものであったが、東側諸国は、核保有国は非核保有国に対し、核開発に必要な情報を提供しないという新たな内容を評価した。何故なら、ポーランドの代表が国連総会で述べたとおり、この新たな内容によると、具体的には、アメリカが西独の核開発を支援することが禁止されるため、西独の核開発と保有を禁止するために重要な意義を有するからである。[44] そのように、東側諸国は、アイルランドが提案する核不拡散協定を、西独の核開発と保有を禁止するための手段として重視した。

そして、東側諸国はアイルランドの決議案（六〇年）に賛成した。つまり、事実上、連邦軍の核武装を認めたが、その理由として以下の諸事情が考えられる。まず、連邦軍の核武装は既成事実となり、禁止することが難しくなっていた。そして、アイルランドが提案する核不拡散協定は連邦軍の核武装を許容するからこそ、西側が賛成し得るものであり、これに東側および非同盟運動諸国も賛成して全会一致の賛成が得られれば、核不拡散協定の影響力が非常に強くなるため、これによって西独の核開発と保有を禁止することを期待できた。

そのような考慮から東側諸国は、連邦軍の核武装を許容する内容であったにも拘らず、アイルランドが提案する核不拡散協定に西側諸国とともに賛成するようになったと考えられる。アイルランドが中立国であったことも、その決議案に東側諸国が賛成し易かった理由の一つであったと考えられる。以上のように、アイルランドのイニシアティブによって東西の立場が一致しつつあった。

ただし、西側諸国は六〇年のアイルランド決議案に棄権した。核不拡散協定が成立する前の段階でも、全ての国々が協定の義務を自主的に守るという新たな内容を問題視したからである。また、アメリカの国連大使は、核不拡散協定の作成については核保有国にイニシアティブを委ねるべきと主張した[45]。ただし、これらの諸問題以外の、核不拡散協定の内容は西側諸国も賛成できるものであった。五九年の決議案と同じく、連邦軍の核武装を許容する内容だったからである[46]。

そして、六一年のアイルランド決議案では、西側諸国が六〇年の決議案に棄権する理由となっていた諸問題が改善されたため、西側諸国も賛成できるものとなった。すなわち、まず、核不拡散協定が成立する前の段階でも、全ての国々が協定の義務を自主的に守るという六〇年の決議案の内容は削除された。また、アメリカの主張に従い、核不拡散協定の作成を主導する役割を核保有国に委ねるという内容が新たに加えられた。そして、核不拡散協定の内容は以下のようなものであった。すなわち、非核保有国は核開発と保有を行わず、核保有国は非核保有国に対し核兵器の指揮権を譲渡しない。核保有国は非核保有国に対し、核開発に必要な情報を提供しない。以上のような内容の核不拡散協定について、東側諸国は六〇年に賛成する立場を示していたが、西側諸国も（前述の諸問題が改善されたため）賛成できるものであった。つまり、東西が一致して賛成できるものとなった。

以上のような内容の核不拡散協定の成立を主張した、六一年のアイルランド決議案には東西陣営の国々および非同盟運動諸国が一致して賛成したため、決議案は全会一致で採択された（一二月四日）[47]。そして、核不拡散協定の成立を目指す交渉は六二年三月一四日から開催されるＥＮＤＣにおいて、決議で提案されていたとおり核保有国、とくに米ソの主導によって始まることになった。

以上のようにして、米ソはアイルランド決議に基づいて核不拡散協定、すなわちＮＰＴの成立を目指す交渉を開始できることになった。それは全ての国々を対象とするため、西独の核開発と保有も禁止できる可能性を有していた。とくに、東西陣営の国々および非同盟運動諸国が全て一致してＮＰＴを支持したため、その国際的な影響力と正当性は強く、西独が反対することは難しかった。そして、ソ連は西独の核開発と保有の禁止を、ベルリン危機を解決するための最も重要な条件として要求したため、ＮＰＴによってベルリン危機を緩和し、解決できる可能性も生じた。

総じて、ＮＰＴによって西独の核保有問題を解決できる可能性が生まれ、この問題を解決することによってベルリン危機を緩和し、解決し、東西関係を改善できる可能性も生まれた。そのような可能性を生み出したのは米ソではなく、アイルランドであり、その功績は非常に大きい。

4　ＮＰＴ作成交渉の開始（六二年）

危機に関する交渉の停滞をＥＮＤＣにおけるＮＰＴ作成交渉で打開する外交戦略

六二年三月一四日から開催されるＥＮＤＣではアイルランド決議に基づき、ＮＰＴの成立を目指す交渉が米ソの主導によって始まることになったが、それ以前にもベルリン危機に関する米ソ間の交渉は一月二日から三月六日までモスクワにおいて、駐ソ連アメリカ大使トンプソン（Llewellyn E. Thompson）とグロムイコの間で進められていた。この交渉では、グロムイコは西ベルリンと通行路の諸問題だけではなく、東西ドイツの核開発と保有の禁止やオーデル・ナイセ線の承認、ＮＡＴＯとワルシャワ条約機構の相互不可侵協定等、他の諸問題も取り上げようとした。しかし、アメリカは第2節で説明したとおり、西独からの圧力を受けて他の諸問題を取り上げないことを約束していた。そのためトンプソンは、グロムイコが他の諸問題を取り上げようとすることには応じず、西ベルリンと通行路の諸問題に議題を限定した。これらの諸問題に関して米ソは従来の方針を保ち、立場の違いを解消できなかったため、一月から三月までの米ソ交渉は成果なく終了した。[48]

そのため、西ベルリンと通行路をめぐる緊張状態が続いた。[49] 以上のような状況にケネディは苛立ち、交渉の停滞を打開せねばならないという決意を強めた。そして、ケネディは交渉の停滞を打開してベルリン危機を緩和し、解決するために、ソ連が解決のために最も重要な条件として要求する西独の核開発と保有の禁止を（以下に説明する、新たな外交戦略によって）改めて目指すことになった。

ただし、西独の核開発と保有の禁止を実現するためには時間がかかる。したがって、禁止を取引条件としてベルリン危機を解決するためにも時間がかかる。したがって、まずは、以下のような合意をソ連との間で成立させて危機を緩和することが六二年三月以降のケネディ政権の基本目標となった。すなわち、西独の核開発と保有の禁止等をアメリカも（NPTで）目指し、それらの実現を目指す交渉を続けている間、ソ連は見返りとして西ベルリンと通行路への圧力を緩和するという合意である。そのような合意は「一時的な妥協（modus vivendi）」と呼ばれた。

具体的には、ケネディ政権はENDCにラスクとグロムイコが参加する機会をとらえて、ENDCにおける核不拡散の一般協定（NPT）に関する交渉と、ベルリン危機に関する交渉を関連させて「一時的な妥協」を成立させようとした。すなわち、ソ連が要求する西独の核開発と保有の禁止をアメリカもNPTで目指し、そのためにまずはNPTの成立を目指す交渉をENDCで開始する見返りに、ソ連は西ベルリンと通行路への圧力を緩和するという妥協である。[51] また、ケネディ政権は「一時的な妥協」を成立させるために、NPTだけではなく、ソ連が要求するNATOとワルシャワ条約機構の不可侵協定（以下、「不可侵協定」）等についても交渉を始めようとした。以上のような「一時的な妥協」を目指す外交戦略は、国務省が作成した「一時的な妥協案」と題する文書にまとめられ、ケネディの承認を得て交渉を担当するラスクに手渡された（六二年三月一〇日）。この文書における核不拡散の案は、アイルランド決議の内容と概ね一致していた[52]。

そして、昨年一〇月までのケネディ政権の外交戦略とは異なり、「一時的な妥協案」では、核不拡散は「ヨーロッパ安全保障」の一部ではなくなっていた。すなわち、核不拡散の対象はヨーロッパに限定されず、アイルランド決議に基づき、全ての国々を対象とするようになった。ただし、ソ連との交渉で議題となる核不拡散では、実際には西独の核開発と保有の禁止が主な目的となるが、アメリカはそのような目的を明示することは避けようとした。明示すれば西独が反発し、核不拡散について交渉することが難しくなるからである。これを避けるため、アメリカはソ連との交渉では、核不拡散をあくまでも一般的なルールとして取り上げねばならなかった。そうすることによって西独の反発を抑えようとしたが、西独は納得するであろうか。

アメリカの新たな交渉方針に対する西独の態度——一般的な核不拡散なら反対しない

西独外務省は、ラスクとグロムイコがENDCに参加する機会をとらえて本題の軍備管理・軍縮の諸問題だけではなく、ベルリン危機についても交渉し、それらが関連する可能性に注意していた（六二年二月九日付文書等[53]）。すなわち、西独外務省は、ベルリン危機を解決するための取引条件として西独の核開発と保有の禁止が目指され、禁止を実現するためにENDCで「ヨーロッパ安全保障」が議題となることを強く警戒した。しかし、外務省は、核不拡散が、全ての国々を対象とする一般的なものとしてENDC等で議題となるのであれば、西独が反対できる根拠は乏しく、反対することは難しいと判断した。

ただし、外務省は、アメリカは一般的な核不拡散によっても、実際には、やはり、とくに西独の核開発と保有の禁止を狙っており、そして、禁止を、ベルリン危機を解決するために利用するとも判断した。つまり、外務省はケネディ政権の意図を見抜いていた。それでも、外務省は、アメリカが目指すものがあくまでも一般的な核不拡散であり、西独の核開発と保有の禁止だけを特別な目的として明示するのではない限り、西独が反対することは難しいと判断した。したがって、アメリカが一般的な核不拡散について交渉を進めることを、認めることになった。

例えば、グレーヴェが以上のような判断を示した（外務省への電信、六二年三月二日付）[54]。また、外務省内では、核不拡散を一般的に目指すことは基本的には望ましく、そしてアイルランド決議も、いわゆるスウェーデン決議よりは望ましいという意見も表明されていた（軍縮・安全保障課長のバルケン（Richard Balken）の文書、二月二八日付）。すなわち、六一年一二月四日に国連総会ではアイルランド決議だけではなく、同様に核不拡散協定の成立を主張するスウェーデン決議も採択されていたが、スウェーデン決議はアイルランド決議とは異なり、非核保有国への核配備を禁止し、核保有国から非核保有国への核兵器の提供も一切、禁止しようとするものであったため、具体的には西独連邦軍の核武装も禁止しようとするものであった。そのため、バルケンはスウェーデン決議の影響力が強まることを警戒したが、バルケンに限らず連邦軍の核武装を重視する西独政府にとっては、核武装を許容するアイルランド決議の方が望ましかった[55]。

そして、西独外務省が作成した六二年三月一一日付の文書では、米ソ交渉に関する西独の立場について以下の方針が示された。西ベルリンや通行路の諸問題については、アメリカは従来の立場を断固として守り、譲歩してはならない。そして、ＥＮＤＣにおけるソ連との交渉に関しては、ヨーロッパに限定した軍備管理・軍縮には反対するが、ヨーロッパに限定されない、より一般的な軍備管理・軍縮の諸問題に関する交渉の進展は支持する。したがって、一般的なものであれば「核兵器の不拡散に関する協定に反対しない」。この文書は三月一一日、すなわちラスクとグロムイコの交渉が始まる前日に外相のシュレーダーからラスクに手渡された[56]。

以上のように、ケネディ政権は、一般的なものであれば核不拡散についてソ連との間で交渉を進めてもよいという西独からの了承を得ることができた。ただし、ケネディ政権は、西独の核開発と保有の禁止という真の目的を明示しないように慎重に振る舞わねばならなかった。

なお、アデナウアーは西独の核開発と保有の禁止に強く反対し、禁止をもたらす可能性がある、あらゆる案を強く警戒していたが、アデナウアーの影響力が大きく低下していたことも西独が六二年三月までに以上のような立場を取ったことに影響していた。すなわち、まず、六一年九月の総選挙の結果、CDU／CSUが議席数を減らし、過半数を確保するためにはFDPと連立を形成する必要があったが、FDPは外交政策の変化を促すため、連立の条件としてアデナウアーが一定の期間内に首相を辞任すること、および外相の辞任を要求した。すなわち、アデナウアーは東側に対する強硬姿勢を変えようとしなかったが、FDPは（SPDと同じく）東側との関係改善を目指すようになっていたため、外交政策の変化を促すため以上の条件を提示した。外相（五五―六一年）のブレンターノ（Heinrich von Brentano）はアデナウアーの方針に忠実に従っていたため、FDPにとってはブレンターノの辞任も不可欠であった。そしてアデナウアーは、FDPが提示した条件をやむを得ず受け入れ、ブレンターノの後任としてシュレーダーが外相に就任したが、シュレーダーはアメリカとの関係を強く重視していた[57]。

以上のようにしてアデナウアーの影響力が大きく低下し、シュレーダーが外相に就任したことも西独が六二年三月までにアメリカに対し、一般的なものであれば核不拡散について、ソ連との間で交渉を進めてもよいという立場を取るようになったことに影響していた。

また、アデナウアーは五〇年代後半以降、ヨーロッパにおける軍備管理・軍縮には連関の原則に基づき反対していたが、世界平和のために一般的な軍備管理・軍縮、とくに核軍縮を支持するという立場もアピールしていた[58]。すなわち、アデナウアーは、ヨーロッパにおける軍備管理・軍縮交渉（「ヨーロッパ安全保障」）では、西独の核開発と保有の禁止および連邦軍の核武装禁止が主な争点となることを強く警戒したため、連関の原則を主張することによって、ヨーロッパにおける軍備管理・軍縮交渉を阻んでいたが、そのような立場のために批判されることを防ぐため、一般的な、すなわち、ヨーロッパに限定されない軍備管理・軍縮ならば支持するという立場もアピールしていた。とくに、西独国内では反核世論が盛り上がっていたため、アデナウアーは核軍縮を支持する立場もアピールしていた。そして、アメリカは六二年三月以降、ヨーロッパに限定されない、一般的な核不拡散を（アイルランド決議に基づき、ENDCで）目指すようになったが、そのようなアメリカの新たな立場には、アデナウアーもそれまでに取っていた立場のため、反対することは難しかった。アメリカの新たな立場を可能にさせたのがアイルランド決議であった。アイルランド決議に基づき、ENDCで一般的な核不拡散（NPT）に関する交渉が始まることになったが、そのような交渉とベルリン危機に関する交渉が関連した。

NPTに関する交渉とベルリン危機に関する交渉の連携、NPT作成交渉の開始

ラスクは、ENDCにおける交渉と並行して進めたベルリン危機に関するグロムイコとの一連の会談（六二年三月一二、一三、一九、二〇、二二、二六日）で、前述の「一時的な妥協」を目指すべきことについて以下のように説明した。核不拡散や不可侵協定等、東西が利益を共有できる諸問題で協調を深め、関係を改善することによって、西ベルリンや通行路をめぐる東西間の対立を緩和するべきである。なお、ラスクは核不拡散に関しては西独の核開発と保有の禁止に言及することを慎重に避けた。グロムイコは概ね関心を示したが、核不拡散に関しては以下のように西独の核開発と保有の禁止を最優先の目的として明示することを要求した（三月二六日）。すなわち、東西ドイツの核保有禁止に特別に言及した内容が含まれるのであれば、全ての国々を対象とする一般的な核不拡散協定を目指すことに反対はしないが、そのような一般協定よりも、東西ドイツの核保有禁止に特化した協定の成立を優

先させるべきである（また、グロムイコはＭＬＦに反対した。ＭＬＦについては第4章で詳しく説明する）[59]。

グロムイコの要求に歩み寄ってケネディ政権は、前述の「一時的な妥協案」を改定した文書（六二年四月三日付）を作成したが、この文書では一般的な核不拡散協定の案について、東西ドイツ（の核開発と保有の禁止）に特別に言及する内容が加えられた[60]。しかし、無論、西独が激怒し、反対したため、ケネディ政権は以上の改定を直ちに断念した[61]。

しかし、ソ連にとっては、核不拡散に関して最も重要な目的は西独の核開発と保有の禁止であったため、核不拡散を一般的に目指すだけでは満足できず、西独の核開発と保有の禁止を最優先の目的として明確化する必要があった。しかし、そのような明確化には西独が激怒し、猛烈に反対するため、アメリカは、西独に特別に言及する明確化に賛成できなかった。したがって、そのような明確化をソ連に断念させて、（西独に言及しない）核不拡散の一般協定を目指すことについてソ連と合意に達することが、アメリカにとっての当面の重要目標となった。

そして、六二年四月以降の米ソ交渉はラスクと、駐米ソ連大使ドブルイニン（Anatoly Fyodorovich Dobrynin）の間でワシントンにおいて進められた（四月一六、二三、二八日、五月三〇日、六月一八日、七月一二日、までで一区切り）。ラスクは核不拡散や不可侵協定等、東西が利益を共有できる一般的な諸問題で協調を深め、関係を改善することによって、西ベルリンや通行路をめぐる対立を緩和しようとする三月以降の外交戦略を引き続き実践しようとした。しかし、ドブルイニンは、西ベルリンや通行路以外の諸問題についてはほとんど言及しなかったため、交渉の議題は西ベルリンと通行路の諸問題に集中した。そして、これらの諸問題では双方とも従来どおり、全く譲歩しなかったため、交渉は停滞し、成果はなかった[62]。

ただし、ベルリン危機がようやく鎮静化しつつあったため、西ベルリンや通行路に関する交渉の重要性も徐々に低下し始めていた。ただし、それらに関する交渉の、言わば副産物として始まった、他の諸問題に関する交渉、とくに核不拡散に関する（NPTの成立を目指す）交渉は、危機が鎮静化し始めた後も続き、最終的には西ベルリンや通行路に関する諸問題とは無関係に、危機が終了した後も続くことになった。何故なら、アメリカもソ連も核不拡散（NPT）、とくに西独の核開発と保有の禁止を重視し続けたからである。以下、そのような経緯について説明する。

まず、六二年七月以降、米ソ間で西独核保有問題や核不拡散が再び活発に議論され始めるようになった。具体的には、フルシチョフはケネディへの書簡（日付不詳）で西独の核保有禁止を要求し、ケネディはフルシチョフへの返信（七月一七日付）で核不拡散の全般について米ソが協調するべきと主張した。[63]

そして、ラスクとグロムイコの会談（おそらく、六二年七月二二日）では、西ベルリンや通行路に関する諸問題とは無関係に核不拡散および西独の核保有問題が話し合われた。ラスクは核不拡散についてソ連との間で交渉を続けることを求めたが、グロムイコも「ソ連政府はこの問題に関する合意を望んでいる」と応じた。ただし、グロムイコは東西ドイツの核保有禁止に特化した協定の成立を優先させるべきとも主張した。[64] それでも、グロムイコの、核不拡散に関する「合意を望んでいる」という前向きな態度を受けて、ラスクはドブルイニンとの会談（八月八日）で、核不拡散の一般協定を成立させるために米ソが協調するべきと主張した。ドブルイニンは、協定の成立を目指すことには原則として同意しつつ、協定がMLFを禁止することを要求し、以下のように主張した。核不拡散の一般協定を成立させるためには時間がかかるため、その前に東西ドイツの核保有禁止に特化した協定を成立させるべきである。また、一般協定でも東西ドイツの核保有禁止に特別に言及した内容が含められるべきである。ラスクは反対し、あくまでも（東西ドイツに言及しない）一般的な核不拡散協定を目指すべきと主張したが、ドブルイニンは受け入れず、以下のように西独の核保有問題の特別な重要性を改めて強調した。「われわれの間にはドイツという問題があります。それは最も危険な（explosive）問題の一つです……西独が核兵器を保有することに関するわれわれの不安を長官は理解しているようです。それはわれわれにとって最も重要な問題なのです」[65]。

しかし、六二年八月二三日のラスクとドブルイニンの会談以降、ソ連はアメリカの主張を受け入れ、東西ドイツの核保有禁止に特化した協定を要求しなくなり、核不拡散の一般協定において東西ドイツの核保有禁止に特別に言及することも要求しなくなり、そして、(東西ドイツに言及しない)核不拡散の一般協定の成立をアメリカとともに目指し始めることになった。ソ連がアメリカの主張を受け入れた理由として、以下の事情を指摘できる。すなわち、まず、核不拡散の一般協定において東西ドイツの核保有禁止に特別に言及すること、および東西ドイツの核保有禁止に特化した協定には西独が猛烈に反対するため、アメリカもそれらに反対し、そのような協定を成立させることができる見込みは乏しかった。核不拡散の一般協定を成立させて西独を加盟させるためには、アメリカの主張を受け入れ、東西ドイツに特別に言及することを断念せねばならなかった。以上のような事情のために、ソ連はアメリカの主張を受け入れ、東西ドイツに言及しない、核不拡散の一般協定を目指すようになったが、それでも、これまでに説明した経緯が示すように、協定に関するソ連の最重要目的はあくまでも西独の核開発と保有を禁止することであった。

また、六二年八月二三日の会談でドブルイニンは、核不拡散の一般協定の、条文の作成についても交渉を具体的に進めていくことを提案した[66]。

以上のような米ソ間の交渉の成果に基づき、ラスクはケネディに以下のように主張した。すなわち、ソ連がアメリカの主張を受け入れ、東西ドイツに言及しない、核不拡散の一般協定の成立を目指すようになった「重要な変化」が起きたため、協定の成立を目指す、より本格的な交渉を開始するべきである(覚書、六二年九月二一日付)[67]。

そのような状況で、キューバ危機(六二年一〇月一六日―二八日)が米ソ両国に核兵器の危険性を改めて痛感させて、したがって、核不拡散の必要性も痛感させた。例えば、ケネディは危機を乗り越えた直後、フルシチョフへの書簡（一〇月二八日付）で「われわれは……核兵器の拡散問題に高い優先順位を与えるべきです」と呼びかけた。[68] キューバ危機を乗り越えたことによってベルリン危機も終了したが、核不拡散の一般協定に関する交渉は続けられることになり、ケネディはラスクに、協定の作成に関する交渉をソ連との間で進めるように指示した（覚書、一一月二八日付）。そして、危機の後の最初の交渉は一二月一〇日、ラスクとドブルイニンの間で行われた。[69]

以上のようにして、ベルリン危機をきっかけとして始まった核不拡散の一般協定、すなわちNPTの成立を目指す米ソ間の交渉は、危機が終了した後も続けられることになった。そして、危機の後も西独の核保有問題は東西間の重要な争点の一つであり続けたため、この問題を解決するために、NPTの成立と西独の加盟が熱心に目指され続けた。

小括

しかし、第4章で説明するとおり、六二年末以降のNPT作成交渉で最大の争点となったMLFをめぐる対立のために交渉は六六年末まで停滞し続けることになった。また、NPTの第一の目的は西独を加盟させて、その核開発と保有を確実に禁止することにあったが、NPTを成立させることができたとしても、西独による加盟の是非を最終的に決定するのは無論、西独自身であった。そして、アデナウアーをはじめCDU／CSUはNPT加盟を拒んだ。したがって、米ソがNPTを成立させることができたとしても、西独の核保有問題を解決できるとは限らなかった。

しかし、西独国内では核保有問題の解決を可能にする重要な変化が起きていた。すなわち、SPDがNPT加盟を主張し、そして、党改革によってCDU／CSUに代わり得る有力な勢力として台頭し始めたことである。そのようなSPDが政権を奪取すれば、西独がNPTに加盟し、核保有問題が解決される可能性が生じたのである。次節では、まず、ＳＰＤが党改革によって台頭し始めたことについて説明し、次に、同党のＮＰＴ加盟に関する構想を説明する。

5　ＳＰＤの党改革、ブラントの台頭、ＮＰＴ加盟の基本構想

ＳＰＤの党改革、ブラントの台頭

ＳＰＤは政権を奪取するため、ＣＤＵ／ＣＳＵの政治経済イデオロギーや外交・安全保障政策に大きく歩み寄る改革を五〇年代末から推進した。それらのイデオロギーや政策は国民的合意として定着しつつあったため、ＳＰＤがＣＤＵ／ＣＳＵに並び得る国民政党になって政権を奪取するためには、それらに歩み寄る必要があった。具体的には、まず、五九年一一月に採択したゴーデスベルク綱領で自由主義の政治経済イデオロギーや市場経済を認め、伝統的な左翼の教条主義から決別する立場を明確に示した。[70] また、副党首のヴェーナー（Herbert Richard Wehner）は六〇年六月三〇日に連邦議会で西独のＮＡＴＯ加盟と欧州統合、すなわち西側統合を支持する立場を明確に示した（それまでＳＰＤは、西側統合は東側との関係を悪化させてドイツ再統一を難しくさせるという理由から、西側統合を明確には支持していなかった）。以上の改革によってＳＰＤは、より多くの国民から支持され得る国民政党へと変化し始めた。[71]

しかし、外交・安全保障政策の改革に関しては大きな難題があった。まず、西側統合を認めるヴェーナーの立場は党内で必ずしも十分に支持されていたわけではなく、党首（五二―六三年）のオレンハウアー（Erich Ollenhauer）をはじめ、多くの議員が連邦軍の核武装に依然として強く反対していた。ＳＰＤは五八年に、核武

装に反対する全国規模の闘争を繰り広げたばかりであり、反核平和主義を最も重要な方針の一つとしていた。しかし、NATOの戦略の重要な一部である連邦軍の核武装を認めなければ、SPDはアメリカをはじめとする西側諸国から信頼されず、もし政権を奪取しても外交・安全保障政策に支障をきたすことは明白であった。したがって、政権を担い得る政党となるために、SPDは連邦軍の核武装も認めねばならず、また、西側統合への支持を党内で広めねばならなかった。

これらの諸問題の他、選挙では党の顔としてアデナウアーの強い権威や影響力に対抗できる、全国レベルの知名度と人気を有する政治家が党の中枢には存在しなかったことも大きな問題であった。

しかし、以上の諸問題を解決できる人物が中枢の外に現れた。すなわち、ブラントである。当時は西ベルリンの市長（五七―六六年）であり、SPDの中枢にはほとんど関わっていなかった。しかし、ブラントは世界中で注目を集めたベルリン危機の最前線に立ち、西ベルリンを守るために断固とした強い決意を示して西ベルリンの人々を勇気づけただけではなく、西側陣営全体の士気も高めていた。ブラントは国内外で幅広く称賛され、国内では全国レベルの知名度と人気を得るようになっていた。そして、ブラントは西ベルリンを守るために不可欠なアメリカをはじめとする西側諸国との同盟関係を強く重視し、したがって、NATOの戦略である連邦軍の核武装も認めていた。そのようなブラントがSPDの内部でも影響力を強めれば、西側統合を支持し、連邦軍の核武装を認める方針も党内で影響力を強めることを期待できた。そのため、六〇年一一月（二一―二五日）にハノーファーで開催された党大会で、ブラントはヴェーナーを中心とする改革派の後ろ盾を得てSPDの首相候補に選ばれたが、大会の議論では連邦軍の核武装を認めるか否かが最大の争点となり、オレンハウアーをはじめとする多くの議員が依然として強く反対した。しかし、首相候補のブラントが核武装を認める立場を示したため、党が全体としても認める立場を示す「ハノーファー・アピール」が発表された。ただし、この時点でも連邦軍の核武装に反対する意見は党内に根強く残されていたが、これ以降、ブラントをはじめとする改革派の影響力が強まり、主流派となったため、核武装を認める立場も主流派の方針として定着していくことになった〔オレンハウアーは六三年に党首を辞し、ブラントが六四年、党首になった（八七年まで）〕。

ただし、ブラントは核不拡散の重要性も強く主張し、したがって、西独の核開発と保有に反対する立場も（ハノーファーの党大会等で）明確に示した。総じて、連邦軍の核武装は認めるが、西独自身の核開発と保有には強く反対することが、西独の核保有問題に関するSPDの基本的な立場として定着していくことになった。そのような立場は無論、ベルリン危機やNPTとの関連で非常に重要な意義を有していた。

NPT加盟に関する基本構想

SPDは前述のとおり西独の核開発と保有に強く反対したため、NPT加盟に異存はなかった。また、SPD、とくにブラントのNPT加盟に関する構想はベルリン危機において、西ベルリンの安全確保を目指した構想にも基づいていた。すなわち、ブラントは、西ベルリンの安全を確保するために不可欠な東側との関係改善のために、東側が求める西独の核開発と保有の禁止、すなわちNPT加盟を重視するようにもなった。そして、SPDの中でもとくにブラントが西ベルリンの市長として、同市の安全を確保するために最も切迫した強い問題意識を抱いていたからこそ、そのために必要なNPT加盟（による東側との関係改善）をとくに強く重視した。具体的には、まず、ブラントはヴェーナーへの書簡（六〇年六月二七日付）等で、西ベルリンの安全を確保するためには東側との関係改善が不可欠であり、そのためにヨーロッパ安全保障、すなわち、軍備管理・軍縮に関する交渉を進める必要があると主張していた。[75] そのようなブラントの立場は、ケネディ政権の（六一年一〇月までの）外交戦略と一致していた。しかし、前述のとおりケネディ政権は六一年一一月、アデナウアー政権の反対を受けてそのような外交戦略を断念し、危機に関するソ連との今後の交渉ではヨーロッパ安全保障を取り上げず、議題を西ベルリンに関する諸問題に限定するようになったが、そのような変化にブラントは反対し、議題を拡大するべきと主張した。何故なら、西ベルリンをめぐっては東側が軍事力において圧倒的に優越しているため、交渉の議題を西ベルリンに関する諸問題に限定すれば、西側が不利で、交渉の結果、西ベルリンへの東側の影響力が強まり、西ベルリンの地位や自由が脅かされることをブラントは恐れたからである。だからこそ、ブラントは議題を拡大するべきと主張し、とくに、東西間の軍備管理・軍縮交渉で関係を改善することによって、西ベルリンの安全を確保しようとした。(76)

そして、ブラントは六二年四月一一日にアメリカの国防次官から、ソ連との今後の交渉では議題を拡大し、核不拡散の一般協定も議題になるという新たな方針を伝えられたが、ブラントは無論、賛成した。また、ブラントはSPDの執行部における会議（四月一二、一三日）で、核不拡散の一般協定はSPDの立場に合致すると説明した。(78) 前述のとおり、ブラントをはじめSPDは核不拡散を重視していた。また、西独の核開発と保有に反対する立場も明確に示していたため、核不拡散の一般協定、すなわち、NPTに加盟することについても異存はなかった。また、ブラントは東西間の軍備管理・軍縮交渉による関係改善と、それに基づく西ベルリンの安全確保を目指したが、軍備管理・軍縮については、東側が強く求める西独の核開発と保有の禁止、すなわちNPT加盟を実現できれば、関係改善が大きく進み、西ベルリンの安全確保にも役立つことを期待できた。

以上のように、ブラントとSPDは六二年までに、NPTに加盟することについて基本的な立場と構想を定めていた。そして、ベルリン危機が終了した後も西ベルリンの脆弱性という問題は変わらずに残されたため、ブラントは西ベルリンの安全を確保するために不可欠な東側との関係改善と、そのために必要なNPT加盟を目指し続けることになった。そのように、NPT加盟はブラントにとって、端的に言えば西ベルリンの安全を確保するための取引材料であった。例えば、ブラントはドゴールとの会談（六五年六月二日）では、ソ連が西独の核保有を恐れているため、この問題はソ連との交渉において「ポイントを稼ぐ」ための取引材料として利用できるという判断を示した[79]。そして「ポイントを稼ぐ」ために、具体的にはNPT加盟が必要で、そのためには、まずNPTを成立させる必要があったが、ブラントはNPTの成立に貢献するという立場も示し続けた（六五年八月八日の演説等）[80]。

小括

NPT加盟で東側との関係を改善して西ベルリンの安全を確保するというブラントの目的は、後に、自らが首相になった時に概ね達成されることになる。しかし、SPDが政権を奪取し、ブラントが首相に就任してNPTに加盟するまでには時間を要した。それまではCDU／CSUが政権を掌握してNPT加盟を拒み続けた。確かに、ベルリン危機によって西独の核保有問題の解決に向かう大きな潮流が生み出されたが、この問題は直ちに解決されたわけではなく、危機が終了した後もヨーロッパ国際関係を緊張させ続けた。

第4章　ＮＰＴへの頑強な抵抗（一九六三―六六年）

ベルリン、キューバ危機を転機として米ソは関係改善を目指し、最初の成果として六三年八月にＬＴＢＴを成立させた。米ソはＮＰＴの成立も目指したが、その第一の目的は西独を加盟させることであった。西独の核開発と保有を防ぐためにＬＴＢＴでは全く不十分で、ＮＰＴが不可欠であった。

しかし、米ソの動きに西独政府は頑強に抵抗した。ＬＴＢＴには加盟したが、ＮＰＴを強く嫌い、以下の対抗策を取った。第一に、ＭＬＦに執着することによってＮＰＴの成立を阻み、第二に、ＮＰＴが成立して加盟を求められる事態に備えて、加盟を避けるための策（「ＮＰＴ加盟回避策」）を準備して実践し、第三に、それでも最終的には加盟を避けられなくなる事態に備えて、加盟しても重要な利益、とくに原子力を完全に守るための対策を準備した。そして、原子力は核開発に利用できた。

以下、第1節ではＬＴＢＴへの加盟、第2節ではＭＬＦ、第3節ではＮＰＴ加盟回避策、第4節では加盟を避けられなくなる事態に備えて原子力を守ろうとした対策について説明する。

1　部分的核実験禁止条約への加盟（六三年）

核実験禁止条約の成立を目指す交渉は米ソ英によって五〇年代末に始まった後、東西関係の悪化を受けて中断していたが、ベルリン、キューバ危機を乗り越えた後の六三年に再開された。その結果、地下核実験は禁止しないが、大気圏の内外および水中での核実験を禁止するＬＴＢＴを成立させることで合意が成立、七月二五日には条約の本文が完成し、八月五日に正式に署名され、ＬＴＢＴが成立した。それは米ソによる協調の成果として、また、核軍備管理を進める重要な一歩として高く評価され、歓迎された。

ＬＴＢＴは核不拡散のためにも重視され、米ソ英以外の全ての国々に対しても加盟が呼びかけられた。ただし、ＬＴＢＴは地下核実験を禁止せず、そもそも核開発と保有を禁止していないため、核不拡散のための条約としては不十分であったが、核不拡散のためにある程度の役割を果たすことは期待された。以上のような意義を有するＬＴＢＴに多くの国々が賛同し、六三年八月八日までに三四か国が署名し、一〇月一〇日に発効した時点では一〇八か国が署名した。

そして、西独も六三年八月一九日に署名したが、署名に至るまで一悶着があった。すなわち、まず、ＬＴＢＴには東独が加盟することが予想された（実際に、加盟した）が、西独は、東独が加盟する条約に西独も加盟すれば事実上、東独を承認することになりかねないことを問題視した。この問題を理由にＬＴＢＴへの加盟を当初、拒もうとしたのである。しかし、アメリカは西独の加盟を強く求め、駐西独大使（六三―六八年）のマッギー（George C. McGhee）はシュレーダーとの会談（八月三日）でラスクの以下の意見を伝えた。「アメリカはＬＴＢＴを非常に重視しており、西独がこだわっている些末な問題（筆者註：ＬＴＢＴへの加盟が東独の承認に繋がり得ること）は犠牲にしなければならないと考えている。西独の消極的な態度が世界中の人々に誤った印象を与えないように注意するべきである……西独が核保有を目指しているという非難を防がねばならない」。ただし、ラスクは西独の求めに応じて八月一二日、LTBTへの加盟は東独の承認を意味しないと上院で証言し、これを受けて西独政府も同日の閣議で署名を決定、一九日に正式に署名した（その後、六四年一二月一日に批准書を寄託し、加盟が確定した）〔なお、西独は、核開発放棄宣言（五四年）はLTBT加盟と同等の意義を有するという理屈によっても加盟を拒もうとしたが、アメリカを納得させることはできなかった〕[1]。

以上のように、西独が当初、LTBTへの加盟を拒もうとした理由は、それが東独の承認に繋がりかねないことを警戒したからであったが、アメリカからの圧力を受けて結局は加盟した。

なお、西独政府内では、LTBTへの加盟で核開発や保有が難しくなり得ることを指摘する意見もあった。すなわちアデナウアーや、外務省第二局長のクラプフ（Franz Krapf）、駐ソ連大使のグロエッパー（Horst Groepper）がそのような問題意識を示した〔当時の外務省で、外相および次官より下の、組織上の最上級の構成単位が「局（Abteilung）」であった〕[2]。確かに、LTBTに加盟すれば大気圏内外および水中での核実験が禁止されるため、核開発はある程度の制約を受ける。

しかし、LTBTに加盟しても核開発や保有は可能であり、地下核実験も可能である（途上国であるパキスタンも地下核実験を実施できた。また、イスラエルが示すように、核実験は大量の核開発や保有のために不可欠ではない）。西独が本当に警戒したのはNPTであった。何故なら、NPTは核開発と保有を明確に禁止するからである。多くの国々も、西独のLTBT加盟によって同国の核保有問題が解決されたとは全く考えず、解決するため西独をNPTに加盟させようとした。そのためにはNPTを成立させる必要があったが、MLFが成立を阻んだ。西独がMLFに執着したからである。

2　ＭＬＦ

ＭＬＦの実現を目指す交渉が本格的に始まり、ＭＬＦ問題が本格化し始めたのは六三年一〇月以降であるが、アメリカがＭＬＦ構想を最初に公表したのは六〇年一二月であり、それから六三年一〇月までの時期でもＭＬＦは重要な争点になっていた。そのため、本節では六〇年一二月から六三年一〇月までの時期を前史として位置づける。以下、まず前史について説明した後、ＭＬＦ問題（六三年一〇月―六六年一二月）の概要について説明し、その後、ＭＬＦに関する西独外交（六三年一〇月―六六年一二月）についてより詳しく説明する。

ＭＬＦ問題の前史（六〇年一二月―六三年一〇月）

西独が核を保有するのではないかという不安が五〇年代後半から、さらに強まっていた（その理由については第3章第1節で説明した）。西独の核保有を防ぐための手段としてアイゼンハワー政権は六〇年一二月、ＭＬＦ構想を公表した。それは、ＮＡＴＯ加盟国が共同で運用する共通核戦力部隊の創設を目指すもので、核弾頭を提供するのはアメリカだが、非核保有国も核戦力部隊、および核兵器発射の共同決定に参加させることによって、非核保有国による、一国単位での核保有の欲求を解消し、それを防ぐことを主な目的としていた。この目的は西独に関して最も重視されたように、総じてＭＬＦの目的は西独の核保有を防ぐことであった。

そして、ケネディ政権もＭＬＦ構想を受け継ぐ立場を示し（六一年五月）、六二年一二月、西独をはじめとするＮＡＴＯ加盟国にＭＬＦへの参加を呼びかけ、その実現に向けて本格的に取り組み始めた。

しかし、西独国内ではＭＬＦへの参加の是非をめぐって議論があった。そのような議論は、ケネディ政権が六二年五月に公表した新たな戦略、すなわち柔軟反応戦略、および、西側同盟の全体について核の使用を一元的にコントロールしようとした戦略に関わる。まず、それらの戦略について説明する。

まず、柔軟反応戦略は、ケネディ政権がアイゼンハワー政権の戦略、すなわち大量報復戦略に対する批判的な問題意識に基づいて考案し、採択した戦略である（まずはケネディ政権が採択した後、六八年、NATOもそれを正式に採択した）。大量報復戦略は、東側からの攻撃や侵略が発生すればかなり早い段階で大量の核を使用する態勢を示すことによって、攻撃や侵略を抑止することを目的としていたが、ケネディ政権は、そのような戦略では核戦争が容易に発生してしまう危険性を問題視した。そのような危険性を避けるために、ケネディ政権は東側からの攻撃や侵略が発生しても、核の使用は可能な限り遅らせて、それを最後の手段にとどめ、攻撃や侵略に対してはそれらのレベルに応じて、専ら通常戦力によってさまざまな方法で柔軟に対処しようとした。通常戦力による柔軟な対処によって、ケネディ政権は攻撃や侵略のエスカレーションを防ぎ、それらを撃退しようとした。とくに、核使用という最後のレベルに至る前に攻撃や侵略を撃退しようとした。

要するに、柔軟反応戦略は核をなるべく使わないようにすることを目的としていた。同様の目的から、ケネディ政権は西側同盟の全体について核の使用を一元的にコントロールしようとした（MLFに関するケネディ政権の構想では、MLFに英仏の核も取り込み、英仏の核もアメリカの主導で一元的に管理することが検討されたこともあったが、英仏が受け入れる見込みは乏しかったため、断念された）。しかし、以上のような戦略については、以下のような懸念が抱かれていた。すなわち、柔軟反応戦略は核をなるべく使わないようにする戦略であったため、同盟国がアメリカの核抑止力への信頼を失うことが危惧された。また、アメリカが西側同盟の全体について核の使用を一元的にコントロールしようとすれば、同盟国が核に関する自立性を否定されることについて反発を強めることも危惧された。(3)

実際に、とくにドゴールが、アメリカは同盟国をもはや核で守ろうとはしていないと批判して、核に関する自立性を強める必要性を主張し、独自の核戦力を強化しようとしていた。以上の諸問題のため、ケネディ政権は西独について以下のような可能性を警戒するようになった。すなわち、西独もアメリカの核を信頼しなくなり、代わりにフランスの核に頼り、それを強化するため独仏が協調することによってアメリカの影響力が低下し、NATOの結束が乱れる可能性である。これを防ぐためにも、ケネディ政権はMLFを重視するようになった。すなわちケネディ政権は、アメリカが主導するMLFに西独を参加させて、核兵器発射の決定への参加も認めることによって、西独がフランスの核に頼ることを防ごうとした。[4]

以上の諸問題について、西独国内では立場を異にする二つの勢力が存在した。一つは「ゴーリスト（Gaullist）」と呼ばれた、CDU／CSU内の少数派の勢力である。もう一つは「大西洋派（Atlantiker）」と呼ばれた、CDU／CSU内の多数派の勢力である。結論を先取りすれば、ゴーリストは（概して）フランスとの関係を重視し、MLFに反対したが、アメリカとの関係を重視する大西洋派が優勢であったため、西独は大西洋派の主導で、アメリカとの関係を強化することも目的としてMLFに参加する意思を表明した（六三年一月一四日）。ゴーリストに属したのはアデナウアーやシュトラウス等であり、大西洋派に属したのは外相のシュレーダーやエアハルト、および、外交・安全保障問題の専門家であり、それらの諸問題についてCDU／CSUを代表する立場にあったビレンバッハ（Kurt Birrenbach）等である。[5] ゴーリストや大西洋派の立場について、以下、より詳しく説明する。

まず、ゴーリストは柔軟反応戦略のためにアメリカの核抑止力の信頼性が低下する危険性に強く注意した。また、西側同盟の全体について核を一元的にコントロールしようとするアメリカの戦略のため、核に関する自立性が否定されることにも反発した。ゴーリストはフランスの核を重視し、核に関するフランスとの協調を深めることによって、アメリカに依存しない自立した核抑止力を発展させようとした。さらにゴーリストは、アメリカがベルリン危機以降、西独の核保有禁止を目指し始めたことにも反発したが、アメリカに対抗し得る影響力を強めることも目的としてフランスとの関係を強化しようとした。

ただし、アデナウアーはフランスとの関係だけではなく、アメリカとの関係も同等に重視していた。アデナウアーはゴーリストの前述の問題意識を抱いていたが、それでも結局、アメリカとの関係は決定的に重要であると考えていた。だからこそ、アデナウアー自身がＭＬＦに参加する意思を表明した（六三年一月一四日）。また、アデナウアーは核に関するフランスとの協調を深めることに関心を示したことがあったが、結局、それを熱心に目指すことはなかった(6)。

そのようなアデナウアーに比べて、シュトラウスは最も強硬なゴーリストであった。シュトラウスは、アメリカの核抑止力は十分に信頼できないため、それだけに依存することは危険であると強く主張した。シュトラウスはフランスの核を重視し、最終的にはフランスの核を西独が共有できる共通核戦力を創設することが最も重要な目的になった。なお、シュトラウスは、西独が単独で核を開発し、保有することには明確に反対した。以上のように、シュトラウスにとっては、アメリカの核抑止力は信頼できないが、西独による単独での核開発と保有はあり得ない以上、核抑止力はフランスとの共同で確保せねばならなかった。また、シュトラウスはＭＬＦについて以下のように批判し、反対した。すなわち、アメリカはＭＬＦでも核使用を一元的にコントロールしようとするため、西独が参加する意味はほとんどなく、参加すればアメリカの支配が強まり、自立性を損なうだけである。以上の理由から、シュトラウスおよびＣＳＵの全体がＭＬＦに反対した〔これに対し、ＣＤＵ（の多数派である大西洋派）はＭＬＦを支持した(7)〕。

そして、シュトラウスは独仏による共通核戦力について六二年一月、フランスの国防相に対し（自らも国防相として）以下のように提案した。フランスの核開発に西独が資金援助を提供する見返りに、フランスは、独仏が共同で利用できる核を開発し、フランスの領土内に備蓄し、有事の際、西独がそのような核を利用できるようにする。

しかし、この提案は拒絶された。フランスは西独を核に近づけるような協力を一切、拒否した。そのため、核に関する独仏の協調は実際にはあり得なかった[8]。

つまり、西独にとっては事実上、アメリカの核抑止力に頼る以外に選択肢はなかったのである。なお、西独政府内では柔軟反応戦略が（六二年五月に）公表された後、今後の方針として引き続きアメリカとの関係や、その核抑止力を重視するか、あるいは柔軟反応戦略によって、アメリカの核抑止力の信頼性が低下する危険性への注意から、フランスの核抑止力に頼るべきかという問題が検討されたことがあった（六月）。外務省と国防省がこの問題を検討したが、以下の結論に至った。フランスの核戦力はそもそも弱過ぎてソ連の核に対抗できず、西独を守れない。西独を守れる核はアメリカの核戦力だけである。また、核に関するフランスとの協調を深めればアメリカとの関係が悪化する危険があり、そうなれば西独の安全にとって重大な問題になる。総じて、フランスの核に頼ることはできず、今後も引き続きアメリカとの関係や、その核抑止力を重視せねばならない[9]。

そして、大西洋派も同様に判断したからこそアメリカとの関係を重視してMLFに参加し、それを実現しようとした。なお、シュトラウスは六二年一〇月に（「シュピーゲル」に圧力を加えたスキャンダルによって）国防相を辞職したが、後任の国防相は大西洋派であったため、大西洋派の優位がさらに拡大した[10]。そして、MLFの実現を目指す交渉は参加の意思を表明した国々の間で六三年一〇月から始まることになった。

欧州を守る仏の核（ドゴール）、欧州統合に基づく核の共有（ヨーロピアン・オプション）

しかし、フランス、とくにドゴールは、西独がMLFに参加してアメリカとの関係を強めることを警戒し、参加を阻止しようとした。ドゴールは、ＭＬＦはおろかアメリカの核抑止力自体が信頼できず、西独を守れないが、フランスの核ならば西独を守れると強調し、もし、西独がソ連からの攻撃や侵略を受ければフランスが核を発射して西独を守るという立場を明確に示した。つまり、ドゴールは西独をフランスの核の傘の下に置こうとした（そうすることによって西独への影響力を強めようともした）。しかし、西独はドゴールの主張や提案を受け入れず、あくまでもアメリカとの関係を重視した。以上の諸問題について、以下、より詳しく説明する。

まず、ドゴールはアデナウアーとの会談（六三年九月二一日）で以下のように主張した。アメリカはヨーロッパの同盟国を守るために、核を直ちに発射しようとはしておらず、西独やフランスが重大な危機に陥り、侵略を受けているような場合でさえ核を直ちに発射しようとはしないであろう。何故なら、ソ連からの核による報復でアメリカ自身が破滅的な被害を蒙ることを強く恐れているからである、しかし、西独とフランスは危険が迫れば核を直ちに発射することについて利益を共有している。アメリカはＭＬＦによって、核を発射できる決定権を西独をはじめとする同盟国に与えるかのような印象を与えているが、実際にはそのような決定権を認めないであろう。以上の諸問題のため、フランスは独自の核戦力を発展させる。フランスの核戦力の規模は、それほど大きなものではないが、アメリカの核とは異なり直ちに発射される。[11]

そして六三年一〇月、アデナウアーに代わってエアハルトが首相に就任したが、エアハルトとの会談でドゴールは以下のように主張した（一一月二一日）。西独が侵略されれば、敵は直ちにフランスに迫ってくるため、フランスにとって西独を守ることは自らを守るのと全く同じくらいに重要である。西独の戦場とフランスの戦場は分かれているのではなく、不可分である。したがって「西独が攻撃されれば、フランスは核を発射します」。アメリカの核やＭＬＦは信頼できない。フランスの核戦力はソ連の核戦力よりも弱いが、ソ連を破滅させるには十分である。[12]

エアハルトは感謝しつつ、アメリカでなければ西独を守れないという立場を示した。すなわち、エアハルトは暗に、フランスの力では西独を守れないと主張し、また、本当に西独を守れるのか、本当にソ連を抑止できるのかと率直に質問した。ドゴールは、フランスが核戦力を十分に強化すれば、できると答えた。なお、ドゴールはフランスの核を「ヨーロッパの」核としても特徴づけ、それはフランスだけではなくヨーロッパの全体を守る核であることも強調した（そのような立場を、六四年二月一五日のエアハルトとの会談でも示した）[13]。

また、ドゴールは西独の外務次官、カルステンス（Karl Carstens）に対し核に関する仏独の協調を呼びかけ、西独は核についてアメリカではなくフランスと協調することによって「より大きな分け前」が得られると主張した。カルステンスは、アメリカの抑止力は機能しており、それを西独は放棄できないと応じた（六四年七月四日）。それでもドゴールはエアハルトに対し、フランスの核はヨーロッパの核であり、アメリカの核とは異なりヨーロッパを守るためであれば自動的に発射されると強調した（七月四日）[14]。

しかし、西独は核に関するフランスとの協調を選択せず、同国の核の傘に頼ろうとすることも全くなかった。エアハルトをはじめ西独政府は、そもそもフランスの核戦力は弱過ぎて、核抑止力としての意義が乏しいと考えていたが、エアハルトは以下のような考えも示していた（イタリアの首相との会談、六四年一月二八日）。核に関するフランスとの協調を進めるとしても、ドゴールはフランスの核の発射について、他の国々との共同決定を認めないであろう。ドゴールは自らの核によってヨーロッパにおいて支配的な地位を確立することを狙っており、そのような野望に対抗するためにもMLFが不可欠である[15]。

そのように、エアハルトは核に関する仏独の協調、とくに、核の傘を提供するというドゴールの提案を警戒してもいた。西独がフランスの核の傘に頼るとしても、核兵器発射の決定権はフランスだけが厳重に掌握し、西独の関与は認められない可能性が高かったため、フランスが西独の死命を左右し、西独は従属的な立場に置かれる危険性があった（西独の関与を認める立場を、ドゴールをはじめフランスは全くと言ってよいほど示していなかった）。また、そもそもフランスの核は弱過ぎたため、総じてドゴールの提案はデメリットばかりが目立つものであった。

ただし、西独は、ドゴールが言う「ヨーロッパ」の核、すなわち、実際にはフランスだけが主導権を握る「ヨーロッパ」の核は拒絶したが、西欧諸国の共通核戦力という構想には関心を示していた。そのような構想は、まず、イタリアがMLFに関する交渉において以下のようなものとして示していた（六三年七月以降）。MLFが実現した後、西欧諸国は欧州統合の政治的および軍事的な発展によって一体性を十分に強めれば、MLFの内部で核兵器発射の決定権を与えられるべきであり、この決定権にアメリカは拒否権を行使できない。すなわち、統合によって一体性を強めた西欧諸国に、核兵器を発射できる独立した決定権が認められるべきである[16]。

そのような決定権が認められれば、西欧諸国はMLFの内部で事実上、アメリカから独立した共通核戦力の保有を認められることになる。MLFの内部で、西欧諸国の共通核戦力が認められることはMLFの「ヨーロッパ化（Europäisierung）」と呼ばれるようになり、MLFに関する条約でヨーロッパ化を認める条文は「ヨーロッパ条項（Europäisierungsklausel）」と呼ばれるようになった（「ヨーロッパ化」の構想は後に修正を加えられて「ヨーロピアン・オプション」になる。「ヨーロッパ化」あるいは「ヨーロピアン・オプション」は「ヨーロッパ解決策（europäische Lösung）」と呼ばれることも多かったが、最終的に「ヨーロピアン・オプション」という用語が定着することになる）。

以上のような、イタリアが提案したMLFの（将来における）ヨーロッパ化の構想に西独は賛成し、アメリカもこれを認め、ヨーロッパ化条項の具体的な内容に関する交渉も進められた。ただし、ヨーロッパ化が実現すれば西欧諸国による独立した共通核戦力の保有と、核兵器発射に関する独立した決定権が認められることになるため、国務長官のラスクは、それらがMLFから完全に分離することへの懸念を示した。これに対し、西独はヨーロッパ化して独立した共通核戦力もアメリカとの緊密な関係を保つと強調した。また、西独は以下の考えも示した。ヨーロッパ化の前提条件として欧州統合が政治および軍事に関しても十分に発展し、西欧諸国が一体性を強める必要があるが、それには大変に長い時間がかかるため、ヨーロッパ化という構想には実際には象徴的な意味しかない[17]。

しかし、先のことになるが、MLF構想自体が（六六年一二月に）放棄されたためMLFのヨーロッパ化もあり得なくなった。ただし、西独はヨーロッパ化で構想されていた西欧諸国による独立した共通核戦力の保有という案には執着した。MLFが放棄されてしまったため、共通核戦力はMLFとは無関係であり、共通核戦力を創設するために西欧諸国は自力で核を準備せねばならなかった。そして、欧州統合に参加した国々の中で核を保有する国はフランスだけであった。したがって、共通核戦力はフランスの核を共有することによって創設されねばならないが、フランスの核の共有は、欧州統合が高度に発展し、西欧諸国の一体性が十分に強まらない限り難しかった。

以上の諸事情のため、ヨーロッパ化の構想に修正が加えられ、以下のような新たな構想が練られた。将来、欧州統合による超国家的な統合が完成すれば、統合によって誕生する超国家的な存在が、構成国であった（が、統合が完成すれば独立した主権国家ではなくなる）フランスの、核保有国としての地位を引き継ぎ、核保有を認められることになる。すなわち、欧州統合の完成に基づいて西欧諸国はフランスの核を共有することになるが、そのような共有が認められる権利は「ヨーロピアン・オプション」と呼ばれるようになった。

そして、西欧諸国の中で西独がヨーロピアン・オプションを最も重視し、これに執着することになった。すなわち、西独、とくにCDU／CSUは、将来においてアメリカの核の傘がなくなる危険性に注意し、アメリカに依存しない独立した核抑止力を確保するための手段として、欧州統合に基づくフランスの核の共有、すなわちヨーロピアン・オプションを強く重視することになる。とくに、CDU／CSUはNPTに加盟する前提条件としてヨーロピアン・オプションが明確に認められることを強硬に要求することになった。

小括

総じて、MLF問題の前史においてアメリカの核抑止力の信頼性に少なからず不安が抱かれても、西独は核に関するフランスとの協調を選択せず、アメリカとの関係を重視し、強化するためMLFへの参加を決定した。これに対し、ドゴールはMLFへの西独の参加を阻止するため、代案としてフランスが西独に核の傘を提供することを申し出たが、西独は受け入れず、あくまでもMLFを重視した。しかし、その後、MLF構想が放棄された後、西独、とくにCDU／CSUは将来においてアメリカの核の傘がなくなる危険性に注意して、アメリカに依存しない独立した核抑止力を確保するための方策として、フランスの核を欧州統合に基づいて共有すること（ヨーロピアン・オプション）を重視するようになった。

以上のような、核抑止力に関する構想の変遷における最も重要なポイントの一つは、西独の単独核保有という選択肢が一貫して排除されていたことである。西独は核に関する諸問題についても欧州統合を重視したからこそ、（アメリカに依存しない独立した）核抑止力も、欧州統合に基づかねばならなかった。また、西独の単独核保有には多くの国々が猛烈に反対するため、そもそも、それは不可能であった。以上のような諸事情のため、西独にとっては、アメリカの核の傘の信頼性が低下し、もし、なくなっても代案として単独核保有はあり得ず、代案はあくまでも欧州統合に基づく核の共有でなければならなかった（シュトラウスも単独核保有を明確に否定し、アメリカの核抑止力に依存することへの代案として、六二年、フランスとの核の共有を目指し、それが拒絶された後もヨーロピアン・オプションを重視することになった）。

補論―ドゴール、西独の核保有を容認？（六三年一月）

アデナウアー政権末期の六三年一月、アデナウアーとドゴールがいわゆるエリゼ条約（六三年一月二二日）によって独仏関係の強化を目指した際に、ドゴールが西独の（単独）核保有を容認する立場を示したことがあったが、ドゴールが本当に容認したとは考え難く、西独、とくにアデナウアーとの関係を強化し、機嫌を取るため、端的に言って嘘をついたに過ぎなかったと考えられる[18]。

まず、ドゴールは記者会見（六三年一月一四日）で以下の考えを示した。西独は他の多くの国々と同様に核を保有するか否かを決定できる権利を有する。さらに、ドゴールは一月二一日、すなわちエリゼ条約を締結する前日、アデナウアーとの会談で以下のように述べた。西独もいつかは核保有を望むことをフランスは理解しており、西独の科学技術力と経済力ならば数年のうちに核および運搬手段を開発できるであろう。ただし、西独が核を保有すればアメリカが怒るであろう。覇権国としての立場が傷つけられたと感じるからである。ただし、同時にアメリカは欧州防衛の負担が軽減されたとも感じるであろう。より重大な問題は東側との関係である。西独が核を保有すればソ連をはじめとする東側諸国との関係が悪化し、関係改善は非常に難しくなるであろう。それでも西独が核保有を望むならば「フランスは西独の邪魔をしません[19]」。

これに対し、アデナウアーは「西独は核保有を望んでいません」と応じたが、六三年一月一五日（すなわち、前述した、ドゴールの記者会見の翌日）にはクローネに対し、独仏の共同による核開発をドゴールに提案するべきであろうかと質問していた。クローネは反対した[20]。

ドゴールとアデナウアーは当時、アメリカへの不信感を強めていたため、アメリカに依存しない独立した影響力を強めることを目的として独仏関係を強化しようとしたが、アデナウアーが首相を辞任した後、エアハルトはアメリカとの関係を重視したため、ドゴールはそのような目的を果たせなくなった。そして、ドゴールはラスクとの会談（六四年一二月一四日）で以下のように述べた。西独が間接的あるいは直接的に核を保有することは非常に危険で、フランスだけではなく他の西側諸国や東側諸国にとっても受け入れられない。[21] 同様に、ドゴールはブラントとの会談（六五年六月二日）では、西独が核を保有しないことについて東西の立場は一致していると主張し、ニクソンとの会談（六九年三月三一日）では端的に「フランス人は、ドイツ人に核兵器を持たせてはならないと決意している」と述べた。それ以前にも、六三年五月、すなわちアデナウアーがまだ首相であった頃にもドゴールはフランス政府の内部で、核兵器に関する西独との協調はあり得ないと厳命していた。[22] なお、それ以前にも前述のとおり、六二年一月、シュトラウスはフランスの国防相に対し、フランスの核開発に西独が資金援助を提供する見返りに、西独が有事の際に使用できる核兵器をフランスが開発し、フランス領内で備蓄する計画を提案したが、拒絶されていた。[23] また、第2章で説明したとおり仏独伊共同核開発計画（五七年一一月—五八年六月）を終わらせたのはドゴールであった。

以上のように、ドゴールが六三年一月に示した西独の核保有を容認する立場は、本心ではなかったと考えられる（もし、本心であったとしても一時的なものに過ぎなかった）。本心では西独の核保有を絶対に許さなかった。

しかし、フランスは西独の核保有を禁止できなかった。禁止するために必要な影響力がなかったからである。禁止するためには、ドゴールが嫌ったアメリカの影響力とNPTが不可欠であった。西独の核保有を禁止するため、ドゴールはアメリカとNPTに全面的に依存せねばならなかった。

また、イギリスも、首相（六四—七〇、七四—七六年）のウィルソン（Harold Wilson）をはじめ西独の核保有を禁止しようとしたが、[24] やはりイギリスの影響力では禁止できなかった。イギリスやフランスは西独の核保有を禁止するために不可欠なNPTの作成交渉で重要な役割を全く果たさなかった。

ただし、アメリカ以外にも英仏をはじめ多くの西側諸国が（東側諸国とともに）西独の核保有禁止、すなわち、NPT加盟を強く求めたことは、西独のNPT加盟を導く重要な一因になった。とくに、CDUは西側諸国との関係を非常に強く重視したため、西側諸国がNPT加盟を求めたことは、CDUの、加盟への抵抗を弱めさせる最も重要な要因になった。

また、イギリスはMLF問題（六三年一〇月―六六年一二月）では後に説明するとおり、MLFの意義を低下させることに関しては少なからず重要な役割を果たした。イギリスはMLFによって西独が核兵器発射の決定への影響力を強めることに強硬に反対し、それを防ごうとしてMLFの意義を低下させることに成功した。しかし、西独にMLFを諦めさせることはできなかった。西独はMLFに非常に強く執着した。

MLF問題（六三年一〇月―六六年一二月）の概要

まず、MLF問題について理解するためのキーワードとしてNPT、ANF（Atlantic Nuclear Force）（大西洋核戦力）、NPG（Nuclear Planning Group）（核計画グループ）を挙げることができる。端的に言えば、MLFがNPTの成立を阻んだが、ANFがMLFの実現可能性を低下させて、さらに、MLFへのより有効な代案として提示されたNPGを西独が受け入れたことによって、また、SPDの政権参加によってMLFは最終的に放棄された（ANFとNPGについては後に詳しく説明する）。

まず、MLFに関する西独の主要政党の立場について説明しておきたい。SPDは当初、MLFを主張するアメリカとの関係への配慮からMLFを支持したが、反核平和主義を基本方針とするために積極的には支持せず、ANF等によってMLFの実現可能性が大きく低下した後、六五年以降は、MLFは不要という立場を示すようになった。また、SPDは西独のNPT加盟を重視したため、MLFがNPTの成立を阻むことを批判し、NP

Tを成立させるためにＭＬＦへの執着を止めるべきとも主張した。ＦＤＰはＳＰＤと概ね同じ立場を取った。ＣＳＵは前述した理由からＭＬＦに反対したが、ＣＤＵはＭＬＦを重視した。以上のように、西独国内でＭＬＦは必ずしも十分に支持されていなかったが、最も有力な政党であるＣＤＵがＭＬＦを重視したため、アメリカもＭＬＦを重視し続けねばならなかった[25]。

そして、ＭＬＦ構想の具体的な内容は以下のようなものであった。すなわち、ＭＬＦは計二五隻の軍艦（水上艦）によって構成され、各艦に八基の中距離核ミサイルを搭載し、ＮＡＴＯ加盟各国の軍人が混合して乗船し、共同で運用する「混合乗員（mixed-manning）」の方式を採用する。ＭＬＦの軍事的な指揮権はＮＡＴＯ軍の最高司令官が掌握する。最も重要な問題である核兵器発射の決定については、アメリカの拒否権を認めるが、他の参加国に関しても決定への影響力を強めることについて交渉を進めることが合意された。そして、ＭＬＦの本体である、核ミサイルを搭載する水上艦は新規に建造されるが、その費用は専ら米独が負担する。したがって、ＭＬＦではアメリカとともに西独が強い影響力を確保するため、西独が核兵器発射の決定についても影響力を強める可能性が高かった。だからこそ、ソ連をはじめ東側はＭＬＦに強硬に反対し、ＮＰＴはＭＬＦを禁止するべきと主張した（これに対し、アメリカは、ＮＰＴはＭＬＦを許容するべきと主張したため、ＭＬＦをめぐってＮＰＴ作成交渉が停滞し続けた[26]）。

以上のようなＭＬＦを実現するために必要な条約の成立を目指す交渉は六三年一〇月から、ＭＬＦへの参加を表明したＮＡＴＯ加盟国の間で、実務レベルの会議であるパリ作業グループ（Paris Working Group）によって始まった。参加を表明したのは米独の他、イギリス、イタリア、ベルギー、オランダ、ギリシャ、トルコであったが、西独がＭＬＦを最も強く求め、外相のシュレーダーは、それを実現するために全力を尽くすという立場を示し（一二月二八日）、また、ＮＰＴよりもＭＬＦを優先せねばならず、優先しない限り西独はＮＰＴに関して義務を負えない（すなわち、加盟できない）という立場も示した（一二月一五日）。したがって、西独をＮＰＴに加盟させるためには、まずＭＬＦを実現せねばならなかった。[27]

しかし、イギリスは当初からＭＬＦに消極的で、フランスはＭＬＦへの不参加を表明した。英仏は、西独がＭＬＦによって核兵器発射の決定に関する影響力を強めることを非常に強く警戒し、反対した。そのような英仏に対し、アメリカは当初、ＭＬＦに積極的で、六四年末までにＭＬＦ条約を調印するという目標を示し、西独も賛成した（六四年四月から六月）。さらに、ＭＬＦに積極的な米独政府内の勢力は、まずは米独の二国間だけでＭＬＦ条約を六四年末までに調印し、他の国々は後から参加できるという方式（以下「米独先行方式」）による、ＭＬＦの早期実現も目指した。そのような米独先行方式を、エアハルトはジョンソン（Lyndon B. Johnson）大統領への書簡（六四年九月三〇日付）で提案し、記者会見（一〇月六日）でも公表したが、多くの国々から批判されたことを受けて、ジョンソン政権も否定的な態度を示し、米独先行方式は断念された。[28]

そして、イギリスの総選挙（六四年一〇月一五日）で勝利した労働党は従来からＭＬＦに反対し、首相に就任したウィルソンは、ＭＬＦによって西独が核兵器発射の決定に関する影響力を強めることを絶対に防ぐという立場を示していた。そのために、ウィルソンはＭＬＦへの代案としてＡＮＦ案を発表したが（一一月二三日）、その内容は以下のようなものであった。ＡＮＦは専らイギリスの核ミサイルを搭載した潜水艦および爆撃機によって構成され、それらへの混合乗員を認めず（つまり、他の参加国の軍人は全く関与できない）、イギリスの核の発射については、イギリスが拒否権を握る（なお、ＡＮＦ案はアメリカの核戦力を含めることも提案していたが、実質的な意味は乏しかった）。以上のようなＡＮＦ案は西独にとっては受け入れられないものであった。何故なら、ＡＮＦは専らイギリスの潜水艦と爆撃機であり、イギリス人以外は搭乗できないのであれば、参加する意味はほとんどなかったからである。また、イギリスの核の発射については、イギリスだけが決定権（拒否権）を有する点でも参加する意味はほとんどなかった。ただし、ＡＮＦ案は、イギリスの潜水艦や爆撃機以外に、混合乗員が認められる兵器を含めることも認めていたが、その意義は非常に乏しかった。総じて、ＡＮＦはＭＬＦとは全く異なり、西独の役割をほぼ全面的に否定するものであった。[29]

要するに、ＡＮＦはＭＬＦを否定する案であった。イギリスがそのような案を示したため、アメリカはＭＬＦへの関心を失った。また、アメリカはＮＰＴの早期成立を目指すようになっていたため、それを阻むＭＬＦを放棄せねばならないという問題意識も強めた。何故なら、アメリカは、中国の核実験（六四年一〇月一六日）によって核拡散問題が悪化することを警戒し、対策としてＮＰＴを早急に成立させねばならないという問題意識を強めたからである。しかし、西独が依然としてＭＬＦを強く求めたため、アメリカはそれを放棄できなかった。ただし、イギリスがＭＬＦを否定する案（ＡＮＦ）を主張しているため、アメリカは、イギリスと西独の間で交渉を進めさせて、ＭＬＦが消滅していくことを望むようになった（自らは、率先して交渉を進める意欲を失った）。[30]

以上のような諸問題のため、ＭＬＦが実現する可能性は非常に乏しくなった。それでも、米英の期待とは異なりＡＮＦはＭＬＦを消滅させることはできなかった。西独がＭＬＦを諦めず、それを執拗に要求し続けたからである。したがってアメリカもそれを放棄できず、ＮＰＴの成立も阻まれ続けた。

そのような事態を打開するためにアメリカは六五年五月、ＮＰＧ案を公表した。それは、ＭＬＦやＡＮＦとは異なり新たな兵器システムの創設を目指すものではなかったが、ＮＡＴＯの核戦略の立案への、非核保有国の参加や影響力の拡大を目指すものであった。そして、アメリカはＮＰＧで西独を満足させることによって、ＭＬＦを諦めさせようとした。なお、ＮＰＧは新たな兵器システムの創設を目指すものではなかったが、これと比べて、新たな兵器システムの創設を目指すＭＬＦやＡＮＦは「ハードウェア・ソリューション（hardware solution）」と呼ばれることが多くなった。[31] アメリカは、ハードウェア・ソリューションではなく、ＮＰＧによる解決を望んだのである。なお、ソ連は当初、ＮＰＧに反対したが、六六年九月以降、それを黙認するようになった[32]。

そして、エアハルトはアメリカに歩み寄り、ジョンソンとの首脳会談（六六年九月）でハードウェア・ソリューションを求めないという立場を示した。しかし、西独国内ではハードウェア・ソリューションを求める意見が依然として強く残されていることへの注意から、アメリカはそれを放棄できず、ＮＰＴ作成交渉でも、ＮＰＴがハードウェア・ソリューションを許容するべきと主張し続けねばならなかった[33]。しかし、一二月にＳＰＤが政権に参加したことによって、西独はハードウェア・ソリューションを最終的に断念し、これを受けてアメリカもそれを最終的に放棄し、ＮＰＴ作成交渉の停滞を打破できた。前述のとおり、ＳＰＤはＮＰＴの早急な成立と西独の加盟を目指していたため、成立を阻むＭＬＦ（ハードウェア・ソリューション）を断念するべきと主張していた。こうして、ＭＬＦ問題が終結した。

以上のようなＭＬＦ問題の展開を、以下、西独外交の観点から、より詳細に明らかにする。

ＭＬＦに関する西ドイツ外交――当初の展開（六三年―六四年一〇月）

西独は当初、ＭＬＦを、西側同盟の結束を強めるための手段としても重視していたため、ＭＬＦに消極的なイギリスにも配慮し、イギリスも満足して参加できる内容でＭＬＦを形成しようとした。なお、イギリスはＭＬＦへの参加で財政上の負担が増すことへの不安を西独に伝えていたが（六三年五月二一日）、そのような負担を軽減するために、シュレーダーはイギリス外相のダグラス＝ヒューム（Alexander Douglas-Home）に対し、ＭＬＦの規模を縮小すること等を提案した（八月一四日）[34]。シュレーダーはケネディとの会談（九月二四日）でもイギリスが参加することの重要性を強調した[35]。

しかし、六三年一〇月から始まったパリ作業グループによる交渉でもイギリスは消極姿勢を隠さず、自らの立場を、ＭＬＦへの「問題提起者」と定義した。[36] そのような態度を受けて外務省第二局長のクラプフは、まずは西独とアメリカの二国間だけでＭＬＦを実現すること、すなわち米独先行方式を主張し始めた（一一月一五日付文書）。[37] しかし、エアハルトやシュレーダーはイギリスの参加を重視していたため、イギリスを無視することになる米独先行方式には否定的であった。[38]

しかし、六四年四月以降、イギリスがＭＬＦを実質的に否定する立場を取るようになった。また、ＭＬＦのためにＮＰＴの成立が阻まれている事態に東側諸国だけではなく、非同盟運動諸国も国連総会やＥＮＤＣで批判を強め、ＭＬＦに強く反対するようになった。以上のような、ＭＬＦの実現を難しくさせる諸問題に直面して、西独は、六四年末までにまずはアメリカとの間だけでもＭＬＦ条約を調印しようとする、言わば強行突破を図ったが、不成功に終わった。以上の経緯について、以下、より詳しく説明する。

まず、イギリスは六四年四月（七、一七日）、西独にとっては受け入れ難い、ＭＬＦに関する新たな案をパリ作業グループで提示したが、その内容は以下のようなものであった。ＭＬＦのために新規に建造せねばならない水上艦を減らす代わりに、既存の兵器、とくにイギリスの航空機を活用する。また、核兵器発射の決定についてはアメリカだけではなくイギリスにも拒否権が与えられるべきであり、拒否権が与えられない限りイギリスは参加しない。[39] 以上の案は、後のＡＮＦ案と基本的な問題点において概ね一致していた。とくに、最も重要な核兵器発射の決定についてアメリカだけではなくイギリスにも拒否権が与えられれば、決定における西独（をはじめとする他の参加国）の影響力が大幅に低下するため、参加する意味が乏しくなるという問題点において、ＡＮＦ案と一致していた。そのようなイギリスの案は、西独にとってはＭＬＦの意義を実質的に否定するものであり、パリ作業グループに西独の代表として参加したＮＡＴＯ大使（前駐米大使）のグレーヴェは、イギリスの案はＭＬＦを否定し、なくすことを目的としているという判断を示した。[40] 以上のように、イギリスはＭＬＦを実質的に否定する案を既に六四年四月に提示していたのである。

この案について西独外務省は以下の判断を示した（六四年四月二一日付の文書）。ＭＬＦを実質的に否定するこの案は受け入れられない。この案について長々とした交渉を続ければＭＬＦの実現を目指すダイナミズムが弱まる危険性がある。しかし、西独はアメリカから、六四年末までにＭＬＦ条約を調印するという方針を知らされたばかりであり、アメリカはＭＬＦに積極的である以上、西独はアメリカと一致してイギリスの案を拒絶し、年末までのＭＬＦ条約調印を目指すべきである。そして、六四年末の時点でまずは調印可能な国々の間で条約を調印し、他の国々による参加の可能性も残しておく[41]。

以上の方針に基づく外交を西独は進めたが、イギリスは立場を変えず、六四年六月一八日にはパリ作業グループで以下の立場を示した。四月に示した案をパリ作業グループが取り上げなければ、ＭＬＦへのイギリスの参加は非常に難しくなり、ＮＡＴＯの全体に重大な結果をもたらすであろう。そのようなイギリスの立場をグレーヴェは「最後通告」と受け止めた[42]。

さらに、六四年八月以降、新たな難問が加わった。すなわち、ＥＮＤＣで非同盟運動諸国がＭＬＦに反対し、ＭＬＦのためにＮＰＴ作成交渉が停滞している事態を打開するべきと主張し始めたことである。そして、ジュネーブにおける国際諸機関への大使であるケラー（Rupprecht Keller）は以下の判断を示した（外務省への電信、九月二一日付）。すなわち、ＥＮＤＣに続いて開催される国連総会では、ＮＰＴを早急に成立させるため、ＭＬＦを禁止するべきと主張する決議案が提出され、非同盟運動諸国および東側諸国の賛成によって採択され、ＭＬＦを実現することが難しくなる危険性がある。ただし、国連総会においてＮＰＴやＭＬＦに関する具体的な議論が始まるのはおそらく六五年一月以降のため、それまでにＭＬＦ条約を調印するべきである[43]。

以上のようなケラーの意見に基づいてグレーヴェは、エアハルトやシュレーダー等との会議（六四年九月

二二、二三日）で以下のように主張した。ＭＬＦにはソ連、イギリス、フランスおよび非同盟運動諸国が反対しており、とくに非同盟運動諸国はＮＰＴを早急に成立させることを目的として、ＭＬＦの禁止を主張する決議案を国連総会に提出し、多くの国々が賛成する危険性がある。ＭＬＦは危機的な段階にあるが、それが放棄されることを防ぐために全力を尽くさねばならない。また、イギリスに関しては同国における総選挙（一〇月）の結果、勝利するのが保守党であれ労働党であれ、ＭＬＦを実質的に否定する立場を変えないであろう（前述のとおり、保守党の政権は四月以降、ＭＬＦを実質的に否定する案を強硬に主張し、労働党もＭＬＦに反対していた）。また、他の国々についてもＭＬＦに参加する可能性は十分に明らかではなく、ＭＬＦを明確に望んでいるのは西独とアメリカだけである。したがって西独は、まずはアメリカとの間だけでＭＬＦ条約を調印することを躊躇するべきではない。そして、六五年一月に国連総会でＮＰＴやＭＬＦに関する議論が始まる前に（すなわち、ＭＬＦの禁止を主張する決議案が提出される前に）ＭＬＦ条約を調印せねばならない。[44]

以上のようなグレーヴェの主張をエアハルトが受け入れた。そして、エアハルトはジョンソンへの書簡（六四年九月三〇日付）で、前述したとおり、米独先行方式に基づいてＭＬＦ条約を六四年末までに調印することを提案したが、この書簡を起草したのがグレーヴェであった。この書簡でも、六四年末までにＭＬＦ条約を調印する必要がある主な理由として、六五年一月以降に国連総会で非同盟運動諸国を中心に、ＭＬＦの禁止を主張する決議案が提出される可能性が指摘された。[45]

以上のように、西独が米独先行方式に基づいてＭＬＦ条約を六四年末までに調印しようとした、最も切迫した理由は、六五年一月以降の国連総会における非同盟運動諸国の動きを警戒したからであった。しかし、エアハルトの提案をアメリカが受け入れなかったため、米独先行方式に基づいてＭＬＦ条約を六四年末までに調印できる可能性は消滅した。

ＡＮＦへの対応――ＭＬＦとの妥協を目指す（六四年一一月―六五年七月）

ＭＬＦ条約が六四年末までに調印される可能性が消滅した後、ＡＮＦのためにＭＬＦの実現可能性はさらに低下したが、それでも西独はＭＬＦを諦めず、ＭＬＦを守るため、ＭＬＦとＡＮＦの妥協を提案し、ＭＬＦが放棄されることを防いだ。以上の経緯について、以下、詳しく説明する。

まず、イギリス首相のウィルソンが六四年一一月二三日、ＭＬＦを実質的に否定するＡＮＦ案を発表したことにエアハルトは強いショックを受けて、交渉への熱意を失い、エアハルトの周辺では、翌年の西独における総選挙（九月）の後まで積極的な交渉はできないという意見が強まった（外務省第一局の文書、一一月二四日付）[46]。そして、ＡＮＦ案が西独に正式に伝えられたのは、イギリス外相のゴードン＝ウォーカー（Patrick Gordon-Walker）とシュレーダーとの会談（一二月一一日）においてであったが、西独側は、受け入れられないと判断した[47]。

ただし、ＡＮＦの基本的な内容は、正式に伝えられる前に、ゴードン＝ウォーカーとシュレーダーの会談（六四年一一月一五日）等を通じて西独に知らされており、この会談に同席した外務次官のカルステンスが「イギリスの案と……ＭＬＦ案を組み合わせることはできないでしょうか」と述べたように、ＭＬＦとＡＮＦの妥協を目指すことが一一月以降の西独の基本方針となった。また、この会談でシュレーダーは、翌年の西独の選挙の前までに可能であればＭＬＦに関する基本合意を形成したいと述べた[48]。エアハルトの周辺では、ＭＬＦに関する本格的な交渉は選挙の後までは難しいという認識が強まってはいたが、シュレーダーをはじめ外務省は選挙の前でも、ＭＬＦに関する大筋での合意を目指す交渉を続けようとしたのである。そして、アメリカがＡＮＦを否定せず、ＡＮＦやＭＬＦに関する西独とイギリスの交渉を重視したことからも、西独はＡＮＦとＭＬＦの妥協を目指す交渉を慎重に進めねばならなかった[49]。

そして、六四年一二月以降に西独外務省を中心に構想された、ＭＬＦとＡＮＦの妥協案はクラプフの文書（六五年一月一八日付）およびイギリス外務省に手渡した文書（一月一八日付）で以下のようにまとめられた。（一）イギリスが反対する水上艦は保たねばならないが、その数を、当初案の二五隻から二〇隻に減らす一方で、イギリスの潜水艦（三隻、一隻ごとに一六基の中距離核ミサイル搭載）の編入を認める。（二）イギリスが難色を示す混合乗員は、イギリスの潜水艦も含めて、全ての兵器に基本原則として適用されねばならない。ただし、イギリスの潜水艦については、まず、イギリスの兵員のみが搭乗する「移行期間」を認め、その後、混合乗員を実現する、漸進的な解決を目指す。また、水上艦の混合乗員にもイギリスが参加することが望ましい。（三）イギリスの爆撃機（六四機）の編入を認める。（四）核兵器発射に関するイギリスの拒否権については今後も交渉を続ける。[50]

なお、パリ作業グループによる交渉は六四年一二月以降、中断し、イギリスはパリ作業グループによる交渉の終了と、ＡＮＦに関する全く新たな交渉の開始を要求した。しかし、西独はパリ作業グループでＭＬＦとＡＮＦについて、ともに交渉を続けるべきと説得し、イギリスも受け入れた（六五年三月）[51]。そして、西独が提示したＭＬＦとＡＮＦの妥協案に対してイギリスは、五月から再開されたパリ作業グループによる交渉で、七月上旬までに以下のような、ある程度までは歩み寄る立場を示した。第一に、イギリスの潜水艦への混合乗員に柔軟な態度を示し、第二に、二〇隻の水上艦という案について交渉することを認めた[52]。

以上のように、西独はＡＮＦのためにＭＬＦを諦めたわけではなく、二つの案の妥協を目指す詳細な構想を立案し、パリ作業グループによる交渉の継続もイギリスに認めさせることができた。それらの実質的な意義は乏しかったが、西独の外交は六五年七月までに、少なくともある程度の成果は挙げていた。そのような外交でＭＬＦの放棄を防いだことが、西独にとっての最大の成果であり、そのためにＮＰＴの成立も阻まれ続けた[53]。

総選挙（六五年九月）からキージンガー政権の成立（六六年一二月）まで

六五年九月の総選挙の後も西独外務省はＭＬＦに関する選挙前からの方針を保ち、ＭＬＦを死守しようとした。[54] しかし、アメリカがＮＰＴの成立を重視しているためにＭＬＦへの関心を急速に失いつつあることが多くの交渉チャンネルを通じて伝えられた。[55] そのため、外務省内でもＭＬＦを守ることは難しくなりつつあるという判断が示されるようになった。[56] そして、シュレーダーはラスクとの会談（一二月二〇日）で以下の立場を示した。新規の兵器の開発を必要とするＭＬＦは困難なため、既存の兵器を活用するべきというラスクの意見に同意する。つまり、今後の交渉の議題となるのは専らイギリスのＡＮＦ案である。[57]

つまり、西独はＡＮＦを（ほぼ）全面的に受け入れ、ＭＬＦを諦めた。これを受けてアメリカも事実上、ＭＬＦを放棄したが、ＡＮＦは一応、残されており、また、「ハードウェア・ソリューション」と呼ばれた、ＭＬＦやＡＮＦの中核を成す基本構想も一応、保たれていた。その構想は以下のとおりである。ＮＡＴＯの共通核戦力部隊を創設して西独が参加し、核兵器発射の共同決定にも西独が関与する。そのようなハードウェア・ソリューションの中核的な構想を、より具体化した構想がＭＬＦ（およびＡＮＦ）であったが、西独はＭＬＦという具体的な構想を諦めたのである（ただし、以下に説明するとおり、具体性を伴わない、ハードウェア・ソリューションの中核的な構想には執着し、その放棄に反対し続けた）。

以上のような変化を受けて、外務省第二局Ａ部長のルエテ（Hans Ruete）は以下の判断を示した（六六年二月二五日付文書）。ＡＮＦは一応、残されているが、それはイギリスにとってはＭＬＦをなくすための手段に過ぎないため、そのような目的を達成した以上、同国にとってはＡＮＦの必要性もなくなっている。そして、アメリカもＡＮＦに消極的なため、米英は今後、ＡＮＦの意義も低下させようとするであろう。ただし、ＡＮＦが一応、残されているように、ハードウェア・ソリューションの可能性はまだ残されている。そして、米英がＡＮＦの意義を低下させようとしても、西独はハードウェア・ソリューションを要求し続けるべきである。[58]

そして、ルエテが主張したとおり西独は六六年以降もハードウェア・ソリューションを要求し続けた。[59] しかし、その具体的な内容に関する交渉はほとんど行われなくなったため、ハードウェア・ソリューションは具体的な内容や実体を伴わない、言わば概念的なものに過ぎなくなっていた。[80] それでも西独がハードウェア・ソリューションを要求し続ける以上、アメリカもそれを放棄できず、ＮＰＴ作成交渉でも、ＮＰＴがそれを許容するべきと主張し、交渉を停滞させ続けねばならなかった（ソ連はハードウェア・ソリューションに反対した。それは西独を核兵器に近づけ、発射の決定に関与させる可能性を残していたからである）。

しかし、アメリカはＮＰＴの早急な成立を目指したため、[81] エアハルトの訪米（六六年九月下旬）前に、西独外務省に以下の要望を伝えた。西独はハードウェア・ソリューションを諦め、ＮＰＧのみの解決で満足して欲しい。[62] そのようなアメリカの要望を受けてエアハルトはジョンソンとの会談（六六年九月二六日）で、ハードウェア・ソリューションを求めないという立場を示した。[63]

ところが、その後も西独外務省はハードウェア・ソリューションに執着し、アメリカがそれを放棄しようとする動きを牽制した。すなわち、まず、アメリカがＮＰＴ草案に関するソ連との合意形成を急いでいるという、駐米西独大使館からの報告（六六年一〇月一七日付）等を受けて、[64] 外務省第二局Ｂ部長のシュニッペンケッター（Swidbert Schnippenkötter）は、ハードウェア・ソリューションが放棄されることへの危機感を示した（一〇月一九日付の文書）。[65] そして、シュニッペンケッターが起草した、カルステンスから駐米西独大使館への電信（一〇月二四日付）では以下の指示が伝えられた。アメリカがＮＰＴ作成交渉でハードウェア・ソリューションを禁止するソ連の草案を受け入れれば、西独への重大な不利益となるが、そのような草案をもう受け入れてしまったか否か、アメリカ政府に問い合わせること[66]。そして、シュニッペンケッターはアメリカ政府から、アメリカが主張するＮＰＴ草案は従来と同じく、ハードウェア・ソリューションを許容する内容であることを伝えられた（電信、一〇月二八日付[67]）。

そして、カルステンスは、アメリカがそのようなＮＰＴ草案を維持していることを確認しつつ、以下の考えを示した（六六年一一月一四日付文書）。ＭＬＦのようなハードウェア・ソリューションが実現する見込みは今のところ全くないが、それでもハードウェア・ソリューションが放棄されることは望ましくない。何故なら、もし、それが放棄されることによってＮＰＴが成立し、西独が加盟させられれば核保有国と比べて西独の地位が著しく低下するからである[68]。

つまり、カルステンスはＮＰＴを嫌っていた。そして、ハードウェア・ソリューションは実現不可能と判断しているにも拘らず、それに執着することに何らかの意義があったとすれば、嫌悪したＮＰＴの成立を阻むことであった。しかし六六年一二月、ＳＰＤの政権参加によって西独はハードウェア・ソリューションを最終的に断念した。

小括

まず、米英は六四年末以降、ＭＬＦを放棄しようとした。そのような米英に西独は柔軟に対処し、ＭＬＦに関する要求を徐々に緩和させていったが、ハードウェア・ソリューションの最終的放棄には頑強に抵抗し、それを六六年末まで防いだ。ただし、ＭＬＦ（ハードウェア・ソリューション）に執着しても具体的に得られる利益はほとんどなかったが、執着すればＮＰＴの成立を阻むことができたため、カルステンスをはじめＮＰＴを嫌った西独国内の勢力にとっては、ＮＰＴの成立を阻むためにＭＬＦ（ハードウェア・ソリューション）に執着することは重要であった。これに対して米英は六四年末以降、ＭＬＦに関する西独の要求を緩和させていくことはできたが、それ（とくに、ハードウェア・ソリューション）を完全に諦めさせることはできなかった。そのように、イギリスだけではなく、アメリカでさえＭＬＦ（ハードウェア・ソリューション）をなくすことはできなかった。そして、西独がハードウェア・ソリューションを完全に諦めるためには、西独自身の立場が政権交代で大きく変化する必要があった。政権交代によって西独はハードウェア・ソリューションを最終的に断念し、ＮＰＴ作成交渉の停滞が打破された。

そして、ＭＬＦが実現せず、放棄された理由は、西独以外の多くの国々が強硬に反対したからであった。すなわち、東側諸国だけではなく英仏も強硬に反対した。何故なら、西独が核兵器発射の決定に関わることを強く恐れたからである。ただし、ＭＬＦの目的は西独の核保有を防ぐことであったが、ＭＬＦは西独の核保有を防ぐために西独を核に近づけるという、逆説的な性質を有していた。そのため、ＭＬＦは西独の核保有を防ぐ手段としても支持されず、アメリカも、西独の核保有を防ぐための、より有効な手段としてＮＰＴを重視するようになった。そして、ＮＰＴはＭＬＦとは異なり、多くの国々から強く支持された。

しかし、西独はＮＰＴを強く嫌った。そして西独は、ＭＬＦ（ハードウェア・ソリューション）が放棄されてＮＰＴが成立し、加盟を求められる事態にも注意して、加盟を避けるための策（加盟回避策）も準備し、実践していた。それほどにＮＰＴを強く警戒し、嫌った。

3　ＮＰＴ加盟回避策（六四―六六年）

首相のエアハルトはＮＰＴ加盟問題で指導力を発揮しなかったため[69]、ＮＰＴ加盟回避策は専ら外務省の主導で立案され、実践された。なお、この策に限らず外務省はエアハルト政権期からキージンガー政権期、さらにはブラント政権期に至るまで、ＮＰＴ加盟問題に関する政策立案や外交で非常に重要な役割を果たした。したがって、ＮＰＴ加盟問題について十分に理解するためには、外務省についても十分に理解する必要がある。

とくに、外務省の内部では、ＮＰＴ加盟問題について立場を異にするさまざまな勢力があったことに注意する必要があり、それらは「ＮＰＴ加盟反対派」「消極派」「積極派」「穏健派」に分類できる。反対派は文字どおり加盟に反対し、消極派は、明確に反対することは少なかったが、賛成もせず、加盟を嫌い、消極的であった。消極派が明確に反対することを避けた理由は、西側諸国が西独のＮＰＴ加盟を求めたため、明確に反対すれば西側諸国との関係が悪化することに注意したからであった。だからこそ消極派は、加盟に明確に反対することは避けつつ、さまざまな口実で加盟を避けようとする策、すなわち加盟回避策を準備して実践し、反対派もこれに同調した。ただし、消極派は、加盟回避策に執着すれば西側諸国との関係が悪化することに注意して、結局はそれを放棄する慎重さも備えていた。

そして、積極派はＮＰＴ加盟を求める東側諸国との関係を改善するために加盟を重視し、西側諸国が加盟を求めていることにも十分に注意した。穏健派は、積極派ほどには東側との関係改善やＮＰＴ加盟を重視しなかったが、反対派や消極派がＮＰＴ加盟問題で西独の立場を悪化させることには注意し、それらを抑制しようとした。

なお、政党のレベルでは、ＣＳＵは反対派、ＣＤＵは（概ね）消極派、ＳＰＤとＦＤＰは積極派に分類できる。以下、まずは外務省、とくに省内の諸勢力についてより詳しく説明する。

ＮＰＴ加盟問題に関する外務省内のさまざまな勢力

六〇年代半ばから七〇年代前半までの時期における西独外務省は、外相と二人の次官を頂点に五つの局によって構成されていたが、外交政策の立案において中心的な役割を果たしたのは第一、二局であり、それぞれがさらにA、Bの二つの部（Unterabteilung）から成る。それらのうち、NPT加盟問題に関する具体的な政策立案と外交で最も重要な役割を果たしたのは軍備管理・軍縮問題を担当する第二局B部と、同部長（六五―六九年）のシュニッペンケッターである。

そして、シュニッペンケッターとグレーヴェをNPT加盟反対派に分類できる。グレーヴェは駐米大使（五九―六二年）、NATO大使（六二―六九年）、駐日大使（六九―七六年）を歴任したが、加盟に反対する立場をしばしば公にも表明した。シュニッペンケッターは加盟に明確には反対しなかったが、エアハルト政権期に加盟回避策を実践し、キージンガー政権期にも加盟を難しくさせる諸政策（以下「加盟妨害策」）を主張し続けたため、反対派に分類できる。

ただし、シュニッペンケッターは、NPTへの加盟が最終的には避けられなくなる事態にも注意していた。シュニッペンケッターは、もし加盟しても、多くの重要な諸利益を確保することを目的とした政策の立案や実践に関して中心的な役割を果たした。とくに、NPT作成交渉の最終段階（六七年―六八年七月）において西独の交渉方針や目的を確定し、要求をアメリカに認めさせるために最も重要な役割を果たした（以上のような役割において、外相（六六―六九年）のブラント以上に重要な役割を果たした）。そして、シュニッペンケッターが中心となってアメリカに認めさせた西独の諸要求（とくに、原子力に関する諸要求）は最終的にNPTの条文でも認められたため、NPTに関する西独の要求を認めさせるために最も重要な役割を果たしたのはシュニッペンケッターであったと言える。そのような役割を果たしたことに関しては、彼が七二年に逝去した後、連邦議会におけるNPT批准に関する審議（七三年一一月八日）で党派を超えて称賛された。(70)

次に、消極派に分類できる人物として、エアハルト政権期までの外相（六一―六六年）であったシュレーダー、次官（六〇―六六年）のカルステンス、第二局長（六三―六五年）のクラプフ、第二局A部長からクラプフを継いで第二局長（六五―七〇年）に昇任したルエテを挙げることができる〔なお、カルステンスは次官を辞職した後、CDUの議員（七二―七九年）となり、CDU／CSU議員団長（七三―七六年）という要職を務め、そして連邦大統領（七九―八四年）になった〕。ルエテはキージンガー政権では、シュニッペンケッターが提案した加盟妨害策に同調したことがあり、反対派にも近かった。また、第2節で説明したとおり、ルエテはシュニッペンケッターとともにハードウェア・ソリューションに執着してNPTの成立を阻もうとした。ただし、ルエテは、最終的には省内で積極派が優位に立った大勢に逆らわなかった。

そして、積極派に分類できる人物としては、キージンガー政権期には外相であったブラントと、彼が次官（六六―七〇年）に任用したドゥックヴィッツ（Georg Ferdinand Duckwitz）、政策企画室（Planungsstab）長（六六―六九年）に任用した腹心のバール（Egon Bahr）、および、シュニッペンケッターの後任として六九年八月以降、第二局B部長に任用したロート（Hellmuth Roth）を挙げることができる。

穏健派に分類できる人物や組織としては、グレーヴェの後任の駐米大使であるクナップシュタイン（Karl Heinrich Knappstein）（六二―六九年）とパウルス（Rolf Friedmann Pauls）（六九―七三年）、および、キージンガー政権期に消極派や反対派を抑制した第五局（国際法や条約等に関する法的諸問題を担当）を挙げることができる。

総じて、NPT加盟問題に関する外務省内の政策立案および決定過程の中軸となったのは、外相―次官―第二局（長）―B部（長）のラインであり、エアハルト政権期からキージンガー政権期の途中までは、消極派と反対派が優勢であった。しかし、キージンガー政権で外相に就任したブラントが穏健派とともに消極派と反対派を抑制して積極派の優位を拡大し、自身の首相就任によるNPT加盟の準備を整えた。その成果として、外務省はブラント政権期にNPT加盟のため重要な役割を果たすことになった（具体的には、IAEA―ユーラトム検証協定を成立させるために中心的な役割を果たした)。

以上の予備知識に基づき、以下、まず、NPT加盟回避策について説明する。

NPT加盟回避策(一) NPT連関論

まず、第2章で説明したとおり西独は五〇年代後半からヨーロッパにおける軍備管理・軍縮の諸問題について連関の原則を主張していた。すなわち、ヨーロッパにおける軍備管理・軍縮を進める前提条件として、ドイツ再統一問題の進展を要求する原則である。そして、西独外務省は、西独のNPT加盟問題にも連関の原則を適用し、ドイツ再統一問題が進展しない限りNPTに加盟しないと主張したが、そのような立場を以下、「NPT連関論」と呼称する。そして、再統一問題が進展する見込みはほとんどなくなっていたため、それが進展しない限りNPTに加盟しないと主張するNPT連関論は、事実上、加盟を拒む立場であった。そのようなNPT連関論をシュレーダーは六五年七月上旬、公に表明した。なお、当時、NPT作成交渉を主導していた米ソは、NPT草案を未完成の状態ながらもENDCに提出することによって、NPTの成立を目指す国際世論を盛り上げようとしていた。そのような状況で、NPT加盟が最も重視された国である西独が加盟を、事実上、拒む立場を示したことは多大な反響を呼び起こした[71]。

しかし、西独外務省の内部では既に六四年末から、第二局長のクラプフを中心にNPT連関論を放棄するべきという意見も主張されていた。西独外務省は六四年末からNPT連関論への支持を集めることを目的とした交渉を多くの国々との間で進めていたが、ほとんど支持されなかったため、これに執着すれば孤立することをクラプフは危惧したからである。それでも、NPTの成立を目指す国際世論が盛り上がりつつあったことへの対策としてシュレーダーは前述のとおりNPT連関論を公に表明したが、ラスクはNPT連関論に反対した(駐米西独大使クナップシュタインとの会談、六五年七月九日）。アメリカの反対を受けて外務省第二局は、局長に昇任したルエテを中心にＮＰＴ連関論を放棄するべきと改めて主張した（七月二〇日付文書）[72]。また、クナップシュタインも以下のように警告した。ＮＰＴ連関論に執着すれば同条約に否定的な態度を取っているような印象を与えるので、アメリカをはじめとする西側諸国との関係を悪化させる危険がある（外務省への電信、七月二三日付）[73]。

ただし、外務省内ではその後もシュニッペンケッターがＮＰＴ連関論の維持を主張した。しかし、シュレーダーは、放棄を主張した第二局の前述の文書（六五年七月二〇日付）に「重要！」と記していた[75]。そして、駐西独アメリカ大使のマッギーはシュレーダーとの会談（九月一三日）でＮＰＴ連関論に反対するアメリカの立場を改めて伝え、以下のように主張した。多くの国々がＮＰＴに加盟して、西独だけが加盟しない事態は望ましくない（要するに、加盟するべきと示唆した）。これに対してシュレーダーは不満の意を示しつつ、「そのことはもちろん理解しています」と応じ、ＮＰＴ連関論への支持を求めなかった[76]。すなわち、ＮＰＴ連関論を断念した。

以上のように、シュレーダーがＮＰＴ連関論を表明して反響を呼び起こしたことはあったが、それを無理には追求せず、結局は放棄した。シュレーダーも、ＮＰＴ連関論に執着すれば孤立する危険があるという外務省第二局の主張は適切であると判断せざるを得なかったからである。ただし、ＮＰＴ加盟を避けようとする、シュレーダーをはじめとする外務省の立場は変わらなかったため、六六年には別の加盟回避策を立案し、実践することになった[77]。

ＮＰＴ加盟回避策（二）　核開発放棄に関する非核保有国の共同宣言案

すなわち、西独をはじめとする多くの非核保有国が核開発を放棄することを共同で宣言することによって、非核保有国の義務としてはそれで十分であることを国際的にも納得させて、それ以上の義務、すなわちＮＰＴ加盟を不要にしようとした策（以下「共同宣言案」）である。この策による宣言では、NPT加盟とは異なり、核開発の放棄について条約上の法的な義務を負わない（また、核保有の放棄に関しても義務を負わず、他国からの譲渡による保有は可能である）。そのため、共同宣言案は加盟反対派や消極派にとっても、NPT加盟より受け入れ易く、加盟に伴う法的義務を避けるためにもこの策が重視されるようになった。なお、西独自身は核開発の放棄を既に宣言していたが（五四年）、西独外務省は同様の宣言に他の多くの非核保有国も参加させることによって、共同宣言の国際的な影響力を強め、NPTの意義を低下させようとした。以上のような共同宣言案は、まず、外務省内でカルステンスを中心に提案された（六六年三―六月）後、シュレーダーやエアハルトの承認を得て、政府全体の方針として実践することが決定された（七月から八月）[78]。

しかし、外務省第二局は以下の諸問題に注意を促した（六六年七月八日付、および八月八日付文書）。すなわち、共同宣言案はNPTと競合することになるため、NPT作成交渉への妨害工作と見なされ、批判される危険がある。それは、NPTが成立する可能性が低下した場合にのみ代案として支持され得るであろう。したがって、そのような場合にのみ実践するべきである[79]。

そして、NPT作成交渉はENDCで進められていたが、NPT草案に関する合意が形成されないままENDCが閉幕したため、NPTが成立する可能性が低下したと思われたことに基づき、西独外務省は六六年九月上旬、共同宣言への参加を他の非核保有国に求め始めた〔ENDCで米ソは、依然として残されていたMLF（ハードウェア・ソリューション）をめぐる対立のため、NPT草案に関する合意を形成できなかった〕。しかし、共同宣言案に対しては大半の国々が否定的に反応し、例えばイタリアは、それはNPT作成交渉を妨害するのではないかと指摘した（一〇月七日）。何故なら、ENDCが成果なく閉幕した後も多くの国々がNPTの成立を強く主張し続けたからである。米ソはNPT作成交渉を熱心に続け、九月下旬から開催された国連総会でもNPTの成立を求める国際世論が盛り上がっていた。また、西独外務省は共同宣言案についてアメリカにも説明したが、アメリカの反応は、やはり否定的なものであった[80]。

つまり、共同宣言案は支持されなかった。そしてカルステンスは、NPTの成立を目指す動きが大勢となっている状況で西独が加盟を避けようとすれば西側諸国からも批判されて孤立する危険に注意するようになっていた（六六年一一月一四日付文書）。つまり、共同宣言案等で加盟を避けようとすることは、実際には難しいことを認めた[81]。

そして、共同宣言案の可能性を最終的になくしたのが、キージンガー政権の成立（一二月一日）、とくにSPDの政権参加であった。何故なら、外相に就任したブラントはNPT加盟を主張していたため、加盟を避けようとする策（共同宣言案）が新たな外相の下で実践される可能性はほとんどなかったからである。それでも、グレーヴェは共同宣言案を実践し続けるべきと主張したが（一二月三、五日）、カルステンスは反対し[62]、共同宣言案は放棄された（その後、カルステンスは次官を辞職し、外務省を去った）。

以上のように、共同宣言案が最終的に放棄された理由は、SPDが政権に参加したからであったが、それ以前に限界が明らかになり、これに執着してNPT加盟を避けようとすれば孤立することが危惧されるようになっていたことも、放棄された理由として重要であった。

小括――実際には慎重であった外務省

総じて、エアハルト政権期に西独外務省はNPT連関論や共同宣言案等でNPT加盟を避けようとしたが、他国からほとんど支持されなかったため、それらに執着すれば孤立する危険に注意し、結局は放棄する慎重さも備えていた。ただし、外務省はNPT加盟を望まなかったが、慎重な判断から加盟回避策に執着せず、それを放棄したことは加盟に至る経緯の一部として理解できる。

そして、NPT加盟回避策を断念した以上、加盟を拒むことは難しくなりつつあった。そのため、もし、加盟しても重要な諸利益を守るための対策を考慮せねばならなくなったが、利益の中でも西独が最も重視したのは原子力であった。そして、原子力は核開発に利用できた。

4　NPT加盟が避けられなくなっても死守するべきもの――原子力

原子力平和利用と軍事利用、査察

まず、NPTに加盟する非核保有国の原子力に対しては、軍事利用を防ぐためIAEAによる厳格な査察を実施することが構想されていた。しかし、厳格な査察のために平和目的の原子力であってもさまざまな制約を受け、不利益が生じることも危惧されていた。例えば、平和目的に特化した原子力の施設や機器であっても、厳格な査察によって技術に関する重要な機密が暴かれ、他国に漏洩し、多大な経済的不利益が生じること等が危惧されていた。そのような不利益を防ぐために、西独は査察を最小限に抑制し、NPTやIAEAが原子力を制限することを完全に防ごうとした。そのように、原子力を完全に守り、査察を最小限に抑制することがNPT加盟問題に関する西独の最重要目的になった。何故なら、西独は原子力を非常に強く重視し、それを大規模に発展させようとしていたからである。

そして、西独は査察を最小限に抑制するため、もしNPTに加盟してもIAEA査察を拒否し、従来から西独に対して実施されていたユーラトム査察だけを受けることを、NPTの条文で認めさせようとした。[83] 何故なら、

ＩＡＥＡ査察はユーラトム査察よりも厳格で、適用範囲も広く、また、ＮＰＴの成立に伴ってさらに厳格になり、適用範囲が広がっていくことも目指されていたが、ユーラトム査察はそれほど厳格ではなく、適用範囲も狭かったからである。ＩＡＥＡ査察を拒否してユーラトム査察だけを受けるという目的は、六六年から外務省内で明確に主張され始め[84]、政府の全体、ＣＤＵ／ＣＳＵもそのような目的を抱くようになった。

また、外務省をはじめとする西独政府、ＣＤＵ／ＣＳＵは、もしＮＰＴに加盟してもＩＡＥＡ査察を受け入れず、ユーラトム査察だけを受けるという要求を正当化するため、以下のようにも主張した。ユーラトム査察は欧州統合の制度の重要な一部のため、ＩＡＥＡ査察を受け入れてユーラトム査察の存在意義がなくなれば、欧州統合にとっての大きな損失を意味し、欧州統合の今後の発展にも影響を及ぼしかねない。欧州統合を守るためにもユーラトム査察が維持されねばならず、ＩＡＥＡ査察を受け入れることはできない[85]。

しかし、ＩＡＥＡによる厳格な査察が実施されず、非核保有国の原子力を厳重に管理できなくなれば、核開発を防ぐことも難しくなる。ただし、西独はあくまでも平和目的の原子力を守るために（また、欧州統合を守るという理屈によって）ＩＡＥＡ査察を拒否しようとしたが、もし拒否することができれば、原子力に対する国際的な管理が非常に弱くなり、そのような管理から免れて、原子力を軍事目的で利用することも容易になり得る。だからこそ、米ソをはじめ多くの国々は、西独がＮＰＴに加盟すればＩＡＥＡによる厳格な査察を実施し、その原子力を厳重に管理しようとしたが、西独が猛烈に反対したため、第5章で説明するとおり、原子力や査察の諸問題がＮＰＴ作成交渉の最終段階（六七年―六八年七月）における最大の争点になった。

以上のように、ＮＰＴに関する西独の最重要目的は原子力を完全に守るため査察を最小限に抑制することであった。そして、西独は原子力を非常に強く重視し、それを大規模に発展させようとしたからこそ、それがＮＰＴやＩＡＥＡによって制限されることを絶対に防ごうとした。政府や与党だけではなく、野党および国民の多くも原子力を強く重視していた。

以下、原子力を大規模に発展させようとしていた西独政府の政策や、原子力を重視した各政党および国民の立場を説明する。次に、西独が守り、発展させようとした原子力は核開発に利用できたことについて、より詳しく説明する。

政府の原子力政策、原子力に関する主要政党と国民の立場

西独はアデナウアー政権以来、原子力の発展を政府の主導で大規模に進め、長期計画も策定し、実践していた。すなわち、まず、第一次計画（五六―六二年）では基礎研究の発展に重点が置かれていたが、第二次計画（六三―六七年）では以下のような野心的な諸目標の達成が目指されるようになった。「ドイツにおける原子力研究と技術を今後五年以内に全ての分野で世界最高水準のレベルに到達させて……ドイツにおける原子力産業を、全ての分野において、世界市場で競争可能なレベルに引き上げる」。また、原発を増設して電力供給を増大する（八〇年までに、総発電量に占める原子力発電の割合を三五―四〇パーセントにまで高める）。また、核燃料（とくに、原発の燃料である低濃縮ウラン）の供給はアメリカからの輸入に大きく依存していたが、自立性を強めるため、核燃料サイクルの完成を目指し、そのために以下の諸施設の完成を目指す。すなわち、西独で主流であったタイプの原子炉である、軽水炉の燃料である低濃縮ウランを製造するためのウラン濃縮施設、原発の使用済み核燃料からプルトニウムを分離、抽出してそれを入手する再処理施設、入手されたプルトニウムを利用して発電を行う高速増殖炉[86]。

以上のように、西独政府は原子力を「全ての分野で世界最高水準のレベル」に発展させようとしていたからこそ、そのような目的がNPTやIAEAによって制限されることを強く警戒し、制限を完全になくそうとした。

そして、与党のCDU／CSUやFDPだけではなく野党のSPDも原子力を強く重視していた。何故なら、

原子力の発展はエネルギー供給や雇用の創出等において多大な経済効果や利益を生み出すことが期待され、また、最先端技術の一つと見なされていた原子力を発展させることは、西独を科学技術立国として発展させるためにも重要と見なされていたからである。そして、原子力を大規模に発展させるという目的を主要政党が共有していたからこそ、政権交代や連立の組み換えがあってもこの目的は一貫して追求された。具体的には、キージンガー政権期（CDU／CSUとSPDの連立）からブラント政権期（SPDとFDPの連立）にかけて連立の組み換えがあったが、前述した第二次計画（六三―六七年）の野心的な諸目標はキージンガーおよびブラント政権によって第三次計画（六八―七二年）に受け継がれ、追求され続けることになった[87]。

ただし、SPDは原子力の軍事利用に強く反対し、NPT加盟を目指したが、加盟しても原子力の平和利用は守らねばならないとも主張した〔例えば、ブラントが連邦議会（六五年八月二〇日）で党を代表してそのように主張した〕[88]。さらに、CDU／CSUとFDPおよびSPDは、NPTに加盟しても原子力平和利用を完全に守るため、査察を最小限に抑制する（ために、IAEA査察を拒否し、ユーラトム査察だけを受ける）という目的も共有し、第5、6章で説明するとおり、この目的をキージンガー政権期およびブラント政権期に一貫して共同で追求し、達成することになる。ただし、CDU／CSU、FDP、SPDは、NPT加盟の是非については異なる立場を取ったが、原子力平和利用を完全に守り、査察を最小限に抑制するという目的は共有したのである。

そのような目的は国民からも概ね支持されていた。アレンスバッハは六七年三月、NPT加盟問題について以下の三つの意見から一つを選択するように求める世論調査を実施した。

（一）連邦共和国は、何らかの経済的不利益を蒙るとしても必ずNPTに加盟するべきである。加盟によってのみ平和を愛するわれわれの意思を証明できる。

（二）経済的不利益は全くないと完全に保証された場合にだけ加盟するべきである。そのような保証を得ることができなければ、加盟できない。

（三）連邦共和国はＮＰＴに加盟するべきではない。逆に、イギリスやフランスのように核兵器を保有できる権利を将来に残すよう、注意せねばならない。

前述のとおり、原子力の発展による多大な経済的利益が期待されていたため、この調査でも、そのような利益を重視しているか否かが中心的な質問事項の一つとなった。調査の結果、（一）を選択した人々は一六パーセント、（二）は三九パーセント、（三）は一五パーセントであった（その他、分からないという回答や未回答は合わせて三〇パーセント）[89]。そのように、（二）を選んだ人々が最も多かった。多くの人々がＮＰＴに加盟する前提条件として、原子力平和利用がもたらす経済的利益が完全に守られねばならないと考えていた。

原子力は核開発に利用可能

しかしアメリカは、西独が守り、発展させようとしていた原子力は核開発に利用できると判断していた。すなわち、まず、ジョンソン政権は中国による核実験（六四年一〇月一六日）の後、核拡散問題が悪化することを強く警戒し、核拡散防止を目的とした諸政策の立案作業を進めていた。そのような作業の一部として、原子力を大規模に発展させようとしていた国々の核開発能力を分析する研究作業も行われたが、作業を担当した国務省の文書（六四年一二月一二日付）では西独の原子力と核開発能力について、以下の判断が示されていた。

西独が核開発を決定すれば数年内に核兵器を入手できる。同国はプルトニウム再処理施設を建設できるし、あるいは、核爆弾を製造するために十分な高濃度のウラン二三五を生産できる遠心分離器を開発できる。もし西独が核開発を決定し、必要な量のウランを入手できれば、経済的負担を伴うことなく、他のいかなる非核保有国よりも大規模な計画に着手できるであろう……西独は過去数年間、米ソ英仏を除き、他のどの国よりも多額の資金を非軍事目的の原子力計画に費やした。

そして、西独が本当に核開発を行うか否かという問題に関しては以下の判断を示した。

西独の政治指導者たちは、核開発に着手すれば同盟国との深刻な対立と困難をもたらすだけではなく、ソ連に対する重大な挑戦となることを十分に理解している。核開発に関心を示す世論の動向はほとんど見られない……西独の軍部が核兵器の独立した指揮権を手に入れようとしていることを示す確たる証拠もない。

それでも、時間の経過とともに、復活したドイツの力をドイツの人々が意識するようになれば、核に関して西独は「持たざる国」の地位から脱するべきであるという感情が強まるであろうことに、西独の指導者たちは気づいている。そして、西独は、どのような内容であっても、NPTへの加盟を望まないかもしれない。何故なら（加盟すれば）米仏英との不平等が永続するような印象が生じるからである。(90)

そのように、アメリカは、西独が将来において核開発と保有を目指す可能性を否定せず、警戒した。また、ソ連も同様に判断し、西独政府に送付した覚書（六六年五月一七日付）では、西独が核開発能力を発展させていることを指摘し、もし核保有を目指せば「非常に重大な結果」を招くと警告した。ソ連は六七年一月二八日に発表した声明で他の国々に対し、西独が核開発能力を発展させていることに注意するように呼びかけた。(91)

そして、西独が発展させようとしていた原子力は核開発に利用できるという判断は、西独国内でも度々、示されていた。例えば、原子力がNPTによって制限されることを防ぐための対策について考察した、外務省第一部A局の文書（六六年一一月二二日付）では以下のように記されていた。

カールスルーエで建設中の再処理施設が稼働するであろう一九七〇年までにわれわれは計二二五キログラムの分裂性プルトニウムを生産できる（原始的なタイプの原爆を製造するためには五―七キログラムのプルトニウムを必要とする）。

この文章が意味することは、より正確には以下のとおりである。七〇年までに、西独における原子力発電の結果、生み出される使用済み核燃料には計二二五キログラムの（まだ分離、抽出されていない）プルトニウムが既に含まれているが、それらを、七〇年から稼働を開始するであろう再処理施設によって分離、抽出し、入手できることになる。入手されたプルトニウムは、原爆開発にも利用できる（なお、再処理施設が実際に稼働し始めたのは七一年からであった）[92]。

また、ブラントは六八年に公刊した著書で原子力の利用は平和目的に限定すると主張しつつ、それが核開発に利用できることを認めた。ただし、それでも核開発を行わずに自制することによって西独は平和に貢献するとも主張した。NPT加盟によって核開発と保有を放棄し、東側との関係を改善するという平和的な諸目標を追求していたブラントも、原子力が核開発に利用できることを認めたのである[93]。

核オプション――目的として明示しなかったが実際には追求

以上のように、西独が発展させようとしていた原子力は核開発に利用できた。また、CDU／CSU、FDPおよびSPDはNPTに加盟しても原子力平和利用を完全に守るため、査察を最小限に抑制するという目的を共有していた。この目的を達成できれば、NPTに加盟しても核開発を行って核保有国になる選択肢、すなわち核オプションを確保することが容易になり得る。原子力が厳格な監視や管理を受けなくなるからである。ただし、西独政府や主要政党は、核オプションの確保を目的として明示したわけではなく、また、国民が核オプションについて十分に認識していたわけでもなく、それを確保することについて国民的な合意が形成されていた訳でもなかった。それでも、西独政府や主要政党が一致して原子力を大規模に発展させて、それが（査察によって）制限されることを完全に防ぐことに成功すれば、結果として核オプションをもたらすことになる。総じて、西独は核オプションの確保を目的として明示しなかったが、実際に取った行動は核オプションをもたらすものであった。そのことを、多くの国民が十分に理解していたとは言い難い。

ただし、西独国内で核オプションの問題が議論されたことはあり、本章では最後に、この問題が議論された事例を紹介しておきたい。まず、核オプションの問題が政府内外の有力者たちによって議論されたことがあり、その場となったのは「軍備管理、軍縮および国際安全保障に関する研究会（Studiengruppe für Rüstungskontrolle, Rüstungsbeschränkung und international Sicherheit）」（以下「研究会」）である。この研究会は六一年、ＳＰＤのエルラー（Fritz Erler）と外務省のバルケンによって設立され、外務省の支援を受けながらエルラーが主催して年に数回のペースで開催され続けた。党派や専門分野、職種の違いにとらわれることなく率直な議論を行うことが重視され、各界から多くの重要人物たちが参加した。六四年から六六年までの時期における主な参加者は以下のとおりである。ＳＰＤからはシュミット、ＣＤＵからはビレンバッハが参加した。エルラー、シュミット、ビレンバッハはいずれも外交・安全保障問題の専門家であり、ビレンバッハは六〇年代半ばから七〇年代半ばまでの時期において、ＮＰＴ加盟問題についてＣＤＵ／ＣＳＵの立場を代表する、重要な役割を果たし続けることになる。外務省からはシュニッペンケッター、グレーヴェ、国防省からも数名、連邦軍からは（再軍備交渉でアデナウアーを補佐し、その後、連邦軍の初期の発展に尽力した）シュパイデル（Hans Speidel）等、また、フリードリッヒ・フォン・ヴァイツゼッカーをはじめとする科学者たち、「ツァイト」の編集者であった（また、後に、編集長になる）ゾンマー（Theo

Sommer)、外交・安全保障問題の研究者であるハフテンドルン（Helga Haftendorn）、政府と密接な協力関係にあったシンクタンク（Stifung Wissenschaft und Politik）の研究員であったネルリッヒ（Uwe Nerlich）等。[94]

そして、ネルリッヒは六五年一〇月一五日、研究会で「核拡散と連邦共和国の核オプション」と題する報告を行い、以下のように主張した。第一に、NATOの力が保たれている限り、また、「ヨーロッパにおけるアメリカのプレゼンスが保たれている限り、ドイツ連邦共和国は戦略核兵器の独立したあるいは共同の保有を放棄する」。第二に、軍事目的にも利用可能な、原子力平和利用の技術が制限されてはならない。以上のような主張に関する研究会での議論について、エルラーによると、第一の主張に関しては議論が起こり、第二の主張については、エルラー自身、「危険ではないとは言えない」と判断した。ただし、ネルリッヒはIAEAの査察を大幅に受け入れるべきという立場を示し、エルラーは、もしそのような査察を受け入れるのであれば大丈夫であろうと判断した。しかし、IAEA査察を受け入れることにはシュニッペンケッターが反対した。[95]

核オプションという問題が明示的に、あるいは暗黙裡に取り上げられたその他の事例としてシュミットの言動を挙げることができる。六一年に公刊した著書で以下のように記していた。「スウェーデンが、核クラブ（Atom-Klubs）の拡大防止を目指す国際的な取り組みを支援するため、国防軍の核武装を五年間、延期した決定について。この期間内に核クラブ拡大防止の見込みがなくなって核拡散が進行すれば、スウェーデン政府は最終的な決定を下す。その間、そのような決定の条件と帰結、メリットとデメリットを検証する。そのような方針は連邦共和国にも適しているだろう」。また、シュミットは六七年一二月六日、連邦議会で以下のように主張した。「連邦共和国は……NATOが解体する事態に備えて、あらゆる状況に自力で対処できる能力を発展させねばならない」。[96]

小括

ただし、以上のようにして核オプションの問題が議論されたことは少なかった。また、研究会に参加した政府内外のエリートたちの間でも、核オプションの確保という目的について明確な合意が形成されていたとは言い難い。それでも、西独が実際に取った行動は核オプションをもたらすものであった。具体的には、次章で説明するとおり、キージンガー政権はＮＰＴ作成交渉の最終段階(六七年―六八年七月)において査察を最小限に抑制する(とくに、ＩＡＥＡ査察の受け入れを拒否する)ことを目指し、強硬に反対したソ連を譲歩させてこの目的を達成することになる。何故なら、西独はＮＰＴ作成交渉に決定的な影響力を及ぼしたからである。ＮＰＴ作成交渉の、表舞台の主役は米ソであったが、実は、真の主役は西独であり、アメリカを操ってソ連を屈服させることになる。

第5章　ＮＰＴへの執拗な抵抗と変化の兆し（一九六六―六九年）

六六年一二月一日、ＣＤＵ／ＣＳＵとＳＰＤの連立によるキージンガー政権が成立し、ＳＰＤ、とくにブラントのイニシアティブによって西独はＭＬＦを最終的に断念した。これによってＭＬＦは最終的に放棄され、ＮＰＴ作成交渉の停滞が打破され、交渉はＮＰＴの完成を目指す最終段階に入った。六六年末までの交渉ではとくに第一、二条の内容が争点となり、ＭＬＦを禁止する内容で合意が成立したが、六七年以降の交渉では第三条以降の内容が争点になった。そして、西独は第三条以降の内容について多くの要求を強硬かつ執拗に提示し、ＩＡＥＡ査察の受け入れを拒否した。それらをアメリカは認めたが、ソ連が反対したためにＮＰＴ作成交渉はまたも停滞した。ソ連は西独の原子力を厳重に管理するため、ＩＡＥＡ査察の受け入れを要求した。しかし、ソ連が譲歩し、西独の要求をほぼ全面的に受け入れたために交渉の停滞が打破され、ＮＰＴは六八年七月に成立した。ＮＰＴの最重要目的は西独を加盟させることにあった以上、ＮＰＴは、西独の要求を受け入れる（ため、加盟できる）内容で成立させねばならず、西独にＩＡＥＡ査察は実施されないことになった。そのように、西独の要求に従った内容でＮＰＴが成立したにも拘らず、西独は署名を拒否した。とくにＣＤＵ／ＣＳＵが署名を拒否したが、ＳＰＤ、とくにブラントが署名を強く主張した。ブラントとＳＰＤが総選挙（六九年九月）で勝利しない限り、核保有問題の解決は非常に難しかった。

以下、第1節ではSPDの政権参加によるMLFの最終的放棄、第2節ではNPT作成交渉の最終段階、第3節では、NPTが成立した後にCDU／CSUは署名を拒否したが、SPD、とくにブラントが署名を目指した動きを説明する。

1　SPDの政権参加によるMLFの最終的放棄

SPDの政権参加によるMLF（ハードウェア・ソリューション）の最終的放棄

外相（兼副首相）に就任したブラントは覚書（六六年一二月五日付）で外交政策の目的と方針を以下のように記した。「緊張緩和によって平和を確保する」ため、東側諸国に関しては「不信感を取り除くために可能なことを全てやる……われわれが原爆の共有あるいは独自保有を望んでいるかのような誤解を避ける……NPTがわれわれのために失敗に終わることはない」[1]。また、「NPTを支持せねばならない」という方針を外務省内で明確に示した[2]。すなわち、ブラントは東側諸国との関係を改善するためにNPT加盟を目指し、また、「原爆の共有」、すなわちMLF（以下、ハードウェア・ソリューションも意味する）を放棄しようとした。そしてMLFを放棄することは、NPT作成交渉の停滞を打破してNPTを成立させるためにも必要であった（「NPTがわれわれのために失敗に終わることはない」）。

そして、アメリカもNPTを成立させるためにMLFを放棄することを強く望むようになっていたが、西独（とくにCDUと外務省）がMLFを要求したため放棄できなかった。そのような状況で、MLFを断念するべきと主張するSPDが政権に参加したことはアメリカにとっても大きなチャンスであったが、なおも慎重であった。すなわち、まず、アメリカは六六年一二月五日、ＭＬＦを禁止する内容のＮＰＴ草案を認めるかどうかを西独の新政権に問い質したうえで、認めるという回答を得た場合には草案についてソ連と合意に達することを決定した。[3]そして、外相に就任したブラントはマッギーとの会談（一二月八日）で「新政権はいわゆるハードウェア・ソリューションを求めません」と伝えた。[4]その後、アメリカはＭＬＦを禁止した内容のＮＰＴ草案をまずはブラントに示したが（一二月一二、一六日）、ブラントは無論、反対しなかった。これを受けてアメリカはＭＬＦを最終的に放棄することができた。[5]

ところで、ＳＰＤは六六年一一月二日に連邦議会で、ＣＤＵ／ＣＳＵとの連立形成の条件の一つとしてＭＬＦを断念することを要求していた。[6]そして、ＣＤＵ／ＣＳＵは国内問題（不況等）への対処を第一の目的としてＳＰＤとの連立を目指したため、ＭＬＦの優先順位を低下せざるを得なくなっていた。そのため、ＭＬＦを断念するべきというＳＰＤの要求を、キージンガーをはじめとするＣＤＵ議員の多くが受け入れていた。[7]ＣＤＵの有力議員であった（後に党首（七一―七三年）となる）バルツェル（Rainer Barzel）はアメリカ大使館で、ＭＬＦを断念するべきというＳＰＤの要求をＣＤＵが概ね受け入れたことを伝えていた（一一月八日）（なお、第4章第2節で説明したとおりＣＳＵはＭＬＦに反対していた）。[8]

以上のように、キージンガー政権が成立する前の段階でも、ＳＰＤが政権に参加すればＣＤＵを含め、西独の新政権がＭＬＦの放棄を認める可能性が高まっていた。それでもなおアメリカは慎重で、ＭＬＦを直ちには放棄せず、放棄を認めるか否かという問題についてまずは新政権の意思を確認しようとしたが、そのための相手としてはブラントが最適であった。アメリカはブラントを相手とすることによって、ＭＬＦを言わばスムーズに放棄できたと言える（グレーヴェは回顧録で、アメリカはＭＬＦ放棄に関する西独の新政権との交渉をブラントとの間で集中的に進めたことによって、放棄することに成功したと説明している）。[9]

こうして、ＮＰＴ作成交渉が六二年に始まってから、それを約五年もの間、停滞させ続けた最大の障害（ＭＬＦ）が六六年末、遂に取り除かれた。ＭＬＦに執着して交渉を停滞させ続けた張本人は西独であったが、停滞を打破したのも西独であったように、西独はＮＰＴ作成交渉に決定的な影響を及ぼしていた。ＮＰＴの成否を左右したのは西独であった。

ヨーロピアン・オプション

六六年末までのＮＰＴ作成交渉ではとくに第一、二条の内容が話し合われ、それらがＭＬＦを許容するべきか否かが最大の争点となっていたが、禁止する内容とすることで合意が成立し、第一、二条の内容が確定した。そして六七年以降の、ＮＰＴ作成交渉の最終段階では第三条以降の内容が争点となり、既に決着がつけられた第一、二条の内容は争点ではなくなった。ただし、西独は六七年以降も第一、二条について、内容の変更は要求しなかったものの、条文の解釈について執拗な問題提起を続けた。具体的には、第一、二条がＮＡＴＯの核共有政策（連邦軍の核武装）やＮＰＧ、および、ヨーロピアン・オプションを許容しているという解釈を認めさせるため、以下に説明する理由から執拗な問題提起を続けた。

その前に、まず、ヨーロピアン・オプションについて改めて説明しておきたい。ヨーロピアン・オプションとは、将来において欧州統合が完成し、単一の超国家的な存在が誕生した場合、そのような存在が、構成国であった（が、統合が完成すれば独立した主権国家ではなくなる）フランスの、核保有国としての立場を引き継ぎ、核保有を認められる権利を意味する。そのようなヨーロピアン・オプションはＭＬＦに関する交渉において、ＭＬＦに関連する争点となっていたが、西独、とくにＣＤＵ／ＣＳＵはＭＬＦを断念した後もヨーロピアン・オプションを強く重視した（ただし、ＳＰＤとＦＤＰはヨーロピアン・オプションを重視しなかった[10]）。

そして、ヨーロピアン・オプションやNATOの核共有政策（連邦軍の核武装）、NPGはいずれもNPTの第一、二条に関わるが、第一、二条はそれらを必ずしも明確に許容しているわけではなく、また、禁止しているわけでもなく、NPTがそれらを事実上、許容するか否かは米ソをはじめとする国々の立場（第一、二条に関する解釈）にもかかっていた。そのため西独は、NPTがそれらを許容しているという立場を（第一、二条に関する解釈として）米ソが明確に示すことを六七年以降も執拗に要求し続けた。そして、アメリカは西独の要求に応じて、NPT（第一、二条）が核共有政策やNPGおよびヨーロピアン・オプションを許容しているという立場を示し続けたが、ソ連も事実上、それらを黙認する立場を示した。すなわち、ソ連は六六年末までに核共有政策とNPGを（やむを得ず）黙認していたが、ヨーロピアン・オプションに関しても西独とアメリカの要求に応じて、それを黙認する立場を示した（六七年四月二八日）[11]。

しかし、ソ連が核共有政策やNPGおよびヨーロピアン・オプションを明確に認めているわけではないため、将来、それらに反対しかねない（すなわち、それらがNPT第一、二条に違反すると主張しかねない）ことを、西独、とくにCDU／CSUは六七年以降も、NPT第一、二条に関する重大な問題点の一つとして強調し続けた。また、西独、とくにCDU／CSUはそれらを確実に守るためとくにアメリカに対し、NPT（第一、二条）がそれらを許容しているという立場（解釈）を明確に示すように要求し続けた。

以上のようにして、西独は六七年以降もNPTの第一、二条に関して執拗な問題提起を続けた。ただし、それは実質的に重要な問題ではなかったため、以下、説明を省略する〔ただし、ヨーロピアン・オプションは、後に（とくに、NPTが成立した後に）重要な争点になるため、改めて詳しく説明する〕。六七年から六八年七月までのNPT作成交渉の最終段階で中心的な争点になったのは第三条以降の内容であり、それらについて西独は多くの要求を認めさせるために、強硬かつ執拗な外交を展開した。

2　ＮＰＴ作成交渉の最終段階（六七年―六八年七月）――「ドイツ人がこの条約を書いた」

概　要

ＮＰＴの成立を目指す交渉は第3章で説明したとおり、六一年末に国連総会において全会一致で採択されたアイルランド決議に基づいて始まり、米ソの主導で進められていたが、交渉の主な舞台となったのはＥＮＤＣであり、また、国連総会でも毎年、多くの国々がＮＰＴの成立を主張し続けていた。そして、六六年末にＭＬＦが放棄されたことによって交渉の停滞が打破され、交渉はＮＰＴの完成を目指す最終段階に入ったが、西独以外にも日本やインド、ブラジル、イタリア、スウェーデン等の多くの潜在的核保有国を加盟させることが重視されたため、ＮＰＴは、それらの国々が満足できる（ために、加盟できる）内容で成立させねばならなかった。したがって六七年以降の交渉では、それらの国々の要求を受け入れることによってＮＰＴの内容と条文が追加され、最終的にＮＰＴの条文は第一一条にまで増やされたが、具体的には以下の諸問題についてそれらの国々の要求が大幅に受け入れられた。すなわち、査察（第三条）、原子力平和利用が守られねばならないこと（第四条）、核保有国が原子力の軍事利用（核実験等）で得た技術や知識を民生目的に応用して得られる利益（以下「原子力のスピンオフ」）を、非核保有国に提供すること（第五条）、核保有国の核軍縮義務（第六条）、再検討会議を五年ごとに開催すること（第八条第三項）、ＮＰＴの有効期限を二五年間とし、二五年後に、延長の是非を決定する再検討会議を開催すること（第一〇条第二項）。

以上のように、ＮＰＴ作成交渉の最終段階ではとくに第三、四、五、六条、八条第三項および一〇条第二項（および、後に説明するとおり、前文）が重要な争点となった〔第七条は非核地帯について規定し、その他の条文（第八条第一および第二項、九条、一〇条第一項、一一条）は手続き的な諸問題に関する条文で、それらは、実質的にはそれほど重要ではなく、交渉でもあまり重要な争点にならなかった〕。

そして、これらの諸問題に関する要求がNPTの条文で明確に認められねばならないことを、多くの潜在的核保有国がENDCや国連総会で、また、さまざまな交渉のチャンネルを通じて強く要求し、大幅に認めさせることに成功したが、それらの国々の中でも、最も多くの要求を、最も強硬かつ執拗に提示し、そして、認めさせるために最も強い影響力を発揮した国は西独であった。何故なら、NPTの最重要目的は西独を加盟させることにあった以上、NPTは、西独の要求を受け入れる（ために加盟できる）内容で成立させねばならなかったからである。

とくに、最大の争点となった第三条（査察）は西独という、一国だけの要求をほぼ全面的に受け入れる内容で書かれた。要するに、第三条を書いたのは西独である（一部の内容を除いて）。ただし、第三条に関する西独の強硬な要求にはソ連が反対したため、NPT作成交渉がまたも停滞し、六七年末には交渉が失敗に終わることが危惧されるまでになったが、六八年一月にソ連が第三条に関する西独の要求をほぼ全面的に受け入れたことによって交渉の停滞が打破され、NPTを成立させることができた。

そのように、NPT作成交渉の最終段階でも、西独は交渉の成否を左右する決定的な影響を及ぼしていた。ただし、西独はENDCのメンバーではなく、国連の加盟国でもなかったため、NPT作成交渉の主な舞台（ENDCおよび国連総会）では目立たなかったが、目立たないところで決定的な影響を及ぼしていた（また、西独は、要求を執拗に提示し続けてNPT作成交渉をまたも停滞させた、自らの立場が目立って批判されることを防ぐため、目立たないように注意した）。そして、西独は専らアメリカとの二国間交渉においてNPTに関する要求を提示することによって、NPT作成交渉に決定的な影響を及ぼしていた。すなわち、アメリカは、西独から伝えられた要求をソ連との交渉やＥＮＤＣで提示し、それが認められるべきであると強硬に主張した。そのように、ＮＰＴ作成交渉におけるアメリカの立場は、専ら西独の立場を代弁したものであった。ただし、アメリカの当初の立場はソ連に近かったが、六七年四月までに西独の要求をほぼ全面的に受け入れ、その後は西独の代理人として行動した。

西独が決定的な影響を及ぼしたことについて、以下の証言がある。アメリカの軍備管理軍縮庁長官で、ＮＰＴ作成交渉で中心的な役割を果たしたフォスター（William C. Foster）は国家安全保障会議（六八年三月二七日）で、「条約（ＮＰＴ）の半分は西独が書いた」と説明した〔フォスターはソ連のロシチン（Alexei Alexeevich Roshchin）とともにＥＮＤＣの共同議長を務め、ＥＮＤＣにおけるＮＰＴ作成交渉でも中心的な役割を果たした〕[12]。確かに、とくに第三、四、五、六条、八条第三項および一〇条第二項（および前文の多くの箇所）は、西独の強硬な要求をほぼそのまま記したものであった。また、ジョンソンはシュレーダー（キージンガー政権では国防相）との会談（六八年七月二四日）で、端的に「ドイツ人がこの条約（ＮＰＴ）を書いた」と述べた[13]。それは極端過ぎる言い方かもしれないが、確かに、第三条以降の内容の、実質的に重要な部分のほとんどが西独の要求をほぼそのまま反映したものであった。

また、アメリカの、国家安全保障会議のスタッフであったキーニー（Spurgeon M. Keeny Jr.）はキッシンジャー（Henry A. Kissinger）への覚書（六九年一月二四日付）で、ＮＰＴはとくに西独の要求に基づいて作成され、有効期限を二五年間とすることも専ら西独の要求に従って決められたと説明した[14]。また、駐西独ソ連大使のザラプキン（Semjon Konstantinowitsch Zarapkin）はブラントとの会談（六八年一月一九日）で、ＮＰＴに有効期限を設定することに反対していたソ連が六八年一月にそれを認めたことは、とくに西独のための譲歩であったと説明した[15]。

また、西独がＮＰＴ作成交渉に決定的な影響を及ぼしたことは西独自身も自覚し、例えばクナップシュタインは六七年四月、以下の判断を示した（外務省への電信、四月一八日付）。すなわち、アメリカは四月一四日までの交渉でＮＰＴに関する西独の要求を大幅に受け入れたが、その理由は、まず、西独の要求を満たさないＮＰＴに西独は加盟せず、そして、西独が加盟しないNPTには意味がないと判断しているからである。したがって西独はNPT作成交渉において、アメリカとの関係において「決定的な立場（Schlüsselposition）」にある。[16]

以上のように、NPTは何よりもまず西独に関する条約であった。以下、その作成交渉の最終段階について、より詳しく説明する。

NPTに関する西独の目的と方針の確定、アメリカの当初の立場

まず、アメリカは六七年一月一三日、新たなNPT草案を西独（クナップシュタイン）に提示した。この草案をアメリカは二月二一日から開催されるENDCに提出しようとしていたが、その前に草案について西側諸国の間では、一月二五日に開催されるNATO理事会で協議することが予定されていた。NATO理事会が開催される約二週間前にアメリカは、西独に草案の内容を知らせたのである。草案は全部で七条から成り、第一、二条の内容については昨年末までに決着がつけられていたが、第三条は査察、第四条から七条までは手続き的な諸問題に関する内容であった。ただし第三条は空白で、条文が記されていなかった。何故なら、査察は最大の争点になることが予想されたため、今後も交渉を通じて内容を確定していく必要があり、前もって条文を記すことが難しかったからである。また、条約の基本目的や原則等を規定する前文もまだ空白で、書かれていなかった。[17]

このNPT草案について、アメリカは前述のとおりENDCに提出する前にNATO理事会（六七年一月二五日）で協議する予定であり、西独は理事会までに草案に関する検討作業を終える必要があった。しかし、NPT作成交渉に関する政策立案のために最も重要な役割を果たしたシュニッペンケッター（外務省第二局B部長）はクナップシュタインに対し、一月二五日までにNPT草案に関する検討作業を終えるには時間が足りないため、NATO理事会における協議を二月一日まで延期することをアメリカ政府に要求するように指示した（一月一六日付の電

信）。この要求が認められたため、NATO理事会における協議は二月一日まで延期された[18]。そして、二月一日までに、シュニッペンケッターを中心として外務省第二局はアメリカのNPT草案だけではなく、NPTそのものに関する根本的な検討作業を終え、その成果を全部で一〇の「ポジション・ペーパー（Positionspapiere）」（二月一日付）にまとめて記載した。ポジション・ペーパーではNPTに関する基本的な問題意識や構想、条約作成交渉に関する基本方針や達成するべき諸目標が記載されたが、それぞれのペーパーで扱われた個別の諸問題は以下のようなものであった。（一）核軍縮（二）軍縮問題の全般（三）査察（四）核保有国の非核保有国に対する、核による圧力、脅し、強制の禁止（五）弾道弾迎撃ミサイル（六）原子力平和利用（七）「民生原子力国（die zivilen Atommächte）」（すなわち、核開発能力を有するが、核開発と保有を自制している国々）（八）ヨーロピアン・オプション（九）脱退（一〇）東独承認問題[19]。

ポジション・ペーパーについて、NPT作成交渉でとくに重要な意義を有した（一）（三）（四）（六）（七）の主な内容を説明しておきたい。

ポジション・ペーパー（一）

「核保有国と非核保有国の条約上の義務はバランスの取れた非差別的なものでなければならない」。核保有国の数が増えていく、いわゆる「水平的な」核拡散だけではなく、既存の核保有国が核の保有量を増やす「垂直的な」核拡散も重大な問題であり、NPTはいずれの形態の核拡散も防がねばならない。すなわち、非核保有国が核開発と保有を行わない義務を負うだけではなく、核保有国も核軍縮の義務を負わねばならない。そのようにしなければ、NPTは核保有国による核の独占に役立つだけであり、多くの国々から受け入れられることが難しくなる。NPTが、核保有国の核軍縮義務を明記するべきことは国連総会決議でも繰り返し主張されている（六五年に採択された決議二〇二八号、六六年に採択された決議二一四九、二一五三号)。

ところが、アメリカのNPT草案には核保有国の核軍縮義務が記されていない。核保有国が核軍縮の義務を履行することもNPTの目的であることを前文で明記するように西独は他の国々とともに要求せねばならない。また、アメリカのNPT草案の第四条第三項では、条約の発効から五年後に、条約の目的が達成されているかどうかについて検証し、議論する再検討会議を開催することが記されているが、再検討会議では、NPTの目的の一つである、核保有国の核軍縮義務が履行されているかどうかという問題が議論されねばならない。

ポジション・ペーパー(三)

ユーラトムの査察制度が維持されねばならない。それは有効に機能しており、ユーラトムの最も重要な制度の一つである。しかし、NPTに加盟すればIAEA査察を受け入れる義務を負わされ、ユーラトム査察を放棄せねばならなくなるのであれば、それは、ユーラトム自体が大きく損なわれることも意味する。これを防ぐため、ユーラトム加盟国に関してはNPTに加盟しても、IAEA査察ではなくユーラトム査察が実施されねばならない。IAEA査察は一切、受け入れられない。ただし、IAEAにも一定の役割、すなわち、ユーラトム査察の有効性を確認する「検証」という役割を認めてもよい。ところがソ連は、NPTに加盟する非核保有国が受け入れる査察の制度としてはIAEA査察だけを認め、ユーラトム査察を認めていない。そのようなソ連の立場は無論、受け入れられない。

ポジション・ペーパー(四)

NPTは非核保有国の安全を十分に守らねばならない。とくに、核保有国の非核保有国に対する、核による圧力、脅し、強制を禁止せねばならない。

ポジション・ペーパー（六）

ＮＰＴの目的は核不拡散、すなわち、原子力の軍事利用防止に厳しく限定し、平和利用を損なってはならない。また、原子力平和利用を単に守るだけではなく、さらには発展させる義務を、核保有国を含むＮＰＴ加盟国が負わねばならない。しかし、原子力平和利用に関してはとくにソ連が、西独の原子力は専ら核開発を目的としたものであると非難していることに注意せねばならない。すなわち、ソ連がＮＰＴによって、西独の核開発を防ぐという大義名分で原子力平和利用も制限しようとすることに注意せねばならない。また、核保有国は原子力のスピンオフに関する情報を非核保有国に提供せねばならない。核保有国だけが、原子力の軍事利用によってスピンオフに関する利益を独占できることは非核保有国に対する差別であり、認められない。

ポジション・ペーパー（七）

「民生原子力国はその技術力、経済力および人的資源によって現在、直ちに、核兵器を開発できる。しかし、それらの国々は世界平和を維持し、守るためにそのような選択肢を取らない……大量破壊兵器を開発するために原子力を利用している国々が、開発できるにも拘らず自制している国々よりも、何故、優遇されねばならないのであろうか」。民生原子力国と核保有国との完全な対等性が守られねばならない。

以上のような外務省のポジション・ペーパーにまとめられた、ＮＰＴに関する基本的な問題意識や構想、条約作成交渉に関する基本方針や達成するべき諸目標は、その後の交渉を通じて一部、変更され、追加された部分もあったものの、概ね一貫して保たれることになった。なお、西独政府は六七年二月三日、NPT作成交渉について包括的な検討作業を行うことを目的とした省庁間作業グループを設置することを決定した。作業グループには外務省の他に国防省、経済省、科学研究省の他、原子力の研究に携わる科学者たちの代表も参加した[20]。グループを主導する役割を担わされたのは外務省であり、外務省を主導する役割を担わされたのはシュニッペンケッターであった[21]。そして外務省は、省庁間作業グループが二月三日に設置される前に、既にシュニッペンケッターの主導で二月一日までにNPTに関する検討作業を終えていたのである。ただし、省庁間作業グループの検討作業を通じて、査察に関しては以下のように目標が精緻化され、追加された。すなわち、原子力平和利用が損なわれることを防ぐため、査察の対象は、核燃料の原料物質や核物質（以下、単に「核物質」）に限定し、原子力に関連する施設や設備は査察の対象としない。核物質への査察も、それが使用される全ての工程を対象に実施するのではなく、特定の重要なポイントに限定して実施する。また、査察官が直接、原子力関連施設に立ち入って査察を行う人的査察を可能な限り減らし、機械を用いた自動査察を最大限に導入し、実施する[22]。

なお、IAEA査察は核物質だけではなく施設や設備も対象とする（また、NPTの成立に伴い、査察の適用範囲がさらに拡大していくことも予想された）一方で、ユーラトム査察の対象は核物質に限定され、施設や設備を対象とはしていなかった。そして、西独は査察の対象を核物質に限定するためにも、ユーラトム加盟国に関してはNPTに加盟しても、ユーラトム査察だけが実施されるべきと要求しようとした。要するに、ユーラトム査察はIAEA査察ほどには厳格ではなく、概して緩やかであった（それが問題視されることも少なくなかった[23]）。

以上のように、西独政府は六七年二月までに外務省を中心に、NPTに関する立場を確定していた。そして、西独がNPTに関して達成しようとした主な目的（および、それぞれの目的が、条約作成交渉を通じて達成され、最終的にNPTで明記された条文）は以下のように要約できる。すなわち、査察を最小限に抑制すること（第三条）、原子力平和利用を守り、発展させねばならない原則の明記（第四条）、原子力のスピンオフ提供の義務の明記（第五条）、核保有国の核軍縮義務の明記（第六条）。そして、西独が最も重視した、査察を最小限に抑制するという目的は以下のように要約できる。西独をはじめとするユーラトム加盟国に関してはＮＰＴに加盟してもユーラトム査察が実施されねばならず、ＩＡＥＡ査察は一切、受け入れない。ただし、ＩＡＥＡには、ユーラトム査察の結果を事後的に確認する作業である「検証」の役割を認めてもよい。査察の対象は核物質に限定し、施設や設備は対象に含めない。核物質に対する査察も、全工程を対象とするのではなく、特定の重要なポイントに限定して実施する。また、機械による自動査察の導入も認められるべきである。以上の諸点は、最終的にＮＰＴの第三条および前文で明記された。

また、再検討会議を五年ごとに開催すること（第八条第三項）、ＮＰＴに有効期限を設定し、有効期限を迎えた時点で延長の是非を決定する再検討会議を開催すること（第一〇条第二項）も重要な目的となった。

総じて、最終的にＮＰＴの第三、四、五、六条、八条第三項、一〇条第二項（および前文の多くの箇所）となった内容をＮＰＴに明記させることが西独の目的であった。しかし、これらは、アメリカが六七年一月一三日に提示した草案には全く書かれていなかった。したがって内容を大幅に増やす必要があった。[24] そのための交渉を西独は六七年二月、アメリカとの間で開始したが、これに先立ちアメリカは一月三一日、一三日に提示したＮＰＴ草案では空白のままであった第三条に関する基本的な案を西独に伝えた。それはＩＡＥＡ査察を重視し、ユーラトム査察には副次的な意義を認めるにとどまるものであった。この案に西独は無論、反対し、ブラントは二月二日、クナップシュタインに対し以下の立場をアメリカ政府に伝えるように指示した。すなわち、ユーラトム加盟国にはＮＰＴ加盟後もユーラトム査察だけが実施されるべきで、ＩＡＥＡ査察は一切、受け入れられない。しかし国務省の高官は、そのような立場にはソ連が反対すると応じた（二月七日）。そして、ブラントはアメリカを訪れ、ラスクとの会談（二月八日）でＮＰＴ草案に関する西独の諸要求を伝えた。ラスクは、核保有国の核軍縮義務を前文に記すことには前向きな態度を示したが、原子力のスピンオフ提供には消極的で、また、ＩＡＥＡ査察が原子力平和利用を損なうことはないと強調した（すなわち、ＩＡＥＡ査察を西独に受け入れさせようとした）。以上のように、アメリカはごく一部の問題（核保有国の核軍縮義務）を除き、西独の要求を受け入れなかったのである。とくに第三条に関しては、ユーラトム査察にソ連が反対していたこともあり、ＩＡＥＡ査察を重視した[25]。

なお、六七年二月一日には前述のとおり、ＮＡＴＯ理事会でＮＰＴ草案に関する協議が行われた。そして、西独をはじめとする西側諸国がＮＰＴについて協議する、主な舞台となっていたのはＮＡＴＯ理事会（および、ＮＡＴＯ内のその他のさまざまな会議）であった。しかし西独は、ＮＡＴＯ理事会等の公の場ではＮＰＴについて積極的に発言することを控え、目立たないように注意した。何故なら、西独はＮＰＴについて多くの要求を強硬かつ執拗に提示し、認めさせようとしていたが、そのような態度を公の場で示せば西独の印象が悪くなり、批判され、要求の実現が難しくなることを恐れたからである。

したがって、西独は多くの要求をＮＡＴＯ理事会等の公の場ではなく、専らアメリカとの二国間交渉で強硬に提示し、認めさせようとした。何故なら、まず、二国間交渉は比較的、目立たないからである（とくに、ＮＰＴ作成交渉の主な舞台であるＥＮＤＣや国連総会、ＮＡＴＯ理事会等と比べて）。そして、西独がアメリカとの二国間交渉で要求を認めさせることができれば、その要求をアメリカはソ連との交渉で認めさせることを目指すため、成功すれば、最終的にＮＰＴで認められることになる。したがって、アメリカとの二国間交渉で十分であった。

例えば、ＮＡＴＯ理事会に西独を代表して出席した、ＮＡＴＯ大使のグレーヴェに外務次官のシュッツ（Klaus Schütz）は以下のように指示していた（六七年一月二六日付の電信）。すなわち、ＮＡＴＯ理事会におけるＮＰＴ草案に関する議論では発言をなるべく控えること。何故なら、西独はＮＰＴ草案に関する交渉を専らアメリカとの間で進めるからである（なお、ＮＡＴＯ理事会ではＮＰＴ草案について活発な議論が行われたが、グレーヴェはシュッツの指示に従い、積極的に発言することを控えた）。また、シュニッペンケッターは以下の考えを示していた（二月一六日付の文書）。すなわち、ＮＰＴに関する目標を、他の多くの非核保有国とともに追求することは重要だが、西独は、それらの国々の先頭に立って目立つことは控えるべきである。また、ブラントはマッギーとの会談（二月七日）で、フォスターが三月に西独を訪れる予定であると伝えられたが、ブラントは、フォスターほどの重要人物が直々に西独を訪れれば、ＮＰＴ作成交渉に関して西独が目立ってしまうことへの戸惑いを示した（二月七日）[26]。

フォスターは軍備管理軍縮庁の長官であり、また、ＥＮＤＣの共同議長の一人として、アメリカ政府内だけではなくＥＮＤＣでもＮＰＴ作成交渉で中心的な役割を果たしていた。フォスターにとっても、ＮＰＴを完成させるために最も注意しなければならない国が西独であったため、自ら直接、西独を訪れることにしたのである。フォスターが西独を訪れることで、ＮＰＴに関する米独間交渉は最初の山場を迎えようとしていたが、それまでに西独国内では、ＮＰＴに強硬に反対する意見が多くの重要人物たちによって声高に主張されていた。

ＮＰＴへの強硬な反対や批判――「新たなヴェルサイユ」

ＭＬＦが放棄されたことによってＮＰＴ作成交渉の停滞が打破され、交渉がＮＰＴの完成を目指す最終段階に入ったことはメディアでも報道され、国民の間でも知られるようになっていたが[27]、この事態を受けてＣＤＵ／ＣＳＵの多くの議員たちがＮＰＴに強硬に反対する意見を表明した。その急先鋒に立ったのが、キージンガー政権の財務大臣に就任していたシュトラウスであり、イギリス首相ウィルソンとの会談（六七年二月一五日）では、ＮＰＴは「新たなヴェルサイユ」（条約）であると批判し、キージンガーへの書簡（二月一五日付）ではＮＰＴについて以下のように主張した。「国際世論への恐れから、あるいは、アメリカの圧力のためにこの条約に署名してはなりません……政府がこの条約に署名すると……実質的に主権を放棄してしまうのです。署名が外交と国内政治にもたらす影響について私は全力で警告します。ＮＰＴに賛成する意見に対して、私は政府内だけではなく世論においても全力で闘います」。実際に、シュトラウス自身が編集長を務めた週刊誌の「バイエルン・クーリエ」や、その他の保守系メディアもＮＰＴを厳しく批判し続けた。[28]

なお、シュトラウス（をはじめＣＤＵ／ＣＳＵ）はＮＰＴ加盟に反対しつつ、西独が単独で核開発と保有を行うことを明確に否定した。では何故、シュトラウスはＮＰＴ加盟に強硬に反対したのか。これについてシュトラウスは以下のような問題意識を示したことがあった。すなわち、核開発と保有の可能性があるだけでも影響力の源泉となるが、そのような可能性を失えば影響力が低下する。[29] すなわちシュトラウスは、核開発と保有の可能性がＮＰＴ加盟で失われ、西独の影響力が低下することを恐れたために、加盟に強硬に反対したと考えられる。そのようにシュトラウスの問題意識によると、核開発と保有の可能性を残すことによって西独の影響力を維持するために、ＮＰＴに加盟してはならなかった。

また、科学研究大臣のシュトルテンベルク（Gerhard Stoltenberg）（ＣＤＵ）、食料・農業・森林大臣のヘーヒェル（Hermann Höcherl）（ＣＳＵ）もＮＰＴを批判し、キージンガー自身も六七年二月二七日の記者会見で、ＮＰＴ草案に関する米独間の立場の違いに不満の意を示し、アメリカはむしろソ連との協調を重視する「共犯」関係に立って同盟関係を危うくしていると批判した。前述のとおり、アメリカはソ連と同様にＩＡＥＡ査察を重視していた。また、バルツェルは二月二〇日の講演で、ソ連はＮＰＴによって西独の原子力平和利用に損害を与えようとしていると批判した。その他、連邦議会の国防委員会委員長ツィンマーマン（Friedrich Zimmermann）（ＣＳＵ）、ＦＤＰのゲンシャー（Hans Dietrich Genscher）〔後に、シュミット、コール（Helmut Kohl）政権の外相（七四―九二年）〕等もＮＰＴを批判した。[30]

また、フリードリッヒ・フォン・ヴァイツゼッカーも六七年二月二一日にCDU／CSUの議員たちを相手とする講演で、NPT草案は原子力平和利用を守る内容に変更されねばならず、そのために査察を緩やかにして、機械による自動査察の導入が認められるべきと主張した。しかし、査察を緩やかにすれば原子力平和利用の、軍事目的への転用を防ぐことが難しくなるが、それでも査察を緩やかにするべきことを、著名な反核平和主義者（フリードリッヒ・フォン・ヴァイツゼッカー）でさえ強く主張したことは少なからぬ反響を呼び起こした。また、ドイツ産業同盟会長のベルク（Fritz Berg）は経済界を代表して、NPTに関しては「全ての産業が不安を感じている」という立場を表明した。すなわち、原子力の発展によって多大な経済的利益がもたらされることが期待されていたが、そのような利益が厳格な査察によって損なわれることに不安が感じられたのである。[31] また、第4章第4節で説明したとおり、アレンスバッハが三月に実施したNPT加盟問題に関する世論調査によると、約三九パーセントの人々が、「経済的不利益は全くないと完全に保証された場合にだけ加盟するべきである。そのような保証を得ることができなければ、加盟できない」と回答した。

そして、アデナウアーもNPTを痛烈に批判し、加盟に強硬に反対した。アデナウアーは六七年四月一九日に逝去したが、それまで気力は充実し、二月（一四—一九日）にはスペインを訪れ、一六日にマドリードで行った講演でNPTを厳しく批判し、とくに、NPTに関するソ連の主な目的は西独の原子力を弱体化させて経済的損害を与えることにあると主張した。また、シュピーゲル（二月二七日号）のインタビューでも同様に主張し、NPT加盟に反対するかという質問には「当然である」と答え、NPTは西独にとって死活的な問題であり、それは「モーゲンソー案」であると批判した（モーゲンソー案とは、実行はされなかったが、第二次世界大戦中にアメリカ政府内で検討されていた、ドイツを著しく弱体化させることを目的とした構想である）。[32]

以上のように、アデナウアーをはじめ西独の多くの重要人物たちがNPTに強硬に反対し、批判したため、アメリカをはじめとする他の国々は西独に関して非常に慎重にならねばならなかった。とくに西独国内では、NPTが原子力平和利用を損なって経済的損害をもたらすのではないかという不安が強く抱かれた以上、アメリカは、NPTが西独国内で受け入れられるようにするためには、そのような不安を解消せねばならなかった。そして、原子力への厳格な査察が経済的損害をもたらすという不安が抱かれたため、そのような不安を解消するためには、厳格な査察を断念し、査察を緩和せざるを得なかった。すなわち、アメリカはIAEA査察を断念し、ユーラトム査察を認めることになった。

アメリカ、西独の要求を認める（六七年三—四月）

アメリカはNPTの早急な成立を目指し、六七年二月までは西独の要求をほとんど受け入れず、第三条（査察）に関してはソ連と同様にIAEA査察を重視していた。しかし、西独の強硬な反対を受けて、アメリカは三月から四月にかけてユーラトム査察を認める、すなわち、IAEA査察を拒否できる内容のNPT草案第三条を作成した（四月一四日）。何故なら、NPTの最重要目的は西独を加盟させることにあった以上、アメリカは、西独が満足できる（ために、加盟できる）内容でNPT草案を作成せざるを得なかったからである。そして、そのような草案をソ連に受け入れさせるという難題に挑まねばならなかった。また、四月（一〇—一四日）に行われた米独間の集中的な交渉の結果、アメリカは査察以外の諸問題に関しても西独のさまざまな要求を大幅に受け入れ、それらを条文に明記することに同意した。そのように、アメリカは四月までに西独の要求を受け入れ、そのような要求をソ連に受け入れさせるという方針を定めたのである。以上の経緯について、以下、より詳しく説明する。

まず、フォスターは前述のとおり六七年三月九、一〇日に西独を訪れてキージンガーやブラント、シュトルテンベルク等と会談し、査察や原子力平和利用に関して西独の要求を部分的に認める、以下の立場を示した。第一に、

ＮＰＴの目的は核不拡散に厳しく限定することを条文で明記する。すなわち、ＮＰＴがそのような目的から逸脱して副次的な悪影響を及ぼすこと、とくに、原子力平和利用を損なうことはないという原則を明確にする。第二に、査察の対象は核物質に限定し、施設や設備は対象としない[33]。

さらに、その後も六七年三月末までの米独間交渉の結果、アメリカは第三条に関する西独の要求を大幅に受け入れ、ユーラトム査察の存続（すなわち、ＩＡＥＡ査察の拒否）を認める、以下の立場を示した。すなわち、まず、ユーラトム加盟国に関してはＮＰＴ加盟後もユーラトム査察が実施されるが、ＩＡＥＡにも一定の役割が認められねばならない。ただし、その役割はユーラトム査察の結果を事後的に確認する作業、すなわち「検証」に限定する。ただし、ＩＡＥＡの役割を検証に限定することは、ＩＡＥＡとユーラトムの間で締結される協定、すなわち、ＩＡＥＡ—ユーラトム検証協定（以下「検証協定」）で合意されねばならない。また、検証協定はＮＰＴが発効してから三年の間に締結されねばならず、もし締結できなければ、ＩＡＥＡ査察を受け入れねばならない。ただし、三年の間に検証協定が必ず締結されるようにするため、アメリカはユーラトム側を全面的に支援する。

以上のような、ＩＡＥＡの役割を検証に限定するアメリカの第三条案は西独にとっても受け入れられるものであった（前述のとおり、外務省のポジション・ペーパーでも、そのような役割ならば認めても良いという方針が示されていた）。ただし西独政府内では、ＮＰＴが発効してから三年の間に検証協定を本当に締結できるのかという問題について不安が抱かれたものの、この問題に関しては、ユーラトム側を全面的に支援するというアメリカの約束を基本的には信頼し、約束を守るように要求し続けることにした[34]。

そして西独は、自らの要求を大幅に認めたアメリカの第三条案を概ね高く評価したが、査察に関しては以下の二つの要求がまだ認められていないため不十分であると判断した。すなわち、第一に、核物質を対象とした査察を、特定の重要なポイントに限定する（すなわち、全工程を対象とするのではない）こと。第二に、機械による自動査察の導入を認めること。[35] また、査察以外の多くの諸問題に関する要求もアメリカはまだ認めていなかった。そのような状況で三月末以降、西独にとっては強く警戒せねばならない事態が生じた。すなわち、アメリカがENDCで六七年五月一九日までにNPT草案についてソ連と合意に達し、共同草案を提出するという目標を示したことである。そのように、アメリカがソ連との合意形成によるNPTの成立を急いでいるため、西独は、自らの要求が十分に認められないままNPT草案が完成し、NPTが成立することを警戒せねばならなくなった。[36]

この事態を受けてキージンガー政権は六七年四月六日、まだ認められていない要求を認めさせるため、シュニッペンケッターが率いる交渉団をアメリカに派遣することを決定した。そして、交渉団はアメリカ政府との一〇日から一四日までに及んだ白熱した交渉の結果、まだ認められていなかった要求を大幅に認めさせることに成功した。すなわち、まず、査察に関しては、核物質を対象とした査察を特定の重要なポイントに限定することや、機械による自動査察の導入が認められることが前文で明記されることになった。また、三月末までの交渉でも、ユーラトム査察の存続（IAEA査察の拒否）等の要求は既に認められていたが、以上のような、査察に関する西独の要求をほぼ全面的に認めた内容の第三条の条文をアメリカは四月一四日までに作成し、西独に提示し、その承認を得たうえで、ENDCにおいて四月二五日、ソ連に提示することになった〔（そして、予想どおりソ連は反対した。このアメリカの第三条案が、初めて公の場（ENDC）で提示されたのは四月二五日であったこともあり、以下、「四月二五日付の第三条案」と表記する）〕。以上のように、アメリカは査察に関する西独の要求をほぼ全面的に受け入れ、NPT草案の第三条に明記した。要するに、アメリカの四月二五日付第三条案を実際に書いたのは（一部の内容を除き）西独であった。さらに、アメリカは査察以外の諸問題に関しても西独の要求を認め、それらを条文で明記することになった。すなわち、原子力平和利用が守られ、促進されねばならないこと、原子力のスピンオフ提供、核保有国の核軍縮義務は前文で明記されることになった〔その後の交渉の結果、それらは最終的に本文（第四、五、六条）にも明記されることになった[37]。

総じて、最終的にNPTの第三、四、五、六条となる内容、および、前文の多くの箇所に関しては、西独とアメリカの間では六七年四月一四日までの交渉で基本的な合意が成立していた（ただし、第三条に関しては後に変更が加えられた）。また、西独は六七年四月の後半以降、NPTの有効期限に関する以下の要求をアメリカ（および、ソ連）に認めさせることも目指すようになった。すなわち、NPTを無期限の条約とするのではなく、一〇年あるいは一五年の有効期限を設定し、有効期限を迎えた時点で開催される再検討会議において、核保有国の核軍縮義務が履行されているかどうかを加盟国が議論したうえで、条約延長の是非を決定できるようにするべきである（結論を先取りすれば、NPTの有効期限を二五年とし、再検討会議を開催することが、NPT第一〇条第二項に明記されることになる）[38]。

以上のように、西独が六七年四月までの交渉で自らの要求の多くをアメリカに認めさせたことは、大きな成果であった（ただし、その後、ソ連にも認めさせねばならないという難題が待ち構えていた）。ジョンソンはキージンガーとの会談（四月二五日）で、アメリカは西独の要求に従ってNPT草案に二五の変更を加えたと釘を刺した[39]。二五という数字の正確さは定かではないが、アメリカが一月一三日に西独に最初に提示したNPT草案から、四月の草案に至るまで、西独の要求に従って内容が大きく増えたことは確かであった。とくに、当初は空白であった第三条は、西独の要求にほぼ全面的に従う内容で条文が書かれた。当初は空白であった前文にも、西独の多くの要求が明記された。後に、ジョンソンは「ドイツ人がこの条約を書いた」と述べた。

西独の要求を大幅に認めたアメリカ、次はソ連との妥協を模索（六七年五—八月）

西独の要求（ユーラトム査察の存続、ＩＡＥＡ査察の拒否）をほぼ全面的に受け入れた内容の、アメリカの四月二五日付第三条案にソ連が反対したため、米ソは目標としていた六七年五月一九日までに共同草案をＥＮＤＣに提出できなかった。それでも、米ソはＮＰＴの早期成立を諦めず、五月一〇日のＮＡＴＯ常設理事会でアメリカのＮＡＴＯ大使クリーブランド（Harlan Cleveland）は、米ソが第三条を空白にした状態で共同草案をＥＮＤＣに提出することを目指していると説明した。それまでソ連は、第三条を含む完全な状態ではない限り共同草案を提出しないと主張していたが、アメリカの求めに応じて立場を変えたのである。そして、第三条は空白であっても共同草案を提出することによって、米ソは、ＮＰＴの早期成立を一致して目指していることを強くアピールし、ＮＰＴの成立を目指すモーメンタムが弱まることを防ごうとした。[40]

しかし、西独にとっては、自らの要求をほぼ全面的に認めたはずの第三条が空白にされてしまうことは憂慮するべき事態であった。そのため、ブラントはクナップシュタインに対し、第三条を空白にした状態で共同草案を提出することへの強い懸念をアメリカ政府に伝えるように指示した（六七年五月一二日付の電信）。これに対し、ラスクはブラントに以下のように説明した（五月一六日付の電信）。すなわち、第三条を空白にした状態で米ソ共同草案を提出する方針を保つが、アメリカはあくまでも、四月二五日付の第三条案を受け入れるようにソ連に要求し続ける。そのように約束されたものの、アメリカがソ連とともにＮＰＴの早期成立を熱心に目指していることは明らかであった。そのため西独は、ラスクの約束にも拘らず、アメリカがソ連との合意形成を急ぐあまり、第三条についても立場を変えて、妥協を目指し、四月二五日付の第三条案を変更して、その内容が西独にとって不利なものとなることを強く警戒し続けた。[41]

そして、第三条を空白にした米ソ共同草案は六七年八月二四日にENDCに提出されたが、その内容は、空白の第三条は別として、西独にとって概ね満足できるものであった。すなわち、核保有国の核軍縮義務や原子力のスピンオフ提供、および、核物質への査察は特定の重要なポイントに限定することが前文で明記された。また、原子力平和利用が守られねばならないことは前文だけではなく、新たに設けられた本文の第四条にも明記された。以上の諸点を条文で明記するべきという西独の要求を、アメリカは四月までに受け入れていたが、ソ連も受け入れたため、米ソ共同草案に明記された。以上の諸点に関しては、西独の目的はソ連との関係においても着実に達成されつつあった[42]。残された重要な争点は第三条と、NPTの有効期限および再検討会議であったが、最大の争点は第三条であった。

第三条に関する妥協の成立を急ぐ米ソ、阻む西独（六七年九―一二月）

そして、ソ連は六七年九月一日、NPT第三条に関する自らの案（以下「ソ連の九月一日付第三条案」）をアメリカに提示した。西独には九月六日に知らされたその内容は、あくまでもIAEA査察を重視しつつ、それまでのソ連の立場とは大きく異なり、ユーラトム査察にも一定の役割を認める可能性を有したものであった。つまり、ソ連が譲歩の意思を示したのである。ユーラトム査察にも一定の役割が認められる場合、西独（をはじめとするユーラトム加盟国）に関しては、IAEA査察とユーラトム査察がともに実施されることになるが、ユーラトム査察の役割の程度は、将来における交渉で確定することも提案されていた[43]。

しかし、西独はIAEA査察を一切、拒否する立場を崩さなかった。また、ソ連の九月一日付第三条案は核物質だけではなく、施設や設備も査察の対象とする点でも、西独にとって受け入れられなかった。したがって、西独はソ連の九月一日付第三条案を拒否し、アメリカに対し、あくまでも四月二五日付の第三条案を保ち、それをソ連が受け入れるように求める、従来の立場を保つべきと強く要求した。[44]

ところが、アメリカはソ連の九月一日付第三条案を高く評価し、これに歩み寄り、自らの四月二五日付第三条案の立場から離れて、妥協を成立させることを目指し始めた。九月一日にソ連の第三条案をロシチンから提示されたフォスターは、この案に基づいて妥協を成立させたいという意向を伝えていた。[45] そして、ラスクはクナップシュタインとの会談（一〇月一三日）で、まず、ユーラトム査察について以下のような疑問を呈した。IAEA査察が国際的な査察の制度として多くの国々から支持されていることに比べると、ユーラトム査察は特定の限られた地域の内部だけで、特殊な制度として実施されているに過ぎない。それにも拘らず、ユーラトム査察が「何故、突然、これほど重要な意味を有することになっているのか、全く理解できない」。そして、ラスクは第三条について、西独がユーラトム査察とともにIAEA査察も受け入れる解決策を提案し、それを「二階建て解決策」と名づけた。[46] そのような二階建て解決策は、ソ連の九月一日付第三条案に近づくものであった。

ただしアメリカは、二階建て解決策だけを重視して、それを西独に強制しようとしたわけではなく、第三条について、西独とソ連をともに納得させることを目的とした以下の案を考慮した。すなわち査察に関しては、まずはさまざまな解決策の可能性を認め、最終的にどのような解決策が取られるかは、それぞれの国（ユーラトムを含む）とIAEAとの交渉に委ねる。したがって交渉次第では、西独が要求する、IAEAの役割を検証に限定する解決策（以下、「検証解決策」）も可能であり、あるいは二階建て解決策も可能である。後者の場合、IAEA査察とユーラトム査察の、それぞれの役割の程度も交渉によって確定するが、交渉次第では、IAEA査察に主な役割を認める解決策も可能である。そのため、以上の案は、ソ連にとっても、より受け入れ易いものとなるであろう。

以上の案によると、二階建て解決策の可能性、すなわち、IAEA査察も受け入れねばならなくなる可能性が生じるため、西独が強く反対することが予想された（実際に、後に説明するとおり強硬に反対した）が、検証解決策の可能性もある。そしてアメリカは、将来における交渉の結果、結局は検証解決策がもたらされるために、アメリカがユーラトム（および、その加盟国）を全面的に支援すると約束することによって、西独を納得させようとした。また、アメリカは、査察の対象を核物質に限定し、施設や設備を対象に含めない、従来の立場を保った。この点では、ソ連の九月一日付第三条案に歩み寄らなかった。それでも、以上の案は二階建て解決策の可能性も認める点で、IAEA査察を重視する、ソ連の九月一日付第三条案に近づいていた。

以上のように、米ソは六七年九月以降、第三条に関する妥協を目指して歩み寄り始めた。何故なら、NPTの成立を急いだからである。具体的には、九月から始まった国連総会の会期中にNPT草案を完成させて、総会に提出し、総会決議による承認を得てNPTを成立させることを目指した〔そのような共通の目標を、米ソは、フォスターとロシチンの会談（八月二六日）、フォスターとドブルイニンの会談（一一月二日）等で繰り返し確認し合った〕[47]。

そのように、米ソがNPTの成立を急いだ理由は、まず、非同盟運動諸国をはじめ多くの国々がNPTの早急な成立を強く求めているにも拘らず、成立を遅らせ続ければ米ソのイニシアティブに疑問が抱かれ、批判され、影響力が低下することを恐れたからであった[48]。また、六八年の春には多くの非核保有国がNPTについて協議する国際会議（以下「NPTに関する非核保有国会議」）を開催しようとしていたが、米ソは、この会議でNPTに対する多くの問題提起がなされることによって、その成立がさらに難しくなることも警戒し、したがって会議の前に急いでNPTを成立させようとした（なお、この会議が実際に開催されたのは六八年八月から九月にかけてであった）[49]。

また、NPTの成立はジョンソン政権が最も積極的に取り組んできた課題の一つであり、ベトナム戦争等、政権が抱え込んだ他の多くの難題とは異なり、肯定的な評価を期待できる数少ない課題の一つであった。それにも拘らずNPT作成交渉が停滞し続け、もし失敗に終われば、ジョンソン自身への大きなダメージとなることも政権内で危惧されるようになっていた[50]。

以上のような、アメリカでさえ強い圧力を感じざるを得ない切迫した諸問題があったからこそ、アメリカはNPT作成交渉の停滞を一刻も早く打開しようとした。そのために、アメリカは最大の争点である第三条について、前述の検証解決策だけではなく、二階建て解決策の可能性も認める内容でソ連を納得させて、妥協を成立させようとした。

しかし西独は、そのようなアメリカの方針に強硬に反対した。何故なら、二階建て解決策の可能性が認められれば、IAEA査察を受け入れねばならなくなる可能性が生じるからである。ラスクがクナップシュタインとの会談（六七年一〇月一三日）で、二階建て解決策の可能性も認めようとする案を示したことについて、ブラントは直ちにラスクに書簡（一〇月一三日付）を送り、以下のように主張し、かつ、非常に強く警告した。すなわち、二階建て解決策の可能性を認めてはならず、検証解決策だけが認められるべきである。NPT作成交渉は確かに停滞しているが、その責任はソ連にある。それにも拘らずアメリカが、もし、西独をはじめとするユーラトム加盟国に圧力を加えれば「予見できない重大な結果」がもたらされ得る。ユーラトム加盟国の意思を尊重しないままNPT作成交渉を進めてはならず、もし、そのようなことをすれば「NPTの成立だけではなくヨーロッパとアメリカの関係にも重大な打撃をもたらしかねないでしょう」。さらに、ブラントは一〇月二八日付のラスクへの書簡でも同様に主張し、第三条についてソ連と合意に達することができないという結果に終わるとしても、従来の立場（すなわち、四月二五日付の第三条案）を保つべきと改めて釘を刺した[51]。

以上のような西独の強硬な主張にも拘らず、アメリカは、従来の立場であった四月二五日付の第三条案を変更し、ソ連の九月一日付第三条案に歩み寄った、新たな一一月二日付の第三条案を作成した。その内容は、ソ連と西独をともに納得させることを目的としており、以下のようなものであった。すなわち、査察に関しては、まずはさまざまな解決策の可能性を認め、最終的にどのような解決策が取られるかはそれぞれの国（ユーラトムを含む）とＩＡＥＡとの交渉に委ねる。交渉次第では検証解決策も二階建て解決策も可能である。後者の場合、ＩＡＥＡ査察とユーラトム査察の、それぞれの役割の程度も交渉によって確定する。

そのように、一一月二日付の第三条案でも検証解決策はなおも可能ではあるが、四月二五日付の第三条案とは異なり、それが確実に保証されているわけではなく、交渉次第では二階建て解決策がもたらされる可能性もあった。そのような点で、一一月二日付の第三条案は、四月二五日付の第三条案から、ソ連の九月一日付第三条案に歩み寄った内容であった（ただしアメリカは、実際には検証解決策がもたらされるために、ユーラトムを全面的に支援すると約束することによって西独を納得させようとした）[52]。

そのような一一月二日付の第三条案について、西独は、検証解決策の可能性が残された点では安堵しつつ、それを本当に達成し得るか否かは交渉の結果次第となるため、確実に達成するために今後、アメリカからさらなる支援や約束を求める等、さまざまな外交上の努力をせねばならなくなった。つまり、負担が増したのであり、また、二階建て解決策の可能性が生じたことを警戒せねばならなくなった。そして、西独はアメリカへの不信感を急激に強めた。何故なら、アメリカは、西独の度重なる反対にも拘らずソ連に歩み寄り、検証解決策の可能性を（四月二五日付の第三条案と比べて）低下させてしまったからである。例えば、ルエテは一一月二七日付の文書で以下のように記した。「査察問題に関する数か月に及んだ対立は最終段階に入った。ソ連が得点を稼いだ。西側の結束は揺らいでしまった。アメリカにとってヨーロッパは本当に重要なのかということについて疑問が強まっている」。ただし、アメリカの、これ以上の譲歩を防ぐための「最後のそして決定的な手段はまだ取られていない。すなわち、アメリカが西独の利益を害さないという約束を、首相がジョンソン大統領に求めることである」[53]。

そのような約束、すなわち、アメリカがこれ以上、ソ連に譲歩しないと西独に約束することを要求する、キージンガーからジョンソンへの書簡の草案を外務省が準備しようとしたが、要求のトーンが強硬であったため、そのような書簡は「最後通告」になってしまうとバール（政策企画室長）が警告し、反対したほどであった。結局、書簡は送られなかったが、米独関係が緊迫しつつあった[54]。

そして、ソ連もアメリカの一一月二日付第三条案には満足しなかった。それは、二階建て解決策の可能性を認めた点ではソ連の立場に近づいていたが、検証解決策の可能性も認めている（そして、アメリカは、実際には検証解決策を支持している）点で、ソ連にとっては受け入れられなかった。それでも、ソ連はアメリカとの合意形成を積極的に目指し続け、六七年一一月九日、自らの九月一日付第三条案の基本的な内容を保ちつつ、文言に関してはアメリカの一一月二日付第三条案に似通わせた、新たな第三条案を提示した（ソ連は第三条について少なくとも文言は似通わせることによって、第三条に関する合意の成立を急ごうとした）。そして、NPT作成交渉における米ソ間の最後の重要な対立点は、第三条第一項の冒頭の文言をめぐる、以下に説明する違いに集約された（そのような対立の他、ソ連が査察の対象に核物質だけではなく施設や設備も含めることを要求し、NPTの有効期限を認めていなかったことも重要な対立点として残されていた）。

・アメリカの一一月二日付第三条第一項案の冒頭の文言（原文）

"Each non-nuclear-weapon state party to the Treaty undertakes to accept safeguards, as set forth in an agreement to be negotiated and concluded with the IAEA in accordance with the statute of the IAEA and the Agency's safeguards system, for the exclusive purpose of verification of the fulfillment of its obligations assumed under this Treaty with a view to preventing diversion of nuclear energy from peaceful uses to nuclear weapons or other nuclear explosive devices."

・ソ連の一一月九日付第三条第一項案の冒頭の文言（原文）

"Each non-nuclear-weapon state party to the Treaty undertakes to accept safeguards, in accordance with the statute of the IAEA and the Agency's safeguards system, as set forth in an agreement to be negotiated and concluded with the IAEA for the exclusive purpose of verification of the fulfillment of its obligations assumed under this Treaty with a view to preventing diversion of nuclear energy from peaceful uses to nuclear weapons or other nuclear explosive devices（下線は筆者による）.[55]"

二つの文言はほとんど同じように見えるが、下線を引いた「IAEA憲章およびIAEAの保証措置制度に従い（in accordance with the statute of the IAEA and the Agency's safeguards system）」という文言の位置が異なる（「保証措置制度」は査察の制度を意味する）。そのため、ラスクがジョンソンへの覚書（日付不詳）で説明したように、以下の違いがあった。すなわち、まず、アメリカの案でもソ連の案でも、査察の内容は、それぞれの国（ユーラトムを含む）とIAEAとの交渉によって決められ、決められた内容は協定において規定されるが、ソ連の案では、協定の内容が「IAEA憲章およびIAEAの保障措置制度に従」うことが前もって強調されている。そのため、IAEA査察が主な役割を果たすことになる（ただし、ユーラトム査察にも一定の役割を認め得る）。これに対し、アメリカの案では、査察の内容は交渉によって確定することが前もって強調されており、その後に「IAEA憲章およびIAEAの保障措置制度に従い」という一節が続くため、IAEA査察の重要性がソ連の案と比べて低い。査察の内容の確定は交渉に大きく委ねられており、交渉次第ではIAEA査察に一定の役割を認めることは可能だが、それを低下させることも可能で、端的には、それを全くなくすこと、すなわち検証解決策も可能になる。[56]

以上のような第三条第一項の最初の文章をめぐる対立について、ラスクはジョンソンへの覚書（日付不詳）で、アメリカが取り得る選択肢として以下の三つを挙げた。（A）アメリカの一一月二日付案を受け入れるようにソ連に要求する。（B）第三条は空白の状態で米ソ共同草案を国連総会に提出する。（C）ソ連の一一月九日付案を受け入れる。そして、ラスクはそれぞれの選択肢について以下のように説明した。まず、（A）は、西独が強硬に要求している選択肢である〔ただし、西独はアメリカの一一月二日付第三条案に強い不満を抱いていた。何故なら、交渉次第では二階建て解決策を可能にするものだったからである。それでも、アメリカの一一月二日付案は（ソ連の案とは異なり）検証解決策を認める点で、西独にとって受け入れられるものであった。また、西独はアメリカの、これ以上の譲歩を防ぐため、一一月二日付案を死守しようとした〕。その他のユーラトム加盟国の中では、イタリアやベルギーも強く要求している。しかし、（A）にはソ連が反対している（何故なら、IAEAの役割が検証に限定されてしまう可能性が高いからである）。したがって、（A）に執着すれば米ソ間の合意が成立せず、NPT作成交渉が失敗に終わる危険性がある。そのような危険を冒してでも（A）に執着するべきとまで強硬に要求している国は、ユーラトム加盟国の中でも西独だけである（前述のとおり、ブラントが一〇月二八日付のラスクへの書簡でそのような立場を示していた）。しかし、ユーラトム加盟国以外の西側同盟国や、非同盟運動諸国をはじめとするその他の大半の国々にとって、そもそもユーラトム査察は無関係である。そのため、それらの多くの国々は、専らユーラトム査察を守ることだけを目的としたアメリカの一一月二日付案を重視していない。それらの国々は、NPT作成交渉が失敗に終わる危険を冒してまで一一月二日付案に執着するべきではないと主張している。総じて、一一月二日付案に執着する（A）は専らユーラトム加盟国、とくに西独の要求だけに従う立場であり、それ以外の多くの国々の意向を無視することになりかねない。(57)

それでもなお（A）に執着するとしても、そもそもソ連が受け入れる見込みは乏しいが、国連総会では多くの国々がＮＰＴの早期成立を強く求めていることに注意すると、総会で米ソが少なくとも何らかの立場を示す必要があり、具体的には、第三条を空白にした状態で米ソ共同草案を総会に提出する選択肢（Ｂ）を考慮し得る。それでも、総会では第三条に関する議論がなされることになるが、多くの国々はそもそもユーラトム査察に無関心なため、それが十分に守られない内容であっても第三条の内容を確定するべきという意見が強まりかねない。もしそうなれば「プロパガンダ合戦」となり、そのような事態もＮＰＴの成立を難しくさせる（ラスクは明言していないが、「プロパガンダ合戦」を引き起こす国としては、やはり、西独を警戒していたと考えられる[58]）。

そして、アメリカがソ連の一一月九日付案を受け入れる選択肢（Ｃ）を取れば、ＮＰＴはすぐにでも成立する。ただし、無論、西独との関係が悪化する。しかし、ＮＰＴは、西独以外にも多くの国々の核保有を防ぐことを目的としており、そのためには査察制度を強化せねばならない以上、加盟国が受け入れねばならない査察制度は専らＩＡＥＡの査察制度であると強調すること（つまり、ソ連の一一月九日付案）は「ユーラトム外の国々に関しては長期的にはアメリカの利益となる。ＩＡＥＡ査察を発展させることが、われわれにとって利益となるのです[59]」。

つまり、ラスク自身は査察の制度としてはソ連と同じく、ＩＡＥＡ査察を重視していた。そもそも、アメリカも六七年四月に西独の要求を受け入れるまではＩＡＥＡ査察を重視し、西独に対してもそれを受け入れるべきと主張していた。しかし、西独の要求に従った第三条案（その最新の、そして最終バージョンとなった一一月二日付案）では、査察の内容や適用範囲等は、ＮＰＴ加盟国とＩＡＥＡの交渉によって決められ、交渉次第ではＩＡＥＡの役割が大幅に低下し、端的にはＩＡＥＡ査察を拒否できる。そして、そのような第三条は西独だけではなく全ての加盟国に適用されるため、ＮＰＴ体制の全体を弱体化させる、重大な危険性を孕んでいた。だからこそラスクは、ＮＰＴ加盟国が受け入れねばならない査察は原則としてＩＡＥＡ査察であると条文で明確に強調すること（選択肢（Ｃ））が、長期的にはアメリカの利益になるとジョンソンに進言したのである。

しかし、結局、ジョンソンが、したがってアメリカが取った選択肢は（A）であった。そのように、アメリカがNPTを成立させようとした際に改めて選択した最優先の目的は、西独を満足させて、確実に加盟させることであった。そのためにアメリカは、西独の要求に従い、NPT体制の全体を弱体化させるという重大な対価を払おうとしたのである。しかも、ソ連はアメリカの一一月二日付案を拒み続けたため、そもそもNPTを成立させることができない事態が続き、多くの国々が、この案に執着するアメリカへの批判も強めていた。そのため、フォスターはラスクへの電信（六七年一一月二五日付）で以下のように述べた。すなわち、自分は軍備管理軍縮庁の長官としてアメリカの利益を守り、また、ENDCの共同議長の一人としては国際社会の利益を守らねばならないにも拘らず、「われわれ自身の国益やその他の大半の同盟国の利益および世界中のその他の大半の国々の利益に反して、われわれの同盟国のうち、ただ一国の利益のためだけに闘うように求められているようです」。しかし、「ただ一国の利益」さえ無視すればNPTを成立させることができるが、そのような事態をマッキーは以下のように表現した。「NPTとドイツを同盟国として保つこととの間で選択を迫られるかもしれない」（国務省への電信、一一月二日付[60]）。

そして、アメリカは西独の要求に従うことを選択した（そして、後に説明するとおり、NPTを成立させることも諦めていなかった）。安全保障問題担当大統領補佐官のロストウ（Walt W. Rostow）はジョンソンへの覚書（六七年一一月二日付）で、以下のように注意を促していた。「われわれはとくにドイツ人に注意せねばなりません。もし彼らがNPTに嫌々ながら署名するとしても……批准しない可能性が高いです。しかしながら、ドイツの加盟はNPTの成功のために決定的に重要です……第三条に関するドイツ人の要求をロシア人に受け入れさせるために、強い圧力を加えねばなりません。そうしなければ条約を拒絶する口実をドイツ人に与えることになるでしょう」。そしてジョンソンは一二月、キージンガーへの書簡で以下のように、西独を全面的に支持することを約束した。

すなわち、アメリカは今後の交渉で、一一月二日付の第三条案や、ＩＡＥＡの役割をユーラトムとの関係では検証に限定することをソ連に認めさせるために全力を尽くす。ＩＡＥＡの役割を検証にとどめ、ユーラトム加盟国にはユーラトム査察だけが実施されることを、ソ連は、自分で自分を査察すること（self-inspection）だと非難しているが、そうではないことをソ連が納得するまでアメリカは説得を続ける。ユーラトム査察は守られねばならず、ＮＰＴがユーラトムを害することは決してない。(61)

さらにアメリカは、ＮＰＴの有効期限や再検討会議に関する西独（および、その他の多くの非核保有国）の要求に可能な限り応じようとする、以下のような新たな案をＮＰＴ草案に明記し、ソ連に受け入れさせることも目指すようになった。すなわち、ＮＰＴの有効期限を二五年とし、期限を迎えた時点で開催される再検討会議でＮＰＴを無期限あるいは一定期間、延長するか否かを多数決で決定する。(62)

そして、アメリカは一一月二日付の第三条案へのソ連の反対にも拘らず、ＮＰＴを成立させることを諦めていなかった。すなわち、一一月二日付の第三条案をソ連に受け入れさせてＮＰＴを成立させようとする覚悟を決めたのである。フォスターはロシチンとの会談（六七年一二月一五日）およびドブルイニンとの会談（一二月二六日）でそのような断固とした姿勢を示し、また、ＮＰＴの有効期限や再検討会議に関する前述の案も伝えた。そのようなアメリカの立場にも拘らず、ソ連は妥協を成立させることになおも前向きな態度を示し、また、ＮＰＴの早期成立という共通の目標をアメリカと改めて確認し合った。具体的には、ＥＮＤＣが再開される六八年一月一八日までにＮＰＴ草案について合意に達し、一月一八日に共同草案をＥＮＤＣに提出することを目指すようになった。何故なら、前述の、ＮＰＴに関する非核保有国会議は六八年八月に開催されることになったが、この会議が開催される前にＮＰＴを成立させるためには、ＥＮＤＣで一月一八日に共同草案を提出する必要があると考えたからである。

その理由は以下のとおりである。すなわち、まず、共同草案はENDCでの議論を経たうえで、国連総会に提出し、国連総会での議論も経たうえで、最終的に、草案が総会決議によって承認されて、NPTを完成させるという一連のプロセスを経ることが予定されていた。以上のプロセスを、NPTに関する非核保有国会議が開催される六八年八月までに完遂するためには、まずは一月一八日に共同草案をENDCに提出する必要があると米ソは考えたのである（そのような計算は正しく、NPTを実際に完成できたのは六八年七月であった[63]）。

そして、前述のとおり、ソ連もNPTの早期成立を重視していたため、ソ連の譲歩（一一月二日付の第三条案を受け入れさせること）を目指すアメリカの方針に勝算がないわけではなかったが、六七年という年は米ソにとって、ともに、西独の強硬な要求に悩まされた一年であった。そのような西独のためにNPTを成立させることができないまま、六七年を終えようとしていた。

ソ連が譲歩、西独の要求を認める

そして、遂にソ連が譲歩した（六八年一月一八日）。すなわち、ソ連はアメリカの六七年一一月二日付第三条案を受け入れ、また、査察の対象を核物質に限定し、施設や設備を対象に含めないことも認めたのである。こうして、査察に関する西独の諸要求がアメリカだけではなくソ連によってもほぼ全面的に受け入れられたが、それらの諸要求を改めて説明しておきたい。すなわち、西独をはじめとするユーラトム加盟国に関してはNPT加盟後もユーラトム査察が実施され、IAEA査察は実施されない。IAEAの役割は、ユーラトム査察の有効性や、その結果を事後的に確認する作業である「検証」に限定され、IAEAが独自に査察を行うことは全く認められない。ただし、以上のようにしてユーラトム査察の存続が認められることや、IAEAの役割が検証に限定されることは、ユーラトムとIAEAの間で締結される協定で合意されねばならない。そして、そのような内容で協定が確実に成立するように、アメリカがユーラトム側を全面的に支援することが約束された。また、査察の対象は核物質に限定し、（ＩＡＥＡ査察とは異なり）施設や設備を査察の対象に含めない。さらに、核物質に対する査察も、全工程を対象に行うのではなく、特定の重要なポイントに限定して実施され、機械による自動査察の導入も認められる。

以上のような西独の諸要求は、査察を最小限に抑制することを目的としていた。そうしなければ原子力平和利用が守られないことを理由として西独は、以上の諸要求が認められるべきことを一貫して強硬に主張し、米ソの反対を押し切り、認めさせることに成功した。ただし、米ソは、「平和」目的の原子力は軍事目的への転用が容易であることへの警戒から、元来は、ＮＰＴ加盟国にＩＡＥＡ査察を厳格に実施しようとしたが、西独の要求に従った結果、査察の適用範囲を大幅に縮小し、ＩＡＥＡ査察を拒否できる内容でＮＰＴの条文を確定した。それは全ての加盟国に適用されるため、査察によって原子力を厳重に監視・管理し、核開発や保有を防ぐことは、当初の構想よりも難しくなった。総じて、米ソは西独の要求に従った結果、ＮＰＴ体制の全体を弱体化させた。そのような重大な対価を払うほどに、西独を特別に重視した。

以上のような、査察に関する西独の諸要求をほぼ全面的に受け入れた内容の第三条を含む、米ソ共同のＮＰＴ草案が六八年一月一八日、ＥＮＤＣに提出された。昨年の八月二四日にＥＮＤＣに提出された米ソ共同草案では第三条は空白のままであったが、最大の争点であった第三条の内容についてソ連がほぼ全面的に譲歩したため、アメリカとの間で合意が成立した結果、第三条を含む完全な形で共同草案が作成され、提出されたのである。すなわち、ＮＰＴが完成しつつあった。

また、ソ連が、再検討会議およびＮＰＴの有効期限に関する前述のアメリカの案も受け入れた結果、一月一八日付共同草案の第一〇条二項では、有効期限を二五年とし、期限を迎えた時点での再検討会議でＮＰＴを無期限、あるいは一定期間、延長するか否かを多数決で決定できることも明記された〔これに対し、昨年の八月二四日付共同草案（第七条）では、NPTは無期限に有効であると明記されていた〕[64]。ただし、西独はより短い有効期限（一〇年あるいは一五年）を要求していたが、ソ連が、それまでは反対していた有効期限や、再検討会議における、延長の是非をめぐる多数決を認めたことも大きな成果であった。

また、昨年の八月二四日付の米ソ共同草案でも明記されていた、原子力平和利用が守られねばならないことを規定した第四条は一月一八日付共同草案にも保たれた。さらに、昨年の八月二四日付の共同草案では前文で明記されるようになっていた、原子力のスピンオフ提供、および、核保有国の核軍縮義務は、一月一八日付共同草案では、それぞれ、新たに設けられた本文の第五、六条でも明記されることになった。以上のように、査察以外の諸問題に関しても西独の諸要求が大幅に認められたのである[65]。

なお、米ソは後に説明するとおり、一月一八日付共同草案をENDCに提出した後も草案の改良を続けた。すなわち、ENDCでの議論や西独の要求を受けて、条文を追加した三月一一日付共同草案、五月三一日付共同草案を順次、作成してENDCに提出した。そして、米ソは草案の最終版を国連総会に提出し、六月一二日に総会決議による承認を得て、NPTは七月一日に成立するが、最も重要なブレイクスルーは、最大の争点であった第三条の内容を確定した一月一八日付共同草案であった。

一月一八日付米ソ共同草案への西ドイツの反応

駐西独ソ連大使のザラプキンはブラントとの会談（六八年一月一九日）で、一月一八日付米ソ共同草案は「あなた方のための妥協」であると述べた[66]。また、ロストウは駐米西独大使館のリーリエンフェルト（Georg von Lilienfeld）との会談（一月一九日）で以下のように述べた。「大統領の断固とした忍耐強い態度が遂にロシア人の譲歩をもたらし、同盟国からの要求が本質的には全て、とくに第三条に関するあなた方の要求が……満たされました[67]」。そして、シュニッペンケッターの部下としてNPT作成交渉で重要な役割を果たし続けていた、外務省第二局B部のラフーゼン（Carl Lahusen）とラミシュ（Rolf Ramisch）も以下のように評価した（一月二二日付文書）。すなわち、一月一八日付草案は「非常に大きな改善である。それは何よりもわれわれの多大な努力による……われわれの最も重要な利益は確保された」。また、ラフーゼンとラミシュは、今後の交渉でも草案の「小幅の改善」は目指し、それでも解決されずに残される諸問題に関する要求については、NPTの条文に明記させるのではなく、各国政府の解釈で認めさせることを提案し、NPTは年内に成立するという見通しを示した[68]。そして、ブラントもラスクへの書簡（二月六日付）で、一月一八日付共同草案によって西独の要求が認められたことへの謝意を伝えた[69]。

ただし、ラフーゼンとラミシュが「小幅の改善」を求めることを提案したように、その後も西独は幾つかの諸点について条文の追加を求める強い姿勢を崩さなかった。西独政府報道官は、NPT草案はなおも「改善可能」と主張し[70]、キージンガーはユージン・ロストウ（Eugene V. Rostow）国務次官（安全保障問題担当大統領補佐官ウォルト・ロストウの兄）との会談（六八年二月一九日）で、NPTには「なおも問題」があり、ブラントからラスクへの書簡（二月六日付）は「ややソフトな」内容であったと釘を刺した。また、キージンガー政権は外務省に対し、一月一八日付草案で満足したような印象を与えてはならないと指示した（一月二三日[71]）。

そして、一月一八日付草案の後に、西独が条文において追加することを求めた主な内容は以下のようなものであった。（一）再検討会議を五年ごとに開催すること（一月一八日付草案では、条約発効から五年後の開催、および、二五年後に有効期限を迎えた時点での開催だけが認められていた）。（二）軍縮全般に関する義務を明記すること。（三）非核保有国に対する核保有国からの、核による圧力、脅し、強制の禁止[72]。そして、（一）は米ソの新たな共同草案（三月一一日付）で明記され（八条三項）、（二）も五月三一日付の共同草案で明記された（前文）。（三）はＮＰＴの条文に記されなかったが、米ソは、非核保有国の安全保障に一定の配慮を示す安保理決議二五五号（六月一九日）を採択した（その内容は、核保有国による非核保有国への侵略またはその威嚇がなされた場合、安全保障理事会が当該の非核保有国を助けるため、直ちに行動することを宣言するものであった）[73]。以上のように、一月一八日付草案が提出された後の西独の諸要求も、完全にではなかったが大幅に認められた。総じて、西独の要求のほぼ全てが（完全にではないが）認められたのである。

そして、米ソは一月一八日付共同草案を提出した後も、前述の、西独の諸要求は概ね受け入れ、草案を変更したが、これ以上の要求は認めず、ＮＰＴを完成させる決意を固めた。ラスクは、ソ連のクズネツォフ（Vasili Vasílievich Kuznetsov）（第一外務次官）との会談（六八年五月一七日）で、以下の方針について合意した。すなわち、ＮＰＴ草案についてこれ以上、変更を求めようとする動きには米ソが一致して反対し、拒絶する。[74]また、軍備管理軍縮庁の副長官、フィッシャー（Adrian S. Fisher）は、国連にオブザーバーとして派遣されていた西独外務省のフォン・ブラウン（Sigismund Freiherr von Braun）に以下のように伝えた（四月一八日）。「アメリカは現行の草案を守る決意」であり、ＮＰＴの成立を遅らせようとする試みに対しては、米ソが一致して断固として立ち向かう。[75]

そして、西独外務省も六八年三月以降、これ以上の草案の変更は非常に難しいと判断するようになっていた。これまで、ＮＰＴ作成交渉で西独が提示するべき多くの諸要求を考案し続けていたシュニッペンケッターやルエテも、それらの諸要求が受け入れられたことを認めた（三月一三日付文書）[76]。つまり、要求することがなくなったのである。ただし、ＮＰＴの完成が近づき、西独が加盟を求められることとの関連で、アメリカに要求せねばならないことがあった。

核の傘の明確化、NPTからの脱退事由

すなわち、西独は、アメリカが西独を核兵器で防衛する義務（核の傘）を明確化し、強化することを要求しようとした。何故なら、西独が非核保有国としてNPTに加盟すれば、今後、西独を核で守る国はアメリカだけになるからである。キージンガーはイタリアの首相との会談（六八年二月二日）で以下の考えを示した。すなわち、NATO加盟国が非核保有国としてNPTに加盟するならば、アメリカが非核保有国を、核兵器で防衛することをより明確に約束せねばならない[77]。

以上のようなキージンガーの考えを受けて、ルエテは以下の判断を示した（六八年二月二一日付文書）。すなわち、まず、アメリカが西独を核兵器で防衛する義務は明確に規定されているわけではなく、そのような義務の法的根拠があるとすれば、NATO条約第五条（加盟国の集団的自衛権）に限られる。しかし、NATO条約は四九年に発効してから二〇年後に有効期限を迎える一方、NPTの有効期限は二五年のため、最悪の場合、NATO条約が失効して、アメリカが西独を核兵器で防衛する義務の法的根拠がなくなるが、西独は非核保有国としてNPTに加盟している状態、すなわち、西独が核兵器で全く守られていない、無防備な状態に陥りかねない。これを防ぐため、アメリカは核兵器で西独を防衛し続ける義務を、アメリカ議会における議決を伴う方式で、すなわち、法的拘束力を伴う方式で明確かつ強力に規定せねばならない[78]。

しかし、以上のようなルエテの意見についてブラントと外務次官のドゥックヴィッツは、アメリカ議会の議決を得ることは難しいという判断から反対した（六八年五月一〇日付文書）[79]。ただし、アメリカが核兵器で西独を防衛する義務を明確化し、強化することはブラントとドゥックヴィッツも重視していた。そのため、ドゥックヴィッ

ツはユージン・ロストウとの会談（二月二九日）で、以下の内容の宣言をジョンソン大統領が公表することを要求した。すなわち、アメリカはヨーロッパの安全を「あらゆる必要な手段で……無期限に」守り続ける。また、もし、ＮＰＴの有効期限内にＮＡＴＯ条約が失効しても、アメリカは「ヨーロッパ防衛のために核および通常戦力を準備する決意」である。[80]

しかし、以上の宣言案にユージン・ロストウは難色を示し、ＮＡＴＯ条約第五条を再確認すること以上のことはできないと主張した。ただし、再確認を大統領の宣言で行うことによって、その影響力を強めるという案を示した。また、ＮＰＴの有効期限内にＮＡＴＯ条約が失効する可能性に関して、ユージン・ロストウは以下の案を示した。すなわち、もし、そのような（核に関して西独が無防備になる）事態に陥れば、それは西独をはじめとするＮＡＴＯ加盟国にとって、ＮＰＴから脱退できる（そして、自ら核を保有できる）事由に相当することを、アメリカ政府が、婉曲的な表現ではあるが認める（すなわち、ＮＡＴＯ加盟国がＮＰＴに加盟する根拠はＮＡＴＯへの信頼である、という表現）。要するにロストウは、ＮＡＴＯ条約が失効し、アメリカによる安全保障の提供がなくなれば、西独はＮＰＴから脱退できる（したがって、核保有を禁止されなくなる）ことを認めようとした（なお、ＮＡＴＯ条約は無論、失効しなかった）。[81]

以上のようなユージン・ロストウの案について西独外務省内では、西独の要求を完全には満たさないが、「政治的および心理的な安定化効果」を及ぼすので概ね満足できるという判断が示された（第二局Ａ部長のザーム（Ulrich Sahm）の判断、六八年五月）。[82] そして、ユージン・ロストウが提案していたとおり、ＮＰＴの成立（七月一日）と同時にジョンソンは、「相互安全保障に関する諸条約に定められたわれわれの義務の全てを守る」ことを宣言した。すなわち、そのような諸条約の一つである、ＮＡＴＯ条約（第五条）の義務を守り、アメリカが西独をはじめとするＮＡＴＯの同盟国を守り続けることを、ＮＰＴとの関連で宣言した。また、ラスクは上院における答弁（七月一〇日）で、ＮＰＴ第一〇条第一項で規定された、条約からの脱退が認められる「異常な事態」の一つとして、ＮＡＴＯが解体することを挙げた（すなわち、ユージン・ロストウの案よりも、脱退が認められる事由を明確に説明した）[83]。また、ユージン・ロストウは、上院での証言は政府を拘束する強い効力があると西独に保証していた（六月）[84]。

以上のようなジョンソンの宣言やラスクの証言を受けて、外務省は、要求が概ね満たされたと判断した（ザームの文書、六八年七月一二日付）[85]。以上のように、西独がＮＰＴに加盟する、ＮＡＴＯの解体がＮＰＴからの脱退事由に相当するとアメリカ政府も公式に認めたように、西独がＮＰＴに加盟する、安全保障上の不可欠な根拠はＮＡＴＯの存続、とくに、「核の傘」を含めて、アメリカによる安全保障の提供が続くことであった。そして、そのような安全保障の提供を続けることを、ジョンソンがＮＰＴとの関連で宣言し、約束した。

しかし、ＣＤＵ／ＣＳＵは、アメリカが西独を守り続けるという約束に十分に満足しなかった。そのため、ＣＤＵ／ＣＳＵはＮＰＴについて安全保障の観点から（とくに、ヨーロピアン・オプションについて）批判的な問題提起を続けて、加盟を拒むことになるが、詳しくは後に説明する。

ＮＰＴ加盟を拒否するための口実——旧敵国条項

ＮＰＴ草案に関する西独の要求がほぼ全て認められ、また、西独がＮＰＴに加盟してもアメリカが西独を守り続けることも約束されたため、加盟を拒むことは難しくなりつつあったが、ＣＤＵ／ＣＳＵおよび外務省内のＮＰＴ加盟反対派や消極派は、それでも加盟を拒もうとした。それらの勢力は、ＮＰＴの成立が近づきつつあることに備えて加盟を拒むための口実を考えていた〔それらの勢力は、そのような口実だけで加盟を拒もうとしたのではなく、安全保障（とくに、ヨーロピアン・オプション）に関する、より根本的な理由からも加盟を拒もうとしたが、詳しくは後に説明する〕。

そのような口実は、まず、外務省内でシュニッペンケッターやルエテによって考案され（六八年三月から五月）、CDU／CSUも賛同するようになった。この口実は、国連憲章の旧敵国条項に関わる。旧敵国条項（憲章第五三、一〇七条）とは、第二次世界大戦時に連合国の敵であった国々（旧敵国）が、戦後、平和を危うくする行動を取った場合には、国連加盟国が安保理決議を伴わずに武力制裁等を発動できる、特別な権利を認めたものである。そして、ソ連は昨年から現在に至るまで、すなわち、NPTが重要な争点となっている最中に、西独に対し、旧敵国条項を強調して威嚇する、脅迫的な外交攻勢を続けていた[86]。そして、NPT加盟を拒もうとした勢力は、ソ連が旧敵国条項で西独を脅迫していることを逆手に取って、以下のように主張した。すなわち、ソ連が、旧敵国条項に基づいて西独を制裁できる権利を強調し、威嚇しているため、NPTとの関連でも、旧敵国条項に基づいて制裁を発動する危険性に注意せねばならない。そのような危険性をなくすため、ソ連が、旧敵国条項に基づいて西独を制裁できる権利を明確に放棄しない限り、西独はNPTに加盟し難い。

しかし、ソ連が旧敵国条項に基づく権利を放棄する見込みはほとんどなかったため、放棄しない限りNPTに加盟し難いと主張することは、事実上、加盟を拒否することを意味した。そして、加盟できないことの原因や責任は、旧敵国条項およびソ連にあると弁明しようとした。そのように、シュニッペンケッターやルエテが考案した口実は、西独にとっては不本意な旧敵国条項や、これを強調するソ連の脅迫的な外交攻勢を逆手に取ることによって、NPTに加盟し難いことを正当化しようとしていた。

加盟消極派および反対派（CDU／CSU）と積極派（SPD）の対立

しかし、旧敵国条項や、これをソ連が強調していることを理由にNPT加盟を拒もうとすることにはブラントとドゥックヴィッツが反対し、旧敵国条項に関するソ連の立場については、NPT加盟問題とは別に対処すればよいと主張した（六八年五月一〇日付文書等）。また、法的諸問題を担当する外務省第五局は以下のように指摘した（六月一七日付文書等）。すなわち、ＮＰＴ（とくに、その条文や内容）と、旧敵国条項との間に明確な関係がある訳ではないため、この条項を理由にＮＰＴ加盟を拒もうとすることの根拠は乏しい[87]。

そして、ブラントをはじめＳＰＤはＮＰＴに早急に加盟しようとした。確かにブラントも、ＮＰＴ作成交渉では多くの要求を認めさせるために強硬な外交を展開し、ＳＰＤとＣＤＵ／ＣＳＵは密接に協力し合ったが、それらの要求が満たされた以上、ブラントやＳＰＤにとっては、ＮＰＴへの加盟にもはや異存はなかった。そして、加盟で以下の目的を達成しようとした。すなわち、東側との関係を改善することによって西ベルリンの安全を確保し、ヨーロッパ国際関係を安定化させることである。そのような前向きな目的のためにＮＰＴに加盟しようとするブラントやＳＰＤにとって、ＮＰＴとの関連で旧敵国条項の問題を取り上げることは、加盟を拒否するための強引なこじつけに過ぎず、支持できなかったのである。さらに、ブラントをはじめとする外務省内のＮＰＴ加盟積極派は、西独がＮＰＴについてまたも新たな難題を提起すれば他国から批判され、孤立しかねないことを警戒し、例えば、バールは外務省内に配布した文書（六八年四月二四日付）で以下のように主張した。すなわち、ＮＰＴが成立しつつある状況で、同条約に関する西独の態度を疑わせるような動きは諸外国からの強い圧力を引き起こすため、自制せねばならない[88]。以上のような目的や問題意識を抱く、ＳＰＤおよび外務省内のＮＰＴ加盟積極派にとって、ＣＤＵ／ＣＳＵおよび外務省内の反対派と消極派は、抑制せねばならない存在となった。

しかし、ＣＤＵ／ＣＳＵおよび外務省内の反対派と消極派は、旧敵国条項の問題を理由にＮＰＴ加盟を拒否する立場を変えず、バルツェルは連邦議会で以下のように主張した（六八年六月二〇日）。「われわれをいまだに差別している国連憲章の五三および一〇七条を強調する」ソ連が、ＮＰＴとの関連で西独に危害を加える可能性に注意せねばならない。また、キージンガーもテレビ番組（六月一七日）で同様の立場を示した[89]。

以上のような立場を取るCDU／CSUにとっては、SPDが、抑制せねばならない存在となり、キージンガーはCDU執行部の会議（六八年六月二一日）で、ブラントとの間で交わした以下のやりとりを紹介した。「私はブラント氏の肩をポンと叩いて、NPTを好まない、この条約についてあなたは何か考え違いをしていると話した。彼は、閣議でもよく言っていたように、SPDはNPTに署名する決意であると答えた。私は、お願いですから、今、この問題についてあなたと争いたくないのです……と応じた」。そしてキージンガーは、NPT加盟問題に関するブラントの発言が反響を呼び起こすことへの懸念を伝えたが、これにブラントは理解を示したという(90)。

確かにその後、NPT加盟問題に関するブラントやSPDの議員たちの公の発言は目立たなくなり、CDU／CSUの立場がキージンガー政権の立場となった。政権運営の必要上、CDU／CSUだけではなくSPDも目立った対立を避けねばならず、また、議席数で劣るSPDは自らの立場を政権の立場とすることはできなかった。それでも実際には、NPT加盟への賛否についてCDU／CSUとSPDは明確に異なる立場を取るようになっており、以上のような状態で西独はNPTの成立を迎えようとしていた。

3　NPTが成立、西独、署名を拒否（六八年七月―六九年一〇月）

NPTが成立（六八年七月一日）、西独、署名を拒否

六八年一月一八日付のNPT草案で西独の要求の大部分が認められ、その他の諸要求も三月一一日付草案および五月三一日付草案で順次、認められるに至り、そして、草案の最終版は国連総会に決議案として提出され、六月一二日に採択された。国連総会決議（アイルランド決議）によって始まったNPT作成交渉は、国連総会決議に

よって完結した。そして、七月一日、ＮＰＴが正式に調印され、成立し、署名のために開放され、同日、米ソ英の他、五九か国（計、六二か国）が署名した。調印式典はワシントン、ロンドン、モスクワで開催されたが、モスクワで最初に署名する栄誉を与えられたのはアイルランド外相のエイケンであった。

しかし同日、西独政府はＮＰＴに署名しないことを公表し、その主な理由として「ソ連が強力な政治的圧力を長期間に及んで、また、現在でも加え続けている」ことを挙げた。すなわち、ソ連が旧敵国条項を強調する脅迫的な外交を続けていることであり、そして、西独の言い分によると前述のとおり、旧敵国条項はＮＰＴにも関わっていた。なお、西独政府は署名しないことを正当化する他の理由として、西独は既に核開発の放棄を宣言しているため（五四年）、ＮＰＴに加盟しているのと実質的には同じ状態にあると主張した[91]。

ただし、西独以外にも日本やインド等、ＮＰＴ加盟がとくに重視された国々の多くも署名を見送っていた。それらの国々は、他国の動向をうかがいながら加盟の是非を決定しようとしていた。それでも、最大の関心を集めたのは西独であり、同国が署名しなかったことは各国のメディアで批判され、例えばニューヨーク・タイムズ（七月一〇日）は以下のように主張した。「この地球上でＮＰＴへの署名を長い間、拒み続けることができない国が一つあるとすればそれは西独である」。また、フランクフルター・アルゲマイネ・ツァイトゥングも、ＮＰＴは西独の要求を大幅に受け入れた内容で成立したことを指摘した[92]。

そして、東側諸国だけではなく、多くの西側諸国も西独のＮＰＴ加盟を求めたため、西独が署名を拒否したことによって、それらの国々との関係が悪化する危険性が高まり始めた。そのような危険性はアメリカ政府内でも指摘されており（国務省の文書、六八年五月五日付）、国防長官のクリフォード（Clark Clifford）は、西独が署名しなければ「ヨーロッパで恐怖を引き起こす」と述べた（国家安全保障会議、六月一九日）[93]。そして、ソ連が西独に送付した覚書（七月五日付）では、西独のＮＰＴ加盟は「極めて重要」と主張しつつ、西独国内には核保有を望む勢力が存在すると主張した（また、西独はＮＰＴ作成交渉を妨害し続けたとも非難した）。さらに、ソ連はこの覚書をイズヴェスチヤ（七月一二日）に掲載して、西独を公然と非難した[94]。

以上のように、西独がＮＰＴ署名を拒否したことは早速、波紋を呼んだ。

ブラント、早期署名を主張

以上のような諸外国の反応に西独は全く無関心であったわけではなく、とくにブラントがＮＰＴへの早期署名を強く主張した。ただし、ブラントをはじめＳＰＤは前述の理由から、加盟の是非に関する公の場での発言を控えていたが、政権内部の駆け引きでは、連立の維持を危うくしないようには注意しつつ、加盟を目指して動き始めたのである。まず、ブラントはキージンガーへの書簡（六八年七月一五日付）で以下のように、ＮＰＴへの早期署名を強く主張し、署名しないことがもたらす悪影響への危機感を露わにした。「ＮＰＴに関する連邦共和国の立場には……われわれの緊張緩和政策の信憑性がかかっています。ブラジル、インド、日本あるいはスウェーデンが署名を躊躇すれば、残念に思われても、それらの国々の一般的な評価が損なわることは決してありません。われわれが躊躇すれば、東側諸国だけではなく西側でも多くの……人々の間で、連邦共和国と、その国内情勢に対する潜在的な不信感が改めて強まるでしょう……一九五四年の核開発放棄宣言も二度と信用されなくなるでしょう……重要な理由もなく署名を躊躇する一週間ごとに重大な反響を呼び起こし、最終的には署名しても決して消し去ることができない不利益をもたらします……署名の遅れによって、東からも西からも圧力が強まるでしょう……逆に、早急に署名すれば国際世論における評価が高まり……東方外交を容易にします[95]」。

そして、ブラントは、六八年八月二九日から開催される、ＮＰＴに関する非核保有国会議の前、あるいは秋には署名するべきと主張した。さらにブラントは、旧敵国条項を理由にＮＰＴ加盟を拒否するＣＤＵ／ＣＳＵの立場に反対し、また、既に実質的な意義を失っている旧敵国条項を西独がわざわざ強調してＮＰＴ加盟を拒めば、アメリカからも不信感を抱かれかねないと警告した[96]。そのように、ブラントにとってＣＤＵ／ＣＳＵの立場は、諸外国からは理解され難い理屈を強引に押し通そうとすることによって、西独の立場を悪化させる危険なものであった。

しかし西独国内では、シュトラウス自身が編集長を務めるバイエルン・クーリエ等の保守系メディアが、ＮＰＴへの署名等によって東側との関係改善を進めようとするブラントへの攻撃を強めていた[97]。それでもブラントは立場を変えず、キージンガーへの書簡（六八年八月一〇日付）で、ＮＰＴに関する非核保有国会議の前までにＮＰＴ署名について、少なくとも前向きな態度を示すべきと主張した。しかし、キージンガーは国内の事情のため不可能と応じた（八月一七日）[98]。国内の事情でとくに注意する必要があったのは、ＮＰＴ加盟に強硬に反対し続けるシュトラウスとＣＳＵだが、ＣＤＵ議員の多くも依然としてＮＰＴを嫌い、署名を拒む立場を変えなかった。

そのため、ブラントが危惧したとおりアメリカも不快感を露わにし始めた。ラスクはシュトラウスとの会談（六八年七月二三日）で、「西独が署名しなければ、非難される……東側だけではなく西側からも非難される」ことに注意を促した。シュトラウスは、旧敵国条項を強調するソ連の外交攻勢のためにＮＰＴには署名し難いと主張したが、ラスクの理解を得られなかった。また、シュレーダーもジョンソンとの会談（七月二四日）でシュトラウスと同様に主張したが、ジョンソンは「実際にはドイツ人がこの条約を書いたと理解している」ため、西独が署名しないことへの驚きを示した。すなわち、ＮＰＴの条文の多くは西独の要求に従って書かれたにも拘らず、その西独が署名を拒む理由を理解し難かったのである。シュトラウスもラスクとの前述の会談で、ＮＰＴでは「ドイツの要求の約八〇パーセントが満たされている」ことを認めていた[99]。

では何故、署名しないのか。

CDU／CSUがNPT加盟を拒む理由――安全を確保できない

CDU／CSUは旧敵国条項の問題に限らず、安全保障についてより根本的な不安を抱いていることを理由に加盟を拒んだ。そのような不安はCDU／CSUによると、これまでに西独が提示した多くの要求が満たされても、なお、解消できないものであった。ただし、アメリカは同盟国を守り続けることを約束したが、CDU／CSUは満足せず、以下のような問題意識を抱いていた。すなわち、まず、NATO条約には有効期限があるように、アメリカによる安全保障の提供が永続するとは限らず、将来、「核の傘」がなくなってしまえば、西独は核に関して全く無防備な状態で、ソ連の核の脅威に曝される。そのような重大な危険を防ぐため、西独は将来において核に関する自主的な防衛力を確保できるようにせねばならない。しかし、西独は単独で核開発と保有を行わない。何故なら、西独は欧州統合の一員であるため、核に関する自主的な防衛力も欧州統合に基づいて確保せねばならないからである（また、西独の単独核保有には多くの国々が強く反対するため、そもそも、不可能である）。そして、そのような防衛力はヨーロピアン・オプションによって確保できるであろう。すなわち、欧州統合に基づく核の共有によって、西独は将来において核に関する自主的な防衛力を確保できるであろう。総じて、NPTに加盟する前提条件としてアメリカの「核の傘」だけではなくヨーロピアン・オプションも不可欠である。何故なら、いずれも、長期的に、核に関する防衛力を確保するために不可欠だからである。ところが、NPTはヨーロピアン・オプションを明確に認めておらず、それが明確に認められない限り、西独はNPTに加盟できない。[100]

以上の問題意識をCDU／CSUはさまざまな機会で繰り返し、詳細に表明し続けた（そのために、外交・安全保障問題の専門家であるビレンバッハが中心的な役割を果たした。例えば、アメリカの上院議員たちへの書簡（六八年七月一三日付）、キッシンジャーへの書簡（六八年一二月一六日付）、連邦議会における発言（六九年一一月一二日）等）[101]。総じて、

ＣＤＵ／ＣＳＵは旧敵国条項の問題、および、ヨーロピアン・オプションが十分に守られていないという問題を理由に加盟を拒んだ。いずれも安全保障に関わる問題であり、安全はとくにソ連に対して守られねばならないが、ソ連の脅威を一層、強める事件が発生した。そのため、ＣＤＵ／ＣＳＵはＮＰＴ加盟を一層、忌避するようになった。

プラハの春弾圧、ＮＰＴ署名が困難に（六八年八月）

すなわち、チェコスロバキアで盛り上がっていた民主化要求運動、いわゆるプラハの春を、ソ連が軍隊を進駐させて強引に鎮圧した事件である（六八年八月二〇―二一日）。西独の隣国であるチェコスロバキアにソ連の大軍が素早く侵攻し、配備されたため、西独自身も強い脅威を感じた[102]。また、事件の結果、西独国内では以下のような議論の影響力が強まった。すなわち、事件の前からもソ連は旧敵国条項を強調して西独を脅迫し続けていたが、この事件は、ソ連が軍事力を強引に行使する危険な国家であることを改めて証明した。したがって今後は、ソ連が旧敵国条項を本当に発動する危険性に一層、注意せねばならず、そのような危険性がなくならない限り、すなわち、ソ連が旧敵国条項に基づいて西独を制裁できる権利を明確に放棄しない限り、西独はＮＰＴに加盟できない。

例えば、外務省ではルエテが以上のように主張した（六八年八月二三日付文書[103]）。また、バルツェルも連邦議会（九月二六日）で以下のように主張した。すなわち、プラハの春弾圧事件の後では、ＮＰＴ加盟問題も根本的な再検討を要するが、とくに、ソ連が旧敵国条項を強調していることに注意すると、ＮＰＴに署名できない。そのような主張に対し、ＣＤＵ／ＣＳＵの議員たちが拍手した[104]。さらに、ＳＰＤのシュミットもバルツェルと同様に、現在の状況ではＮＰＴに署名できないと主張した〔ラスクとの会談（九月一六日）、連邦議会（九月二六日）[105]〕。

ブラント、ＮＰＴ加盟の決意を緩めず、加盟を求める西側諸国からの圧力も強まる

以上のような状況でブラントは、ＮＰＴへの早期署名は当面の間は難しくなったことを認めたが、東側との関係改善と、そのために必要なＮＰＴ署名を目指す立場を変えず、むしろ困難な状況であるからこそ、それらを積極的に目指すべきと強く主張した。「全ての反動やショックにも拘らず、緊張緩和政策を推進する決意でいます」〔フランス外相ドゥブレ（Michel Debré）との会談、六八年九月七日〕[106]。また、ドゥブレに対しては以下のようにも述べた。すなわち、核保有に関して「連邦共和国は全く野心を持っていません。そのことは……ＮＰＴに署名することによって明確にできます」（九月二七日の会談）[107]。そして、ブラントは連邦議会（九月二六日）でも以下のように主張した。すなわち、緊張緩和を目指す取り組みは「確かに容易ではなくなりましたが、だからこそさらなる努力をもって目指さねばならないのです」。したがって、「旧敵国条項をめぐるヒステリックな争い」も止めるべきである[108]。以上のように、プラハの春弾圧事件の後も、旧敵国条項を理由にＮＰＴ加盟を拒否するＣＤＵ／ＣＳＵの立場が完全に支配的になったわけではなく、そのような立場にはブラントが対抗して早期署名を主張した。

しかし、六九年になっても西独政府の立場は変わらず、キージンガーは、ソ連が旧敵国条項によって西独を脅迫しているためＮＰＴには加盟し難いという立場を改めて示した（一月七日、一〇日）。さらにキージンガー政権は、そのような立場を補強する以下の新たな方針を採択した。すなわち、ソ連に対し西独への、国連憲章で規定された武力不行使原則（第二条第四項）の無差別な適用を要求し、ソ連がこの要求を受け入れない限りＮＰＴに加盟しない。そして、ソ連が武力不行使原則の無差別な適用を認めることは、旧敵国条項に基づいて武力制裁を発動できる権利を放棄することを意味した。そのように、新しい方針は従来の方針の延長上にあり、それを補強するものであった。そして、ソ連が武力不行使原則の無差別な適用を認める見込みは乏しかったため、この原則の適

用が認められない限りNPTに加盟しないと主張する、新たな方針は、従来の方針と同じくNPT加盟を事実上、拒むことを意味した。そして、CDU／CSUに対し議席数で劣るSPDは新たな方針に反対できなかった。なお、キージンガー政権は新たな方針を採択した後も、従来の方針（ソ連が旧敵国条項に基づく権利を放棄することを、NPT加盟の条件とする方針）も保った。[109]

しかし、新たな方針も従来の方針も西側諸国から支持されず、これらに執着すれば孤立する危険性が高まった。ただし、米英仏は、ソ連が旧敵国条項に基づいて西独を制裁できる権利を否定し、もし、制裁しようとすればNATOが西独を守るという立場を表明していた（六八年九月下旬）。[110] そのように米英仏は、旧敵国条項の問題に関する西独の不安と反発には配慮したが、西独がこの問題を理由にNPT加盟を拒むことには反対した。すなわち、まず、アメリカのニクソン新政権のキッシンジャー（安全保障問題担当大統領補佐官）は、駐米西独大使パウルスとの会談（六九年二月五日）で、前述の、新たな方針にも従来の方針にも疑問を呈し、また、西独がNPT加盟を遅らせれば孤立し、アメリカとの関係も悪化し得ることに注意を促した。[111]

ただしニクソン政権は、西独国内ではCDU／CSUがNPT加盟を嫌っていることに注意して、加盟を強く要求することは自制した。それでも、加盟を望んでいることは隠さなかったのである。例えば、ニクソン自身が記者会見（六九年三月四日）で以下のように述べた。すなわち、アメリカは西独のNPT加盟を強制しないが、加盟は西独を含めた全ての国々の利益になるので、加盟すると信じている。以上のようなアメリカの態度を受けてパウルスは外務省への電信（四月二一日付）で、これ以上、NPT加盟を躊躇すればアメリカとの関係が悪化すると強く警告した。[112]

また、イギリスのウィルソン首相はキージンガーとの会談（六九年二月一二日）で、端的に、旧敵国条項とNPT加盟問題は無関係であると主張した。さらに、ドゥブレもNATO外相会議（四月一一日）で、旧敵国条項に関するソ連の外交攻勢が鎮静化していることを指摘し、西側も、ソ連との関係を不必要に悪化させないため、この問題への執着を止めるべきと主張した。これに対し西独は旧敵国条項の問題を改めて取り上げ、この条項に基づく権利をソ連が放棄することを、西側諸国がＮＡＴＯ外相会議後の共同声明で主張するべきと要求した。しかし、ドゥブレの意見に米英も賛成し、西独の要求は拒絶された。[113]

以上のように、旧敵国条項の問題に執着する西独の立場は他の西側諸国から支持されず、この問題を理由にＮＰＴ加盟を拒めば孤立する危険性が高まった。そのためキージンガーも、加盟を拒めば孤立するという危機感を示すようになった（ビレンバッハ、バルツェル、シュトルテンベルク、シュトラウスとの協議、六九年二月一〇日）[114]。また、ビレンバッハも同様の判断を示した。実は、ビレンバッハは、ＮＰＴ加盟は最終的には避けられないと考えていた。何故なら、アメリカとの関係を非常に強く重視していたからである。[115] ただし、キージンガーやビレンバッハは、加盟が最終的に避けられなくなるまでは時間を十分に使い、ＮＰＴに関する諸問題について西独の立場を可能な限り強めて、利益を拡大しようとした。そしてキージンガーやビレンバッハは、ニクソン政権が西独のＮＰＴ加盟を望みつつ、それを急がそうとはしていないため、時間はまだあると判断した。したがって、キージンガーやビレンバッハはヨーロピアン・オプション等、ＮＰＴについて西独の利益が関わるさまざまな諸問題を外交上の重要な課題として改めて取り上げ、それらについて西独の立場を可能な限り強めて利益を拡大しようとした。そのために、ＮＰＴへの署名を引き延ばすことも厭わなかった。[116]

大連立政権末期、総選挙に向けて、変化の兆し

しかし、外相のブラントが同調しなかったため、ＣＤＵ／ＣＳＵはそのような目的を果たせず、ビレンバッハはブラントへの苛立ちを強めた。ブラントは、西独の利益は既に十分に確保されたと判断し、ＮＰＴについてこ

れ以上の問題提起を行わず、加盟（まずは署名）を急ぐ立場を変えていなかった[117]。

そして、六九年二月には外務省内でシュニッペンケッターとグレーヴェ、すなわち加盟反対派に対し、NPT加盟問題に関する公の場での発言を禁止する命令が下されたことがメディアによって報道された[118]。前述のとおり、旧敵国条項の問題を理由に加盟を拒否することを最初に提案したのはシュニッペンケッターであり、その後も、加盟を難しくさせるためのさまざまな策を提唱していた[119]。ただし、ブラントは連邦議会（三月一九日）で、そのような命令はないと説明したが[120]、シュニッペンケッターに関しては、加盟を拒否し、難しくさせるためのさまざまな策を提唱していた昨年までの動きが確かに見られなくなった（グレーヴェについても同様である）。そして八月中旬、ブラントは第二局B部長にシュニッペンケッターに代えてロートを登用した[121]。ロートは安全保障問題に関するSPDへのアドバイザーとして活動していた人物であり、この人事交代によってNPT加盟問題に関する政策立案の最も重要な拠点の一つがSPDの支配下に入った。そして、シュニッペンケッターは政策立案過程の中枢から外された。以上のような動きによって外務省内では、加盟反対派の影響力が大幅に低下し、消極派（ルエテ）は一定の影響力を維持したものの、積極派の影響力が強まった。

また、六九年八月、科学研究相のシュトルテンベルクが、NPT加盟によって原子力平和利用の利益が損なわれることへの懸念を表明したことに対して、ブラントは、むしろ逆で、加盟しなければ国際的に孤立し、そのために平和利用技術の発展から取り残される危険があると主張した。さらにブラントは、シュトラウスがNPT加盟に強硬に反対し続けていることは、「原爆を求めているような印象を与えている」ため、西独に害をもたらしていると批判した[122]。さらに、総選挙（九月二八日）の直前、ブラントはグロムイコとの会談（九月二二日）で、選挙後は直ちにNPTに署名するという方針を伝えた[123]。

しかし、CDU／CSUが立場を変える見込みは乏しかったため、SPDが選挙で勝利しない限り、NPTに署名できる見込みも乏しかった。したがって、西独がNPTに加盟（まずは署名）することによって東側との関係が改善し、ヨーロッパ国際関係が安定化するか否かは、西独における選挙の結果にかかっていた。また、ソ連は関係改善の条件としてNPT加盟（まずは署名）の他、東独の事実上の承認およびオーデル・ナイセ線の承認を要求し、これらをSPDは受け入れようとしていたが、CDU／CSUは拒否していた。これらの条件を西独が受け入れることによって東側との関係が改善し、ヨーロッパ国際関係が安定化するか否かも、やはり、西独における選挙の結果にかかっていた。とくに、首相候補として三度目の総選挙に挑むブラントが、今度こそ勝利して首相となることが重要であった。西独がNPTに加盟するか否か、すなわち、西独の核保有問題が解決されるか否かについて鍵を握る人物は、加盟に向けて最も強いイニシアティブを発揮し続けていたブラントであった。

補論――「平和目的の核爆発装置」

バールは回顧録で以下のように記している。「ソ連が以前、西独は秘密裏に核の野望を抱いてそれを獲得しようとしていると主張したとき、私はそれをプロパガンダに過ぎないと思っていた。外務省に来て、彼らの主張が正しいことが分かった。もしソ連の諜報員がわれわれの政府の内部文書を読むと……政府が核の野望を抱いているという結論に至るに違いない」[124]。

そして、西独政府が「核の野望」を抱いていたことを示す動きとして、バールは、NPT作成交渉で査察を最小限に抑制しようとしたことを挙げている。これまでに説明したとおり、査察を最小限に抑制したことは核オプションの確保に役立つが、政府や外務省は核オプションの確保を目的として明示したわけではなかった。また、政府や外務省が「核の野望」を抱いていたことを直接的に証明する史料は見当たらない（もし、そのような「野望」を抱いていたとしても、政府内の文書であっても、記すわけにはいかなかったと考えられる）。

ただし、政府や外務省が核オプションを重視していたことを、より直接的に示す動きがあった。すなわち、結局は達成されなかったが、シュニッペンケッターを中心に、「平和目的の核爆発装置（nuklearer Sprengvorrichtungen für friedliche Zwecke）」の保有がNPTで認められることを目指した動きがあった。シュニッペンケッター等は、「核爆発装置」をあくまでも「平和目的」のために利用することを強調することによって、その保有がNPTで認められることを目指そうとしたのである。

まず、第2節で説明した、六七年二月一日付のポジション・ペーパー（六）（原子力平和利用）では以下のようにも記されていた。「平和目的の核爆発装置は禁止されるべきではない……平和目的の核爆発装置の開発に必要な知識は確かに核兵器の開発にも利用できるかもしれないが、平和目的の核爆発装置を開発することと、軍事目的の兵器システムを開発することとの間には決定的な違いがある」[125]。

また、シュニッペンケッターが主導したNPTに関する省庁間作業グループも、「平和目的の核爆発」がNPTで認められるように目指すことについて合意した（六七年二月）。そして、シュニッペンケッターはアメリカ政府との交渉（四月一〇—一四日）で「民生目的の核爆発装置（nuklearer Sprengkörper für zivile Zwecke）」の保有がNPTで認められるべきと主張したが、アメリカは認めなかった[126]。

また、ルエテは六八年三月二二日付の文書で以下のように記していた。「昨年春の米独間交渉以来、われわれは、NPTは単に核爆発装置（nuklearen Explosivkörpern）の開発を禁止するだけで、そのような装置に関する知識と開発能力の獲得に至る可能性がある、核物質に関する研究、開発およびその他の活動は禁止していないという立場を取っている……NPTは核爆発装置の開発を禁止しているだけで、その開発を可能にするとしても、開発の工程は含んでいない、原子力に関する研究、開発および利用は決して禁止していない」ことをアメリカが、NPTに関する解釈として認めるように、要求するべきである[127]。

そのように、六七年四月にアメリカが「民生目的の核爆発装置」の保有を認めないという立場を示した後は、ルエテ等は「民生目的の核爆発装置」そのものの開発と保有は諦めたものの、それを開発することに直接的に役立つ（が、開発の完成までには至らない、ぎりぎりの）活動はＮＰＴで許容されることをアメリカに認めさせようとした。ただし、西独政府や外務省は結局、そのような活動が許容されるべきという要求には執着しなかった。

それでも以上の動きは、外務省内の一部の勢力、とくにシュニッペンケッターとルエテが核開発能力の獲得を重視していたことを示すものとして注意に値する。

第6章　NPT加盟（一九六九―七五年）

六九年九月二八日に実施された西独連邦議会の総選挙の結果、CDU／CSUは第一党の地位を保ったが（議席数二四二）、議席数を増やしたSPD（二二四）とFDP（三〇）が連立を形成したことによって過半数（二四九）を辛うじて上回り、ブラントが首相に就任した（一〇月二一日）。SPDの政治家による首相就任はワイマール共和政時代のミュラー（Hermann Müller）政権（二八―三〇年）以来、三九年ぶりのことで、ナチスの大弾圧による消滅の危機を乗り越えた後、復活を遂げたSPDの政権獲得をもってブラントはヒトラーの最終的敗北を宣言した[1]。

なお、外相に就任したのはFDP党首のシェール（Walter Scheel）だが、FDPとSPDは東側との関係改善、および、そのためのNPT加盟（および、東独とオーデル・ナイセ線の承認）という目標を共有していた。また、東方外交をはじめとする外交政策を主導したのはブラントを中心とする首相府であり、その方針にシェールと外務省も従った[2]。

以下、第1節ではNPT署名に至るまでの経緯と、署名と批准が東方外交とデタントにおいて有した意義、第2節ではIAEA―ユーラトム検証協定の作成交渉、第3節では連邦議会におけるNPT批准審議について説明する。

1 NPT署名、東方外交、デタント、NPT批准

連邦議会における議論、NPT署名（六九年一〇—一一月）

ブラントは所信表明演説（六九年一〇月二八日）で「直ちにNPTに署名する」方針を示したが、CDU／CSUの議員たちは嘲笑し、政権への敵意を露わにした。[3] これに先立つ一〇月二〇日にCDU／CSUは連邦議会で以下の質問を提起していた。すなわち、大半の重要な潜在的核保有国がNPTに署名さえしていないため、NPTが核不拡散のための国際条約として本当に成功するか否かは不確かであるにも拘らず、西独だけが急いで署名することにどのような意味があるのか。[4] これに対して政府は以下のように回答した（一一月七日）。すなわち、西独が率先してNPTに加盟すれば他の多くの潜在的核保有国にも影響を与え、加盟を促すため、NPTの成功と発展に貢献することになるであろう（実際に、西独が一一月二八日に署名した後、例えば、日本が七〇年二月三日に署名し、NPTは三月五日に発効した）。[5]

また、CDU／CSUは旧敵国条項（および、関連する、国連憲章の、武力不行使原則の無差別適用）の問題、およびヨーロピアン・オプション等の諸問題になおも執着し、ビレンバッハは連邦議会（六九年一一月一二日）で以下のように主張した。すなわち、ヨーロピアン・オプションはNPTで明確に認められているわけではなく、とくに、ソ連がそれを明確に認めていないため、将来、ソ連がその実現を阻もうとする危険性に注意する必要がある。これを防ぐため、NPTはヨーロピアン・オプションを認めているという立場（解釈）を、ソ連（および関連するその

他の国々）がより明確に示すように改めて要求するべきである。また、ソ連が武力不行使原則の、西独に対する無差別な適用を認めない限りＮＰＴに署名するべきではない[6]。

以上のようなＣＤＵ／ＣＳＵの主張に対し、ブラント自身が連邦議会（六九年一一月一二日）で以下のように反論した。すなわち、ヨーロピアン・オプションという非現実的な問題のためにこれ以上、ＮＰＴ署名を引き延ばすことに何の意味があるのか。そもそもＮＰＴ作成交渉は、他の条約作成交渉とは比較にならないほどの長期間、すなわち八年間にも及び、あらゆる問題に関する議論が十分に尽くされた。西独自身も、アメリカとの二国間交渉を通じて条約作成交渉に強い影響を及ぼし、その結果、条約の内容は大幅に改善された。これ以上、署名を引き延ばしても意味はなく、不利益をもたらすだけである。確かに、ＮＰＴは全ての人々を満足させることはできないが、現況では核保有国と非核保有国の妥協の産物として最良のものであり、同条約に西独が加盟して核保有国とならないことには、平和への貢献という大きな意味がある[7]。

以上のような主張にＣＤＵ／ＣＳＵは納得せず、前述の立場を繰り返し表明し、ＮＰＴへの署名に反対した（連邦議会、六九年一一月一二日）[8]。また、ブラント政権が（一一月二八日に）ＮＰＴに署名する直前、一一月二六日付のブラントへの書簡でもビレンバッハはＣＤＵ／ＣＳＵの立場を改めて詳細に説明し、ヨーロピアン・オプション等に関する利益が十分に確保されない限り署名するべきではないと主張した[9]。以上のように、ＣＤＵ／ＣＳＵは署名に反対する立場を崩さず、ＮＰＴに強い敵意を抱き、また、ブラント政権の基盤は盤石とは言い難かった（連邦議会における議席数は過半数をわずかに上回る程度であった）ことに注意すると、署名しても批准が難しくなることに注意せねばならなかった。

そのため、ＣＤＵ／ＣＳＵの議員であっても可能な限り批准に賛成できるようにするため、ブラント政権は細心の注意を払わねばならなかった。とくに、ＩＡＥＡ―ユーラトム検証協定を批准の前に確実に成立させねばならなかった。すなわち、まず、ＮＰＴに関するＣＤＵ／ＣＳＵ（およびＳＰＤ、ＦＤＰ）の最重要目的は、原子力平和利用を守るために査察を最小限に抑制すること、とくに、そのためにユーラトム査察だけを受け入れてＩＡＥＡの役割を検証に限定することであったが、そのためには、それらについてユーラトムとＩＡＥＡが合意する協定（検証協定）を成立させる必要があった。したがって検証協定が成立しない限り、ＣＤＵ／ＣＳＵが批准に賛成する見込みはほとんどなかった。また、そもそもＳＰＤとＦＤＰも検証協定を、批准のために不可欠な前提条件として強く重視していた。

そのように、ブラント政権は検証協定を強く重視したが、それだけではなく、ＮＰＴ加盟によって東側との関係を改善することも強く重視していた。したがって、まずはＮＰＴに署名することによって東側との関係改善（東方外交）を進めつつ、批准を確実に達成するため検証協定を成立させることが、ＮＰＴに関するブラント政権の基本目標となった。単にＮＰＴに署名するだけでは、無論、不十分で、批准にも十分に注意せねばならず、もし批准に失敗すれば、東方外交による東側との関係改善、すなわち、デタントにダメージを与える危険性に注意せねばならなかった。

そして、ブラント政権は六九年一一月二八日にＮＰＴに署名したが、検証協定の作成に関する交渉や批准に至る経緯を説明する前に、それらが東方外交やデタントの全体的なプロセス、すなわち、ヨーロッパ国際関係の安定化において有した意義を説明しておきたい。

なお、ＮＰＴが発効するための要件の一つは米英ソの批准（厳密には、批准書の寄託）であったが（第九条第三項）、ソ連は、西独がＮＰＴに署名しない限り批准しないという立場を示していた。したがって、西独が署名しない限りＮＰＴは発効しなかった。つまり、ＮＰＴの成否は西独にかかっていた。そして、西独は六九年一一月二八日に署名したが、それまでに署名は確実になっていたことを受けて、ソ連は一一月二四日に批准し、批准書を七〇年三月五日に寄託したことをもって、同日、ＮＰＴが発効した。[10] 西独のＮＰＴ署名は、同条約を発効させるという非常に重要な意義も有したのである（また、日本の署名（七〇年二月三日）を促した重要な要因は、ＮＰＴの発効（が、間近に迫ったこと）であったように、[11] 西独の署名は、ＮＰＴを発効させたことによって、日本の署名も促した。シュニッペンケッター（ジュネーブにおける国際諸機関への大使）は六九年一〇月三日付の文書で以下のように記していた。すなわち、ソ連がＮＰＴを批准しないため、ＮＰＴが発効しなければ、ＮＰＴは「死んだ」も同然の状態だが、西独が署名すればＮＰＴを「生き返らせる」ことになり、それは日本にとっても問題になるであろう[12]）。

ＮＰＴ署名、東方外交、デタント、ＮＰＴ批准

ブラント政権はＮＰＴに署名しただけではなく、東独を事実上、承認する立場も示していた（所信表明演説、六九年一〇月二八日）。これらをソ連は高く評価し、西独との間で武力不行使協定に関する交渉を開始することを決定した。交渉は一二月八日、すなわち、ＮＰＴ署名の一〇日後に始まった。[13]

なお、キージンガー政権はソ連に対し、国連憲章の武力不行使原則の、西独への無差別な適用（および、これと同義であった、旧敵国条項に基づく権利の放棄）を求めていたが、そのために具体的には、西独とソ連の間で武力不行使を約束し合う、武力不行使協定の締結を求めていた。これに対してソ連は、協定に関する交渉を開始するための前提条件としてＮＰＴ加盟（少なくとも、まずは署名）、および、東独の事実上の承認を要求していた。しかし、キージンガー政権はそれらを拒んでいた。すなわち、ソ連の立場とは逆に、武力不行使協定が締結された後にのみＮＰＴに加盟できると主張し、東独の事実上の承認も拒んだため、協定に関する交渉を開始することさえできていなかった。これに対して、ブラント政権はＮＰＴに署名し、東独を事実上、承認したために、武力不行使協定に関する交渉を開始できた。

こうして、東側との関係改善を目指すブラント政権の外交、すなわち東方外交が本格的に始まったが、始めるためにＮＰＴ署名および東独の事実上の承認が必要であったという判断において多くの研究が一致している。[14]

そして、東方外交の最初の成果として七〇年八月一二日、西独とソ連の間でモスクワ条約が締結されたが、その内容は、西独とソ連が武力不行使を約束し合い、また、西独がオーデル・ナイセ線を含むヨーロッパの現存国境の不可侵性を確認する、要するに、オーデル・ナイセ線を承認するというものであった。さらに、西独は同様の条約をポーランドとの間でも締結した（ワルシャワ条約、七〇年一二月七日。オーデル・ナイセ線は東独とポーランドの国境線であったため、それを承認する条約は、とくに、当事国であるポーランドとの間で締結せねばならなかった）。以上のように、ブラント政権は七〇年末までに、東側が関係改善のために要求していた三つの主要な条件（ＮＰＴ加盟（まずは署名）、東独の事実上の承認、オーデル・ナイセ線の承認）を全て受け入れ、これによって関係改善に成功した。また、ＮＰＴ署名によって西独の核保有に対する多くの国々の不安を和らげたため、総じて、ヨーロッパ国際関係の安定化に大きく貢献した。以上の功績は高く評価され、ブラントは七一年にノーベル平和賞を受賞した。

しかし、ブラントがとくに重視した西ベルリンと通行路の安全、とくに、それらの安全を守ることに関するソ連からの、条約に基づく法的な確約は、いまだに得られていなかった。それらの安全を守ることをソ連が確約する条約、すなわち、ベルリン四カ国条約を確実に成立させるために、ブラントは以下の立場を示した。すなわち、ベルリン四カ国条約が成立しない限り、西独はモスクワおよびワルシャワ条約を批准しない。そのようなリンケージ戦略によってブラントはソ連に圧力を加えた。[15]

ただし、ベルリン四カ国条約の当事国は米ソ英仏で、とくに米ソ間の合意が決定的に重要であった。したがって、ブラント政権はアメリカのイニシアティブに期待せねばならなかったが、ニクソン政権は東方外交を支持し、ヨーロッパ国際関係の安定化を重視したため、ベルリン四カ国条約の成立も熱心に目指した。七〇年三月から始まった条約作成交渉は難航したものの、七一年七月一五日のいわゆるニクソン・ショックがソ連に協定の成立を急がせ、九月三日、条約に関する基本合意が成立した。ソ連は中国との対立を深めていたため、中国との関係改善を進めるアメリカの動き（ニクソン・ショック）は、ソ連に、ヨーロッパにおける負担を軽減する（ために、ベルリン四か国条約を早急に完成させる）ように促す圧力となったのである。ただし、ベルリン四カ国条約に関してはなおも交渉を要する問題が残されていたため、条約の完全版であるベルリン最終議定書の正式な調印にはなおも時間を要した。[16]

そして、ソ連は、西独がモスクワ条約を批准しない限り、ベルリン最終議定書に調印しないという立場を示して西独に圧力を加えた（七一年九月二七日）。[17]

しかし、以下の諸理由からモスクワ条約の批准が難しくなっていた。すなわち、CDU／CSUがモスクワ（およびワルシャワ）条約に反対していただけではなく、ブラント政権への反発から数名の議員がSPD、FDPから離党し、その他にもFDPの数名の議員が政権の諸政策への賛否を決めかねる態度を示したため、モスクワ条約の批准等に関する票決の際、必ずしも過半数を確保できるとは限らない状態に陥っていた。さらに、この状況を利用してCDU党首のバルツェルは七二年四月二七日、不信任決議を提出し、ブラント政権を倒そうとした。その際、CDU／CSUの議員総数は二四六名、また、決議に賛成する立場を示した数名のFDP議員がいたため、決議成立に必要な過半数（二四九）に達し得るという見込みからバルツェルは勝負に出た。しかし、投票の結果、成立には二票足りず、ブラント政権、および東方外交とヨーロッパのデタントは最大の危機を紙一重の差で乗り切ることができた。[18]何故なら、東独が二名のCDU／CSU議員を（それぞれ五万マルクで）買収し、不信任決議の成立を防いだからである。[19]

最大の危機は乗り越えても、モスクワおよびワルシャワ条約の批准が困難な状況に変わりはなかったが、ブラント政権による苦心の議会戦術と野党への説得が功を奏し、これらの条約が批准され（七二年五月一七日）、これを受けてベルリン最終議定書も六月三日に調印された。さらに、以上のプロセスと並行して進められていた東西ドイツ間の交渉の結果、西独が東独をより正式に承認し、外交関係も正常化する東西ドイツ基本条約が一一月八日に調印された。以上のような東方外交の多くの成果は西独国内でも高く評価され、SPDは総選挙（一一月一九日）の結果、戦後では初めて第一党となる大勝利を収め（議席数二六〇）、同じく議席数を増やしたFDP（四一）との連立による安定多数を確保した。これによって、NPTの批准もより容易になった。選挙の結果は、国民の多くが東方外交を肯定したことを示し、議席数を減らしたCDU／CSU（二二五）もやむを得ず東方外交とその成果を受け入れ始めることになった。[20]

また、西独がNPT批准の前提条件としていたIAEA―ユーラトム検証協定が七三年四月五日に成立したことを受けて、七四年二月二〇日、連邦議会で検証協定およびNPTの批准が可決され、七五年五月二日にNPTの批准書が寄託されたことをもって西独のNPT加盟が最終的に確定した。これによって、東側が関係改善のために要求した三つの条件が全て、完全に満たされたのである。

以上のようなデタント形成の総仕上げとして、東西ヨーロッパの三三ヵ国およびアメリカとカナダ、計三五カ国の参加によって全欧安保協力会議が開催され（七五年七月三〇日―八月一日）、その成果として採択されたヘルシンキ最終議定書（八月一日）では現存国境の不可侵性や武力不行使等の原則を守ること、信頼醸成措置を発展させること、さらには人権尊重の原則を守ること等が合意された。モスクワ条約等で合意されていた諸原則が多国間条約でも再確認され、広がり、強化されただけではなく、信頼醸成措置の発展を目指すことや人権尊重の原則等でヨーロッパの秩序と平和は、新たな発展の可能性を有することにもなった。[21]

以上のようなデタントの諸成果は東西間の冷戦対立を大幅に緩和し、ヨーロッパ国際関係を安定化させて、七〇年代後半以降の新冷戦にも拘らず、冷戦の終了までヨーロッパ国際関係の安定化に寄与し続けたという評価も有力である。何故なら、ヨーロッパ冷戦の最大の争点（西独核保有問題、東独およびオーデル・ナイセ線の承認問題、西ベルリンをめぐる対立）は、デタント期の諸成果が解決したからである。[22]

そのような諸成果を導くためには多くの外交交渉と、それらの成果としての諸条約、さらには、それらの署名や批准のプロセスが複雑に絡み合い、また、ベルリン四カ国条約の成立にはヨーロッパ外のファクターである中国を巻き込んだ外交戦略も重要であった。そのようなデタント形成の、複雑なシステムの一部として西独のNPT加盟も重要で、まず、NPT署名は東独の事実上の承認とともに、東方外交とデタント形成を開始するための最初の一歩として、より具体的には、モスクワ条約の成立を導くために重要であった。そして、モスクワ条約の批准は、ブラントがとくに重視したベルリン最終議定書をもたらした。

そして、NPTに関しても署名だけではなく、無論、批准も重要であった。だからこそ、ソ連はモスクワ条約を批准させるために、西独に圧力を加えたのと同様に、西独がNPTに署名した後も油断せず、後に説明するとおり、批准させるために圧力を加えた。これに対して、西独もモスクワおよびワルシャワ条約の批准に熱心に取り組んだのと同様に、NPTの批准にも熱心に取り組んだ。具体的には、批准の前提条件であったIAEA—ユーラトム検証協定を、可能な限り早急に成立させようとした。以上のように、NPTの批准に至るまでのプロセスも東方外交やデタント形成の一部として注意する必要がある。

なお、東方外交を主導したのはブラントを中心とする首相府で、外務省の役割は概ね副次的なものであったが、IAEA—ユーラトム検証協定の作成に関する交渉では外務省の実務レベルが中心的な役割を果たした。また、交渉では査察制度等に関する高度に専門的な諸問題が争点となり、それらは東西間のデタントに必ずしも直接的に関わるものではなかった。以上の諸事情から、IAEA—ユーラトム検証協定の作成に関する交渉は、東方外交やデタント形成という大きな流れの中では必ずしも目立たず、これまでの研究でもデタント形成という流れの中に位置づけられることはなかった。しかし、西独のNPT批准（すなわち、加盟の確定）はデタントに関わり、批准のためには検証協定が必要であった以上、協定にも十分に注意する必要がある。

また、検証協定の成立と、これに基づく西独のNPT批准は、そもそも、本書のテーマである西独核保有問題の解決にとって非常に重要なため、十分に注意し、詳細に分析する必要がある。

2　IAEA―ユーラトム検証協定の作成交渉（七〇―七三年四月）

交渉の概要

ブラント政権は六九年一一月二八日にNPTに署名した際、批准の条件として検証協定の成立が必要という立場を示した。また、協定を成立させるためにアメリカが西独（およびユーラトム）を支援することを約束していた。そして、協定はユーラトム（および、西独をはじめとする加盟国）とIAEAの間で締結されねばならないが、アメリカはIAEAで強い影響力を有していたため、アメリカの約束は西独にとって有利な条件となった。

ただし、検証協定については以下の問題にも注意する必要があった。西独と同じくユーラトム加盟国であり、非核保有国としてNPTに署名したイタリアとベネルクス三国（以下、「ユーラトム加盟非核保有国」）も検証協定の当事国となるため、それらの国々と立場を一致させる必要があったのである。それらの国々もNPTに署名した際に西独と同様に、批准の条件として検証協定が必要という立場を一致して示していた。それらの国々も検証協定について、ユーラトム査察だけを受け入れてIAEAの役割を検証に限定するという目的を西独と共有していたのである。何故なら、ＩＡＥＡ査察を受け入れることによってユーラトム査察の重要性が低下することを嫌ったからである（ユーラトム査察はユーラトムの重要な制度であったため、査察制度の重要性が低下すれば、ユーラトム自体の重要性が低下することも危惧されていた）。

そのように、検証協定を成立させるためにユーラトム加盟非核保有国が一致団結していたことも、交渉におけるユーラトム側の立場を強めた。[23] ただし、検証協定はユーラトムにとって重要な案件であり、そして、ユーラトムはＥＣの一部のため、協定について交渉し、締結するためには、ＥＣの意思決定機関である閣僚理事会の承認を得る必要があった。そして閣僚理事会が、検証協定について交渉し、締結できることを承認した決議、すなわち「マンデート」（mandate）は七一年九月二〇日に採択された。これによって、西独をはじめとするユーラトム加盟非核保有国はＩＡＥＡとの間で、検証協定の成立を目指す交渉を開始できることになった。

ただし、検証協定は以下に説明する理由から、いわゆるモデル協定に基づかねばならなかった。すなわち、まず、ＩＡＥＡがＮＰＴ加盟国に対して査察（あるいは検証）を実施するためには、査察の適用範囲等を定める協定を加盟国との間で個別に締結する必要があったが（ＮＰＴ第三条第一項）、査察の適用範囲等について加盟国の間で違いが生じて特定の国々が優遇されることを防ぐため、全ての加盟国に一律平等に適用される査察の共通ルールを形成する必要があった。そのような共通ルールを定めようとしたのがモデル協定である（それぞれのＮＰＴ加盟国がＩＡＥＡとの間で締結する個別の協定は、モデル協定に従わねばならなくなる）。そして、とくに西独や日本等、原子力の発展に熱心であった国々は、査察によって原子力の発展が阻害されることを防ぐため、モデル協定の内容は、ＩＡＥＡの役割を大幅に抑制するものにするべきと強く要求した。この要求をアメリカは受け入れたが、アメリカはＩＡＥＡでも強い影響力を有していた。したがって、西独等の要求どおりに、ＩＡＥＡの役割を大幅に抑制する内容でモデル協定、すなわちＩＮＦＣＩＲＣ一五三が作成され、ＩＡＥＡで採択された（七一年四月）[24]。

以上の事情から、検証協定もＩＮＦＣＩＲＣ一五三に基づかねばならなかったが、その内容はＩＡＥＡの役割を大幅に抑制し、役割を検証に限定することも可能にするものであった。そして、七一年一一月から、ユーラトム加盟非核保有国とＩＡＥＡの間で検証協定の成立を目指す交渉が始まり、ＩＡＥＡは当初、査察の適用範囲を拡大しようとしたが、結局は譲歩し、その役割を検証に限定するべきというユーラトム加盟非核保有国の要求を受け入れた（七二年七月。検証協定の正式な調印は七三年四月五日。また、協定はＥＣ閣僚理事会およびＩＡＥＡ理事会でも承認された）。[25] こうして、ＮＰＴに加盟してもユーラトム査察だけを受け入れて、ＩＡＥＡの役割を検証に限定できることが確実になったことを受けて、西独連邦議会は七四年二月二〇日、検証協定とＮＰＴを批准、西独政府はＮＰＴ批准書を翌年五月二日に寄託し、ＮＰＴ加盟が確定した。

以上のような検証協定に関する交渉では、それを開始するための前提条件であった、前述したマンデートの、ＥＣ閣僚理事会における採択も重要な争点になった。そのため、検証協定が成立するまでの経緯は、二つの段階に分けて考える必要がある。第一段階は、マンデートが採択されるまで（七〇―七一年九月）、第二段階は、マンデートに基づいて検証協定の成立を目指す交渉が始まり、協定が成立するまで（七一年一一月―七三年四月）。それぞれの段階の交渉を、以下、西独外交の観点からより詳細に明らかにする。

交渉の第一段階――マンデートの採択まで（七〇―七一年九月）

検証協定に関する交渉で最も重要な役割を果たしたのは西独、とくに外務省であったが、外務省は協定の早急な成立に基づく、ＮＰＴの早急な批准を目指した。何故なら、ブラント政権が進める東方外交のためには、ＮＰＴ加盟を、批准で、可能な限り早急に確定する必要があり、そのためには検証協定を早急に成立させる必要があったからである。したがって、外務省は当初、七〇年の後半にマンデートを得てＩＡＥＡとの交渉を開始し、七一年の後半に協定を成立させることを目標としていた（外務省内の文書、七〇年一月二〇日付）[26]。

しかし、マンデートに対してはフランスが難題を突き付けた。結論を先取りすれば、マンデートに対する最大の障害となったのはフランスであり、その採択（七一年九月）まで西独外務省の当初の目標（七〇年の後半）よりも一年以上の時間を要した原因も、フランスの、以下の主張と要求にあった。すなわち、まず、検証協定によってユーラトムはＩＡＥＡと関係を結び、その影響を受けることになるが、フランスも（後に説明するとおり）ユーラトム査察を受けているため、ＩＡＥＡの影響を受けることになる。しかし、フランスはＮＰＴに加盟しないため、ＩＡＥＡとは全く無関係である。それにも拘らず、フランスがＩＡＥＡの影響を受けるのは理不尽であり、そのような影響を排除せねばならない。そして、ＩＡＥＡの影響はユーラトム査察を通じてもたらされることになるため、影響を排除するためには、フランスに対するユーラトム査察を停止せねばならない。要するに、検証協定を締結するのであれば、フランスに対するユーラトム査察を停止せねばならない。この要求が認められない限り、フランスはマンデートに賛成しない。

以上の立場をフランスは、ＥＣ閣僚理事会（七〇年二月一三日、四月二一日、五月一一日）等で表明した[27]。なお、フランスについては、ユーラトム加盟国のうち、同国だけが核保有国であることに配慮して、軍事利用を目的とする原子力は査察の対象外とする特例措置がユーラトム条約（第八四条第三項）で認められていた。ただし、平和利用を目的とする原子力（以下、「平和目的の原子力」）に関しては、フランスも他のユーラトム加盟非核保有国と同等の査察を受けていたが、フランスは、検証協定を締結するのであれば、平和目的の原子力に対する査察も停止することを要求したのである。

この要求を認めれば、フランスだけが平和目的の原子力に関しても査察を免除される特権的な地位を認めることになり、ＥＣ加盟国間の平等性が損なわれることが危惧された。査察を完全に免除されることによって、経済的にも優位に立つことが懸念された。以上の諸問題のため、ユーラトム加盟非核保有国はフランスの要求を拒絶した。[29]

しかし、フランスが立場を変えないため、ユーラトム加盟非核保有国は七〇年六月以降、対応策として、主に、以下の三つの選択肢を考慮した。

（一）フランスの要求を受け入れる。これによって、マンデートへの賛成を得て、全加盟国の一致した賛成に基づくマンデートを達成する。

（二）フランスの要求を拒絶する。それでも、マンデートに賛成するように説得して、全加盟国の一致した賛成に基づくマンデートを達成する。

（三）フランスの要求を拒絶する。そのため、フランスがマンデートに賛成せず、反対しても、他の五か国だけの賛成に基づいてマンデートを得る。[30]

以上の選択肢について、まず、フランスの要求を受け入れる（一）は前述の諸問題のために排除された。次に、（三）ではフランスと他の五か国の立場の違いが露わになり、関係が悪化しかねないため、（一）と同じく欧州統合への悪影響が懸念された。[31] ただし、（一）では平等性が損なわれること、（三）では関係の悪化が懸念されたように、問題の性質は異なるが、いずれも欧州統合への悪影響が懸念された。そのように、ユーラトム加盟非核保有国は欧州統合にも十分に注意して交渉を進めようとした。[32] 以上の判断から、ユーラトム加盟非核保有国は（一）（三）を排除し、（二）を目指すことになった（七〇年八月以降[33]）。

しかし、フランスが立場（すなわち、ユーラトム査察の停止という要求が認められない限り、マンデートに賛成しないという立場）を全く変えないため、ユーラトム加盟非核保有国は、（二）は難しく、（一）を選ばざるを得ないと判断するようになった（七〇年一一月以降）。すなわち、ユーラトム加盟非核保有国は、フランスを含む全加盟国の一致した賛成に基づくマンデートを得ることによって、ＥＣ加盟国の結束を保つことを重視したが、それを（二）で達成することは難しかったため、やむを得ず（一）を選ぶようになった。ただし、ユーラトム加盟非核保有国は、（一）がもたらす不平等が欧州統合に悪影響を及ぼすことに注意したが、それ以上に、（一）でＥＣ加盟国の結束を保つことの方が、欧州統合のためにより重要であると判断するようになった[34]。

しかし、（一）に対しては、西独政府内で経済省や教育科学省等が反対していた（七〇年九月以降[35]）。そのような反対のために、外務省も（一）を安易に選択できず、改めて（二）を目指すことについて経済省等と同意し、他のユーラトム加盟非核保有国の了承も得た（七一年一月）。ただし、外務省自体は（二）に懐疑的になっていたが、経済省等を納得させるためにも（二）に関する可能性を尽くそうとしたのである。そのように、政府内の意見調整にも注意せねばならなかった[36]。

しかし、フランスはやはり立場を変えなかった（七一年七月一五日のＥＣ閣僚理事会[37]）。そのため、西独をはじめとするユーラトム加盟非核保有国は、改めて（一）を選択したが、以下の事情からも（一）に基づくマンデートの採択を急がねばならなくなっていた。すなわち、まず、モデル協定（ＩＮＦＣＩＲＣ一五三）が完成したため、九月から開催されるＩＡＥＡ総会および理事会では、ＮＰＴに署名した国々に対し、査察に関する協定の締結を促す動きが強まることが予想された。そのため、ユーラトム加盟非核保有国に対しても、検証協定の締結を促す動きが強まることが予想されるが、マンデートを得られないため、協定に関する交渉を開始することさえできなければ批判され、立場が弱まることを警戒せねばならなくなった[38]。

したがって、遅くともＩＡＥＡ総会が開催される七一年九月二〇日までのマンデートの採択が目指されたが、九月二〇日のEC閣僚理事会で、フランスを含む全加盟国が（一）に基づくマンデートの採択に賛成した。こうして、全加盟国の一致した賛成に基づくマンデートが達成されたが、以下の対価も伴った。すなわち、フランスだけがユーラトム査察を免れる特権的な地位を認められ、同国だけが経済的な優位に立つ可能性も生じたことである。それでも、マンデート採択に至るまでの交渉を総括した西独外務省の文書（九月二一日付）では以下の判断が示された。すなわち、まず、フランスの特権的な地位がもたらす経済的な優位は、実際には大きいものではなく、マンデートの採択は「政治的成功」であった。何故なら、西独はNPT批准を非常に重視しているが、それを達成するための、最初の難関（マンデート採択）を突破できたからである。[39]また、フランスとの関係を悪化させず、EC加盟国の結束を守った点でも、「政治的成功」であったと評価できるであろう。

交渉の第二段階——検証協定の締結まで（七一年一一月—七三年四月）

マンデートに基づいて検証協定の成立を目指す、ユーラトム加盟非核保有国（以下、「ユーラトム側」）とIAEAの交渉は七一年一一月に始まった。そして、ユーラトム側の目的はIAEAの役割を検証に限定することであったが、協定はINFCIRC一五三に基づかねばならなかった。そして、INFCIRC一五三の内容はIAEAの役割を大幅に抑制し、役割を検証に限定することも可能にするものであった。ただし、INFCIRC一五三によると、IAEAが独自の査察を行わず、その役割を検証にとどめる場合でも、検証の精度を高めるため、ユーラトムの査察にIAEAの査察官も定期的に立ち会う必要があった（第七六条）。そのような立ち入りの頻度を最小限に抑制することもユーラトム側の重要な目的となった。[40]

そして、西独外務省は検証協定の早急な成立を目指し、具体的には、七二年六月までの成立を当初の目標とした（七一年一一月）。[41]何故なら、NPTの早期批准を求める米ソの圧力が強まっていたからである。とくに、ユーラトム加盟国は全て、核物質の供給についてはアメリカからの輸入に大きく依存していたが、批准の遅れに対する制裁措置としての供給停止が危惧された。ただし、アメリカ政府が西独に対して、批准を遅らせれば供給を止めるという圧力を赤裸々に加えることはなかったが、そのような圧力を加えるべきという意見が同国の議会で主張され、ソ連も同様に強く主張していた。そのような事情のため、アメリカ政府は西独外務省に対し、NPT批准を遅らせれば核物質の供給が難しくなり得ることを伝えた（七二年四月一三、二七日、五月二九日の協議等）。したがって、核物質の供給停止を防ぐためにも、西独外務省は検証協定の成立を急がねばならなかった。[42]

なお、ソ連は、マンデートが採択される前の段階でも折に触れて西独に対し、NPTの早期批准を求めていたが、[43]マンデートが採択された後も早期批准を求める圧力を強めたのである。そして、西独外務省はソ連とアメリカの立場について以下のように判断した。すなわち、批准を遅らせれば核物質の供給を止めるべきと要求するソ連からの強い圧力にアメリカは反対しておらず、実際にはソ連と同調して西独への圧力を強めようとしている。したがって、検証協定の成立を急がねばならない。[44]

ただし、前述のとおりアメリカは、西独の目的どおりに検証協定が成立するように支援することを約束してもいた。そして、検証協定に関する交渉の開始に伴い、アメリカは西独をはじめとするユーラトム側を支援することを改めて約束したが（七二年一月一七日）[45]、以下の要求も提示した。第一に、協定の内容はINFCIRC一五三に従うこと。何故なら、そのようにすればIAEA理事会でも、協定に関する理事国の承認を得易くなるからである。第二に、IAEA査察官の立ち入り頻度については、日本等の他の国々が受け入れる頻度よりも、ユーラトム側が受け入れる頻度が少なくなり、したがって、ユーラトム側が日本等よりも有利になる差別を発生させないように注意すること。何故なら、そのような差別が発生すれば日本等の不満が強まり、それらの国々によるNPT批准を難しくさせる危険性があったからである。[46]

以上のようなアメリカの第一の要求に関しては、西独外務省も異論を唱えなかった。何故なら、ＩＮＦＣＩＲＣ一五三の内容はＩＡＥＡの役割を大幅に抑制し、役割を検証に限定することも認めるものだったからである。ただし、第二の要求に関しては慎重に対処せねばならなかった。何故なら、立ち入りの頻度を最小限に抑制することが西独外務省の目的であったが、アメリカは、ユーラトム側が日本等と比べて有利になることを警戒していたからである。そのため西独外務省は、アメリカが、ユーラトム側が有利になることを防ぐため、ユーラトム側を抑制する可能性に注意した。

したがって、当面の間はアメリカの支援を頼らず、可能な限り自力で交渉を進めることが西独外務省の方針となった[47]。また、ＩＡＥＡ査察官の立ち入り頻度に関しては、日本等よりも有利になる差別が生じてアメリカから警戒されることを防ぐため、日本等とも差別が生じることを防ぐための協議を進めた（日独外務省間の、七二年四月二〇日の協議等[48]）。

ただし、ＩＡＥＡとの交渉が少なからず難航したために、イタリアはアメリカの介入による支援を求めることや、ユーラトム側の譲歩も必要と主張した（七二年四月八日[49]）。すなわち、ＩＡＥＡ側は四月までの交渉で、立ち入りの頻度を大幅に増やすことや、立ち入りの際の活動も単なる検証ではなく、ＩＡＥＡ査察官による独自の査察を認めるべきとも要求した[50]。

しかし、これらの要求は西独外務省の目的に反していた。また、外務省はアメリカに頼らず、可能な限り自力で交渉を進めようとしていたため、イタリアに反対した[51]。そして七二年五月までに、ＩＡＥＡ側が後に説明する事情のため譲歩し、以下の諸点を認めたことから「受け入れ可能な妥協」が成立した。すなわち、ＩＡＥＡ査察官の立ち入りの頻度を、西独をはじめとするユーラトム側が受け入れ可能な程度に引き下げ、立ち入りの際もＩＡＥＡ査察官は独自の査察を行わず、その役割を検証にとどめる。ただし、ユーラトム側が受け入れる立ち入りの頻度は、日本が受け入れる頻度よりも高くなり、ユーラトム側が日本よりも不利になると予測されたが、これによって、ユーラトム側が有利になることへのアメリカの警戒は避けることができた[52]。

また、ユーラトムとＩＡＥＡが共同で負担する、査察と検証に要する総費用の分担率に関しては、ＩＡＥＡの分担率を約二〇—三五パーセントという低い水準に抑えることも合意されたが、これも望ましい成果として評価された。何故なら、分担率が低ければ、ＩＡＥＡに許容される役割も抑制されるからである。実際に、ＩＡＥＡの役割を大幅に抑制した前述の合意は、そのような分担率に関する合意を反映していた。これに対し、ＩＡＥＡが役割を拡大しようとすれば費用の分担率を高めねばならなくなるが、西独外務省は「ＩＡＥＡの予算は限られている」ため、低水準の分担率に同意せざるを得ないと判断していた。つまり外務省は、ＩＡＥＡの交渉力は財政的な制約のために限られていることを見抜いていた[53]。

以上のようにして「受け入れ可能な妥協」が成立したために、検証協定の本文（および議定書）が七二年七月二一日に調印された。ただし、ＩＡＥＡ査察官の立ち入りと、その頻度等に関しては細部に及ぶ多くの複雑な技術的諸問題に関する取り決め（以下、「技術的取り決め」）も必要であったため、協定の正式な調印にはなおも時間を要したが、それらの問題は実質的な争点ではなかった。

それでもソ連は注意を怠らず、検証協定の本文が調印されてから六日後の七月二七日、西独に対し改めてＮＰＴの早期批准を要求した（駐西独ソ連大使館のカプリン（Anatolij Stepanowitsch Kaplin）と、西独外務省のフォン・ブラウン次官との会談）[54]。そしてアメリカも、ＮＰＴ批准を遅らせれば核物質の供給を止めるべきというソ連からの要求が強まっていることを西独外務省に伝え、早期批准を促した（一二月一九日の協議等）。以上のような米ソの圧力を受けて西独外務省は技術的取り決めの成立も急いだが[56]、その成立後、検証協定が七三年四月五日に正式に調印されたことによってＮＰＴ批准の準備を整えることができた。

以上のように、第二段階の交渉では米ソが西独に対してＮＰＴの早期批准を求める圧力を強めていた。ただし、米ソが一致して西独によるＮＰＴの早期批准を重視したことは、西独に以下の利点ももたらしていた。すなわち、米ソがＩＡＥＡの立場を支持しなかったことである。ＩＡＥＡは、自らも査察が実施できることを要求したが、もし、米ソがそのようなＩＡＥＡの立場を支持すれば西独が強硬に反対し、交渉が長引き、したがってＮＰＴ批准が遅れる危険性があった。それを避けるために米ソはＩＡＥＡを支持しなかった。したがって、ＩＡＥＡの立場は弱く、それは無論、西独にとって有利になった。

例えば、前述の、ソ連が西独に対してＮＰＴの早期批准を改めて要求した七二年七月二七日の協議では、フォン・ブラウンが、「検証協定がＩＡＥＡ理事会で問題なく採択されるように、ソ連政府がＩＡＥＡで影響力を発揮していただければ助かります」と要求したことに対し、カプリンは「それについて考慮する」と応じていた。そして、ＩＡＥＡ理事会における検証協定（の本文および議定書）の採択について、ソ連との間で協議を進めていたアメリカ政府は西独外務省に対して九月一四日、以下のように伝えていた。すなわち、ソ連は検証協定の正式な成立が遅れることだけを問題視して、その内容を問題とはしていないため、理事会で「ソ連は問題を起こさず、協定は採択されるであろう」[57]。実際に、既に成立していた協定の本文および議定書はＩＡＥＡ理事会で九月二〇日に採択された。以上のように、ソ連は協定の早期成立に基づく、西独によるＮＰＴの早期批准を最優先の目標としたからこそ、ＩＡＥＡの役割を検証に限定した協定の内容を問題視しなかったのである。

小括

総じて、西独外務省は第一段階の交渉でも第二段階の交渉でも、検証協定に関連した諸問題（欧州統合、フランスとの関係、西独政府内の意見調整、アメリカや日本との関係等）にも十分な注意を払う、丁寧な外交政策を立案して、展開し、協定の成立に大きく貢献したと評価できる。そして、協定の成立に基づくＮＰＴの批准は東方外交やデタントのためにも不可欠であったため、西独外務省は、東方外交やデタントにも大きく貢献したと評価できる。

3　連邦議会におけるＮＰＴ批准審議、加盟が確定（七三年一一月―七五年五月）

ＮＰＴ批准に関する連邦議会における審議と票決

ＩＡＥＡ―ユーラトム検証協定が七三年四月五日に正式に成立したことによって、ＣＤＵ／ＣＳＵの議員たちの間でも、もしＮＰＴに加盟しても原子力に関する諸利益はほぼ完全に守られるという認識は共有されるようになっていた。しかし、ヨーロピアン・オプションがＮＰＴの条文で十分に明確に保証されていないこと、とくにソ連がそれを明確に認めていないことが、ＣＤＵ／ＣＳＵの議員たちの間では、検証協定が成立した後でも、批准への賛成を難しくさせる問題として改めて強調されていた。(58)

そして、ＮＰＴ（および、不可分の関係にある検証協定）の批准に関する連邦議会における審議が七三年一一月八日に始まり、政府を代表して外相のシェールは、検証協定の成立をもってＮＰＴに関する西独の要求が全て満たされたと主張したが、ビレンバッハはＣＤＵ／ＣＳＵを代表して、ＮＰＴに関する以下の諸問題を指摘した。フランスや中国だけではなく多くの重要な潜在的核保有国が署名さえしておらず、核保有国による核軍縮義務も十分に達成されておらず、他の加盟国、とくに「連邦共和国にとって国際市場における最も重要な競争相手である日本」が原子力の査察に関して西独よりも有利な待遇を受ける危険性があり、ヨーロピアン・オプションが十分かつ明確に保証されているわけではない。以上の問題点をＣＤＵ／ＣＳＵは外交委員会における審議でも繰り返し強調した。[59]

そして、NPTおよび検証協定に関する批准の賛否が票決にかけられた、七四年二月二〇日の審議でもCDU／CSUは前述の諸問題を改めて強調し、カルステンス（元外務次官、その後、CDUの議員（七二―七九年）、CDU／CSU議員団長（七三―七六年）、連邦大統領（七九―八四年））は端的に以下のように述べた。「CDU／CSUの全ての議員が……この条約に重大な懸念を抱いている」。ただし、結局、多くのCDU／CSU議員もNPTの批准に賛成した（その理由は後に説明する）。そして票決の結果、NPTの批准は賛成三七〇票、反対九七票で可決された。[60] SPDおよびFDPの全ての議員が賛成し、反対したのは全てCDU／CSUの議員であったが、一一三名のCDU／CSUの議員が賛成した。また、検証協定の批准も賛成四六五票、反対一票で可決された。そして、連邦参議院でも三月八日にNPTおよび検証協定の批准が可決され、NPTの批准書が七五年五月二日に寄託されたことをもって、西独の加盟が最終的に確定した。[61] なお、CSUの一部の勢力は最後まで抵抗し、連邦参議院での批准を阻もうとしたが、[62] できなかった。

以上のように、SPDおよびFDPの議員だけではなく、CDU／CSUの議員の多く（一一三名）もNPT批准に賛成したため、NPT加盟は西独国内で、より広く受け入れられるようになっていたが、批准に賛成したCDU／CSUの議員たちは、以下に説明する問題意識に基づいてNPT加盟を認めるようになっていた。第一に、加盟しても原子力への査察が（検証協定によって）最小限に抑制され、原子力に関する諸利益がほぼ完全に守られることが確実になったため、経済的な損失はないと安心したこと。第二に、もし加盟しなければ、核物質の供給を止めようとするアメリカからの圧力が強まることを警戒したこと（前述のとおり、そのような圧力が実際に強まっていた）。第三に、加盟しなければ同盟国、とくにアメリカとの関係が悪化し、孤立することを恐れたこと。第四に、ヨーロピアン・オプションの実現可能性はほとんどないことを認めた（ソ連の反対の有無に拘らず、そもそも、フランスがヨーロピアン・オプションを認めないであろうという意見も表明された）。ただし、CDU／CSUはヨーロピアン・オプションを、アメリカに依存することなく核抑止力を確保するための手段として重視していたが、ヨーロピアン・オプションの実現可能性が乏しい以上、第五に、核抑止力は、今後も長期的には、結局、アメリカへの依存で確保する以外に選択肢がないと認めた。

以上の問題意識は、NPT批准に関する連邦議会における最終的な審議と票決（七四年二月二〇日）の約一週間前に開催された、CDU／CSUの議員たちの会議（二月一二日）において、多くの有力なCDU／CSUの議員たち（前首相のキージンガー等）によって表明された。これらの議員たちは、野党であるからという理由だけで政府の政策（NPT加盟）に反対することは責任のある態度ではなく、自身の判断に基づいて賛否を決めるべきという立場も示したが、そのような自身の判断として前述の問題意識を表明し、NPT加盟を認めるに至った[63]。また、カルステンスは連邦議会（二月二〇日）でも、CDU／CSUの議員の多くがやむを得ずNPTの批准に賛成するに至った重要な理由の一つとして、前述の第三の点（加盟を拒めば、西独が孤立することを恐れたこと）を挙げた[64]。また、キージンガー政権では科学研究大臣であり、加盟に反対していたシュトルテンベルクも以上の問題意識に基づいて加盟を認めるようになっていた[65]。

そして、ビレンバッハは病気のためにNPT批准の票決に参加できなかったが、賛成するべきという考えを示しており、可能な限り多くのCDU／CSUの議員たちが賛成するように促すため、中心的な役割を果たしていた。そして、ビレンバッハはNPTについて多くの問題を提起し続けていたが、アメリカとの関係を非常に強く重視していたため、NPTへの加盟は最終的には避けられないとも考えていた。そのように、ビレンバッハはアメリカとの関係に注意したからこそ、可能な限り多くの議員が批准に賛成できるようにするため尽力した。カルステンスはビレンバッハへの書簡（二月二一日付）で、一一三名のCDU／CSUの議員たちが賛成したことは最良の結果であり、そのために尽力したビレンバッハを称賛した[66]。

しかし、九七名のCDU／CSUの議員たちが批准に反対した。それらの議員たちは、前述した七四年二月一二日の会議でも反対する主な理由として、ヨーロピアン・オプションが十分に守られていないことを挙げた。とくに、シュトラウスは加盟に強硬に反対する立場を最後まで崩さず、以下のように声高に主張していた。NPT加盟を拒めば孤立するという主張は「奴隷の議論であって自由人の議論ではない……西側の友人たちからどのように評価されるかという考えに基づいてわれわれの利益を定義することは、最終的に止めるべきである」。そして、西独は、西側ではアメリカに次ぐ経済大国であることの自覚をもって自らの利益を独自に定義するべきである。しかし、西独には、断固とした態度で独自の利益を追求することを難しくさせている、独特の問題があることに改めて注意せねばならない。すなわち、西独が、その過去のために、過度に自らを抑制し、臆病になっているという問題である。「ドイツ人は、その過去によって抱えているナチスのコンプレックスのために、自らを劣っていると感じており、劣っているように扱われることに甘んじている」が、そのような態度を取り続ける限り、他のヨーロッパ諸国と真の関係を築くことはできない。逆に、NPTを断固として拒絶することは「臆病な順応や、弱々しくふらついた態度、機会主義的な降伏よりも多くの威信と尊敬、そして、より約束された未来をもたらすであろう[67]」。以上のように、シュトラウスはNPTへの怒りを爆発させて、本心をかなり赤裸々に語った。

しかし、キージンガーは以下のように反論した。「決定的な問題は同盟国との関係である。奴隷、なるほど、奴隷ですか。われわれは奴隷ではないが、残念ながら被後見人（Schutzbefohlene）ではある！　被後見人！　どのように考えても、われわれは同盟国からの保護がなければ自由を保てない、そして保護とは、要するにアメリカの保護である[68]」。

そのように、キージンガーもNPTに加盟して「被後見人」という身分が確定することを嫌っていた。なお、アデナウアーは核保有を目指し始めた際に、以下のように主張していた。「ドイツは核に関して、守られるだけの存在にとどまることはできない」（閣議、五六年九月一九日）。そして、キージンガーも「守られるだけ」の「被後見人」になることを嫌ったが、キージンガーをはじめCDU／CSUの議員たちの多くは、NPT加盟を拒否して西側諸国との関係が悪化することを、より重大な問題と見なしたからこそ、それを防ぐためにNPTに加盟し、「被後見人」になることを選択した。そもそも、西側諸国との良好な関係を維持せねばならないという、西独外交の最重要原則を確立したのはアデナウアーであった。ただし、アデナウアーは西側統合を重視しつつ、「被後見人」になることを拒むために核保有を目指し、NPT加盟に強硬に反対した。しかし、西側統合と、NPT加盟を拒否する方針を両立させることは非常に難しくなっていた。何故なら、西側諸国もNPT加盟を求めたからである。そして、これらの方針は両立させ難いという問題をアデナウアーは解決しないまま残していたが、彼の後継者たちは、西側統合をより強く重視するという選択肢（NPT加盟）を取り、この問題を解決して「被後見人」になった。

そのようにして、NPT加盟に賛成したCDU／CSUの議員たちは、加盟に関する西独国内における合意を広げたが、そうすることによって、対外的には、西独のNPT加盟を求める西側および東側諸国との関係を強化し、ヨーロッパ国際関係を安定化させることにも貢献したと評価できる。ただし、キージンガーをはじめCDU／CSUの議員たちは、NPT加盟によって「被後見人」になること、すなわち、核に関する安全保障について自立性を失い、他国に全面的に依存することを、必ずしも良いこととは考えなかった。それらの議員たちにとって、NPT加盟は重大な対価を伴う決断であった。

以上のように、CDU／CSUの多くの議員たちもNPT加盟を認めるに至ったが、必ずしも積極的に賛成したわけではなく、加盟を拒めば孤立する等の悪影響への恐れからやむを得ず賛成した。これに対してSPD、とくにブラントは、加盟によって東側諸国との関係を改善し、ヨーロッパ国際関係を安定化させるという、より積極的な目的のためにNPT加盟を重視し、実現したが、ブラントはそれら以外にもNPT加盟に関して重要な問題意識を抱いていた。そのような問題意識は、西独（ドイツ）の、過去の行いに関わる。西独（ドイツ）は、過去の多くの蛮行のために戦後も多くの国々から根深い不信感を抱かれていたが、ブラントは、そのような不信感を解消せねばならないと考えていた。そのような不信感を解消するための取り組みの一つとしてNPT加盟が重要であった。本章では最後に、西独がNPTに加盟したことの意義に関する理解を深めるため、ブラントの問題意識について説明しておきたい。

ブラントの思想――過去の克服、平和国家への再生

ブラントが七〇年一二月七日にワルシャワを訪れた際、ユダヤ人慰霊碑の前に跪いたことは、いわゆる「過去の克服」に貢献し、ドイツ（西独）のイメージを大きく改善した行為として評価されている[69]。本書では「過去の克服」を以下のように定義する。すなわち、二〇世紀前半におけるドイツの多くの蛮行（強引な対外行動によって世界大戦を引き起こし、ヨーロッパを荒廃させたこと、ユダヤ人の大量虐殺等）のため、戦後も西独の国内外で深刻な影響を及ぼし続けた諸問題の解決を目指す努力[70]。

そのような諸問題の一つとして、戦後も多くの国々が西独に対して根深い不信感を抱き続けたが、不信感を解消することが、過去の克服に関してブラントが最も重視したことの一つであった。そのような問題意識をブラントは、ドイツ国外に亡命していた青年期（三三―四八年）から強く抱き、例えば以下のように記していた。「信頼がない……外国からの信頼を得ることに成功しなければ、ドイツ人に未来はない[71]」。そして、ブラントは戦後も過去の克服、とくに不信感を解消することを重視していた[72]。「われわれの内の誰一人としてわれわれ国民の過去

を投げ捨てることはできず、そこから解放されることはできません。われわれはそれを担わねばなりません」（演説、六一年）[73]。「ドイツが外国から寄せられる信頼の基礎を広げ、深めることが今後の大きな課題の一つとなります」（演説、六三年）[74]。

ブラントがユダヤ人慰霊碑の前に跪いたことは、西独（ドイツ）に対する諸外国の不信感を解消し、信頼を回復するための取り組みの一つとして理解できる。同様に、NPT加盟もそのような取り組みの一つとして理解できる（逆に、加盟を拒めば不信感がさらに強まることを警戒していた。そのような問題意識を、ブラントはキージンガーへの書簡（六八年七月一五日付）等で示していた）。不信感を解消し、西独が平和国家に再生したことをアピールするためにも、NPT加盟が重要であった。「われわれは、再び軍事的世界強国となる野心も能力も持ってはいません……ドイツ、ヨーロッパ、世界における平和を確保するための、あらゆる可能な貢献を行います。それは決して小心で卑屈な政策ではなく、逆に、勇気ある政策です」（演説、六五年）[75]。また、ブラントは、NPTに関する非核保有国会議（六八年八—九月）では以下のように述べていた。「ドイツの外務大臣として私は今日……多くの諸国民そしてドイツ人が支払わねばならなかった恐るべき対価を意識しながら演説をしております……われわれは歴史から学びました。したがって、ドイツ連邦共和国は……ヨーロッパにおける平和秩序の形成に貢献します」[76]。そして、ブラントは首相に就任した後、NPTに署名せねばならない理由の一つとして「ドイツのイメージを良くする」ことを挙げた[77]。

ただし、諸外国が西独（ドイツ）に対して抱く、歴史的に根深い不信感を解消し、西独（ドイツ）のイメージを改善するというブラントの目的がNPT加盟によって達成されたか否かを、正確に判断することは難しい。それでも、西独（ドイツ）が戦後から現在に至るまで、さまざまな努力を積み重ねて不信感を緩和し、信頼を回復し、イメージを改善することに少なからず成功していることは確かであり、そのための努力の一つとしてNPT加盟も重要であったと言えるのではないか。

小括

西独がNPTに加盟し、西独の核保有問題が（基本的には）解決されたことの意義は以下のように要約できる。第一に、西独が核を保有して劇的に強くなり、ヨーロッパ国際関係が不安定化する危険性が除去された。すなわち、NPT加盟はドイツ問題の解決に寄与した。第二に、NPT加盟によって東側諸国との関係が改善し、冷戦対立が緩和され、ヨーロッパ国際関係が安定化した。第三に、NPT加盟は西側諸国との良好な関係を維持することにも役立った。第四に、NPT加盟は、多くの国々が西独（ドイツ）に対して抱き続けた、歴史的に根深い不信感を和らげることにも役立ったと考えられる。第五に、西独ほどに重要な国がNPTに加盟したことは、NPT体制の成功と発展のために非常に重要であった。

総じて、西独はNPT加盟によって平和に大きく貢献したと評価できる。しかし、負の側面にも注意する必要がある。とくに重大な問題として、西独はNPTの査察体制を弱体化させた。査察体制を強化できるか、弱体化させてしまうかという問題について事実上、最も重要な決定権を与えられたのは西独だが、自国の利益（原子力）だけを最優先にして、弱体化させることを選択した。その責任は重大である。西独が国際社会のために、NPTの査察体制を強化することを選択していれば、その後の核拡散問題の展開は違っていたかもしれない。

また、西独はNPT加盟によって、核に関する安全保障について自立性を失い、他国（アメリカ）に全面的に依存せねばならない「被後見人」になったが、CDU／CSUの多くの議員たちはそれを良いこととは考えなかった。ただし、他の多くの国々にとっては、西独が核に関して自立性を強めようとするよりは、「被後見人」であることの方が遥かに安全で望ましかった。そのため、西独は「被後見人」になることを選択したことによっても、やはり、平和に貢献したと評価できる。

しかし、「被後見人」という身分は永続するであろうか。すなわち、アメリカによる安全保障の提供がなくなればどうするのか。ＣＤＵ／ＣＳＵの議員たちがＮＰＴ加盟に際して強く注意したこの問題は、これからも決してなくならない。

ただし、アメリカによる安全保障の提供がなくなる事態に対処し得る手段、すなわち核開発能力と、核オプションを西独はＮＰＴ加盟後も保持した。したがって、ＮＰＴ加盟後の核開発能力（原子力）にも十分に注意する必要がある。

第7章　ＮＰＴ加盟後から九〇年代初頭まで

西独における原子力の発展は六〇年代末から七〇年代半ばまでの時期、すなわち、ＮＰＴに加盟した時期に全盛期を迎え、シュミット政権は原子力技術の大規模な輸出も目指したが、それは核拡散問題を悪化させかねないほどのものであった。ところが、七〇年代半ばから突然、西独国内では原子力の廃絶を目指す動きが全国レベルで激化し始めたため、原子力の発展に急激なブレーキがかかり、原子力は廃絶に向かい始めた。そのため、西独がＮＰＴ加盟後も保持した核開発能力は劇的に弱体化し始めた。

以下、第1節では六〇年代末から九〇年代初頭までの時期における原子力政策、第2節では原子力技術輸出政策、第3節では、七〇年代半ばから九〇年代初頭までの時期における脱原子力の動きについて説明する。

1　ＮＰＴ加盟（署名、批准）後の原子力政策（六〇年代末―九〇年代初頭）

原子力の全盛期（六〇年代末―七〇年代半ば）

六〇年代末から七〇年代半ばまでの時期に、西独における原子力の発展は全盛期を迎え、具体的には、まず、原発が増設された。すなわち、西独における最初の、試験段階の原発が六一年に稼働を開始した後も六七年までには計一一基の小規模から中規模の原発が建設されるにとどまっていたが、六九年から七五年には（高速増殖炉一基を含め）計二三基の、中規模および大規模な原発の建設が始まった（実際に稼働したのは一八基）。また、石油危機を受けて西独政府は七三年九月に包括的なエネルギー計画を策定し、その第一次改定（七四年一〇月）では、石油への依存を減らす代わりに原子力をさらに発展させることが最重要目標の一つとされ、八五年までに計五〇基の原発を設置し、総発電量に占める原子力発電の割合を四〇パーセントにまで増大させるという目標が定められた[1]。

また、核燃料サイクルを完成させるための諸施設の建設も本格的に始まった。まず、ウラン濃縮については、西独がイギリスおよびオランダとの共同による出資で七〇年に設立した国際合弁企業であるウレンコによって、グローナウ（ノルトライン・ヴェストファーレン州）にウラン濃縮施設が建設され、八五年に稼働を開始した。また、カールスルーエ（バイエルン州）では再処理施設が七一年から稼働を開始し、使用済み核燃料からプルトニウムを抽出し始めた。ただし、この再処理施設は試験段階の小規模なもので、六〇年代末から増設され始めた中規模以上の多くの原発から出される大量の使用済み核燃料に再処理を実施するためには、全く不十分であった。そのため、より本格的で大規模な再処理施設の建設がゴアレーベン（ニーダーザクセン州）で目指されることになった。また、使用済み核燃料に再処理を実施してプルトニウムを抽出した後に残される、最終的なゴミとなる放射性廃棄物の、最終処分場の建設予定地としてもゴアレーベンが選ばれた（七六年）。さらに、カルカー（ノルトライン・ヴェストファーレン州）では七三年から高速増殖炉の建設が始まり、ハーナウ（ヘッセン州）ではＭＯＸ燃料加工施設が建設されることになった。ＭＯＸ燃料とはウランとプルトニウムを混合したもので、原発で発電のために使用される。

以上のように、七〇年代半ばまでに西独における原子力の発展は全盛期を迎えた。

大転換——脱原子力へ（七〇年代半ば以降）

ところが、全盛期から一転して七〇年代半ばから反原子力運動が全国規模で激化し始めたため、原子力の発展に急激なブレーキがかかり、原子力は廃絶に向けて衰退し始めた。具体的には、まず、原発の建設について、六九年から七五年までの間には計二三基の原発の建設が始まっていたのに対し、反原子力運動の激化を受けて、七六年から七九年まで新規の原発建設は全くなくなった。ただし、八〇年に二基、八二年に一基の原発の建設が始まったが、八二年に始まったものを最後に新規の原発建設は全くなくなった。

そして、反原子力運動の激化を受けて連邦議会は七九年、原子力に関する特別調査委員会を設置し、八〇年に公表された委員会の報告書では、今後のエネルギー政策の選択肢の一つとして脱原子力が挙げられ、それは具体的に可能であるという見通しも示された[2]。ただし、シュミット政権もコール政権も原子力の発展を積極的に目指す方針を変えようとはしなかったが、反原子力運動が激化したため、そのような方針を維持することは非常に難しくなっていた。そのため、新規の原発建設を断念しただけではなく、再処理施設および高速増殖炉の建設も九〇年代初めまでに断念せざるを得なくなった。

すなわち、ゴアレーベンで目指されていた大規模な再処理施設の建設は、反対運動の激化を受けて七九年に断念された後、八〇年以降はヴァッカースドルフ（バイエルン州）での建設が目指されるようになったが、これに対しても激しい反対運動が繰り広げられた結果、八九年に建設が断念された。本格的な再処理施設の建設が断念されたため、そのために準備されていた、カールスルーエで稼働していた試験段階の再処理施設の存在意義も消失し、九〇年に稼働を終えた。つまり、西独自身が再処理を行うことは全くできなくなった（ただし、その後も使用済み核燃料の再処理はフランスやイギリスへの委託によって続けられたが、二〇〇二年にシュレーダー政権は他国への委託を含め、再処理を完全に禁止することになる）。また、カルカーで七三年から始まっていた高速増殖炉の建設に対しても激しい反対運動が起きただけではなく、コストの増大や安全性への不安、実現可能性への疑問等の諸問題のため、九一年、高速増殖炉の建設計画の中止が決定され、その後、再開されることはなかった。さらに、ゴアレーベンに最終処分場を建設することに対しても七七年以降、激しい反対運動が起こり、二〇一〇年代に至るまで続いた結果、二〇一三年にはゴアレーベンにおける最終処分場の建設が断念され、候補地を新たに選定し直すことになった（新たな候補地は現在でも決まっていない）。ゴミ捨て場がない以上、ゴミを出すこと、すなわち原子力発電を続けること自体も難しくなった。

以上のように、七〇年代半ばから激化した反原子力運動のために、原子力の発展は大打撃を受け、八二年に建設が始まったものを最後に新規の原発建設は完全に終了し、九〇年代初めまでに再処理施設および高速増殖炉の建設も断念され、最終処分場の建設も難しくなった。

それでも、シュミット政権は原子力の発展を積極的に目指す方針を変えようとはせず、原子力技術の輸出によって多大な経済的利益を得ようともした。しかし、西独が輸出しようとした原子力技術は軍事目的にも利用できたため、輸出による核拡散問題の悪化が強く恐れられるようになった。

2　原子力技術輸出政策――西独による核拡散の危険性

概　要

西独はブラジルからの要請を受けて七五年六月二七日（すなわち、NPT加盟が確定してから約二か月後）、原子力技術輸出に関する協定を締結したが、その基本的な内容は以下のようなものであった。西独の企業がブラジルに複数の原発と再処理施設およびウラン濃縮施設を建設する。そして、再処理およびウラン濃縮の技術は核開発にも利用可能で、「センシティブ技術」と呼ばれたが、それを西独がブラジルに提供することによって、同国が核開発能力を獲得することを多くの国々、とくにアメリカが強く警戒した。それにも拘らず、西独は多大な経済的利益を得ることを目的としてセンシティブ技術をブラジルに輸出しようとした。

さらに、西独はイランに対してもセンシティブ技術を輸出しようとしたが、アメリカをはじめとする多くの国々からの強い反対を受けて断念した（七六年）。しかし、西独はブラジルに対しては、アメリカが強く反対したにも拘らずセンシティブ技術の輸出を開始した（七七年）（ただし、結局、それがブラジルに核開発能力を与えることはなかった）。これを最後として、西独はセンシティブ技術の輸出を止めたが、アメリカが止めさせるまで、西独はセンシティブ技術の輸出によってNPT体制を弱体化させようとした。

以上のような原子力技術の輸出に関する諸問題について、以下、より詳しく説明する。

ブラジルが西独に原子力開発の包括的支援を要請、西独外務省の基本方針

七四年五月一八日にインドが「平和」目的の核実験を実施して世界に衝撃を与えた直後、六月から七月にかけてブラジルは西独に対し、「平和」目的の原子力を発展させるための、以下の内容の包括的な支援を要請した。すなわち、西独（の企業）がブラジルに、核燃料の加工施設、および、最低でも四基の原発を建設し、また、再処理施設およびウラン濃縮施設を建設する。そして、ブラジル大統領のガイゼル（Ernesto Geisel）は西独の外務次官ザクス（Hans-Georg Sachs）との会談（八月二〇日）で、西独は「高い技術力を有するため、ブラジルにとって理想的なパートナーである」とアピールした。そして、ブラジルへの支援の見返りに、多大な経済的利益を得ることが期待された[3]。

しかし、西独外務省は原子力開発の包括的支援、とくに再処理施設とウラン濃縮施設の建設がブラジルに核開発能力を与えることを警戒した。また、そもそもブラジルがNPTに加盟していないことや、同国の政情不安（軍事政権によって支配されていること等）、同国から他の国々に原子力技術がさらに拡散していくことも警戒した〔外務省第四局長のヘルメス（Peter Hermes）による文書（七四年七月四日付）等。なお、第四局内には原子力平和利用問題を担当する部署（四一三課）があったため、ブラジルへの原子力技術輸出問題では第四局、とくに局長のヘルメスが重要な役割を果たした[4]〕。

また、アメリカの立場も注意を要する問題であった。アメリカ政府の内部ではインドによる核実験の後、以下のような意見が強く主張され始めていた。これ以上の核拡散を防ぐため、原子力技術の輸出規制強化を目的とした多国間ルールを形成せねばならない。そして、アメリカは高度の原子力技術を有する国々に対し、そのようなルールの形成を目指す国際会議、すなわち、「核供給国グループ（Nuclear Suppliers Group）」（以下「ＮＳＧ」）会議

の開催を呼びかけた。ＮＳＧ会議は七五年から開催されることになり、西独も参加を求められ、参加の意思を表明した（七四年一一月二五日）[5]。

しかし、西独政府、とくに経済省や研究技術省はブラジルへの包括的支援に積極的であった。何故なら、支援によって得られる多大な経済的利益を重視したからである。そのため、研究技術相のマットヘーファー（Hans Matthöfer）（ＳＰＤ）はヘルメスに対し、閣議に諮ることなくブラジルへの支援を進めるべきとまで主張した（七四年一一月二六日付の文書）[6]。なお、外務省もブラジルへの支援がもたらす経済的利益は重視していた[7]。

以上の諸問題への注意から、外務省は七四年一二月、ブラジルへの支援について以下の方針を定めた。すなわち、支援についてブラジルとの交渉を開始するが、原子力の軍事利用を防ぐため十分に注意せねばならない。ブラジルが、センシティブ技術を含む原子力の全体についてＩＡＥＡ査察を全面的に受け入れる場合にのみ、支援を提供する。また、交渉を進めるにあたっては核不拡散を重視するアメリカとの関係や、ＮＳＧに十分に注意せねばならない。そもそも核燃料の供給について西独は依然としてアメリカに大きく依存しているため、原子力に関するあらゆる問題について、アメリカとの関係が決定的に重要であることに改めて注意せねばならない[8]。

以上の方針に基づき、ブラジルとの交渉が七五年から始まることになった[9]。

原子力開発の包括的支援に関するブラジルとの協定締結、しかし査察は不十分

西独外務省とブラジル政府の使節団との交渉が七五年二月五日から一二日にかけて行われた。まず、西独外務省は支援の条件としてＩＡＥＡ査察の全面的な受け入れを要求し、「平和」目的の核爆発装置の開発禁止も要求した。しかし、ブラジルはそれらの条件を拒否した。ただし、一定の限度の査察、より具体的には、ＮＰＴで要求される程度の緩やかな査察（核物質のみを査察の対象とし、施設や設備は査察の対象としない等）は受け入れるとい

う立場を示した。しかし、その程度の査察では軍事利用を防ぐために不十分であることが危惧された（ところで、NPTで要求される査察を不十分にした張本人は西独である）。さらにブラジルは、センシティブ技術を含む包括的な支援でない限り、支援を受け入れないという立場も示した。つまり、西独がブラジルへの支援で利益を得るためには、センシティブ技術も必ず提供せねばならなかった。そして、両国の間で支援に関する協定の草案（二月一一日付）が作成されたが、その内容は以下のようなものとなった。西独がブラジルに対し、センシティブ技術を含む包括的な支援を提供し、また、査察を、ブラジルが要求する緩やかなものにとどめる。つまり、西独はブラジルの要求を全面的に受け入れたのである。[10]

しかし、外務省の内部では、そのような草案の内容のまま協定を締結すればブラジルに核開発能力を与えてしまうことへの強い批判があった。ブラジルとの交渉の責任者であったヘルメスも協定の正式な締結を急がず、とくにアメリカとの関係に注意して以下のように主張した。協定の正式な締結の是非は閣議の判断に委ねるが、協定の締結についてアメリカの同意が得られるまでは、閣議で決定を下すべきではない（七五年二月一四日付の文書、および三月一〇日付の文書）。そして、協定の草案に対するアメリカ（国務省および軍備管理軍縮庁）の反応は、やはり否定的で、査察が不十分なことに強い懸念を示した（三月から四月）。それでも、西独経済省や研究技術省は協定の締結に積極的で、慎重な姿勢を崩さない外務省への不満を強め、閣議決定を急ぐべきと主張した。そのような圧力に外務省も抗し切れなかったため、また、外務省内でも協定がもたらす経済的利益を重視する意見は有力であったため、閣議への準備として開催された関連省庁による会議（四月一六日）では、以下の方針について合意が形成された。草案の内容で協定を正式に締結することを閣議に提案する、ただし、正式な締結はNSG会議の後まで待つ。[11]

そのように、外務省をはじめとする関連省庁はNSGに一定の配慮を示したが、それとは無関係に協定を締結できると判断していた。何故なら、まず、フランスもＮＳＧに招待されたが、フランスは原子力技術の輸出規制強化に強く反対していたため、ＮＳＧは成功せず、失敗に終わると予測できたからである。実際に、第一回ＮＳＧ会議（七五年四月二三、二四日）は具体的な成果を生み出さずに終了し、西独とブラジルの協定は争点にならず、批判されなかった。(12)

そして、第一回ＮＳＧ会議が終了した後、西独政府は七五年四月三〇日の閣議で協定の締結を決定し、さらに、第二回ＮＳＧ会議（七五年六月一八、一九日）も成果なく終了した後、六月二七日、協定を正式に締結した。(13)

協定が締結された諸理由、米独政府首脳の立場

協定に基づく支援はブラジルに核開発能力を与える危険性を伴い、核不拡散を重視するアメリカ政府との関係が悪化する危険もあったにも拘らず、西独が協定を締結した（また、できた）理由として、以下の諸点を指摘できる。第一に、西独経済省や研究技術省がブラジルへの支援による経済的利益を重視しただけではなく、利益を重視する意見は外務省内でも有力であったこと。つまり西独政府は、総じて経済的利益を最も重視し、核不拡散を重視しなかった。第二に、原子力技術の輸出規制に関する多国間ルールがまだ形成されていなかったため、そのようなルールで西独を抑制できなかった。第三に、以下に説明するとおり、米独政府首脳の立場も重要であった。すなわち、アメリカ政府首脳は協定を黙認し、そして、シュミットが原子力技術の輸出に非常に熱心であった。

まず、アメリカ政府の内部では、確かに、国務省および軍備管理軍縮庁は原子力技術の輸出規制強化、とくに、ＮＳＧによる多国間ルールの形成に積極的であったが、政府首脳は必ずしもそうではなかった。すなわち、ニクソンの辞任（七四年八月）後も強い影響力を保った国務長官のキッシンジャーや後任の大統領であるフォード（Gerald Rudolph Ford）は核不拡散、とくに、そのために重要な課題となった原子力技術の輸出規制強化に強い関

心を示さず、西独とブラジルの協定も黙認した。例えば、シュミットとフォードの会談（七五年五月二九日）では、協定は議題にもならず、キッシンジャーは西独外相のゲンシャーとの会談（六月一六日）で、協定については黙認するという立場を示した。(14)

そして、シュミットは原子力技術の輸出に非常に熱心であった。とくに、原子力の国際市場におけるアメリカの優位に挑戦して西独も競争力を強め、シェアを拡大し、経済的利益を増やすことを強く重視していた。また、シュミットはそもそもＮＰＴや核不拡散に懐疑的で、原子力技術の輸出が多くの国々に核開発能力を与える危険性を問題視しなかった。要するに、シュミットは核不拡散を重視せず、経済的利益を最も重視し、利益のためにＮＰＴ体制を犠牲にすることも厭わなかった。

例えば、シュミットはカナダ首相のトルドー（Pierre Elliott Trudeau）との会談（七五年三月四日）では端的に、ＮＰＴは核拡散を防げないと主張した。これに対しトルドーは、ＮＰＴだけでは核不拡散のためには不十分であることを認めつつ、だからこそ原子力技術の輸出規制に関する多国間ルールをＮＳＧで形成する必要があると主張したが、シュミットは、多国間ルールが守られる可能性にも疑問を呈した。同様の立場をシュミットは、ソ連副首相のノヴィコフ（Vladimir Nikolaevich Novikov）との会談（六月一二日）でも示した。なお、ソ連は七四年以降、西独に対し、自国領土内における原発建設の支援を求めていた。結局、これは実現しなかったが、これについてもシュミットは非常に熱心で、ノヴィコフに対し以下のように主張した。すなわち、原子力平和利用における独ソ間の協調は、原子力の国際市場におけるアメリカの支配的地位を打破するために重要で、また、西独がブラジルに提供しようとしている原子力開発の包括的支援も、同様にアメリカへの挑戦として重要である。(15)

以上のような立場を取るシュミットを、フォードやキッシンジャーは抑制しなかった。以上のような米独政府首脳の立場も、西独とブラジルの協定をもたらした重要な要因であった。

強まる批判、無視するシュミット

しかし、アメリカのメディアや議会は西独への批判を強めていた。例えば、インターナショナル・ヘラルド・トリビューン（七五年六月二日）は、西独による原子力開発の包括的支援がブラジルに核開発能力を与える危険性を指摘し、ブラジルが軍事政権に支配されていることに注意を促した。ワシントン・ポスト（六月三日）も「核不拡散に関する西独のモラルは、アメリカほどには高くない」と批判した。これらの諸問題はアメリカ上院でもパストール（John O. Pastore）（民主党）等によって取り上げられた（六月三日）。パストールは核不拡散の重要性や、NPT体制の強化をアメリカ議会で最も強く主張し続けていた議員であり、西独を以下のように厳しく批判した。ブラジルへの支援が重大な国際問題となっていることに対する「西独のあからさまに無関心な態度は、私には全く理解できず、受け入れることもできない」。パストールは、西独の安全を守るためにアメリカが尽力しているにも拘わらず、アメリカの近く（ブラジル）に西独が重大な危険を及ぼそうとしているとも批判した。また、リビコフ（Abraham A. Ribicoff）上院議員（民主党）も以下のように主張した。「西独が……明らかに危険な原子力技術の輸出を止めない限り、核開発能力がわれわれの位置する西半球および世界中に広まっていく」であろう。[16]

以上のような、アメリカのメディアや議会における批判について、シュミットは記者会見（七五年六月二五日）で、アメリカの政府は西独を批判していないと強調し、メディアの批判はアメリカの原子力産業（ウエスティングハウスおよびゼネラル・エレクトリック社）の差し金によるものだと反論した。すなわち、まず、アメリカの原子力産業もブラジルとの間で原子力開発に関する交渉を進めていたため、米独は競争関係にあったが、シュミットは、アメリカの原子力産業が西独の立場を弱めるために、メディア工作を仕掛けたに過ぎないと主張したのである。[17]

なお、ブラジルの外相がアメリカ上院で行った説明（七五年九月一八日）によると、アメリカの原子力産業がブラジルに提案した支援の内容は不十分で、センシティブ技術の提供を拒否したために満足できなかったという。これに対し、西独はセンシティブ技術の提供を認めたためにアメリカとの競争に勝ち、ブラジルとの協定を勝ち取ることができた[18]。つまり、アメリカの原子力産業は核不拡散を重視したが、西独は核不拡散を無視したことによって競争に勝った。そのような西独に対してアメリカのメディアや議会が批判を強めたが、シュミットは無視した。

イランへの輸出も目指すが、アメリカ政府も批判を強めたため、抑制

しかし、西独外務省は、批判が強まっていることへの警戒を強めた[19]。西独政府は、全体としては核不拡散よりも経済的利益を重視する立場を取ったものの、外務省内では前述のとおり、アメリカとの関係への注意から、原子力技術の輸出には慎重でなければならないという意見も主張されていた。

そして、西独はイランとの間でも七五年四月から、原子力開発の支援に関する交渉を始めていたが、この交渉について、外務省はアメリカの態度にこれまで以上に強く注意するようになった[20]。なお、イランは原発だけではなくセンシティブ技術にも強い関心を示し、それらに関する開発支援を求める交渉をアメリカの原子力産業との間でも進めていたが、センシティブ技術の提供を拒まれたために交渉は停滞し、イランはアメリカへの不満を強めていた。そのため、イランは西独との間でも交渉を開始したが、外務省第二局長のヴェル（Günther van Well）は以下の方針を示した（七五年七月七日付文書）。ブラジルとの協定を模範的な先例とするべきではなく、今後の原子力技術輸出に関しては、アメリカとの関係悪化を避けることを最優先事項とせねばならず、NSGも尊重し、センシティブ技術の輸出については非常に慎重にならねばならない。また、外務省はイランへの支援について、アメリカとの間でも協議を開始し（七月以降）、アメリカへの事前の説明がない限り、イランとの

交渉を進めないと約束した。そして、アメリカは西独に対しイランへのセンシティブ技術の輸出には非常に慎重になるべきと主張した（九月）。なお、第三回NSG会議（九月一六、一七日）も成果はなかったが、それでも外務省はNSGを尊重し、第四回NSG会議（一一月四、五日）で採択されることが目指されていた、原子力技術輸出規制に関する多国間の共通ガイドライン（以下「ガイドライン」）が採択されれば、西独はそれを守るべきと主張した。この主張は閣議（一〇月二二日）で承認されたように、外務省の方針、すなわち、アメリカとの関係に注意し、NSGを重視し、原子力技術（とくにセンシティブ技術）輸出に非常に慎重になる方針が、政府内で影響力を強めたのである。[21]

そして、第四回NSG会議では全参加国の賛成によってガイドラインが採択されたが、それは必ずしも厳格ではなく、外務省は、それは西独の経済的利益を損なわないと判断した（七五年一一月二〇日付文書）。それでもガイドラインでは、センシティブ技術の輸出を原則として自制するべきこと、輸出しようとするのであれば事前にNSG参加国の間で十分な協議を行うこと等が合意された点で一定の成果があった。また、原子力技術の輸出規制に強硬に反対していたフランスでさえガイドラインに賛成したことも重要な成果であった。[22]

しかし、シュミットはNSGやアメリカの意向とは無関係に原子力技術の輸出を続けようとする立場をイラン国王および首相との会談（七五年一一月二日）で明確に示した。この会談では、まず、イランの首相が以下のような懸念を示した。西独はブラジルへの原子力技術輸出をめぐってアメリカとの関係を少なからず緊張させたため、イランへの輸出を控えるのではないか。これに対し、シュミットは以下のように返答した。西独は「自国の利益に従って行動し、ブラジルの場合と同様、イランとの間でも協定を締結するでしょう。NSGに影響されることはありません」[23]。

しかし、西独政府の内部では前述のとおり、NSGを尊重し、原子力技術（とくにセンシティブ技術）の輸出には慎重になるべきという意見が影響力を強めており、シュミットの言動はそのような意見に反していた。そして、外務省第四局長（七五年九月以降）のラウテンシュラーガー（Hans Lautenschlager）はシュミットの立場に明確に反対し、イランとの交渉をこれ以上進めるべきではないと主張したが、この意見はゲンシャーから支持され、外務省の立場となった。そのため、シュミットは西独政府の内部で孤立しつつあった。[24]

そして、アメリカのメディアや議会は、西独がイランに原子力技術を輸出しようとしていることについても批判を強めたが、[25]七六年にはアメリカ政府首脳もセンシティブ技術の輸出に反対するようになった。すなわち、アメリカが全体として反対するようになったのである。そのため、シュミットでさえ慎重にならざるを得なくなったが、アメリカ政府首脳が反対するようになった理由は以下のとおりである。まず、アメリカの議会で西独を批判しているのは民主党（の議員たち）だが、フォード（共和党）に対しても西独を放置しているという批判が強まり、大統領選挙（七六年）に影響することを、フォードをはじめ、政府首脳も警戒せねばならなくなった。[26]したがって、西独を抑制し始め、キッシンジャーはゲンシャーとの会談（五月二三日）で、イランへの再処理技術の輸出の、一定期間の停止（モラトリアム）を要求した（イランは、センシティブ技術についてはとくに再処理技術を求めていた）。キッシンジャーは、西独による再処理技術の輸出がアメリカ国内で重大な問題になっていることを強調した。[27]

そのため、西独はこれまで以上に慎重にならねばならなくなった。以上の事情から、七六年六月一八日に締結された西独とイランの協定の内容は以下のように抑制されたものとなった。すなわち、まずは西独（の企業）が二基の原発をイランに建設するが、再処理施設については、現時点では建設の是非を決定せず、もし建設するとしても九〇年代以降とする。なお、そのような協定の内容についてはシュミットも事前に承認していた。[28]

以上のようにして、西独はイランへのセンシティブ技術（再処理技術）の輸出を（九〇年代までは）断念した。ただし、ブラジルとの関係では、輸出することが既に協定で合意されていたため、シュミットをはじめ西独政府は協定を履行し、輸出しようとした（なお、輸出はまだ始まっていなかった）。しかし、アメリカで新たに成立したカーター（James Earl Carter Jr.）政権が反対し、米独間の対立が深まることになった。

カーター政権――ブラジルへのセンシティブ技術輸出をめぐる米独対立

カーター自身が核不拡散を非常に強く重視したため、政権全体も核不拡散、とくに、そのために重要な原子力技術（とくにセンシティブ技術）の輸出規制強化に熱心に取り組むことになった。そして、カーターは大統領選挙（七六年一一月二日）に勝利してから間もない一一月下旬、シュミットに対し、ブラジルへの再処理技術の輸出を止めるように求め、その後、ウラン濃縮技術の輸出も止めるように要求した。すなわち、カーター政権は西独に対し、センシティブ技術を一切、ブラジルに輸出しないように要求した[29]。

これに対し、西独政府は七七年一月までに以下の方針を定めた。（一）ブラジルとの協定はセンシティブ技術の輸出を含め、あくまでも完全に履行する。（二）ただし、カーター政権との一定の協議を終えた後、輸出を開始する。（三）また、輸出の開始と同時に、西独はこれを最後として、今後は再処理技術を輸出しないと宣言する[30]。そのように、西独は（二）と（三）でカーター政権を宥めつつ、あくまでも既存の協定は守り、ブラジルに対してはセンシティブ技術を輸出しようとした。

ところで、西独からブラジルへの原子力技術輸出を実際に担当するのは民間企業であった。すなわち、西独とブラジルの協定が七五年六月に締結された後、協定に基づいて西独のさまざまな企業が、ブラジルにおける原子力関連施設の建設工事を受注する契約を結んでいた。ただし、それらの企業が技術輸出（による施設の建設）を実際に始めるためには、政府が輸出を許可すること、すなわち、ライセンスの供与が必要であった。しかし、政府がライセンス供与をまだ認めていなかったため、ブラジルへのセンシティブ技術の輸出はまだ始まっていなかった。何故なら、センシティブ技術の輸出について西独への批判が強まっていたため、政府がライセンス供与に慎重になっていたからである。しかし、ライセンス供与が遅れていることに対しては、ブラジルだけではなく西独の企業も苛立ちを強めていた。また、西独政府は、ライセンス供与を決定してブラジルとの協定を誠実に履行しなければ、西独政府の信頼が失われるとアピールした[31]。

以上のような事情のために、西独政府はライセンス供与をセンシティブ技術に関しても断行しようとした。そして、シュミットはカーターとの電話による協議（七七年二月三日）で、ブラジルとの協定をあくまでも守ると伝えた。これに対して国務副長官のクリストファー（Warren Minor Christopher）は、西独外務省の次官に昇格していたヘルメスとの協議（二月一一日）で以下のように主張した。核不拡散はカーターにとって最も重要な課題の一つであるため、西独がブラジルにセンシティブ技術を輸出しようとしていることは重大な問題となっている。そのような輸出はブラジルに核開発能力を与える危険性があるため、止めるべきである。しかし、ヘルメスは、ブラジルとの協定を守るという立場を崩さず、ブラジル等の第三世界の国々についてのみ特定の原子力技術の利用を禁止しようとすることは差別であると主張したが、クリストファーは「核による破滅を避けるためならば、アメリカはそのような差別を認める」と応じた[32]。

しかし、西独も引き下がらず、シュミットはカーターへの書簡（七七年二月二三日付）で以下のように主張した。すなわち、まず、NPTの前文および第四条では、原子力平和利用の利益が守られねばならないと明確に記されていることに改めて注意せねばならない。そして、ブラジルへの原子力技術輸出も、原子力平和利用の利益の追求であり、NPTによって認められている。また、豊かな先進国には貧しい途上国の技術開発を支援する義務がある。これに対してカーターも引き下がらず、シュミットへの書簡（三月一一日付）で、ブラジルへのセンシティブ技術輸出の代替案について米独間で交渉し、その間は輸出を自制するように求めた。しかし、シュミットは、国務長官のバンス（Cyrus Roberts Vance）との会談（三月三一日）では以下のように主張した。すなわち、西独における原子力産業は「一九八四年には二〇万人を雇用することになりますが、それは全労働人口の一パーセントとなり、最先端のさまざまな産業分野に重要な波及効果をもたらします。ブラジルへの輸出を一、二件放棄するだけでも多くの雇用を失ってしまいます。これは私にとって個人的に非常に重大な問題です……ブラジルとの協定を守らなければ、この先、われわれはおそらく原子炉をほとんど輸出できなくなるでしょう、何故なら、われわれの信用が失われてしまうからです……ＮＰＴ、とくに前文と第四条をもう一度よく読むように、大統領に伝えて下さい」。

以上のように米独間で激しい応酬が繰り広げられたが、結局、立場の違いは解消されなかった。シュミットはブラジルとの協定の履行を正当化するためにあらゆる議論を尽くそうとしたのである。シュミットが最も重視したのはやはり経済的利益で、そのような立場をカーター政権にも率直に示した。なお、西独政府は前述のとおり、アメリカとの一定の協議を終えた後にブラジルへの原子力技術の輸出を開始するという方針を定めていた。輸出を開始するためにはライセンス供与が必要であったが、そのような方針どおりに、アメリカとの一定の協議を終えた後の七七年四月五日、シュミットはライセンス供与を決定した。これによって輸出が始まることになったが、センシティブ技術に関しては、まずは再処理施設およびウラン濃縮施設の設計図をブラジルに提供することになった。また、西独政府は六月一七日、今後は再処理技術を輸出しないという立場を公に表明した。ただし、「既存の諸協定は影響されない」とも述べたように、ブラジルに再処理技術を輸出することは隠さなかったのである。[34]

なお、シュミットがライセンス供与を正式に決定したことは七七年四月五日（すなわち、決定と同じ日）にクリストファーに伝えられていたが、クリストファーは「歓迎しない」と応じた。[35] その後も米独間の交渉は続けられたが、成果はなかった。

西独が孤立、それでもセンシティブ技術の輸出を断行

ただし、原子力技術、とくにセンシティブ技術の輸出規制を強化しようとするカーター政権の方針には多くの西側先進国が賛同したため、西独は孤立を深めつつあった。とくに、フランスでさえカーター政権の方針に同調し、七七年六月初めにはパキスタンとの間で合意していた再処理技術の輸出を延期するという立場を示し、一〇月には輸出を正式にキャンセルした。何故なら、フランスもセンシティブ技術の輸出が伴う危険性を強く警戒するようになったからである。そして、フランスからパキスタンへの再処理技術の輸出は、西独からブラジルへのセンシティブ技術の輸出とともに重大な争点になっていたが、フランスが断念したため西独が孤立する形となった。さらに、フランスは西独からブラジルへのセンシティブ技術の輸出を批判するようにもなった〔駐仏西独大使とフランス外務次官との会談（六月七日）等〕[36]。

それでも、西独はブラジルへのセンシティブ技術の輸出に執着し、その実施を決定したが、西独国内では、輸出は多くの有力団体によって支持されていた。すなわち、まず、シュミットは七七年二月、原子力に関する諸政策について政府や財界、科学者たちの代表や労組が協議する「原子力平和利用会議（Rat für die friedliche Nutzung der Kernenergie）」の組織と開催を指示していた。この会議は三月二三日に開催され、会議ではブラジルへの原子力技術の輸出を実施するべきこと、そのために政府がライセンス供与を早急に決定するべきことについて意見の一致が見られた。それだけではなく、ライセンス供与をこれ以上遅らせれば政府に対する訴訟案件に発展する可能性も会議で警告されていた。以上のような国内の合意や事情を背景に、シュミットは四月五日、ライセンス供与を決定した[37]。

以上のようにして、カーター政権が強く反対したにも拘らず西独からブラジルへのセンシティブ技術の輸出が、遂に始まることになった。

原子力技術輸出の成果

しかし、センシティブ技術の輸出はほとんど成果をもたらさなかった。まず、再処理技術はほとんど輸出されなかったが、その背景にあった事情として以下の問題を指摘できる。すなわち、七〇年代半ばから西独国内で反原子力運動が激化したため、西独自身の再処理技術の発展が頓挫し、終了したことである。また、ウラン濃縮の技術については、まず、ウレンコが共同で開発・管理していた遠心分離式の濃縮技術ではなく、西独が独自に開発・管理していたジェットノズル式の濃縮技術を輸出することになった。しかし、性能が非常に悪かったため、この技術を備えたブラジルのウラン濃縮施設は完成することもなく廃棄された。以上のような諸事情のためにブラジルは七〇年代末以降、独力でセンシティブ技術と、これに基づく核兵器の開発に取り組み始めたが、軍事政権の終了と民政への移行（八五年）の後、核開発計画を縮小し始めて最終的に放棄し、九八年にはNPTに加盟した。総じて、西独からブラジルへのセンシティブ技術の輸出は、恐れられていたような結果（ブラジルに核開発能力を与えること）をもたらさなかった。[38]

ただし、原発の建設については成果があった。すなわち、まず、西独とブラジルの協定（七五年）に基づき、西独における原発建設に関する最大手の企業、クラフトヴェルクユニオン（Kraftwerkunion）（以下「KWU」）はブラジルにおけるアングラ2原発の建設工事を受注した。七六年に始まった建設工事はブラジルの財政難のために停滞し続けたが、九〇年代に進展した結果、二〇〇〇年に稼働を開始した。そのように、西独（ドイツ）はブラジルにおける原子力の発展に少なからず貢献した（KWUはアルゼンチンにも二基の原発を建設した）。

その一方で、KWUが受注したイランにおけるブーシェフル（Bushehr）原発の建設はイラン革命（七九年）のために事実上、終了した（その後、九一年にイランはKWUに建設の再開を求めたが、アメリカとの関係悪化を恐れたコール政権はライセンス供与を認めなかった。ただし、建設はロシアの企業が引き継ぎ、二〇一一年に稼働を開始した）。イランへの原子力技術の輸出も恐れられていたような結果をもたらさず、その後のイランの核開発計画に西独が及ぼした影響は、あったとしても、ごく限られたものであったと考えられている。[39]

その他、原子力技術輸出に関わる重要な問題として、南アフリカの核開発への、西独の企業や科学者たちの関与が疑われたことがあった。すなわち、ジェットノズル式のウラン濃縮技術の特許権を有する、西独のシュティーク（Steag）社や関連する科学者たちと、ウラン濃縮技術の開発を進めていた南アフリカの国有企業との間で接触があったことが指摘されている。ただし、南アフリカの、核開発の成功をもたらした濃縮技術は、同国が他国からの支援によらず独力で開発したもので、ジェットノズル式濃縮技術の利用や、西独の企業や科学者たちの関与は、あったとしても、それらの影響は限られたものであったと考えられている。ただし、詳細は十分に明らかになっていない。[40]

小　括

シュミット政権はブラジルへのセンシティブ技術の輸出は断行したが、アメリカやNSGからの圧力を受けて、ブラジルへの輸出を最後に再処理技術の輸出を自制するようになり、ウラン濃縮技術の輸出も自制するようになった。しかし、そのような圧力が強まるまで西独はセンシティブ技術を積極的に輸出しようとしており、そのような圧力がなければ輸出を続けて核拡散問題を悪化させていたかもしれない。以上のような原子力技術の輸出に関する諸問題は、西独の原子力がNPT加盟後も国際関係を不安定化させる危険性を孕んでいたことを証明したと言える。

しかし、西独は原子力を失い始めることになった。

3　脱原子力へ（一）市民のイニシアティブ

概　要

五〇年代後半以降、西独は原子力を大規模に発展させようとし続けていたが、そのような動きは七〇年代半ばを境に突然、逆転して脱原子力を目指す動きが急激に強まり、それが支配的な潮流となって現在に至っている。すなわち、まず、七五年から西独の各地で大規模な反原子力運動が頻発し始め、反原子力が全国レベルの争点になった。これを背景に七七年末から反原子力を主張する政党がまずは地方レベルで組織され始めて議席を獲得し、そのような成功を受けて全国レベルの政党の組織化が目指されたことによって八〇年に緑の党が誕生、八三年の総選挙の結果、連邦議会で二七の議席を獲得し、脱原子力を国政レベルで目指し始めた。以上のように、一〇年にも満たない短期間のうちに反原子力の機運が急激に強まったが、そのような機運をさらに強めたのが八六年に起きたチェルノブイリ原発事故である。事故を受けて西独国民の大多数が原子力を危険視するようになったため、新規の原発建設に反対するようになっただけではなく、既存の原発の閉鎖を主張する人々も増え始め、これを受けてSPDも八六年、脱原子力を方針として正式に採択した。さらに、再処理施設や高速増殖炉、および最終処分場等の建設に反対する運動も激化し、その結果、再処理施設および高速増殖炉の建設は九〇年代初めまでに断念された。これによって、西独が追求し続けた核燃料サイクルの完成という目標は致命的な大打撃を受けた。

以上のような脱原子力の動きのために、核開発能力も劇的に弱体化し始めた。とくに、再処理施設（および高速増殖炉）の建設を断念したことによって、プルトニウムの入手が非常に困難になったため、プルトニウム型原爆の開発能力が劇的に弱体化した。

そして、九〇年代以降、現在に至るまでの時期における脱原子力の動きについては第8章第3節で説明するが、本節では七〇年代半ばから九〇年代初めまでの時期における脱原子力の動きを、以下、より詳しく説明する。

なお、五〇年代後半以降の原子力の発展において主な役割を果たしていたのは政府や財界、科学者等のエリートたちであり、原子力の発展がＮＰＴによって阻害されることを防ぐために尽力したのも外務省をはじめとする政府のエリートたちであった。これに対し、脱原子力の原動力となったのは全国の市民たちによる運動であった。これに対してエリートたちはあくまでも原子力を守ろうとしたが抗し切れず、九〇年代末からは政府が脱原子力を国の政策として推進し始めることになる。これまでの分析における主なアクターはエリートたちであったが、本節では主役が交代して市民たちが主なアクターとなる。脱原子力を目指した市民たちの直接的な目的は核開発能力をなくすことではなかったが、結果として、それにも貢献することになった。

反原子力運動の激化

まず、七〇年代半ばから八〇年代後半までの時期に起きた、主な反原子力運動を列挙する。

七四年
　八月　ヴィール、原発建設反対デモ、参加者、約（以下同）三千人

七五年

二月　ヴィール、原発建設反対デモ、最大で二万八千
七六年
一〇—一一月　ブロクドルフ、原発建設反対デモ、八千—四万
七七年
二月一九日　ブロクドルフ、原発建設反対デモ、五万
三月一二日　ゴアレーベン、再処理施設および最終処分場等への反対デモ、一万五千
三月一九日　グローンデ、原発建設反対デモ、二万
四月一〇日　ビブリス、原発閉鎖を求めるデモ、五千
五月一四日　シュトゥットガルト、原子力反対集会、六千
九月二四日　カルカー、高速増殖炉建設反対デモ、六万
七八年
二月二五日　ハノーファー、（グローンデにおける）原発建設反対デモ、七千
三月四日　アルメロ（オランダ）、ウラン濃縮施設建設反対デモ、西独からは八千
六月一〇日　ハノーファー、（グローンデにおける）原発建設反対デモ、五千
七九年
三月三一日　ハノーファー、（ゴアレーベンにおける）再処理施設および最終処分場等に反対する集会、
一〇万
六月三日　カルカー、高速増殖炉建設反対デモ、三万
九月一五日　ゴアレーベン、再処理施設および最終処分場等への反対デモ、五千

一〇月一四日　ボン、原子力反対デモ、一五万（西独時代で最大のデモ）
一〇月一六日　グローナウ、ウラン濃縮施設の建設に反対する署名、四千
八〇年
三月　オーブリッヒハイム、既に稼働していた原発への反対デモ、五千
五月三日　ゴアレーベン、五千人のデモ隊が最終処分場の建設予定地を占拠
一二月二一日　ブロクドルフ、原発建設反対デモ、八千
八一年
二月　ブロクドルフ、原発建設反対デモ、一〇万
八二年
四月一日　ヴィール、原発建設反対デモ、一万
一〇月二日　カルカー、高速増殖炉建設反対デモ、二万五千
八三年
一月二九日　ハノーファー、再処理施設建設反対デモ、五千
八四年
三月二四日　ゴアレーベン、放射性廃棄物の搬入に反対する「人間の鎖」、一万五千
八五年
二月一六日　ヴァッカースドルフ、再処理施設建設反対デモ、四万
一二月　ヴァッカースドルフ、デモ隊（四万）が建設予定地を占拠（八六年一月まで）
八六年

三月三〇、三一日　ヴァッカースドルフ、再処理施設建設反対デモ、一〇万
五―六月　チェルノブイリ原発事故を受けて反原子力デモが各地で頻発
五月三日　西ベルリン、二万、フランクフルト、一万五千
五月四日　ヴァッカースドルフ、二万
五月七日　ブレーメン、一万
五月一三日　ハンブルク、四万
五月一六日　ハイデルベルク、八千、トリーア、六千、テュービンゲン、五千
五月一八、一九日　ヴァッカースドルフ、五万
五月二五日　ビブリス、二万五千、ヴァッカースドルフ、八千
五月二九日　カルカー、五千
六月七日　ブロクドルフ、一〇万、ヴァッカースドルフ、三万
六月一二日　ハンブルク、五万
六月一四日　ヴィースバーデン、一万
一一月八日　ハーナウ、二万五千
八八年
一〇月一五日　ヴァッカースドルフ、再処理施設建設反対デモ、五万(41)

では、何故、反原子力運動が激化したのか。

反原子力運動激化の背景――「新しい社会運動」、市民イニシアティブ

反原子力運動が激化した基本的な理由として、運動の主な担い手であった若年層を中心に価値観や政治的問題意識の大きな変化があったことが指摘されている。すなわち、六〇年代までに経済的繁栄が達成されて物質的な欲求が満たされたために、非物質的な価値、すなわち、政治参加による自己実現や環境保護等をより重視するようになった変化である。そのような変化にはブラント政権の諸政策、すなわち、環境教育や、「もっと民主主義を」というスローガンとともに国民に積極的な政治参加を呼びかけたこと等が影響したことも指摘されている。しかし、若年層を中心に抱かれるようになった新たな価値観は既存の制度や政党の方針には十分に反映されていなかったため、それらを政治や社会において実現するために新たな団体を自主的に組織し、運動を開始する動きが顕著に見られるようになった。そのようにして組織された団体や運動は「市民イニシアティブ（Bürgerinitiative）」と呼ばれ、また、以上のような、六〇年代以降の新たな運動は、労働運動に代表される古くからの社会運動から区別するために「新しい社会運動（neue soziale Bewegungen）」と呼ばれる。その代表例の一つが、多くの市民イニシアティブの、全国レベルの連合体として七二年に結成された「環境保護市民イニシアティブ全国連合（Bundesverband Bürgerinitiativen Umweltschutz）」（以下「ＢＢＵ」）である[42]。

そのように、新しい社会運動はさまざまな環境問題等に関して高まりつつあったが、それらの中でも、運動が最も大規模で激しくなったのが反原子力運動であった。その発端となったのがバーデン・ヴュルテンベルク州のヴィールにおける原発建設反対運動である（この運動に関する以下の記述は西田慎氏の研究に全面的に依拠し、それを要約したものである）。

大規模な反原子力運動の始まり――ヴィール

ヴィールにおける原発建設計画は七三年七月に公表されたが、地元住民に対する事前の説明はなく、州政府や電力会社は住民と協議することなく一方的に建設を進めようとした。そのような強引なやり方への反発から反対運動が始まった。当初、運動に参加したのは専ら地元住民であったが、近郊の自治体住民だけではなくBBUからも支持されたことによって運動の規模が拡大し、七四年八月には約三千人のデモ隊が原発建設予定地に行進した[43]。

そして七五年一月、原発建設の是非（より正確には、ヴィール村が所有していた原発建設予定地の、電力会社への売却の是非）を問う住民投票が実施された。ただし、ヴィールでは原発がもたらす経済効果への期待から賛成派が反対派をやや上回っていたが、周辺自治体では反対派が優勢であった。そして、住民投票を実施する地域をヴィールに限定して周辺自治体を排除したため、賛成は約五五パーセント、反対は四三パーセントという結果となった（投票率は九二パーセント）。これを受けて二月一七日に原発の建設工事が始まったが、翌一八日に数百人の反対派が建設地を占拠し、工事を中断させた。二日後（二〇日）に約七〇〇人の警官隊が反対派を排除したが、その強引な手法がテレビで全国に放送され、反対派に同情する世論が強まった。その結果、二三日には約二万八千人ものデモ隊が組織され、再び建設地を占拠して工事を中断させた。その後、占拠は一一月まで続き、メディアによる全国への報道も続いて国民の関心を保った[44]。

そのように、反対運動の規模が一挙に拡大し、直接行動にまでエスカレートした一方で、反対派は原発建設の中止を求める訴訟も提起していたが、七五年三月二一日、裁判所は建設の一時中止を求める決定を下した。これに対し電力会社が控訴した結果、建設を認める決定が下された（一〇月一四日）。それでも州政府は慎重に対応し、建設地の占拠を続ける反対派の強制排除を諦め、一一月、原発が環境に及ぼす影響について調査することを約束した。これを受けて反対派は建設地の占拠を終えたが、以上のような反対派の強い影響力のために、原発建設は頓挫し、放棄された。つまり、反対派の勝利に終わった[45]。

以上のような、ヴィールにおける原発建設反対運動とその成功について、西田慎氏は以下の三つの重要な意義があったことを指摘されている。第一に、反原子力という新たな争点への関心を全国レベルで喚起し、西独の各地で大規模な反原子力運動を発生させ始める起爆剤となった。第二に、メディアが反原子力運動を州政府や電力会社からの圧力にも拘らず積極的に報道したために、原子力に関する世論が大きく変化し始める契機ともなった。すなわち、後に詳しく説明するとおり、従来は多数派であった原子力に賛成する意見が減少し始めた一方、反対する意見が増え始めることになった。第三に、いわゆる新左翼もヴィールの原発建設反対運動の成功を受けて反原子力運動に強い関心を抱き、運動に合流し始めるようになったため、運動の規模と勢いがさらに増すことになった。新左翼とは、既存の左派勢力（とくにＳＰＤ）よりもイデオロギー的にはさらに左に位置する、六〇年代末以降に登場した新たな政治勢力で、さまざまな団体を組織していた（そして、新左翼はその後、緑の党の結成にも参加することになる）[46]。

ブロクドルフ

西独の南西部に位置するヴィールに続いて大規模な原発建設反対運動が起こったのが、北西部のシュレスヴィヒ・ホルシュタイン州に位置するブロクドルフである（以下の記述は西田慎、川名英之氏らの諸研究に全面的に依拠している）。すなわち、七三年一〇月に州政府が発表した原発建設計画に反対する市民イニシアティブがまずは地元住民によって組織され、周辺自治体からも支持者を集めた。さらに、ヴィールにおける原発建設反対運動の成功（七五年）の影響でブロクドルフの反対運動の規模も拡大し始め、戦闘的な新左翼の一派も合流したことによって、運動の性質も当初の穏健なものから過激なものへと変化し始めた。七六年一〇月三〇日以降、八千人にまで増大したデモ隊と警官隊との間で激しい衝突が続き、反対派が運動への参加を西独の各地に呼びかけ続けた結果、一一月一三日にはデモ隊の規模は約四万人にまで増大した。その後、七七年二月一九日にも約五万人によるデモが行われた[47]。

また、反対派は原発建設の中止を求める訴訟を提起していたが、七六年一二月一五日、裁判所は建設工事の二か月間の中止を命じ、これに対する控訴審でも上級裁判所は七七年二月九日、二か月間の工事中止期間を過ぎた後も、工事の再開を禁止することを命じた。これによって反対運動は、一時、成功を収めたが、工事再開を禁止した命令が八一年に撤回されて建設工事が始まったため、再び反対運動が激化し、二月には約一〇万人によるデモが行われた。それでも建設を止めさせることはできず、ブロクドルフ原発は八六年に完成し、稼働を開始した[48]。以上のように、ブロクドルフの原発建設反対運動はヴィールとは異なり、最終的な成功を収めることはできなかったが、反原子力運動の規模がさらに拡大し、激化していることを強く印象づけた。また、七七年から八一年まで原発建設工事を中断させた点では一定の成果があった。ヴィールの場合と同じく裁判所も重要な役割を果たし、反対派寄りの判断を示すことが多いことも示された。

ゴアレーベン

ブロクドルフの原発建設反対運動（ピークは七六年一〇月から七七年二月）に続いて、七七年三月以降に大規模な反原子力運動が起きたのが、西独の北東部、ニーダーザクセン州に位置するゴアレーベンである。ヴィールやブロクドルフでは原発建設の阻止が目指されたのに対し、ゴアレーベンでは再処理施設および最終処分場の建設阻止が目指されたように、反原子力運動の対象が原発に限られず、原子力に関連するその他の重要な施設にも広がっていることが示されることになった（以下の記述は青木聡子、川名英之氏らの諸研究に大きく依拠している）。

まず、シュミット政権は七六年、最終処分場の建設予定地としてゴアレーベンを選び、これを受け入れるようにニーダーザクセン州に求め、州首相は七七年二月二二日、最終処分場の建設予定地としてゴアレーベンが選ばれたことを公表した。また、ゴアレーベンには再処理施設を建設することも計画された。これらに対して直ちに、七七年三月以降、地元住民が組織した市民イニシアティブによる反対運動が始まり、周辺自治体からも支持者を集めて運動の規模が拡大し、一二日には約一万五千人によるデモが行われた。その後、反対運動は西独の各地にも広まり、七九年三月二五日には、ゴアレーベンが位置するリュヒョウ・ダンネンベルク郡からニーダーザクセン州の州都ハノーファーにまで反対派がデモ行進を行い、支持者を増やすことを目的とした「ゴアレーベン・トレック」が始まった。そして、二八日にアメリカで起きたスリーマイル島原発事故の影響で、反対派が三一日にハノーファーに到着した際には約一〇万の人々が集まり、反対派を熱烈に歓迎した。以上のような反対運動を受けて州首相は五月、再処理施設の建設を断念することを表明した（ただし、ゴアレーベンに代わり、後に説明するとおり八〇年以降、バイエルン州のヴァッカースドルフに再処理施設を建設することが目指されたが、これに対しても反対運動が起こり、結局、再処理施設は建設されなかった）。また、八〇年五月三日、約五千人の反対派が最終処分場の建設予定地を占拠した。占拠は六月四日まで続いた後に排除されたが、反対運動の激化によって最終処分場の建設も難しくなった[49]。

以上のように、ゴアレーベンにおける再処理施設の建設が断念されたため、大量の使用済み核燃料の再処理が不可能になり、再処理施設が別の土地で完成しない限り、行き場を失うことになった。さらに、最終処分場の建設も難しくなったため、（使用済み核燃料に再処理を実施して、プルトニウムを抽出した後の、最終的なゴミとなる）放射性廃棄物も、最終処分場が完成するまで行き場を失うことになった。使用済み核燃料や放射性廃棄物を暫定的に保管する施設として、中間貯蔵施設をゴアレーベンに建設することが目指されるようになったが、これに対しても激しい反対運動が起こり、八四年三月二四日には約一万五千人によるデモが行われた。それでも、中間貯蔵施設は四月三〇日に完成したが、同日、約五千人の反対派が使用済み核燃料の、中間貯蔵施設への搬入を阻止するため道路の封鎖を試みた。封鎖は排除されたが、その後も使用済み核燃料の搬入が試みられるたびに、阻止しようとする大規模な反対運動が起こり続けた（二〇一三年にはゴアレーベンにおける最終処分場の建設が断念され、処分場の候補地が選び直されることになったが、新たな候補地はいまだに決まっていない）[50]。

なお、ゴアレーベンで最初の大規模な（約一万五千人による）デモが起きたのは七七年三月一二日であったが、これに続いて一九日には（ゴアレーベンと同じく、ニーダーザクセン州に位置する）グローンデで約二万人による原発建設反対デモが起きた。また、ノルトライン・ヴェストファーレン州のカルカーで七三年三月から始まっていた高速増殖炉の建設に対しても七七年九月二四日、約六万人によるデモが行われた。七九年にはスリーマイル島原発事故の影響で反原子力運動がとくに盛り上がり、前述のとおり三月三一日にはハノーファーで約一〇万の人々が集まり、六月三日にはカルカーで約三万人によるデモが行われ、一〇月一四日にはボンで、全ての原子力関連施設の閉鎖を主張する、約一五万人によるデモが行われたが、これが、西独時代に起きた反原子力デモで最大のものとなった（ドイツ史上最大の反原子力デモは、福島原発事故を受けて二〇一一年三月二六日に各地で起きたもので、参加者の総数は二〇万人以上に達した）。

世論の変化

原子力に関する世論も七〇年代半ばから大きく変化し始めた。以下、エムニートおよびアレンスバッハによる

表7－1　世論調査、原発建設の是非（単位はパーセント）

	78年	79年	80年	81年	90年	91年
さらに原発を建設するべき	26	37	37	29	5	5
新規の原発は建設するべきではないが、既存の原発を稼働させ続けるべき	47	39	36	45	52	49
既存の原発を閉鎖し、原子力の利用を完全に止めるべき	12	12	15	12	36	35
未回答	15	12	12	14	7	11

出典：*Allensbacher Jahrbuch der Demoskopie 1978-1983*（S. 527）および *Allensbacher Jahrbuch der Demoskopie 1984-1992*（S. 916）を元に筆者が作成。91年の調査は旧西独地域を対象としたもの。

世論調査の結果を紹介する（なお、チェルノブイリ原発事故の後、九〇年代初め頃までの時期における調査の結果も、ここでまとめて紹介する）。まず、本田宏氏の研究で紹介されているエムニートの調査によると、原発の建設に賛成する意見の割合は、七四年には四四パーセント、反対する意見の割合は一九パーセントであったが、その後、賛成する意見が減少し、反対する意見が増え始め、七九年には反対（三八パーセント）が賛成（三〇パーセント）を上回った。ただし、八一年には賛成（四一パーセント）が反対（三一パーセント）を上回ったが、八三年（反対四二パーセント、賛成三四パーセント）以降は一貫して反対が賛成を上回り、その差が広がり始め、八五年には反対が四三パーセントに対して賛成は二六パーセント、チェルノブイリ原発事故のあった八六年には反対が六六パーセント、賛成は二四パーセント、八八年には反対が七〇パーセント、賛成は一八パーセントへと差が大きく広がった[51]。

そして、アレンスバッハの調査からは、より精密な理解を得ることができる。すなわち、表7―1が示すように、まず、新規の原発建設に反対する意見の割合が増え、賛成する意見の割合が減少した変化については、エムニートによる調査の結果と同様である。ただし、新規の建設には反対しても、既存の原発を稼働させ続けるべきと主張する意見の割合は、七七年から九一年にかけて、約四〇から五〇パーセント台の水準で保たれていた。つまり、原発（による発電）は依然として少なからず重視されていた。これに対し、既存の原発も閉鎖して

表7－2　世論調査、今後の二、三〇年間におけるエネルギー供給源は？
（複数回答可、単位はパーセント）

	79 年	81 年	84 年	89 年	91 年
原子力	63	64	61	54	48
太陽光	59	60	57	56	61
水力	37	48	51	49	46
風力	17	31	35	39	38
石炭	42	54	51	40	29
電力輸入	12	19	25	27	15
石油	11	13	22	16	16
その他、および未回答	9	9	8	8	10

出典：*Allensbacher Jahrbuch der Demoskopie 1978-1983* (S. 518) および *Allensbacher Jahrbuch der Demoskopie 1984-1992* (S. 911) を元に筆者が作成。91 年の調査は旧西独地域を対象としたもの。

原子力の利用を完全に止めるべきと主張する意見の割合は、七八年から八一年までの時期では、一〇パーセント台という低い水準にとどまっていた。ただし、九〇、九一年には三六パーセント、三五パーセントにまで増加したが、チェルノブイリ原発事故の影響と考えられる。

既存の原発を稼働させ続けるべきという意見の割合が四〇から五〇パーセント台の水準で保たれていた理由として、石油危機によって石油供給への不安が高まっていたことが考えられる（表7―2）。ただし、太陽光や水力、風力等の再生可能エネルギーを重視する意見が強まったことも注目に値する。再生可能エネルギーの発展を連邦政府が支援するべきかという世論調査の質問（八七年九月）に対し、強く支援するべきと回答した人々の割合は六四パーセントに上った（現在と同じ程度の支援でよい、は三一パーセント、支援を減少するべき、は四パーセント）[52]。

原子力はエネルギー供給源として依然として少なからず重視されていたが、その危険性に関する認識も強まっていた。原子力が健康に及ぼす危険性に関する世論調査について表7―3が示すように、七三年の時点でも回答者の半数近くが、わずかな、あるいは多大な危険性があると認識していたが、七六、七七年にはそのように回答する人々の割合が増えた一方、危険性は全くないと回答する人々の割合が減少した。原発の危険性に関する認識はチェルノブイリ原発事故の後にとくに強まり、西独でも同様の事故は起こり得るかという質問（八七年三月）に対し、起こり得ると回答した人々の割合は四六パーセント、あり得ないという回答は三七パーセントであった（答えられない、という回答は一七パーセント）。西独の原発の安全性は十分かという質問（八七年四月）に対し、十分という回答は三六パーセント、不十分という回答は四一パーセントであった（未回答、あるいは知らないという回答は合わせて二三パーセント）。原発の危険性に関する世論調査（八八年九月）では、全くないという回答は二パーセント、わずかにある、は六パーセント、中程度、が一六パーセント、大きい、が二〇パーセント、非常に大きい、が五四パーセントであった（未回答は二パーセント）[53]。

表７－３　世論調査、原子力発電が健康に及ぼすリスクについて（単位はパーセント）

	73 年	76 年	77 年
全くない	40	22	20
わずか	（合計）48	37	39
大きい		31	29
未回答	12	10	12

出典：*Allensbacher Jahrbuch der Demoskopie 1978-1983,* S. 522.

表７－４　世論調査、市民イニシアティブや環境保護団体の原発建設反対運動について（単位はパーセント）

（A）反対運動は原発建設を不必要に遅らせるだけで、エネルギー供給を危うくする。原発に関わる企業が環境を保護するように、所轄官庁が指導できる
（B）環境保護を目的とした市民による原発建設反対運動は良いことである。それがなければ、企業は環境に十分に注意しないであろう

	75 年	76 年	77 年	79 年	81 年
（A）	33	27	34	28	28
（B）	50	58	49	56	57
未回答	17	15	17	16	15

出典：*Allensbacher Jahrbuch der Demoskopie 1978-1983,* S. 529.

また、表7―4が示すように、市民イニシアティブや環境保護団体による原発建設反対運動を肯定的に評価する意見の割合（約五〇パーセント台）は、否定的に評価する意見の割合（約三〇パーセント台）を上回った。また、原発建設に関わる環境保護のため、市民イニシアティブや環境保護団体が政府以上に重要な役割を果たす存在として認められるようになった。

総じて、原子力はエネルギー供給源として依然として少なからず重視されていたため、既存の原発は稼働させ続けるべきと主張する

意見の割合は七〇年代後半以降、九一年まで、約四〇から五〇パーセント台の水準で保たれていた。しかし、原発の危険性への不安もとくにチェルノブイリ原発事故の後に強まった。そのため、国民の多くが新規の原発建設に反対するようになり（より厳密には、事故の前でも既に、半数近くが反対していた）、約三〇パーセントの人々が、既存の原発を閉鎖するべきと主張するようにもなった。また、原発建設に関わる環境保護のために市民イニシアティブは、重要な役割を果たす存在として認められるようになった。

原発建設の終了、それをもたらした諸要因

六九年から七五年まで原発建設の発注は二〇件以上もあったが、七六年から七九年までは全くなくなり、八〇年の二件、八二年の一件をもって最後となった。六〇年代末に始まった原発建設ラッシュが早くも終了した基本的な理由は、反原子力運動が激化し、原子力に関する世論も大きく変化したからであったと考えられる。また、西独では原発の建設について、以下に説明する諸問題があったことも建設を非常に難しくさせて、建設の終了に寄与したことが指摘されている。それらの問題はいずれも反原子力運動に有利に作用するものであった。（以下の記述は本田宏氏の研究に全面的に依拠している）。第一に、西独（ドイツ）では、原発をはじめとする原子力関連施設の建設に関する許認可権限の大部分は連邦政府ではなく州政府が有しているため、建設の是非をめぐる決定に地元住民を中心とする反対運動も影響力を及ぼし易い。(54)

第二に、原子力関連施設の建設の許可は一括して行われるのではなく、重要な工程ごとに許可の是非が判断され、しかも、その都度、（周辺自治体を含む）地元住民や環境保護団体等に聴聞や異議申立、行政訴訟の機会が与えられている。そのため、州政府や企業が原子力関連施設を建設しようとしても、完成に至るまで多くの困難なハードルをクリアせねばならない。その一方で、反対派には建設を阻むために多くのチャンスが与えられること

になる〔シュミットは鈴木善幸との会談（八一年六月一〇日）で、西独では原発の建設について制度上、多くのハードルが存在するため建設が非常に難しいと述べていた[55]〕。

第三に、反原子力運動では、原発建設の中止を求める多くの訴訟も提起されたが、裁判所が積極的な役割を果たし、反対派の訴えを認めて建設中止を命じることも少なくなかった（その背景として、反対派と同世代で、同様の価値観を有する裁判官が増えたこと等が指摘されている）。第四に、原子力関連施設の建設中止を求める訴訟自体が、原則として執行停止命令による工事の中断を伴うため、反対派はたび重なる訴訟で中断を長引かせることによって、建設を受注した企業の負担を強めることができる。しかも、建設続行の是非の判断は企業の裁量に委ねられている部分も大きいため、企業は負担の増大を理由に建設を断念し得る。そのため、連邦政府や州政府の政策的意図からは独立して、企業は経済面での判断から建設を放棄し得る[56]。

以上のように、西独（ドイツ）では反原子力運動に有利な制度上の諸要因があったことも、運動の最初の大きな成果、すなわち、原発建設の終了に大きく役立った。

ただし、運動は運動である限り、体制（政府や議会）の外から異を唱える存在にとどまっていた。

緑の党の誕生（八〇年）と躍進

しかし、政党としての組織化と選挙での勝利によって体制内の政治過程に参入しようとする動きも七七年末から始まっていた（以下の記述は西田慎氏の研究に全面的に依拠している）。まず、七七年一〇月のニーダーザクセン州における郡議会選挙で反原子力を主張する二つの新たな政党が、それぞれ（別々の郡で）一議席ずつ獲得することに成功し、一一月に合同して州レベルの政党を結成した。ニーダーザクセン州には、大規模な反原子力運動が起きたゴアレーベンやグローンデがあったが、ブロクドルフがあるシュレスヴィヒ・ホルシュタイン州でも七八年五月の郡議会選挙で、反原子力を主張する二つの新たな政党がそれぞれ（別々の郡で）二議席、三議席を獲得することに成功し、選挙後に合同して州レベルの政党を結成した。[57]

まずは郡、次に州のレベルで反原子力を主張する新たな政党が誕生したのと同時に、新左翼から中道、右派に至るまでの、その他のさまざまな新興の政治勢力も反原子力運動が激化したことを受けて、反原子力を方針として採択するようになっていた。そのため、反原子力を共通の方針として、前述の新たな反原子力政党だけではなく、その他の多様な新興の政治勢力も結集し得ることとなり、選挙における共倒れを避けるためにもそれらの合同が目指されたことによって、八〇年一月、全国政党として緑の党が結成され、三月の党大会では原発の即時停止等を主張する綱領を採択した。当初は、出自やイデオロギーも異なる多くの政治勢力の寄せ集めであったために激しい内部対立に悩まされたが、右派が脱退したことで、ＳＰＤよりも左に位置する環境保護政党としての特徴が明確になった。さらに、八一年から八三年にかけて全国レベルで盛り上がった反核運動にも積極的に参加したことによって、反核平和主義の政党という特徴も明確になり、全国レベルでの知名度を高め、八三年三月の総選挙の結果、連邦議会で二七の議席を獲得した。[58]

緑の党の脱原子力法案、西独の原子力が核兵器の開発に利用できることを強調

緑の党は八四年八月二九日に連邦議会で、原発をはじめとする全ての原子力関連施設の閉鎖（計画中あるいは建設中の施設（再処理施設や高速増殖炉、最終処分場等）についてはそれらの放棄）を定めた法案、すなわち、脱原子力を主張する法案を提出した。この法案は否決されたが（八六年一二月一〇日）、緑の党は早速、国政の中心となる舞台で脱原子力を目指し始めたのである。法案に附属する、提出理由を説明した文書で緑の党は原子力のさまざまな危険性を指摘したが、危険性の一つとして原子力が核兵器の開発に利用できることを強調した。つまり、緑の

党は、原子力が核開発に利用できる危険性をなくさねばならないことも理由の一つとして脱原子力を主張したのである。以下、法案の提出理由を説明した文書について、原子力が核開発に利用できることや、それに関わる諸問題を指摘した箇所を紹介しておきたい[59]。

まず、戦後の西独における「民生用の原子力計画は核武装というオプションを確保することも目的としていたように思われる……民間の原子力関連施設は軍事目的にも利用できる。原子力については民生利用と軍事利用との間に技術上の区分はない」。例えば、「ウラン濃縮施設は（ウラン二三五の濃度が九〇パーセント以上の）高濃度の兵器級ウランも、原発の燃料としての（ウラン二三五の濃度が約三パーセントの）ウランも製造できる……そのようなウラン濃縮施設が現在……グローナウで建設されている……また、数年の内にハーナウに六トンの高濃縮ウランが貯蔵されることが期待されている」[60]。

次に、原発の「使用済み核燃料からは、再処理でプルトニウムを入手できる。商業用の原子炉を稼働させることによって、プルトニウム二三九の濃度が約六〇パーセントのプルトニウムを入手できるが、それは直接、原爆の製造に利用できる。ただし、より高い破壊力と信頼性を有する原爆を製造するためには、プルトニウム二三九の濃度が九五パーセント以上のプルトニウムを必要とするが、そのようなプルトニウムも」さまざまな処置を施すことで入手できる。また、「軽水炉から生み出される約五〇〇トンの使用済み核燃料に再処理を実施すれば約五トンのプルトニウムを入手できるが、その量のプルトニウムで最低でも五〇〇〇発の核弾頭を製造できる……ヴァッカースドルフで建設することが計画されている再処理施設の第一段階が完成すれば、一年間で約五〇〇トンの使用済み核燃料を再処理できる。そのような施設の第一段階は一九九二年あるいは九三年に完成するであろう。そして、一九九五年にNPTが失効するため、その後、ドイツ連邦共和国は完全に合法的に原爆を製造できることになる」（筆者註：厳密には、九五年のNPT再検討会議で、NPTを延長せず失効させることが合意されない限り、

ＮＰＴは失効しない。実際には、無論、失効しなかった[61]。

さらに「高速増殖炉は民生および軍事利用という二つの目的に同時に役立つ原子炉として理想的である。それは商業用の発電を行うのと同時に……プルトニウム二三九の濃度が九五パーセント以上の、第一級の兵器用プルトニウムを生み出す。カルカー……の高速増殖炉は一九八五年あるいは八六年に稼働を開始するであろう……この問題との関連で、カルカーの高速増殖炉（ＳＮＲ―三〇〇）が何故、莫大な費用の増大……にも拘わらず建設されねばならないのかが問われねばならない」[62]。

「原子力の軍事利用を目指す国々にとって民間の原子力関連施設はとくに魅力的である。何故なら、民間の施設ではプルトニウムや高濃縮ウランを、国際条約に全く違反せず疑われることのない方法で大量に製造し、保管できるからである。そのような態勢を準備すれば、核爆弾を数週間のうちに製造できることになる」。つまり、核開発の準備が民間の施設で行われており、核開発の意図も、原子力の平和利用という大義名分で秘匿できることになる。しかし、「プルトニウムと高濃縮ウランを製造し、したがって、原爆をすぐに製造できる潜在力を有する国は実質的に核保有国として見なされなければならない。プルトニウムや高濃縮ウランを製造する施設がドイツ連邦共和国で稼働していることや、それらの施設を輸出することは核兵器の拡散を意味し、世界政治を不安定化させる」[63]。

そして、緑の党はＮＰＴの問題点も指摘した。「核兵器の拡散を防ごうとする国際システムは確かに存在する。ドイツ連邦共和国はＮＰＴに加盟したため、核兵器を開発しないことを義務づけられた。しかし、注意深く分析すると、それらは不十分であることがわかる。ドイツ連邦共和国ではＮＰＴ加盟への大規模な反対があり、加盟はしたが査察を大幅に弱体化することに成功した。ドイツ連邦共和国は一九六九年一一月二八日にＮＰＴに署名したが、批准（一九七五年五月二日）まで五年半を要した。何故なら、ＩＡＥＡの査察制度を完全に弱体化し、ドイツ連邦共和国における査察の対象を重要ではない箇所に限定するために時間を要したからである。ユーラトムも査察を行うが、ユーラトム条約には原子力の軍事利用を禁止する条項はない。査察制度をそれほどまで非常に弱体化させたにも拘らず、一九七四年、CDU／CSUの九〇名の議員がNPTの批准に反対した（筆者註：厳密には九七名）……さらに、かつての枢軸国であるドイツ、イタリアおよび日本はNPTの有効期限を一九九五年までに限定することにも成功した。元来は無期限の条約として構想されていたにも拘らず……以上のように、抜け穴だらけで、しかも、有効期限の定められたシステムでは、ドイツ連邦共和国による核物質の軍事利用を許してしまうことになる[64]」。

そして「原子力の軍事利用というオプションはドイツ連邦共和国でもさまざまな理由から魅力的なものであり得るが、これによってフランスと同様に純粋に一国単位での核武装へと必然的に至るわけでは必ずしもない。ただし、国際情勢の変化のために、また、二〇世紀にドイツが二度も大規模な侵略戦争を行ったことに注意すると、原子力の軍事利用による一国単位での核武装へと至る可能性を完全には排除できない……原子力のさらなる発展によって、軍事利用に関しても能力がますます強まりつつある[65]」。

以上のように、西独の原子力は核開発に利用できるため、緑の党が脱原子力を目指し始めたことは、核開発能力の放棄を目指し始めたことも意味した。

また、緑の党は脱原子力法案の提出理由を説明した前述の文書で、原子力のさまざまな危険性を指摘していたが、その一つとして事故の危険性も挙げていた。すなわち、原子力関連施設で事故が起きた場合、放射能汚染が広範囲に及んで重大な健康被害や環境汚染を引き起こす危険性である。この文書で緑の党は、カルカーで建設中の高速増殖炉に関しても事故が起こり得る危険性を指摘したが[66]、実際に、この文書（を一部とする脱原子力法案）が八四年八月二九日に提出されてから約三か月後の一一月、および八五年五月にも火災を伴う事故が発生した[67]。

チェルノブイリ原発事故

そして、八六年四月二六日に発生したチェルノブイリ原発事故は西独にも重大な影響を及ぼした。すなわち、事故による放射能汚染はソ連の国外にも及んだが、国外で最大の汚染を蒙った国が西独であった。汚染は低レベルにとどまった地域から高レベルに達したバイエルン州南部まで国土の広範囲に及び、土壌だけではなく牛乳や野菜等の食品も汚染された(68)。

ところが、西独政府は当初、事故の影響が西独に及ぶ可能性を否定した（八七年に公表した報告書で汚染の事実を認めた）。ソ連が事故を認めたのは発生から約六九時間後の四月二八日であったが、二九日に西独政府の内務大臣は、事故による西独への影響は全くないと強調したのである。しかし、国民の大多数は安心せず、事故が及ぼす影響に注意し続けた(69)。アレンスバッハの調査（八七年三月）によると、チェルノブイリ原発事故に関するニュースを詳細にフォローし続けたと回答した人々の割合は八九パーセントに上った。この調査では、事故で感じた脅威の度合いを〇から一〇〇までの間の数値で回答するように求める質問も実施されたが、非常に高い脅威（八〇―一〇〇）を感じた人々が三七パーセント、何らかの脅威（五〇―七九）を感じた人々が三三パーセント、あまり脅威を感じなかった（二〇―四九）という人々は一八パーセント、ほとんど脅威を感じなかった（〇―一九）という人々は五パーセントにとどまり、脅威認識の平均値は約六三となった。また、事故の直後の八六年五月の調査では、放射能汚染が懸念されたほうれん草やレタスに関する食生活を変えたと回答した人々の割合は六三パーセント、牛乳の購入に関しても従来の行動様式を変えたと回答した人々の割合は四六パーセントに上った（エムニートも同様の調査を行ったが、概ね同様の結果が得られた）(70)。

以上のように、チェルノブイリ原発事故によって西独の人々は放射能汚染を初めて本格的に経験した。その結果、原発事故が本当に起こり得る危険性や、事故による放射能汚染の危険性への認識を強め、原発や原子力をこれまで以上に危険視するようになった。ソ連国外で最大の汚染を蒙った国は西独であったからこそ、そのショックはとくに大きかった。

そして、事故の直後、八六年五月から六月にかけて大規模な反原子力デモが西独の各地で頻発した。なお、反原子力運動は緑の党の連邦議会への進出によって、言わば体制内化され始めたため、(体制外の運動であった) 反原子力デモは八〇年代半ばまでには鎮静化していた (ただし、ゴアレーベン等の一部の地域では大規模なデモが続いた) が、チェルノブイリ原発事故は特別に重大な出来事であったため、その直後には大規模なデモが頻発したのである。五月三日に西ベルリンで約二万人、フランクフルトで約一万五千人のデモが起きたのに続いて四日以降も各地でデモが頻発したが、とくに大規模なものとして一八、一九日にはヴァッカースドルフで約五万人、六月七日にはブロクドルフで約一〇万人によるデモが行われ、その他、例えばカルカーでも五月二九日には約五千人によるデモが行われた[71]。

そして、原子力に関する世論も変化した。前述のとおり、既に八〇年代前半までに、新規の原発建設に反対する意見の割合は、賛成する意見の割合を上回っていたが、チェルノブイリ原発事故のあった八六年以降、反対する意見の割合がさらに増えた一方で、賛成する意見の割合は大幅に減少した。エムニートによると、八八年には反対が七〇パーセント、賛成は一八パーセントであった。さらに、既存の原発の閉鎖を主張する意見も強まったように (アレンスバッハによると、九〇年には、回答者の約三六パーセントが閉鎖を主張した)、脱原子力の気運も強まり始めた[72]。

ＳＰＤも脱原子力を方針として採択（八六年）、緑の党との連携へ

チェルノブイリ原発事故によって国民の多くが原子力をこれまで以上に危険視するようになったことを受けて、ＳＰＤは八六年八月（二五―二九日）の党大会で、脱原子力を党の方針として正式に採択した。より具体的には、以下の諸方針を採択した。すなわち、新規の原発建設を認めず、稼働中の原発も一〇年以内に全て段階的に閉鎖して原子力の利用を完全に止め、環境保護と両立し得る代替エネルギーの利用を進め、カルカーで建設中の高速増殖炉の稼働を認めず、ヴァッカースドルフにおける再処理施設の建設を認めず、使用済み核燃料は再処理を実施せずに直接処分し、より適切な最終処分場を改めて選定し直す[73]。

そして、ＳＰＤは八七年二月一九日に連邦議会で脱原子力法案を提出し、提出理由を説明した文書では原子力のさまざまな危険性を指摘したが、そのような危険性として緑の党の脱原子力法案（八四年）と同じく、原子力の民生利用は軍事利用と区別できず、核兵器の開発に利用できることを強調した。ただし、それまでＳＰＤは原子力の「平和」利用と軍事利用を峻別する立場を取り、「平和」利用の発展に熱心であったが、八六年の方針転換によってそのような区別を否定し、「平和」利用の概念を放棄するようになった[74]。これ以降、ＳＰＤは緑の党と同じく、原子力を核開発にも利用できる危険なエネルギーとして強調し続けることになった。ＳＰＤが脱原子力を目指し始めたことは、緑の党と同じく核開発能力の放棄を目指し始めたことも意味したのである。ＳＰＤの脱原子力法案に関する連邦議会における審議（八七年六月四日）でハウフ（Volker Hauff）は党を代表して、脱原子力を目指さねばならない主な理由の一つを以下のように説明した。「世界中で原発が建設されれば世界中で核兵器が拡散することを導く……原子力の民生利用と軍事利用は明確に区別できるという従来のドグマを維持することはできなくなっている。原子力の民生利用は、軍事目的に悪用できる」。したがって、西独は原子力を放棄せ

ねばならない。[75]

以上のようなＳＰＤの変化を促した重要な原因はチェルノブイリ原発事故であったが、変化は事故だけで突然にもたらされたわけではなく、六〇年代後半以降のＳＰＤ内の動向、および、それに影響した国内の全般的な動向の帰結でもあった。すなわち、まず、六〇年代後半以降、政治参加や環境問題への関心を強めた多くの人々は、当初、ブラント政権に賛同してＳＰＤに入党し、同党を支持した。政治参加を呼びかけ、環境問題の重要性をアピールしたのはブラント政権だったからである。しかし、それらの人々の多くがシュミット政権の諸政策に失望した。原子力を重視し、新型中距離核ミサイルの配備を（いわゆる「二重決定」で、事実上）認めた政策等である。これらの諸政策に失望した人々の多くがＳＰＤを脱退し、同党への支持を止め、代わりに緑の党の党員や支持者となった。したがってＳＰＤは緑の党との競争に注意せねばならなくなった。そもそもＳＰＤも環境保護や反核平和主義を方針としていたが、同様にそれらを主張する新興の政治勢力（緑の党）に党員や支持者をさらに奪われ続けることを警戒せねばならず、とくに環境保護に関しては、多くの国民から支持されるようになった反原子力という主張を緑の党に独占させることはＳＰＤにとって不利であった。また、ＳＰＤ自体も環境保護を方針とする政党であるため、同党内でもシュミット政権の諸政策に反対して反原子力を主張する左派勢力が七〇年代後半から影響力を強め、ＳＰＤが野党となってからはさらに影響力を強めていた。以上の諸事情から、八〇年代半ばまでにＳＰＤの内部でも反原子力の主張が影響力を強めていた状況でチェルノブイリ原発事故が発生し、反原子力の機運が国民の間でさらに強まったことを受けてＳＰＤは脱原子力を方針として正式に採択するに至ったのである。それは突然に起きた変化ではなく、以上のように、六〇年代後半以降の諸変化の帰結でもあった。[76]

そして、チェルノブイリ原発事故の影響もあり、八七年一月の総選挙の結果、緑の党の連邦議会における議席数は（選挙前の二三から）四四へと増大し、ＦＤＰ（四八議席）に並び得る勢力にまで成長した。それでも、緑の党だけでは脱原子力を実現できない。原子力を重視するCDU／CSUが最も多くの議席（二二三四）を獲得し、FDPとの連立で政権を維持した。しかし、脱原子力を主張するようになったSPDも一九三議席を獲得した。SPDは脱原子力を主張するようになっても、国民政党としての地位を保ったと言える。CDU／CSUと並ぶ国民政党であるSPDが脱原子力を方針として採択したため、脱原子力は現実的な可能性を有し始めた。

そして、SPDは八七年二月一九日に連邦議会で前述のとおり、脱原子力法案を提出した。この法案は否決されたが（九〇年六月二二日）、脱原子力について緑の党よりも現実的なビジョンを提示したと評価できる。緑の党は全ての原子力関連施設の即時閉鎖を主張していたように、その立場は急進的であった。これに対し、SPDの脱原子力法案は原子力関連施設の閉鎖まで一〇年の猶予期間を認め、閉鎖に伴って関連企業が蒙る経済的損失については連邦政府が賠償金を支払う案を示す等、脱原子力が伴う諸問題に細心の注意を払い、具体的な対策を講じようとするものであった〔緑の党の脱原子力法案は全部で二頁（提出理由を説明した文書等、関連文書を含めると全部で二四頁）であったが、SPDの法案は九頁（関連文書を含めると全部で六四頁）に及ぶものであった〕。そして、緑の党はSPDの脱原子力法案について、一〇年の猶予期間を認めていること等を理由に反対したが、脱原子力を目指していること自体は評価した。[77]

そのように、緑の党の急進主義とSPDの現実主義という違いはあったが、両党は環境保護や反核平和主義だけではなく脱原子力についても基本方針を共有するに至ったのである。そのため、連立を形成し得る可能性も高まり、実際にヘッセン州では八五年から八七年まで緑の党とSPDの連立政権が形成された。SPDのシンボルカラーが赤であることから、緑の党との連立は「赤緑」連立とも呼ばれるが、その後、九〇年代にまずは複数の州で赤緑連立政権が成立し、九八年には連邦レベルで赤緑連立政権が成立するに至る。[78]

再処理施設および高速増殖炉を断念――プルトニウム型原爆開発能力の劇的な弱体化

九八年にSPDと緑の党の連立で成立したシュレーダー（Gerhard Fritz Kurt Schröder）政権は脱原子力、とくに、既存の原発の閉鎖に取り組み始めることになる。すなわち、シュレーダー政権以降は、脱原子力は政府のイニシアティブによって進められていくことになるが、それ以前にも市民たちのイニシアティブによる反原子力運動が九〇年代初めまでに脱原子力に関する重要な成果を挙げていた。すなわち、八〇年代初めまでに新規の原発建設が終了し、九〇年代初めまでに、以下に説明するとおり再処理施設および高速増殖炉の建設も放棄された。

すなわち、まず、実験やデモンストレーション目的の小規模の再処理施設がカールスルーエで七一年から稼働を開始した後、当初はゴアレーベンにおいて、より本格的で大規模な再処理施設を建設することが目指されたが、前述のとおり反対運動が激化したことを受けて七九年までにゴアレーベンにおける建設は断念された。八〇年末以降、ゴアレーベンに代わってバイエルン州のヴァッカースドルフで再処理施設の建設が目指され始めた。再処理施設は核燃料サイクルの全般に関わる非常に重要な意義を有していた（以下、反対運動に関する記述は青木聡子氏の研究に全面的に依拠している）。再処理施設の建設の事業主は、一二の主要電力会社の共同出資で設立されたDKW社であったが、使用済み核燃料の再処理能力が確保されない限り、新規の原発建設を認めないという裁判所の判決（七七年二月）が下されていたこともあり、いずれの電力会社にとっても、新規の原発を建設するために大規模な再処理施設を建設する必要があった。また、連邦政府（シュミット政権、コール政権）およびバイエルン州政府も再処理施設の建設に熱心で、とくに、州首相（七八―八八年）になっていたCSU党首のシュトラウスが非常に熱心であった[79]。

しかし、シュトラウスが八〇年一二月に再処理施設の州内受け入れを公表した後、八一年には地元住民が市民イニシアティブを組織して反対運動を開始し、八五年一二月から八六年一月まで約四万人のデモ隊が建設予定地を占拠する等、運動の規模が拡大した。直接行動とともに反対派は法廷闘争も進めたため、建設が著しく滞り、経済的負担が増したことを受けてＤＫＷは八九年五月三一日、再処理施設の建設計画の中止を公表したが、建設は事実上、放棄されたのである（なお、シュトラウスが八八年一〇月に逝去したことも建設の放棄に影響した）[80]。以上のように、本格的な再処理施設の建設が断念されたため、本格的な施設への準備として稼働していたカールスルーエの、試験目的の再処理施設も存在意義を失い、九一年に稼働を終えた。こうして、西独は再処理施設を完全に失った。ただし、その後も再処理はフランスとイギリス（およびベルギー）への委託で続けられたが、二〇〇二年にシュレーダー政権は他国への委託を含め、再処理を完全に禁止することになる（詳しくは第8章第3節で説明する）。

また、カルカーで七三年から始まっていた高速増殖炉の建設に対しても激しい反対運動が起きただけではなく、コストの増大や安全性への不安、実現可能性への疑問等の諸問題のため、九一年、高速増殖炉の建設計画の中止が決定され、その後、再開されることはなかった。

以上のように、西独が再処理施設および高速増殖炉の建設を断念したことは、プルトニウム型原爆の開発能力が劇的に弱体化したことも意味した（ただし、第8章第3節で説明するとおり、大量の備蓄プルトニウムに注意する必要がある）。何故なら、プルトニウム型原爆の原料であるプルトニウム二三九を入手するためには再処理施設が不可欠だからである（他の方法で入手しない限り）。ただし、使用済み核燃料に再処理を実施して入手できる、プルトニウム二三九の濃度が約六〇パーセントのいわゆる原子炉級プルトニウムは、濃度が約九〇パーセント以上の兵器級プルトニウムに比べて（核）兵器としての信頼性や破壊力は劣る（それでも、破壊力は通常兵器をはるかに上回る）。そして、兵器級プルトニウムを入手するためには高速増殖炉が役立ち得るが、西独（ドイツ）は九〇年代初めまでに再処理施設も高速増殖炉も断念したため、プルトニウム型原爆の開発能力を劇的に弱体化させた。

ただし、ドイツにはまだ多くの原発だけではなくウラン濃縮施設、および大量の備蓄プルトニウムや高濃縮ウランが残されていた。九〇年代以降も、それらを完全になくすことを目的とした脱原子力の取り組みが熱心に続けられていくことになるが、詳しくは第8章第3節で説明する。

補論——新型中距離核ミサイル配備と反核運動の激化、反核感情の強まり

本章で扱った時期における、西独の核保有問題に関わるその他の重要な諸問題として、NATOのいわゆる二重決定（七九年一二月）への危機感から大規模な反核運動が起こり、国民の間で反核感情が強まったことにも注意する必要があり、以下、これらの諸問題について説明する。

まず、二重決定とは、東西ヨーロッパに配備された中距離核戦力に関する軍縮交渉を米ソ間で進め、成果がなかった場合には、アメリカが西欧諸国（西独、イギリス、イタリア、オランダ、ベルギー）に新型の中距離核戦力（ミサイル）を配備するという決定である。二重決定に基づく、中距離核戦力に関する軍縮交渉の主な目的は、ソ連が七〇年代半ばから配備し始めていた新型の中距離核戦力の撤去を認めさせることにあったが、この目的が達成されなければ、アメリカも新型の中距離核戦力を配備するという方針が二重決定で定められたのである。しかし、ソ連のアフガニスタン侵攻（七九年一二月）によって東西関係が悪化したため、中距離核戦力に関する軍縮交渉が進展する見込みがなくなり、二重決定に基づき、西独に新型中距離核ミサイルが配備される可能性が高まった（そして、実際に配備された。なお、二重決定の採択において最も重要な役割を果したのは西独、とくにシュミットであった[81]）。

そして、西独に新型中距離核ミサイルが配備されることへの危機感から大規模な反対運動が起きた。具体的には、八一年一〇月一〇日にはボンで約三〇万人、八二年六月一〇日には同じくボンで約四五万人が参加した反対運動が起きた[82]。また、アレンスバッハの調査（八一年八月）によると、新型中距離核ミサイルの配備に反対した人々

は四七パーセント、賛成した人々は二九パーセント（答えられない、は二四パーセント）、八四年九月の調査ではそれぞれ五六、二四パーセント（答えられない、は二〇パーセント）であった。なお、その後、八〇年代後半には東西関係が改善されて中距離核戦力の全廃が目指されるようになった（そして、達成された）が、アレンスバッハの調査（八七年六月）によると、全廃に賛成した人々は七三パーセントであった（反対は七パーセント、答えられない、は二〇パーセント）[83]。

ただし、八七年八月の調査によると、核兵器は抑止力によってヨーロッパの平和に貢献したという意見に賛成した人々は五一パーセント、反対した人々は三七パーセント（答えられない、は一二パーセント）、八九年九月の調査ではそれぞれ三二、四八パーセント（答えられない、は二〇パーセント）であった。また、東西陣営の力関係に関する世論調査（八八年一月）によると、東側の方が強いという回答は四四パーセント、西側の方が強い、は七パーセント、均衡している、は三九パーセント（わからない、は一〇パーセント）であった。また、東西陣営間の軍事的なバランスの重要性に関する世論調査（八八年一月）によると、バランスが必要という回答が七三パーセントであった（不必要、は一四パーセントにとどまった）[84]。

西独は冷戦期において一貫して東側からの深刻な脅威に悩まされ、多くの人々が東西間の軍事的なバランスを重視し、そのためには、核兵器による抑止力が重要と考える人々も決して少なくはなかった。概して、西独は冷戦期において核の危険性に怯えつつ、自らの安全のために核に依存する二律背反に苦しみ続けたが、冷戦の終了によって、それらから解放されることになった。ただし、冷戦終了後も現在に至るまで、ドイツは核に関するさまざまな問題に関わっていることに注意する必要がある。

第8章　一九九〇年代から二〇一〇年代まで

冷戦終了後も現在に至るまで、ドイツは核に関するさまざまな問題に関わり続けている。アメリカの核の傘に守られており、国内にアメリカの核が配備され、核共有政策への参加を続けているため連邦軍は今後も核兵器を装備できる。しかし、核共有政策の放棄、すなわち、連邦軍による核武装の放棄を主張する意見や、国内に配備されたアメリカの核の撤去を主張する意見の影響力も強まっている。そして、原子力を失いつつあるため、核開発能力も失いつつある。そのため、ＮＰＴ加盟後も完全になくなったわけではなかった核保有問題は、より完全な解決に近づいている。

以下、第1節では冷戦終了および再統一後のドイツの核に関する基本的な立場、第2節ではドイツ国内に配備されたアメリカの核の撤去、および核共有政策の放棄に関する議論の高まり、第3節では九〇年代以降、二〇一〇年代までの時期における脱原子力の動きについて説明する。

1　冷戦終了・再統一後のドイツの核に関する基本的な立場

冷戦終了、ドイツ再統一、ドイツ問題、核保有問題

八九年一一月にベルリンの壁が崩壊し、一二月の米ソ首脳会談では冷戦の終了が宣言され、九〇年一〇月にはドイツ再統一が達成された。九一年末にはソ連が崩壊したため、ドイツを取り巻くヨーロッパの安全保障環境が劇的に改善された。しかし、多くの人々がドイツを恐れた。再統一によって強大で危険なドイツが復活することを恐れたのである。ヨーロッパの平和を守るためにはドイツの力を封印することが不可欠というドイツ問題は、冷戦終了後もヨーロッパの最重要問題の一つであった。

そして、コール政権はドイツに対する諸外国の不安を解消するため、ドイツ問題を解決するために冷戦期に形成されていた枠組み、すなわち西側統合とNPTを冷戦後も尊重し続ける立場を明確に示した。すなわち、ドイツ再統一を確定した、いわゆる2プラス4条約の第三条第一項では、再統一後のドイツは核（および生物、化学）兵器の開発や保有を行わないこと、および、NPT加盟国として同条約の義務に従うことが明記された（2プラス4条約は東西ドイツおよび米ソ英仏によって九〇年九月一二日に締結され、九一年三月一五日に発効した）。

再統一後の変化――CDU／CSUもNPT体制を積極的に支持

その後も、コール政権はNPT体制を尊重する立場を示し続けた。具体的には、九二年二月一二日に与党のCDU／CSUとFDPは連邦議会に提出した動議で、NPTおよびIAEA査察体制の強化に貢献し、九五年に

有効期限を迎えるＮＰＴの無条件・無期限延長を支持する立場を明確に示した。[1] なお、第5章で説明したとおり、ＮＰＴ作成交渉で、同条約に有効期限を設定するために最も重要な影響力を発揮した国は、そもそも西独であった。何故なら、とくにＣＤＵ／ＣＳＵがＮＰＴを嫌っていたからである。ところが、冷戦終了後、ＣＤＵ／ＣＳＵはＮＰＴを強く支持し、無期限延長も主張するようになった。また、九五年二月八日には連邦議会で、ＮＰＴの無条件・無期限延長を主張するＣＤＵ／ＣＳＵ、ＦＤＰ、ＳＰＤおよび緑の党による与野党の共同動議が提出され、採択された。[2]

以上のように、ＮＰＴ体制を支持するべきという意見は国民的合意として明確に定着した。従来からＮＰＴ体制を支持していたＳＰＤやＦＤＰ、緑の党だけではなく、ＮＰＴを嫌っていたＣＤＵ／ＣＳＵでさえそれを積極的に支持するようになった理由として、以下の諸事情を指摘できる。第一に、再統一後のドイツ外交の最重要目的の一つは、再統一によってさらに強くなるであろうドイツに対する他国の不安や反発を和らげることによって国際社会における立場を安定化させることであったが、そのために、軍備管理・軍縮に積極的に貢献することをアピールする必要があった。とくに、ＮＰＴ体制を支持する立場を明確に示すことは、核開発と保有の意思がないことをアピールして他国を安心させるために重要であった。第二に、より切迫した安全保障上の問題として、旧ソ連構成国からの核物質の流出による核拡散問題の悪化が懸念され、これに対処するためＮＰＴ体制を強化する必要があった（前述の、九二年二月一二日の動議でもそのように主張されていた）。第三に、ＣＤＵ／ＣＳＵ議員の多くがかつてはＮＰＴの不平等性を強く嫌っていたが、問題意識が変化し、不平等性のためにＮＰＴを嫌うことがなくなった。例えば、ＣＤＵのプフリューガー（Friedbert Pflüger）は連邦議会（九五年二月一六日）で、党を代表して以下のように主張した。多くの途上国がＮＰＴについて不平等性等の問題点を批判しているが、ＮＰＴの無期限延長を達成するため、それらの批判的な議論に対抗する必要がある。そのために、ＮＰＴの不平等性は必ずしも重要な問題ではないことを指摘せねばならず、そのことを明確に示す事例もある。すなわち、ドイツや日本は非核保有国ではあるが、経済的な成功等によって国際社会における影響力を強めている一方で、ロシアは核保有国であるにも拘らず国際社会における地位を著しく低下させている。そのように、核兵器は国家の影響力の源泉として必ずしも重要ではないため、核保有国と非核保有国の不平等性も、実際には、それほど重要な問題ではない[3]。

確かに、西独はＮＰＴ加盟後も（日本と同様に）経済大国として国際社会における影響力を強め、影響力は幾つかの核保有国を上回った。また、再統一によってドイツは影響力と存在感をさらに強めていた。ＣＤＵ／ＣＳＵの議員たちもドイツの影響力に関する自信を深め、ＮＰＴを不平等性のために嫌うことが少なくなったと考えられる。そして、ＮＰＴを尊重するようになったことは大国の政治家としての成熟を示していると言えるかもしれない。外相（九二―九八年）のキンケル（Klaus Kinkel）（ＦＤＰ）もプフリューガーと同様に、以下のように主張した。核を持たなくても不利益は全くなく、われわれがそれを証明している[4]。

ただし、ＣＤＵ／ＣＳＵはＮＰＴを無条件に支持しているわけではなく、支持し、加盟する条件としてＮＡＴＯ、とくにアメリカによる安全保障の提供が重要という立場も示している。ＣＤＵのフランケ（Klaus Francke）は連邦議会（九五年二月一六日）で党を代表して、非核保有国の安全を確保することがＮＰＴ体制の最も重要な課題の一つであると指摘し、以下のように主張した。「ドイツ連邦共和国は非核保有国ではありますがＮＡＴＯ加盟国として同盟という傘に守られ、安全を享受する恩恵に浴しています。ＮＰＴに忠実に従う国々に核保有国が十分な安全を提供するならば、それらの国々が核開発計画に着手することを防ぐことができるでしょう」。この発言に続いてプフリューガーは「全くそのとおり」と述べて、自らも以下のように主張した。「もしドイツ連邦共和国にＮＡＴＯおよびアメリカという防壁（Schutzschirm）が与えられていなければ、ＮＰＴに加盟していたでしょうか？　われわれに安全を提供する同盟があったからこそ、われわれはNPTに加盟できたのです」[5]。以上のように、CDU／CSUはNPTを必ずしも無条件に支持しているわけではなく、支持し、加盟する条件としてNATO、とくにアメリカによる安全保障の提供が重要という立場を示している。ただし、冷戦終了後、現在に至るまでNATOとアメリカによる安全保障の提供は維持されているため、CDU／CSUはNPTを支持し続けている。

そして、九五年以降もNPT再検討会議が開催された年には連邦議会で、会議の成功にドイツが貢献するべきことを主張する動議が提出され、採択され続けている。二〇〇〇年および二〇〇五年には与党のSPDと緑の党が共同で、二〇〇五年には野党のFDPも単独で、二〇一〇年にはCDU／CSU、FDP、SPDおよび緑の党が与野党共同で、二〇一五年には与党のCDU／CSUおよびSPDが共同で、そのような動議を提出し、採択された[6]。

以上のように、冷戦後のドイツではNPT体制に貢献せねばならないという意見が国民的合意として定着している。そのため、ドイツがNPT体制に違反して、あるいはNPTから脱退して核開発と保有を目指す可能性はほとんどない。そのような国民的合意は、ドイツの核保有を防ぐ非常に重要な一因である。国民の大多数が核兵器そのものに強く反対しており、核兵器禁止条約への賛否を問う世論調査（二〇一六年三月一七、一八日）によると、賛成が九三パーセント、反対は六パーセントであった[7]。

核に関する諸問題をめぐる政党間の立場の違い

ただし、冷戦終了後もドイツは核に関するさまざまな問題に関わっており、それらをめぐり、政党間で立場の違いがある。具体的には、NATOの核戦略、核軍縮や廃絶に関わる諸問題、核共有政策およびドイツに配備された核、原子力に関する諸問題について立場の違いがある。以下、これらの諸問題に関する諸政党の基本的な立場を説明する。

まず、ＳＰＤや緑の党およびＰＤＳ（左翼党）は冷戦終了とソ連崩壊によってヨーロッパの安全保障環境が劇的に改善されたことを理由に、ＮＡＴＯも核の役割を大幅に低下させて、核抑止戦略を放棄し、核の先制不使用を方針として採択するべきと主張している。これに対してＣＤＵ／ＣＳＵは、ＮＡＴＯが冷戦後も核抑止戦略を維持していることを支持し、とくにアメリカからドイツに提供されている拡大核抑止（核の傘）は今後もドイツの安全保障にとって不可欠なため、維持されねばならないと主張している。また、ＳＰＤや緑の党およびＰＤＳ（左翼党）は核軍縮だけではなく核廃絶も熱心に主張する一方、ＣＤＵ／ＣＳＵは、核軍縮の推進は支持しつつ、核廃絶の実現可能性に懐疑的な態度を示している。すなわち、核軍縮を進めても、ある程度の数の核は残らざるを得ない（したがって、核抑止は重要であり続ける）という立場を示している。[8] また、ＳＰＤや緑の党およびＰＤＳ（左翼党）は核共有政策の放棄と、ドイツに配備された核兵器の撤去を主張するのに対し、ＣＤＵ／ＣＳＵはそれらの維持を主張している（ただし、ＣＤＵ／ＣＳＵも二〇〇九年以降、核の撤去は、原則として主張するようになっている）。ただし、ＳＰＤや緑の党は、与党になれば以上のような主張を抑制し、ＮＡＴＯの核抑止戦略や核共有政策、ドイツに配備された核を認めるという機会主義的な態度も示している〔二〇一七年、ＣＤＵ／ＣＳＵとＳＰＤの大連立によるメルケル（Angela Merkel）政権は核兵器禁止条約への署名を拒否した〕。[9] また、以上の諸問題に関するＦＤＰの立場は、概して、コール政権期に与党であった時期にはＣＤＵ／ＣＳＵに近かったが、その後、ＳＰＤや緑の党の立場に近づいている。

そして、ＳＰＤと緑の党およびＰＤＳ（左翼党）は原子力の完全な廃棄について冷戦終了後、以下のように主張した。原子力の「平和」利用と軍事利用は区別できないため、ドイツは現在でも核開発能力や核オプションを保持しており、したがって、ドイツが核保有国になることへの諸外国の不安は解消されておらず、NPT体制の有効性を損なっている。そのような不安を解消してNPT体制に十分に貢献するためにも、原子力を完全に廃棄せねばならない。SPDのエルラー（Gernot Erler）は党を代表して以下のように主張した（連邦議会、九五年二月一六日）。「NPTの歴史の遺産として、原子力の軍事利用と民生利用……は区別できるという非合理的な信念が抱かれている。長年の経験で、IAEA査察体制の発展にも拘らず、それらは十分に区別できないことが明らかになっている。非核保有国も核保有国も、軍事目的に利用可能な核物質の獲得に……役立つ民生目的の原子力という共通の土台の上に立っている……原子力の民生利用を放棄し、最先端の再生可能エネルギー技術の発展に全力を尽くすことによって、連邦政府は……繁栄のために民生目的の原子力技術を発展させようとしたことは……誤りであったことを証明するべきであり、また、原子力への依存ではなく、それからの独立が次の世代の特典となることを証明するべきではないでしょうか」。外交・安全保障問題の専門家であるSPDのツァプフ（Uta Zapf）も以下のように主張した（連邦議会、二月一六日）。「SPDは、ドイツ連邦共和国が再処理やプルトニウムの利用等のセンシティブな原子力技術を自発的に放棄することを引き続き要求する……それらの技術を自発的に放棄することはポジティブなシグナルとなるでしょう。民生目的にも軍事目的にも利用できるアンビバレントな原子力技術を全て放棄することによって、核拡散に関する不安を和らげることを期待できます。それらを放棄することによって、われわれへの信頼感が高まるでしょう。ドイツ連邦共和国について核拡散の不安が全く抱かれていないと、われわれは信じ込むべきではありません……2プラス4条約で定められた放棄で不安を和らげることはできたかもしれませんが、完全になくすことができたわけではありません」[10]。

また、緑の党のフォルマー（Ludger Volmer）は連邦議会（九五年三月三〇日）で、ドイツが軍事目的に利用可能な大量の核物質を保有していること（および、ヨーロピアン・オプションを明確には放棄していないこと）等を理由に以下のように主張した。「連邦政府は、およびこれまでの歴代の政府も……核オプション（Atomwaffenoption）を明確に放棄しているわけでは決してありません。全く逆です。オプションを……物理的にも保持しようとしているのです……連邦政府が核オプションを放棄するという立場を明確に示さないのであれば、信頼を失い、NPTの有効性についても多くの国々が懐疑的になってしまうでしょう……ドイツのような「擬似核保有国（Quasi-Atomstaaten）」は、完全な軍縮を目指す義務の一つとして核オプションを放棄するべきです」。また、PDSのレーデーラー（Andrea Lederer）は連邦議会（九五年二月一六日）で以下のように主張した。「NPTは……拡散を防ごうとする一方でいわゆる原子力平和利用を許容するというパラドックスを抱えています。原子力産業の発展を許された国々は……原子力の軍事利用に関する技術も獲得することになります。その端的な例が、ドイツなのです……連邦政府はあらゆる核オプションを放棄せねばなりません」[11]。

以上のように、SPDや緑の党およびPDS（左翼党）は、冷戦後もドイツはNATOの核抑止戦略（核の傘）や核共有政策、国内に配備された核、原子力、核オプション等において実際には核に大きく関わっていることを指摘し、そのような関わりを完全になくすことを主張している。これに対し、CDU／CSUはそのような関わりを保とうとしているが、重要な変化も見られる。すなわち、CDU／CSUも二〇〇九年以降、核の撤去を原則として主張し、二〇一一年以降は原発の完全な廃棄を主張するようになっている。ただし、CDU／CSUはNATOの核抑止戦略（核の傘）や核共有政策を依然として強く重視している（また、第2節で説明するとおり、核の配備も実際には重視している）。

以上の諸問題の中でも、核共有政策の放棄（以下「核共有放棄」）や、国内に配備された核の撤去（以下「核撤去」）、原子力の廃絶すなわち脱原子力が、冷戦終了後、現在に至るまでとくに重要な争点になっている。以下、第2節では核撤去と核共有放棄（以下「核撤去・共有放棄」）に関する諸問題、第3節では脱原子力による核オプションの放棄について、より詳しく説明する。

2　核共有政策の放棄および国内に配備された核の撤去に関する議論の高まり

核撤去・共有放棄は冷戦終了後、現在に至るまでとくに連邦議会で積極的に主張され続けている。ただし、ドイツへの核配備、および核共有政策（以下「核配備・共有政策」）に対する、連邦議会における最初の本格的な批判的問題提起は八三年に緑の党によってなされたため、本節では八三年以降の時期を分析対象とする。以下、まずは核配備・共有政策の歴史と、それらに対する国民および各政党の基本的な立場を説明した後、核撤去・共有放棄に関する連邦議会における議論を、歴代の政権期ごとに分析する。すなわち、コール政権（八二―九八年）、シュレーダー政権（九八―二〇〇五年）、第一次メルケル政権（二〇〇五―二〇〇九年）、第二次メルケル政権（二〇〇九―二〇一三年）、第三次メルケル政権（二〇一三年以降）。なお、第一次メルケル政権はCDU／CSUとSPDの大連立、第二次メルケル政権はCDU／CSUとFDPの連立、第三次メルケル政権はCDU／CSUとSPDの大連立による政権である。

核配備・共有政策の歴史

第1、2章で説明したとおり西独へのアメリカの核配備は五〇年代半ばに始まり、核共有政策は五七年末にNATOによって正式に採択され、五八年に西独政府が参加を決定したことによって、同国による核共有政策が始まった。西独は冷戦対立の最前線に位置し、連邦軍はNATO統合軍の中でもとくに大きな比重を占めたため、核配備・共有政策では西独と連邦軍が最も重視され、西独に最も多くの核が配備された。東側の膨大な通常戦力から西独をはじめとする西欧諸国を守るためには大量の戦術核が必要という判断から、前線国家の西独に大量の核が配備され、その数は数千発に及んだ〔緑の党の推計（八三年）によると約五千発〕[12]。

しかし、冷戦終了によってアメリカは九一年、欧州配備核の約九五パーセントの削減、および、陸上・海上発射戦術核の全廃を決定した。これによってドイツに配備された核も大幅に削減されたが、以下の三つの基地に核が配備され続けた（全て空中発射戦術核）。ラムシュタイン（Ramstein）の米軍基地、メミンゲン（Memmingen）の連邦軍（空軍）基地、ビューヒェル（Büchel）の連邦軍（空軍）基地（ラムシュタインとビューヒェルはラインラント・プファルツ州に、メミンゲンはバイエルン州に位置する）。しかし、二〇〇三年にはメミンゲン基地の閉鎖に伴い、同基地に配備されていた約二〇発の核（推計、以下同じ）が撤去され、ラムシュタイン基地に配備されていた約一三〇発の核も二〇〇七年までに撤去されたことは確実と見られており、現在、ドイツに残された核はビューヒェル基地の約二〇発である。そして、ビューヒェル基地の、戦術核搭載・発射可能な約四〇機のトーネード（多用途戦闘機、第三三航空隊所属）が、核共有を担当する連邦軍の実戦部隊として配備され続けている。ビューヒェル基地にアメリカの軍用機は配備されていないが、核弾頭は米軍部隊が厳重に管理していると見られている[13]。

核配備・共有政策に対する国民、各政党の基本的な立場

以上のような核配備・共有政策には、その始まりから現在に至るまで国民の大多数が一貫して強く反対し続けている。五八年には核共有政策への参加に反対する全国規模の運動が起きた。ただし、その後は（八〇年代初頭の、新型中距離核ミサイルの配備に反対する運動は別として）五八年の運動に匹敵する大規模な反核運動は起こらず、核配備・共有政策は常に主要な政治的争点になっているわけではない。それでも、世論調査の結果によると国民の大多数が核配備・共有政策に反対し続けている。何故なら、反核平和主義が戦後から現在に至るまで、国民の間で

影響力の強い理念であり続けているからである。例えば、二〇一六年三月に実施された世論調査によると、前述のとおり回答者の九三パーセントが核兵器禁止条約に賛成し、また、八五パーセントがドイツからの核撤去に賛成した（反対は一〇パーセント）[14]。

しかし、CDU／CSUは核配備・共有政策を一貫して重視している。CDU／CSUは、ドイツへの核配備・共有政策はNATOの戦略として実施されているため、それらに協力することは同盟国の義務であると主張している。また、CDU／CSUは核配備・共有政策を、ドイツの安全を守るための抑止力としても重視しており、アメリカとの緊密な関係を保つための手段としても重視している。ただし、CDU／CSUは第二次メルケル政権以降、核撤去を目指すことには原則として賛成するようになっているが、それが実現するまでは、あくまでも核配備・共有政策を重視するという立場を保っている（なお、先に紹介した世論調査によると、CDU／CSUを支持する人々でさえ、八七パーセントが核撤去に賛成した）。

そして、SPDは第2、3章で説明したとおり、当初、核配備・共有政策に猛烈に反対していたが、六〇年以降はそれらを認めた。しかし、冷戦終了後は反核平和主義の政党として本来の立場に戻り、核撤去・共有放棄を基本的には主張するようになっている。ただし、それらを野党としては積極的に主張するが、与党になればそれらの主張を控えるという機会主義的な態度も見られる。そのような機会主義的な態度は、シュレーダー政権期にとくに顕著に見られた。しかし、第一次メルケル政権では与党でありながら核撤去を主張し、第三次メルケル政権でもCDU／CSUとの連立協定（二〇一三年）で核撤去を目指すことを基本方針として認めさせた（ただし、第一次および第三次メルケル政権でも、核共有放棄は主張しなかった）。以上のように、機会主義的な態度も見られるものの、総じてSPDは冷戦後、核撤去・共有放棄を主張する最も有力な政党となっており、そのような主張の影響力を強めるために重要な役割を果たしている。

そして、ＦＤＰは冷戦期に核配備・共有政策を認め、冷戦終了後もコール政権では与党として核配備・共有政策を認めていたが、二〇〇五年以降に立場を大きく変え、核撤去・共有放棄を主張するようになっている（ただし、第二次メルケル政権では与党として核撤去は主張したが、核共有放棄は主張しなかった）。ＦＤＰの勢力はＣＤＵ／ＣＳＵあるいはＳＰＤに及ばないが、ＣＤＵ／ＣＳＵあるいはＳＰＤのいずれにとってもＦＤＰは連立形成による政権獲得のための重要なパートナーとなることが多い。そのようなキャスティング・ボードを握る際に、ＦＤＰはＣＤＵ／ＣＳＵやＳＰＤに対しても少なからぬ影響力を及ぼし得る。そのような影響力を発揮して、ＦＤＰは第二次メルケル政権ではＣＤＵ／ＣＳＵとの連立協定（二〇〇九年）で、核撤去を目指すことを基本方針として認めさせることに成功した。そのように、ＦＤＰも核撤去・共有放棄のために重要な役割を果たしている。

以上のように、冷戦期にはＣＤＵ／ＣＳＵだけではなくＳＰＤやＦＤＰも核配備・共有政策を認めていたが、五〇年代末まではそれらに反対していたＳＰＤがそれらを六〇年に認めた後、冷戦期の連邦議会で唯一、そして最初に、すなわち八三年に、それらに対する批判的な問題提起を行ったのが、同年に初めて連邦議会における議席を獲得した緑の党である。反核平和主義を方針とする同党は核撤去・共有放棄を主張し続けているが、シュレーダー政権期には与党としてＳＰＤと同じく核配備・共有政策を事実上、認めたことにも注意する必要がある。

最後に、左翼党（ＰＤＳ）も核撤去・共有放棄を主張し続けている。左翼党（ＰＤＳ）は与党になったことはないが、だからこそ、ＳＰＤやＦＤＰあるいは緑の党とは異なり、核撤去・共有放棄を最も一貫して主張し続けている。ただし、核撤去・共有放棄について、左翼党（ＰＤＳ）の主張と、他の諸政党の主張の間には、後に説明する重要な違いがあることに注意する必要がある。

以上の予備知識に基づき、以下、核撤去・共有放棄に関する議論を分析する。中心的な分析対象は、連邦議会で提出された「大質問」や「小質問」および「動議」であり、本書の分析対象となる大質問や小質問に政府は全て回答している（なお、大質問・小質問は手続や質問の分量等において異なるが、本書の分析対象となる大質問・小質問に関しては、実質的な違いはほとんどない）。動議は政府に対して具体的な政策目標の追求を要求するが、その採否（すなわち、要求された目標を政府が実際に追求するか否か）は票決で決定される。そして、八三年から現在に至るまで、核配備・共有政策に批判的な問題提起を行う多くの大質問・小質問、および、核撤去・共有放棄を主張する多くの動議が提出され続けている。

表８－１　コール政権期に連邦議会で提出された、核撤去・共有放棄を主張した主な動議、および、核配備・共有政策に批判的な問題提起を行った主な大質問・小質問の一覧

提出日	提出政党	種類	最終結果
83年6月13日	緑	大質問（計5本）	政府回答（83年10月14日）
89年6月14日	緑	小質問	政府回答（89年9月6日）
91年3月11日	緑	小質問（核配備のみ）	政府回答（91年4月3日）
91年9月27日	ＳＰＤ	動議（核撤去のみ）	否決（93年6月23日）
95年2月9日	ＰＤＳ	動議	否決（95年3月30日）
97年6月10日	ＰＤＳ	動議	否決（98年2月12日）

備考：「種類」の欄について、核撤去のみを主張して核共有放棄を主張していない動議に関しては「核撤去のみ」と記す（「核撤去のみ」と記していなければ、核撤去・共有放棄の両方を主張している）。同様に、核配備のみについて問題提起を行い、核共有政策については問題提起を行っていない大質問あるいは小質問に関しては「核配備のみ」と記す（記していなければ、核配備・共有政策の両方に問題提起を行っている）。以下の表についても同様であり、全て筆者が作成。

コール政権期（八二―九八年）

まずは緑の党が八三年以降に提出した大質問や小質問で核配備・共有政策に批判的な問題提起を行い、冷戦終了後にはＳＰＤ、ＰＤＳが動議で核撤去・共有放棄（の両方あるいは核撤去のみ）を主張するようになった。以下、緑の党のイニシアティブ、ＳＰＤのイニシアティブ、ＰＤＳのイニシアティブの順に分析する。

緑の党のイニシアティブ

緑の党が八三年に提出した計五本の大質問による質問事項は以下のように要約できる。（一）核が配備されている場所や、配備されている数等、配備の状況。（二）配備の法的根拠。（三）配備されている核が西独の領域内に向けて発射される危険性の有無（核は、西独に侵略し

た東側の軍隊に対して使用することを想定して配備されているため）。（四）西独は、自国に配備された核が発射されることについて拒否権を有するか。（五）核撤去を求めることはできないのか。（六）西独は核開発を放棄することを五四年に宣言したが、核共有政策はこの宣言に反していないか。（七）西独に配備された核は、実際に発射されれば放射能汚染等の壊滅的被害をもたらすため、西独自身を滅ぼすことにならないか。

以上の質問に対する政府の回答は以下のようなものであった。（一）核配備の状況は機密事項のため、どのような質問に対しても政府は回答しない。また、配備に関するどのような情報についても、肯定も否定もしない。（二）西独の主権回復を認めたパリ条約（五四年）は外国軍隊の駐留を認めている。この条約が五五年に発効した時点で既に核は配備されていたため、同条約は核の配備も認めていることになる。（三）NATOの戦略は核抑止力によって戦争の発生を防ぐことを基本目標としている。核抑止の信憑性を保つため、核を実際に発射する態勢を保つ必要はあるが、NATOの戦略は戦争の全面的遂行を目標とするものではない。（四）拒否権はない。ただし、核の発射をはじめ、核戦略について協議する制度がNATOの内部で十分に発展しており、そのような制度において、西独には格別な配慮が払われている。（五）核撤去は求めない。また、核配備はNATOの戦略として実施されているため、加盟国の一致した意思に基づかない限り、核撤去は不可能である。（六）核配備は、核開発放棄宣言（五四年）に反しない[15]。また、核共有政策はNPTにも違反しない。（七）戦争の発生を防ぐことがNATOの第一の目的であるため、西独に配備された核が本当に発射されることは想定し難い。また、核抑止力によって戦争の発生を防ぐために、西独に核を配備することが重要である。

以上のように、コール政権は核配備・共有政策について、法的にも問題がないことだけではなく、核抑止による戦争発生防止に役立つという意義を強調した〔そのような立場を政府や与党（とくにCDU／CSU）は冷戦終了後も現在に至るまで概ね保っている〕。なお、緑の党が強調した、西独に配備された核の危険性、とくに、西独の領域内に向けて発射され爆発する危険性は、現在ではほぼなくなっている。何故なら、冷戦が終了し、NATOの東方拡大の結果、ドイツは前線国家でもなくなったため、他国から侵略される危険性が非常に低くなったからである。それでも緑の党が提出した計五本の大質問は、西独に配備された核が冷戦期に有していた諸問題について包括的な問題提起を行ったものと評価できる。

その後も緑の党は冷戦終了と前後する時期に二本の小質問を提出し（八九年六月一四日、九一年三月一一日）、それぞれで以下の質問を提起した。（一）東西関係が大幅に改善しているにも拘らず、NATOが計画している欧州配備核の近代化は遂行されるのか。逆に、ヨーロッパ全域における戦術核の廃棄は可能か。（二）ドイツ再統一によって新規に編入された旧東独地域に、ソ連が配備していた核は残されているか。

これらの質問に対する政府の回答（八九年九月六日、九一年四月三日）は以下のようなものであった。（一）NATOは核抑止による戦争発生防止を基本目標として維持している。そのために必要とされている欧州配備核の近代化も計画どおりに遂行される。（二）残されていない。

以上のように、冷戦が終了する直前の時期にも、NATOは欧州配備核の継続だけではなく近代化も重視し、西独政府もそれらの方針に従う立場を示していた。冷戦終了後もそれらの方針は保たれたが、SPDが核撤去を主張するようになった。

SPDのイニシアティブ

SPDは九一年九月二七日に提出した動議で以下のように主張した。第一に、冷戦が終了したために核の存在意義は消失し、ワルシャワ条約機構が解体したためドイツに核を配備する必要性もなくなった。したがって、政府は米ソに対し、ドイツを含むヨーロッパに配備された戦術核の完全な撤去を目指す交渉を開始するように要求するべきである。第二に、政府が核の配備状況に関する質問への回答を避けていた、これまでの方針も放棄するべきである。

しかし、この動議は否決された（九三年六月二三日）。動議にはＳＰＤと緑の党、ＰＤＳが賛成したが、ＣＤＵ／ＣＳＵおよびＦＤＰが反対した。[16] ＣＤＵ／ＣＳＵが反対した理由について、プフリューガーは以下のように説明した（連邦議会、九一年一一月七日）。第一に、確かにドイツを取り巻くヨーロッパの安全保障は劇的に改善されたが、将来において何らかの脅威が発生する可能性にも注意せねばならない。そのような脅威に対抗するため核抑止力を維持することは重要であり、そのためにドイツへの核配備を続けることが重要である。第二に、核配備はＮＡＴＯの戦略として実施されている以上、ドイツはＮＡＴＯの一員としてこの戦略に従わねばならない。第三に、アメリカの核がドイツに配備されることは、アメリカとの緊密な関係を保つことにも役立つ。[17]

以上のようなプフリューガーの発言にＣＤＵ／ＣＳＵの議員たちは拍手をして賛意を示した。また、ＦＤＰのフェルトマン（Olaf Feldmann）は、ソ連の戦術核に関する今後の状況や方針が必ずしも明確ではないことを理由に核撤去に反対した（連邦議会、九一年一一月七日）。シェファー（Helmut Schäfer）（ＦＤＰ）も同様の立場を示し、核配備の状況に関する質問への回答を拒む従来の方針を保つ立場を示した（連邦議会、九一年一一月七日）。[18]

以上のように、冷戦終了後、核撤去はまずＳＰＤによって主張され、緑の党とＰＤＳも賛成したが、核撤去は難しいことが早くも明らかになった。何故なら、ＮＡＴＯが核配備を戦略として維持する以上、ドイツ（の野党の主張）だけでそれを終了させることは難しく、また、ＣＤＵ／ＣＳＵという議会内の最大勢力が核配備の継続を重視したからである。

PDSのイニシアティブ

しかし、その後もPDSが二本の動議（九五年二月九日、九七年六月一〇日）で核撤去だけではなく核共有放棄も主張し、以下のように主張した。国際社会の最重要課題の一つである核軍縮・不拡散に貢献するために、ドイツは核撤去・共有放棄を目指さねばならない。[19] そのように主張した動議もCDU／CSUおよびFDPの賛成を得られずに否決されたが、核撤去だけではなく核共有放棄も主張した点でSPDの動議（九一年九月二七日）よりも踏み込んだ内容となり、以下の点でも重要であった。すなわち、冷戦期に緑の党は核配備の危険性を強調し、冷戦後にSPDはそれが不要になったことを強調して核撤去を主張したが、PDSは国際社会に貢献するために核撤去・共有放棄を目指さねばならないと主張したことである。そのような主張は、核撤去・共有放棄を目指さねばならないことについて、前向きで積極的な理由（国際社会への貢献）を提示しているため、支持され易かった。したがって、国際社会（の課題である核軍縮・不拡散）に貢献するために核撤去・共有放棄を目指さねばならないという主張はその後、PDS以外にも多くの政党によって主張されるようになり（とくに二〇〇五年以降）、核撤去・共有放棄に関する一般的な主張として定着するようになった。

以上のように、総じて、冷戦終了後もCDU／CSUは核配備・共有政策を重視したが、SPDや緑の党、PDSは核撤去・共有放棄（の両方あるいは少なくとも核撤去）を目指すようになった。核撤去・共有放棄は国際社会への貢献として重要であるという、前向きで積極的な理由に基づいて主張されるようにもなった。

シュレーダー政権期（一九九八—二〇〇五年）

シュレーダー政権期にもPDSは、国際社会（の課題である核軍縮・不拡散）に貢献するために核撤去・共有放棄を目指さねばならないと主張した（動議、九九年一〇月二八日、二〇〇〇年四月一二日）。

表8－2　シュレーダー政権期に連邦議会で提出された、核撤去・共有放棄を主張した主な動議の一覧

提出日	提出政党	種類	最終結果
99年10月28日	PDS	動議	否決（99年10月29日）
00年 4月12日	PDS	動議	否決（00年4月13日）
05年 4月13日	FDP	動議	不採択

しかし、与党となったSPDと緑の党はPDSの動議に反対し、核撤去・共有放棄のために具体的な行動を取ることもなかった。つまり、核配備・共有政策を事実上、認めたのである。そのような立場は、民間の研究機関であるAG平和研究所（AG Friedensforschung）が二〇〇三年一二月に、両党の有力議員を対象に行った質問への回答で明確に示された。まず、国防政務次官という要職にあったSPDのコルボー（Walter Kolbow）は、冷戦終了後もNATOの核抑止戦略が重要と指摘したうえで、以下のように主張した。「核兵器の重要性について同盟国は認識を共有しており、ドイツも今後、核に関するさまざまな任務に従事し続ける必要がある。それらの任務には、同盟国の核戦力をドイツ国内に配備することや……核の運搬手段を常備することが含まれる……核共有政策は国際法に違反しない」。

ツァプフも以下のように主張した。「NATOが核共有政策を放棄することに個人としては全面的に賛成している。しかし、そのような目標を追求するようにドイツ政府に要求することは非現実的です、何故なら、もし政府が核共有政策の終了を主張すれば、NATOが大きく混乱してしまうからです。ドイツだけが核共有政策を一方的に放棄しようとすることも実現不可能であると思われます。何故なら、核共有政策を終了させるためにはNATOの全体による決定が必要だからです」。

SPDのビンドゥング（Lothar Bindung）は、核の配備状況は機密事項のため政府には守秘義務があり、配備の状況に関するどのような情報についても、政府は肯定も否定もしないという立場を示した。そのように、SPDは与党としてコール政権期のCDU／CS

UやFDPと同じ立場を取った。また、緑の党のナハトヴァイ（Winfried Nachtwei）は、核共有政策に基づいて連邦軍が核を発射するような事態はほとんど考えられないと強調したが、核撤去・共有放棄を明確には主張しなかった。

以上のように、SPDと緑の党は、コール政権期に野党としては核撤去を主張していたが、与党になれば核配備・共有政策を認める機会主義的な態度を示した。また、核撤去・共有放棄は難しいことを改めて証明した。何故ならツァプフも認めたように、核配備・共有政策がNATOの戦略として維持されている以上、ドイツだけでは、それらを終了させることは難しかったからである。

なお、AG平和研究所の質問に対してFDPのホイヤー（Werner Hoyer）（前国防政務次官）が、核配備は依然として重要と主張したように、FDPは核配備・共有政策を重視する立場を保っていた。

核撤去・共有放棄論の再活性化（二〇〇五年）

しかし二〇〇五年、FDPが立場を大きく変えて核撤去・共有放棄を主張するようになっただけではなく、SPDや緑の党も実質的に核撤去を目指す立場を示した。その理由として二〇〇五年には総選挙（九月）が実施され、また、NPT再検討会議（五月）が開催されたことを指摘できる。すなわち、FDP、SPD、緑の党、左翼党は選挙戦において激しい競合関係にあったが、国民の大多数が核撤去に賛成したため、いずれの党も選挙のために核撤去を主張せねばならなかった〔四月末に実施された世論調査によると、回答者の七六パーセントが核撤去に賛成した（反対は一八パーセント）〕。[21]また、NPT再検討会議との関連で、会議の成功のためにドイツが直接的になし得る貢献として核撤去を目指さねばならないという意見も主張されるようになり、影響力を強めたが、やはり選挙に注意すると、前述の諸政党のいずれもそのように主張する必要性が高くなった。

具体的には、まず、NPT再検討会議（五月）が開催される直前、FDPが動議（四月一三日）で、会議の成功に貢献するために核撤去を目指すべきと主張し、核共有政策は不要であると主張した。[22]この動議は採択されなかったが、SPDと緑の党も動議（四月一三日）[23]で以下の立場を示した。NPT再検討会議の成功にドイツが貢献するための取り組みの一つとして、米ロに対し「非戦略レベル」の核軍縮と全廃を目指す交渉を開始するように促す。この動議はSPDと緑の党自身の賛成で採択された（四月一四日）。そして、「非戦略レベル」の核軍縮と全廃は、ドイツに配備された核の撤去も目標に含むものであった。そのように、SPDと緑の党はドイツに配備された核の撤去それ自体を明確な目標として提示することは避けつつ、実質的にそれも目標の一部としている立場を示したのである。さらに、SPDや緑の党の一部の有力議員はドイツに配備された核の撤去を、より明確に主張した（五月）。すなわち、国防相のシュトルック（Peter Struck）（SPD）と外相のフィッシャー（Joschka Fischer）（緑の党）が共同で核撤去を目指す立場を示し、核が配備されているラインラント・プファルツ州首相のベック（Kurt Beck）〔SPD、後に党首（二〇〇六—八年）〕も核撤去を主張した。[24]

以上のように、二〇〇五年には核撤去を目指す機運が強まった。そのような機運は第一次メルケル政権でも保たれ、さらに強まることになった。

第一次メルケル政権（二〇〇五—二〇〇九年）

二〇〇五年に続き二〇〇六年以降も核撤去・共有放棄が積極的に主張され続けた。そして、アメリカのオバマ（Barack Hussein Obama）大統領が「核なき世界」を主張したプラハ演説（二〇〇九年四月五日）を受けて、ドイツ国内でも核廃絶を主張する意見の影響力が強まり、廃絶のため核撤去・共有放棄を目指さねばならないと主張する意見の影響力も強まった。そのため、核撤去・共有放棄は二〇〇九年から二〇一〇年にかけて、冷戦後、最も積極的に主張された。

プラハ演説前——与党のSPDでさえ核撤去を主張

まず、緑の党は、シュレーダー政権期には与党として核配備・共有政策を認めていたが、第一次メルケル政権では野党となったため核撤去・共有放棄を積極的に主張する本来の立場に戻った。そして、緑の党だけではなく同じく野党のFDPと左翼党も以下のように主張した。ドイツが核撤去・共有放棄を目指すことはNPT体制強化を目指す国際社会への貢献として重要であり、逆に、核配備・共有政策の継続はドイツの核軍縮・不拡散政策の信憑性を損なう。[25]

そして、与党の座にとどまったSPDは、核撤去・共有放棄を主張する野党の動議に反対した限りでは連立のパートナーであるCDU／CSUと立場を共有したが、党首のベックや前国防相のシュトルックが核撤去を主張し、ミュツェニッヒ（Rolf Mützenich）は連邦議会でSPDを代表して核撤去を主張した（二〇〇八年一月一八日）。そのように、与党が核撤去を明確に主張したことは、冷戦期を含め、戦後のドイツで初めてのことであり、核撤去を主張する意見の影響力が確実に強まっていることを示し

表８－３：第一次メルケル政権期に連邦議会で提出された、核撤去・共有放棄を主張した主な動議、および、核配備・共有政策に批判的な問題提起を行った主な大質問・小質問の一覧

提出日	提出政党	種類	最終結果
06 年 1 月 20 日	左翼党	小質問	政府回答（06 年 2 月 8 日）
06 年 1 月 25 日	左翼党	動議	否決（08 年 1 月 18 日）
06 年 3 月 7 日	緑	動議	否決（08 年 1 月 18 日）
06 年 7 月 25 日	左翼党	小質問	政府回答（06 年 8 月 11 日）
07 年 12 月 12 日	緑	大質問	政府回答（08 年 6 月 26 日）
08 年 1 月 16 日	左翼党	動議	否決（09 年 1 月 30 日）
08 年 6 月 25 日	緑	動議	会期終了により廃案
09 年 4 月 22 日	ＦＤＰ	動議	否決（09 年 4 月 24 日）
09 年 4 月 22 日	ＦＤＰ	動議（核撤去のみ）	否決（09 年 4 月 24 日）
09 年 4 月 22 日	左翼党	動議	否決（09 年 4 月 24 日）
09 年 4 月 22 日	緑	動議（計 2 本）	否決（09 年 4 月 24 日）

ていた（二〇〇五年にSPDと緑の党は与党として核撤去を、言わば、婉曲的に主張するにとどまっていた）[26]。

ただし、SPDによる核撤去の主張と、左翼党による核撤去の主張の間には以下に説明する違いがあることに注意する必要がある。まず、SPDはドイツからの核撤去を、米ロ間の非戦略レベル核軍縮交渉によって、その成果の一部として実現するべきと主張している。つまり、SPDはドイツからの核撤去を、ロシアとの交渉とは無関係にアメリカが一方的に実施することを要求していない。何故なら、まず、アメリカは、非戦略レベルの核軍縮は米ロがともに、交渉に基づいて（核戦力のバランスを維持しながら）進めねばならないと主張しているが、SPDはアメリカとの関係を強く重視しているため、アメリカと同様の立場を取らねばならないからである。これに対し左翼党は核撤去を、ロシアとの交渉とは無関係に直ちに実施するべきと主張している。何故なら、左翼党はアメリカとの関係を重視していないからである。そのような左翼党の立場をSPDは批判している[27]。

プラハ演説後

そして、プラハ演説（二〇〇九年四月五日）の影響でドイツ国内では核撤去・共有放棄が一層、強く主張されるようになった。具体的には、演説から一七日後の四月二二日に連邦議会では核撤去・共有放棄を主張する動議が五つも提出された（緑の党が二つ、FDPが二つ、左翼党が一つ）。これらは全て与党の賛成を得られず否決されたが、四月二五日、外相（兼副首相）で、二〇〇九年の総選挙におけるSPDの首相候補であったシュタインマイヤー（Frank-Walter Steinmeier）（二〇一七年から連邦大統領）は核撤去を目指す方針を示した（ただし、核共有放棄は主張しなかった）[28]。

以上のように、第一次メルケル政権期に核撤去・共有放棄を主張する意見の影響力が一貫して強まり、とくに、二〇〇九年に影響力が急激に強まったことは第二次メルケル政権にも大きな影響を与えることになった。

第二次メルケル政権（二〇〇九―一三年）

二〇〇九年九月の総選挙の結果、CDU／CSUは第一党の地位を保ったが、議席数（二三九）は過半数（三一二）に遠く及ばなかった。CDU／CSUにとっては概してSPDよりも立場の近いFDPが議席数を増やしたため（九三）、CDU／CSUはFDPと連立を形成して過半数を辛うじて上回り、第二次メルケル政権を成立させることができた。ただし、以上のような事情のため政権基盤は必ずしも盤石ではなく、政権存続の要となったFDPの影響力が強まり、FDPは核撤去を主張していた。

そして、CDU／CSUはFDPとの連立協定（二〇〇九年一〇月二六日）で、核撤去を目指す基本方針について合意した。より正確には、米ロに対して非戦略

表8－4　第二次メルケル政権期に連邦議会で提出された、核撤去・共有放棄を主張した主な動議、および、核配備・共有政策に批判的な問題提起を行った主な大質問・小質問の一覧

提出日	提出政党	種類	最終結果
09年12月　2日	左翼党	動議	否決（11年4月8日）
09年12月　2日	緑	動議	否決（11年4月8日）
09年12月15日	SPD	動議	撤回（10年5月7日）
10年　3月　2日	左翼党	動議	否決（11年4月8日）
10年　3月24日	CDU／CSU、FDP、SPD、緑（共同）	動議（核撤去のみ）	採択（10年3月26日）
10年　4月23日	緑	小質問	政府回答（10年5月11日）
10年　5月　4日	左翼党	動議（核撤去のみ）	会期終了により廃案
10年　6月30日	SPD	小質問	政府回答（10年7月20日）
10年11月10日	SPD	動議	否決（10年11月11日）
10年11月10日	緑	動議	否決（10年11月11日）
11年　3月24日	左翼党	小質問（核配備のみ）	政府回答（11年4月14日）
11年　9月28日	SPD	大質問	政府回答（12年9月28日）
12年　6月13日	緑	動議	否決（13年3月15日）
12年10月25日	左翼党	動議	否決（13年3月15日）
12年11月　6日	SPD	動議	否決（13年3月15日）
12年11月29日	緑	小質問	政府回答（12年12月20日）
12年12月12日	SPD	大質問	政府回答（13年6月5日）
13年　7月11日	左翼党	小質問	政府回答（13年7月30日）
13年　9月24日	緑	小質問	政府回答（13年10月11日）

レベルの核軍縮交渉を開始するように促し、その成果の一部としてドイツからの核撤去を目指す（という、前述したSPDの方針と同様の）方針について合意した（ただし、核共有放棄については合意がなされなかった）[29]。冷戦期を含めて、戦後初めてCDU／CSUが核撤去を目指す立場を示したのである。また、与党の全て、したがって政府全体が核撤去を目指す立場を示したのも初めてのことであった（第一次メルケル政権ではSPDだけが核撤去を主張していた）。ただし、CDU／CSUの従来の（また、後に説明する、その後の）立場を考えると、核撤去を目指す方針に積極的に同意したとは考え難い。それでも同意せざるを得なかった理由として、核撤去を主張する意見の影響力が二〇〇五年から一貫して強まり、プラハ演説後にさらに強まっていた状況で、総選挙の結果、CDU／CSUの影響力が弱まり、FDPの影響力が強まったことを指摘できる。

そして、FDP党首（二〇〇一―二〇一一年）で外相に就任したヴェスターヴェレ（Guido Westerwelle）が核撤去をとくに強く主張し、そのためのイニシアティブを発揮することになった（ヴェスターヴェレは二〇〇五年から核撤去を主張し続けていた）[30]。

また、野党の側でも、緑の党や左翼党だけではなくSPDも動議（二〇〇九年一二月）等で核撤去・共有放棄を主張した。これらの動議でSPDと緑の党は、NPT再検討会議（二〇一〇年）の成功に貢献するために核撤去・共有放棄を目指すべきと主張したように、二〇〇五年の時と同じくNPT再検討会議がドイツ国内の諸政党に、核撤去・共有放棄を主張するように促す要因になった。

そして、CDU／CSUも核撤去を目指すようになったため、全ての政党が核撤去を目指すようになった。ただし、左翼党による核撤去の主張と、他の諸政党による核撤去の主張との間には前述した違いがあった。しかし、CDU／CSU、FDP、SDP、緑の党は、核撤去を米ロによる非戦略レベル核軍縮交渉の成果として目指すという方針において一致していたため、その実現を目指すべきと主張する共同動議を二〇一〇年三月二四日に提出し、採択した（三月二六日）[31]。この動議は以下の諸特徴において、これまでに提出された多くの動議の中でも唯一のものであった。すなわち、ＣＤＵ／ＣＳＵが提出し、賛成したこと、与野党が共同で提出し、賛成したこと、そして、採択されたことである。

この共同動議が採択されたことによって、核撤去を目指す動きはピークに達した。

ヴェスターヴェレ外交、成果なし、核配備・共有政策を維持する諸方針が明確に

共同動議に基づいてヴェスターヴェレはアメリカに対し、非戦略レベルの核軍縮交渉をロシアとの間で開始するように求めた。しかし、以下の一連の出来事が示すように成果はなく、むしろ、アメリカとドイツ政府は核配備・共有政策を維持するための新たな諸方針を示した。

第一に、アメリカのヒラリー・クリントン（Hillary Rodham Clinton）国務長官とＮＡＴＯ事務総長のラスムッセン（Anders Fogh Rasmussen）はヴェスターヴェレに反対し、ヨーロッパに配備されたアメリカの核は今後も重要であると主張した（ＮＡＴＯ外相会議、二〇一〇年四月下旬）。クリントンは、ヨーロッパに配備されたアメリカの戦術核（約二〇〇発）の削減は、ロシアの戦術核（約二〇〇〇発）の大幅な削減がなければ不可能とも主張した[32]。第二に、アメリカはドイツを含むヨーロッパに配備する核の兵器としての寿命、すなわち耐用年数を延長する計画を発表した。つまり、アメリカは今後も長期に及んで核を配備し続ける意思を明らかにし、耐用年数延長のため新型の核弾頭を配備する方針も示した（ＮＡＴＯ首脳会議、二〇一二年五月）[33]。第三に、核共有を担当する連邦軍のトーネードは二〇一〇年代には退役し、後継機のユーロファイターは核搭載・発射能力を有さないため、トーネードの退役によって核共有政策は事実上、終了するという見通しがあったが、ドイツ政府はトーネードの配備延長を決定した。そのため、今後も核共有政策が維持されることが明らかになった[34]。

以上のように、二〇一〇年三月の共同動議をピークとして核撤去論の影響力は徐々に弱まり、核配備・共有政策の維持を目的とした新たな諸方針も示された。それでも、SPDや緑の党、左翼党は二〇一〇年四月以降も核撤去・共有放棄を主張し、欧州配備核の耐用年数延長計画やトーネードの配備延長に反対した。

これに対し、ドイツ政府は二〇一〇年四月以降も核撤去を目指していると主張し続けたが[35]、これとは裏腹に欧州配備核の耐用年数延長計画に賛成し[36]、トーネードの配備延長も決定したように、実際には核配備・共有政策の維持に貢献しており、それらを強く重視する以下の立場も示した〔左翼党の小質問（二〇一一三年七月一一日）への回答（同年七月三〇日）〕。すなわち、「欧州同盟国の領域に配備されているアメリカの非戦略レベル核兵器は今後も、欧州地域の同盟国と北米地域の同盟国の間で核に関するリスクと全体的な責任感を共有させることによって、大西洋をまたぐ持続的で緊密な絆を保つことに役立つ[37]」。同様の立場を政府は以前にも示していたが〔SPDの小質問（二〇一〇年六月三〇日）への回答（同年七月二〇日）〕、ツァプフは「大西洋をまたぐ協調を保つ手段として核兵器は決して必要ではない」と反論した（連邦議会、同年一一月一一日[38]）。

以上のように、二〇一〇年三月に採択された共同動議の後、野党と政府は核撤去について実際には大きく異なる立場を取った。CDU／CSUは核撤去に原則としては賛成しつつ、実際には核配備・共有政策を重視する従来の立場を保っている。

その一方、緑の党が二〇一三年九月二四日に提出した小質問で以下のように主張したことは、核撤去・共有放棄論の新たな動向として注目に値する。すなわち、NPT再検討会議等のさまざまな国際会議では、核が使用された場合の破滅的な結果を人道規範の観点から問題視し、人道規範の観点から核廃絶を主張する新たな動きが生じているが、この動きをドイツも支持せねばならない。したがって、核配備・共有政策も人道規範の観点から批判的に再検討せねばならない[39]。

そのように、国際社会のレベルで新たに生じている、人道規範に基づいて核を批判し、その廃絶を主張する動きはドイツにおける核撤去・共有放棄論に新たなモーメンタムを与えつつある。

第三次メルケル政権（二〇一三年以降）

二〇一三年九月の総選挙の結果、CDU／CSUとSPDの大連立による第三次メルケル政権が成立し、連立協定（二〇一三年一一月一七日）では以下の方針について合意がなされた。すなわち、ドイツを含むヨーロッパからの核撤去を目指すこと、そのために米ロに対して非戦略レベルの核軍縮交渉を開始するように要求する（ただし、核共有放棄については合意がなされなかった[40]）。原則としては核撤去を目指す第二次メルケル政権の方針が保たれた。CDU／CSUといえども単独政権を成立させることができない限り、他の諸政党（FDP、SPD）との連立協定で核撤去に原則として賛成せざるを得ない状態が続いている。すなわち、核撤去論が一定の影響力を保っている。また、オバマがいわゆるベルリン演説（二〇一三年六月一九日）で米ロによる戦術核軍縮交渉の進展を目指す積極姿勢をアピールしたことも、ドイツ国内で核撤去論の影響力を保つことに役立ち、CDU／CSUも核撤去に賛成することに影響したと考えられる。また、第一次メルケル政権では外相として核撤去を主張していたシュタインマイヤーが再び外相に就任した。

しかし、核撤去を目指す、政府・与党による積極的な動きはほとんど見られない。SPDも第一次・第二次メルケル政権期に比べると消極的である。ただし、副党首のシュテグナー（Ralf Stegner）が核撤去を積極的に主張しているように、SPD内でも核撤去

表８－５　第三次メルケル政権期に連邦議会で提出された、核撤去・共有放棄を主張した主な動議（2017年8月25日時点）

提出日	提出政党	種類	最終結果
14年12月 3日	緑	動議	否決（15年3月26日）
15年11月25日	左翼党	動議	否決（17年6月29日）
17年 3月22日	緑、左翼党（共同）	動議	否決（17年6月29日）
17年 6月21日	左翼党	動議	審議中

論は一定の影響力を保っている。[41]

なお、ＦＤＰは総選挙で大敗し、連邦議会における議席を全て失ったが、野党の側では緑の党、左翼党が核撤去・共有放棄を積極的に主張し続けている。緑の党は二〇一四年一二月三日に提出した動議で以下のように主張した。人道規範に基づいて核廃絶を主張する、国際社会で新たに生じている動きに注意すれば、ドイツは人道規範の観点からも核配備・共有政策の危険性に注意せねばならず、核撤去・共有放棄を目指すべきである。そのように、緑の党は人道規範に基づいて核廃絶を主張する国際社会の新たな動きをドイツ国内にも根づかせることによって、核撤去・共有放棄論に新たなダイナミズムを与えようとしている。

しかし、ＣＤＵ／ＣＳＵは、ロシアによるクリミア半島侵攻（二〇一四年三月）に始まるウクライナ危機によってヨーロッパの国際情勢が緊張度を高めていること等を理由として、緑の党の動議に反対した。例えば、ＣＤＵのオーベルマイヤー（Julia Obermeier）は連邦議会（二〇一五年三月二六日）で党を代表して以下のように主張した。「ロシアの攻撃的な行動や現在の地政学的な状況を考慮すると……アメリカの全ての核をドイツおよびヨーロッパから現在、撤去することは致命的である。同様の理由からドイツは核共有の体制から撤退するべきではない。それは誤ったタイミングにおける誤った行動となる」（この発言に対し、ＣＤＵ／ＣＳＵの議員たちが拍手した）。[42]

以上のように、第三次メルケル政権の成立後も現在に至るまで核撤去・共有放棄論は一定の影響力を保ち、新たな動向も見られる一方で、核撤去・共有放棄を難しくさせる新たな難題（ウクライナ危機による、ＮＡＴＯとロシアの関係悪化）も生じている。

小　括

核撤去・共有放棄に関する連邦議会における議論（一九八三―二〇一七年）を、以下の論点（一）から（八）に要約する。(一)から(三)は、核撤去・共有放棄論が強い影響力を有していることを示す一方、(四)から(六)は、そのような影響力を抑制する諸問題を示し、(七)は、核撤去・共有放棄の実現を阻む根本的な諸問題を示す。(八)で最近の動向を説明する。

(一)多くの有力政党、すなわちSPD、緑の党、FDP、左翼党(PDS)が核撤去・共有放棄を強く主張し続けている。ただし、与党になればそれらを主張しなくなることもあるが、野党であればそれらを必ず主張している。そのため、核撤去・共有放棄は今後もそれらの政党によって(とくに、野党として)主張され続け、影響力を保つと考えられる。(二)CDU／CSUが単独では政権を成立させることができないため、他の諸政党(SPD、FDP)との連立協定で核撤去に原則として賛成せざるを得ない状態が続いている(二〇〇九年以降)。そのため、第二次および第三次メルケル政権は原則として核撤去を目指す立場を示し続けている。そのように、核撤去を目指す立場は政府の基本的な立場として、一応、定着しつつある。

(三)国民の大多数が核兵器に強く反対し、したがって核撤去・共有放棄にも賛成していることが、核撤去・共有放棄論の影響力の根本的な基盤であり、今後も影響力を保つ基盤になると考えられる。前述のとおり、二〇一六年三月に実施された世論調査によると回答者の九三パーセントが核兵器禁止条約に賛成し、八五パーセントが核撤去に賛成し、また、欧州配備核の耐用年数延長計画に基づく、新型の核弾頭の配備には八八パーセントが反対した。[43]

しかし、(四)政府・与党、とくにCDU／CSUは核配備・共有政策を重視し続けている。ただし、CDU／CSUは前述のとおり二〇〇九年以降、単独では政権を成立させることができないため、他の諸政党との連立協定で核撤去に原則として賛成せざるを得なくなっているが、やむを得ず賛成しているに過ぎず、実際には核配備・共有政策を重視し続けている。(五)野党は核撤去・共有放棄を主張する多くの動議を提出し続けているが、唯一の例外を除き全て政府・与党によって拒絶され、否決されている（例外とは、二〇一〇年三月二六日に採択された与野党の共同動議である）。

（六）コール政権では野党として核撤去を積極的に主張していたSPDや緑の党でさえ、シュレーダー政権で与党になると核撤去を主張しなくなり、核配備・共有政策を認めたことが端的に示すように、野党としてそれらを主張することは容易でも、与党としてそれらを具体的に目指すことは難しい。ただし、SPDは第一次メルケル政権では与党として核撤去を主張したものの、第三次メルケル政権では与党としてそれを積極的に主張しなくなっている。そのように、野党としては核撤去・共有放棄を積極的に主張している諸政党でさえ、与党になればそれらを主張しなくなり、核配備・共有政策を認めるという機会主義的な態度が今後も見られる可能性は否定できない。

（七）核撤去・共有放棄を実現し難い根本的な理由は、核配備・共有政策がNATOの戦略として堅持され、それらをとくにアメリカが重視しているからである。そのため、ドイツ一国だけのイニシアティブでそれらを変更し、なくすことはほぼ不可能である。また、左翼党以外の諸政党は核撤去を、米ロ間の非戦略レベル核軍縮交渉によって実現することを目指すという立場を取っているが、それが開始される見込みは、少なくとも現在のところ乏しい。さらに、アメリカが、より多くの戦術核を保有し、配備しているロシアによる戦術核の大幅な削減がなければ欧州配備核を削減しないという立場を取っていることや、ロシアによるそのような動きが見られないこともドイツからの核撤去を非常に難しくさせている。

（八）最近の傾向として、核撤去・共有放棄論の影響力は二〇一〇年にピークに達した後、徐々に弱まっており、核撤去・共有放棄を難しくさせる新たな諸問題も生じている。すなわち、欧州配備核の耐用年数延長計画やトーネードの配備延長によって、核配備・共有政策が今後も維持されることが明らかになった。また、ウクライナ危機によってロシアとＮＡＴＯの関係が悪化したため、米ロ間の非戦略レベル核軍縮交渉に基づくドイツからの核撤去も難しくなっている。

ただし、核撤去・共有放棄論は一定の影響力を保っており、それらを強める可能性を有した新たな動向も見られる。すなわち、国連総会やＮＰＴ再検討会議等のさまざまな国際会議では、核が使用された場合の破滅的な結果を人道規範の観点から問題視し、それを理由に核廃絶を主張する新たな動きが生じているが、この動きにドイツ国内ではとくに緑の党が呼応して、人道規範にも基づいて核撤去・共有放棄を主張するようになっている。そのように、人道規範が核撤去・共有放棄論に新たなモーメンタムを与えつつある。

最後に、以下の考察で本節を終えたい。確かに、ドイツに配備されている核の数（推計で約二〇発）は冷戦期（数千発）に比べると非常に少なくなっているが、それらを軽視してよいわけではなく、核は一つでも絶大な破壊力を有し、破滅的な結果をもたらし得ることに改めて注意する必要があるであろう。また、とくにＣＤＵ／ＣＳＵが核配備・核共有政策に執着していること、要するに、核兵器に執着していることは否めない。これらについてドイツがどうするのか、今後も注意し続ける必要がある。

また、第２章第４節で説明したとおり、一九五〇年代末にアイゼンハワー政権は核共有政策を、西独の核開発と保有を防ぐための手段としても重視するようになっていたが、今後もそのような意義を有するのか否かという点にも注意し続ける必要がある。

3　脱原子力へ（二）政府のイニシアティブ、核オプションの完全放棄（?）

コール政権期にも脱原子力に向かう重要な動き——エネルギー転換の始まり

コール政権は原子力を重視したが、脱原子力に役立つ重要な諸政策も実施していた。すなわち、原子力への代替エネルギーとなる再生可能エネルギーの開発と利用を促したことである。原子力（および化石燃料）の利用が低下し、代わりに再生可能エネルギーの利用が増大する変化は「エネルギー転換（Energiewende）」と呼ばれるが、それを可能とさせる諸政策をコール政権が実施し始めた（以下の記述は川名英之氏の研究に全面的に依拠している）。

すなわち、まず、コール政権は八〇年代後半から環境保護政策、とくに温室効果ガスの削減に積極的に取り組み始めたが、そのためには化石燃料の利用を減らし、二酸化炭素を排出しない代替エネルギーの利用を増やす必要があった。そして、原子力発電は二酸化炭素を排出しないものの、国民の大多数が原子力を忌避するようになっていたため、その利用をこれ以上増やすことはできなかった。そのため、コール政権は二酸化炭素を排出しない風力や太陽光をはじめとする再生可能エネルギーを重視するようになった。そして、再生可能エネルギーは原子力への代替エネルギーにもなるため、コール政権が再生可能エネルギーの開発と利用を促したことは、結果として脱原子力にも役立つことになった。[44]

具体的には、まず、開発を促すため以下の諸政策を実施した。再生可能エネルギーの開発は新規に参入した多くの事業主を中心に進められたが、コール政権はそれらの事業主を支援するために電力供給法を制定した（九一年）。この法律は事業主の経営を安定させることを目的として、事業主が開発した再生可能エネルギーを電力会社が一定の価格以上で買い取ることを義務づけるものであった。また、コール政権は太陽光発電の設備投資への低利融資を定めた法律も制定した。これらの諸政策によって太陽光をはじめとする再生可能エネルギーの開発が進むことになった[45]。

そして、開発された再生可能エネルギーの利用を促すため、コール政権は九八年四月、電力自由化を決定した。これによって消費者は既存の大手の電力会社だけではなく、多くのさまざまな、新たに設立された電力会社からも電力を自由に購入できるようになったが、国民の間では原子力への嫌悪感が強まっていた一方で再生可能エネルギーへの期待が強まっていたため、既存の大手の電力会社が販売する原子力の代わりに、新規に参入した企業が販売する再生可能エネルギーを購入する動きが広がり始めた[46]。

以上のように、コール政権が再生可能エネルギーの開発と利用を促し始めたことは脱原子力に大きく役立つことになった。

脱原子力の本格化――シュレーダー政権（一九九八―二〇〇五年）

九八年一〇月二七日、ＳＰＤと緑の党の連立によるシュレーダー政権が成立し、脱原子力に本格的に取り組み始めた。具体的には、原発（一九基）の閉鎖、および、他国への委託で継続していた再処理の完全な禁止を目指した。しかし、原発を閉鎖するためには主に二つの問題を解決せねばならなかった。第一に、まず、原発の閉鎖による経済的損失を恐れた電力会社は、政府に対して巨額の損害賠償を求める訴訟を提起することも辞さない強い姿勢を示していた。訴訟を回避するため、シュレーダー政権は電力会社の損失を軽減せねばならなかった。第二に、代替エネルギーを開発せねばならなかった。

第一の問題については政府と電力会社との交渉の結果、二〇〇〇年六月に以下の諸方針について合意が形成された。まず、全ての原発について稼働開始から平均三二年間の稼働を認める。そのため、全ての原発が閉鎖される時期は二〇二一年頃となる。つまり、シュレーダー政権は原発を二〇二一年頃まで稼働し続けてもよいと認めたが、これによって電力会社の損失を軽減し、訴訟を回避できた。ただし、緑の党は当初、全ての原発のより早急な閉鎖を主張していたが、現実的な立場を取るSPDのイニシアティブによって合意が成立し、これを緑の党も受け入れた。以上の合意に基づく、二〇二一年頃までの原発の完全閉鎖という方針は原子力法の改正によって法的にも規定された（二〇〇二年六月一四日）[47]。

第二の問題について、シュレーダー政権は代替エネルギーを開発するために再生可能エネルギー法を制定し（二〇〇〇年四月に発効）、それが現在に至るまで大きな成果を挙げることになった[48]。具体的には、九〇年には総発電量に占める原子力の割合は二七・七パーセント、再生可能エネルギーは三・六パーセントであったが、二〇一七年にはそれぞれ一一・七パーセント、三三・一パーセントとなり、再生可能エネルギーが原子力を大幅に上回った。以上の変化は前述のとおりエネルギー転換と呼ばれる[49]。

以上のように、シュレーダー政権は二〇二一年頃までの原発の完全閉鎖という方針を定め、代替エネルギーの開発も大きく推し進めた。そして、脱原子力について、原発の完全閉鎖とともに重視していた目標である再処理の完全な禁止についても、電力会社との交渉の結果、二〇〇五年七月以降は禁止することについて合意が成立し（二〇〇〇年六月）、この合意に基づく再処理の禁止も原子力法の改正で法的に規定された（二〇〇二年六月一四日）。再処理が完全に禁止されたため、ドイツは新たなプルトニウムを入手できなくなった（後に説明するとおり、これまでの再処理で入手した備蓄プルトニウムも、MOX燃料として原発の完全閉鎖までに使い切り、なくなる予定である）。

以上のように、シュレーダー政権は脱原子力に向けて大きな成果を挙げたが、政権交代によってその成果が覆される可能性もあり、CDU／CSUは原子力を依然として重視していた。なお、シュレーダー政権期に二基の原発が閉鎖され、残る原発は一七基となった。[50]

第一次、第二次メルケル政権（福島原発事故の前まで）

第一次メルケル政権ではSPDは与党の座にとどまり、二〇二一年頃までの原発の完全閉鎖という方針を守ることができたが、CDU／CSUとFDPの連立による第二次メルケル政権はシュレーダー政権の方針を変更し、原発が完全に閉鎖される時期を二〇四〇年頃（あるいは、さらに遅ければ二〇五〇年頃）にまで引き延ばした。この変更は原子力法の改正によって法的に規定された（二〇一〇年一二月）[51]。

この変更は世論の動向をある程度までは反映していたと言える。すなわち、まず、シュレーダー政権による、二〇二一年頃までの原発の完全閉鎖という決定の後、二〇〇〇年代には国民の間でエネルギー供給への不安が少なからず強まり[52]、したがって、原発の閉鎖について見直すべきという意見も少なからず強まっていた。アレンスバッハが二〇〇〇年代に実施した調査（表8―6、8―7）によると、四割以上の人々が原子力をエネルギー源として重視し、五割近くの人々が原発の閉鎖について見直すべきと回答した。その一方でエムニートの調査（二〇一〇年七月）によると、回答者の四八パー

表8－6　世論調査、今後の重要なエネルギー供給源は？（複数回答可、単位はパーセント）

	2004年	2005年	2007年
太陽光	44	49	55
風力	39	34	44
原子力	45	44	41
水力	35	30	29
天然ガス	32	36	23
バイオマス	NA	NA	19
石油	16	16	16
電力輸入	13	15	12
石炭	11	10	11

出典：*Allensbacher Jahrbuch der Demoskopie 2003-2009*, S. 507.

表8－7　世論調査、原発の閉鎖について見直すべきか？（単位はパーセント）

	2007年	2008年	2009年
見直すべき	51	51	47
見直す必要はない	35	37	40
分からない、未回答	14	12	13

出典：*Allensbacher Jahrbuch der Demoskopie 2003-2009*, S. 513.

表8－8　世論調査、今後の10－20年間における原子力の利用は？（単位はパーセント）

	2001年	2004年	2009年
大きく増える	2	3	4
やや増える	8	12	15
同じ状態を保つ	27	37	40
やや減少する	36	30	21
大きく減少する	22	12	11
分からない	5	6	9

出典：*Allensbacher Jahrbuch der Demoskopie 2003-2009*, S. 511.

セントが原発の閉鎖について見直すことに反対した。より具体的には、シュレーダー政権の決定を見直し、完全閉鎖の時期を二〇二一年頃よりも後に引き伸ばすことに回答者の四八パーセントが反対した[53]。ただし、二九パーセントが、二〇二一年頃から一〇年以内の引き延ばしに賛成したが、七七パーセントが、一五年以上の引き延ばしに反対した。第二次メルケル政権は二〇年近くも引き延ばしたが、この決定は世論の動向を十分に反映していたとは言い難い。以上のように、原子力はエネルギー源として依然として少なからず重視されていたために、原発の完全閉鎖の時期をある程度までは引き延ばすことに賛成する意見もあったが、あまりにも長く引き延ばすことには多くの人々が反対した。

また、多くのドイツ人が強く重視する環境問題の観点からは、原子力は否定的にとらえられ、再生可能エネルギーが重視されていた。アレンスバッハの調査（二〇〇七年）によると、今後の一〇—二〇年間の世界における最も重要な問題は何かという質問（複数回答可）に対し、気候変動および地球温暖化という回答が最も多く（七九パーセント）、エネルギー供給という回答（五七パーセント）を上回った。そして、気候変動を防止するための対策は何かという質問（複数回答可）に対しては、再生可能エネルギーの利用増大という回答が最も多く（七五パーセント）、（二酸化炭素を排出しない）原発の稼働期間を延ばすこと、という回答は三二パーセントにとどまった。そして、さまざまなエネルギー源と環境との関係に関する質問（二〇〇八年に調査実施）では、太陽光、風力については、それぞれ、九九、九八パーセントの人々が環境に良いと回答したのに対し、七〇パーセントの人々が、原子力は環境に悪いと回答した（良い、と回答した人々は二七パーセント）[54]。

また、二〇〇七年にはCDUのプフリューガーが脱原子力を主張し、二〇一〇年には環境相のレットゲン(Norbert Röttgen)(CDU)が、原子力は国民の間で十分に支持されていないこと等を理由に脱原子力を主張し、原発を重視した経済相のブリューダーレ(Rainer Brüderle)(FDP)等と対立するという、政権内部の論争が生じていた。以上のように、CDU内でも脱原子力が主張され始めた[55]。

総じて、二〇〇〇年代にはエネルギー供給への不安が少なからず強まっていたことを背景に、第二次メルケル政権は原発の完全閉鎖の時期を二〇四〇年頃にまで引き延ばしたが(二〇一〇年)、この決定は世論の動向を十分に反映していたとは言い難く、また、多くの国民が強く重視する環境問題の観点からは、再生可能エネルギーが強く重視される一方で原子力は否定的にとらえていた。

福島原発事故、メルケル政権による原発完全閉鎖の決定

そして、二〇一一年三月一一日に起きた福島原発事故は世界中に強い衝撃を与えたが、諸外国の中でもとくにドイツに最も重大な影響を及ぼし、劇的な変化、すなわち、メルケル政権による、二〇二二年までの原発完全閉鎖の決定をもたらした。前年にメルケル政権はシュレーダー政権の決定を変更し、原発の完全閉鎖の時期を二〇四〇年頃にまで引き伸ばしたばかりであったが、福島原発事故を受けて前年の決定を直ちに取り消した。以下、その経緯を説明する。

まず、メルケル政権は三月一二日、原発の完全閉鎖の時期を二〇四〇年頃にまで引き伸ばした昨年の決定を三カ月間、凍結し、全ての原発(一七基)について検査を実施することを公表した。三月一四日にインフラテスト・ディマップが実施した緊急世論調査によると、福島原発事故と同様の事故はドイツでも起こり得るかという質問に対し、起こり得ると回答した人々は七〇パーセント、起こり得ないと回答した人々は二八パーセントであった。

また、回答者の八〇パーセントがメルケル政権の三月一二日の決定に賛成し（反対は一八パーセント）、検査の結果とは無関係に全ての原発を可能な限り早急に閉鎖するべきかという質問に対しては、回答者の五三パーセントが賛成し、四三パーセントが反対した。ただし、脱原子力、すなわち、原子力を廃棄するべきか、というより一般的な質問に対しては、七一パーセントが賛成し、反対は二四パーセントにとどまった。また、SPDと緑の党は、八〇年より前に稼働を開始して老朽化した七基の原発を直ちに閉鎖するべきと主張したが、これに七二パーセントの人々が賛成した（反対は二二パーセント）[56]。

三月一五日、メルケル政権はSPDと緑の党の主張を一部受け入れ、八〇年より前に稼働を開始した七基の原発の運転を三カ月間停止することを決定した（なお、八四年に稼働を開始したキュルムメル原発は事故のため二〇〇七年から運転を停止していた。合計で八基の原発が運転を停止したのである）。また、全ての原発の即時閉鎖を求める大規模なデモがドイツの各地で頻発し、とくに、三月二六日に、ベルリンをはじめとする主要都市で起きたデモの参加者の総数は二〇万人以上に及び、（西独時代を含めて）ドイツ史上最大の反原子力デモとなった[57]。

インフラテスト・ディマップが四月四、五日に実施した支持政党に関する世論調査によると、CDU／CSUを支持すると回答した人々は三三パーセント〔福島原発事故の直前、三月八、九日に実施された調査で示された支持率（三五パーセント）から二ポイント減〕、FDPは五パーセント（一ポイント減）、SPDは二七パーセント（一ポイント増）、緑の党は二三パーセント（八ポイント増）、左翼党は七パーセント（二ポイント減）であった〔その他は五パーセント（二ポイント減）〕。そのように、福島原発事故の結果、緑の党が支持率を上げた。また、原発を完全に閉鎖する時期に関する質問では、二〇四〇年頃と回答した人々は一三パーセントにとどまった一方、二〇二〇年頃と回答した人々は四三パーセント、二〇二〇年よりも前と回答した人々は四三パーセントであった。メルケル政権が三カ月間の運転停止を命じた七基の原発およびキュルムメル原発の計八基の原発について、六七パーセントの人々が、停止期間を過ぎた後も運転を再開せず閉鎖するべきと回答し、二八パーセントの人々が部分的に運転を再開するべきと回答、八基の全てについて運転を再開するべきと回答した人々は三パーセントに過ぎなかった。[59]

そして、メルケル政権は五月三〇日、運転を停止した八基の原発の即時閉鎖、および、運転を続けている九基の原発の、二〇二二年までの段階的な閉鎖、すなわち、同年までの原発の完全閉鎖を決定した。ほぼ世論の大勢に従った決定を下したと言える。以上のような原発の完全閉鎖の諸方針を定めた原子力法の改正案は、与党だけではなくSPDや緑の党からも支持されて六月三〇日に連邦議会で採択され、八月に発効した。[59]

ただし、インフラテスト・ディマップが六月（六、七日）に実施した調査によると、メルケル政権は何故、原発の完全閉鎖を決定したのかという質問に対し、五三パーセントの人々が、選挙での敗北を恐れたからであると回答したのに対し、福島原発事故を受けてドイツの原発についても不安を感じたからであると回答した人々は二七パーセントにとどまった。[60] 確かに、福島原発事故の前までメルケル政権は原子力を重視し続け、前年には原発の完全閉鎖の時期を二〇四〇年頃にまで引き伸ばしたばかりであった。

また、CDU／CSU内では急激な方針転換に戸惑い、反対する意見もあったが、党全体としては脱原子力とエネルギー転換を目指す方針を、二〇一三年六月に公表した、九月の総選挙に向けての綱領等でも明確に示した。そして、CDU／CSUは総選挙の結果、議席数を大きく増やして第一党としての地位を保った。ただし過半数には達せず、FDPが議席を全て失う大敗を喫したため、SPDとの大連立を形成した。そして、第三次メルケル政権は脱原子力とエネルギー転換という方針を堅持している。[61]

しかし、福島原発事故の前までは一九五〇年代以降、半世紀以上に及んで原子力を強く重視し続けたCDU／CSUが、急激な方針転換で採択した脱原子力という方針を今後も本当に維持するであろうか。鍵を握るのは、方針転換を促した国民の意思であり、以下、脱原子力に関する二〇一一年以降の世論の動向を見ておきたい。

世論の動向（二〇一二—二〇一五年）——大多数が脱原子力を支持し続ける

インフラテスト・ディマップが二〇一二年六月に実施した調査によると、電気料金が上昇しても政府はエネルギー転換による脱原子力を完遂するべきと回答した人々の割合は四二パーセントであったのに対し、五三パーセントの人々が、料金があまりにも上昇するのであれば脱原子力の完遂を遅らせるべきと回答した。ただし、エムニートが一〇月に実施した調査によると、七二パーセントの人々が脱原子力に賛成し、反対した人々は二四パーセントであった。以上のように、脱原子力についてはとくに電気料金の値上がりが懸念されたため、この問題との関連で、脱原子力を遂行していくペースについては意見の違いがあったものの、脱原子力自体には依然として国民の七割以上が賛成した。[62]

二〇一三年八月にドイツ消費者センター総連盟（Verbraucherzentrale Bundesverband）が実施した世論調査によると、エネルギー転換は非常によいと回答した人々は四三パーセント、どちらかと言えば良い、は三九パーセント、どちらかと言えば悪い、は一三パーセント、非常に悪い、は三パーセントであった。ただし、エネルギー転換を遂行している方法が非常に良いと回答した人々は三パーセントにとどまり、どちらかと言えば良い、が三七パーセント、どちらかと言えば悪い、が三五パーセント、非常に悪い、が一三パーセントであった。エネルギー転換が伴う問題は何かという質問（複数回答可）に対しては、電気料金の値上がりという回答（五二パーセント）が最も多かった。エムニートが九月二六日から一〇月一日にかけて実施した調査によると、二〇一二年よりも前に原発を完全に閉鎖することに賛成した人々は五六パーセント、反対した人々は四三パーセントであった。以上のように、二〇一三年にも依然として大多数の人々がエネルギー転換による脱原子力に賛成していたものの、それが伴う電気料金の値上がりが少なからず問題視された。[63]

二〇一四年にアレンスバッハが実施した調査によると、エネルギー転換には七〇パーセントの人々が賛成し、反対は一五パーセントにとどまった。また、エネルギー供給に不安を感じていると回答した人々は二二パーセント、エネルギー転換は企業の競争力に悪影響を及ぼすと回答した人々は一七パーセントにとどまった。二〇一五年にアレンスバッハが実施した調査によると、今後、どのようなエネルギー源を利用するべきかという質問（複数回答可）に対し、太陽光、風力という回答はそれぞれ八〇、七六パーセントであったのに対し、原子力という回答は八パーセントにとどまった。[64]

総じて、二〇一二年以降も二〇一五年に至るまで大多数の国民がエネルギー転換による脱原子力に賛成し続けている。ただし、エネルギー転換については少なからぬ数の人々が電気料金の値上がりを問題視しているが、電力の不足や企業の競争力低下等、それ以外の諸問題にはあまり不安が抱かれていない。また、前述のとおり、二〇一五年に再生可能エネルギーが総発電量に占める割合は三〇パーセントに達し、少なくとも現在に至るまでエネルギー転換は概ね順調に進み、電力の不足という問題を引き起こしていない。また、電気料金の値上がりという問題も、エネルギー転換への支持を大きく弱めているわけではない。

福島原発事故の後のメルケル政権やCDU／CSUの方針転換は確かに急激であったが、今後も大多数の国民がエネルギー転換による脱原子力を支持し続けるならば、CDU／CSUもそれに同調せざるを得ず、原子力を重視した以前の立場に戻ることは難しいと考えられる。そして、CDU／CSUをはじめ主要政党の全てがエネルギー転換を主張するようになっているため、政権交代や連立の組み換えがあったとしても、政府はエネルギー転換による脱原子力の完遂という方針を維持すると考えられる。その確固とした基盤が国民の意思である。

ただし、エネルギー転換による脱原子力は電気料金の値上がり以外にも、以下に説明する多くの難題を伴っていることに注意する必要がある。まず、原発の解体には巨額の費用を要するが、その分担、すなわち、原発を運営する電力会社が専ら解体費用を負担するべきか、あるいは、電力会社では費用を負担し切れない場合には、州および連邦政府の公的資金すなわち税金も投入するべきか否かという問題が重要な争点になっている。また、原発の多くの設備（原子炉等）は放射能に汚染されているため、その処分（および、処分場の選定）も、従来からの問題である放射性廃棄物の最終処分と同様に難しい問題となっている。そして、放射能に汚染された設備の（解体だけではなく）処分にも巨額の費用がかかる。また、脱原子力に伴って原子力の専門家が年々減少しており、脱原子力を安全に遂行するために必要な専門家の数が不足することも危惧されている。さらに、メルケル政権による原発の完全閉鎖決定に対して、主要電力会社が巨額の損害賠償を求める多くの訴訟を提起している。(65)

これらの諸問題もメディアで積極的に報道されているが、それでも現在のところ大多数の国民が脱原子力の完遂を支持し続けている。多くの難題にも拘らず脱原子力の完遂を目指す国民の強い意思が保たれ、それが本当に達成されるかどうか、今後も注視し続ける必要がある。

二〇二二年以降も残る可能性がある原子力関連施設と物質、核開発能力

ただし、二〇二二年までに原発の完全閉鎖が達成されたとしても、原子力に関するその他の施設や物質、技術や人員、活動が完全になくなるわけではないことに注意する必要がある。すなわち、原発の完全閉鎖（脱原発）は、原子力そのものの廃絶（脱原子力）を意味しない。具体的には、グローナウのウラン濃縮施設、リンゲン（ニーダーザクセン州）のウラン燃料加工施設、六基の研究炉は、現在のところ閉鎖される予定はなく、原発の完全閉鎖後も稼働し続ける可能性が高い。研究炉の中でもとくに注意を要するのが、ガルヒング（バイエルン州、ミュンヘン近郊）のＦＲＭ２である。ＦＲＭ２は二〇〇四年から稼働を開始し、高濃縮ウランを非軍事目的の研究のために使用しているが、高濃縮ウランは原爆の開発にも利用できるため、核拡散問題の観点から懸念が抱かれている。

そして、ＦＲＭ２で使用する高濃縮ウランをドイツはロシアから輸入しているが、二〇二二年以後も輸入を続け、ドイツが高濃縮ウランを保有し続ける可能性がある。以上のような原子力関連施設の他に、大量の備蓄プルトニウムにも注意する必要がある(66)。

以上の諸問題について、以下、より詳しく説明する。

備蓄プルトニウムのゆくえ――原発の完全閉鎖までになくなる見込み

ドイツは八九年までに再処理施設の建設を断念したが、その後も再処理を他国（専らフランス、次いでイギリス、わずかながらベルギー）に委託して大量のプルトニウムを入手した。しかし、二〇〇二年の原子力法改正によって再処理は二〇〇五年以降、禁止されたため、これ以上プルトニウムを増やすことはできなくなった。禁止されるまでの再処理で入手したプルトニウムは本来、高速増殖炉で発電のために使用することを目的としていたが、高速増殖炉が完成するまでにプルトニウムを燃料として使用する暫定的な措置として、プルトニウムはウランと混合して製造されるＭＯＸ燃料として通常の原発で使用された。しかし、高速増殖炉の建設は九一年までに断念されたため、プルトニウムの使用目的はＭＯＸ燃料としての発電に限定されることになった〔なお、ドイツはＭＯＸ燃料の加工を（再処理とともに）他国に委託している〕。

では、ドイツはこれまで、どれほどの量のプルトニウムを入手したのか。それらはＭＯＸ燃料として原発で使用されているが、原発の完全閉鎖（二〇二二年）までに使い切り、なくなるのか（もし、なくならなければ使用目的が不明で、疑念を抱かれる可能性がある）。まず、ドイツは毎年、保有するプルトニウムおよび高濃縮ウランの量をＩＡＥＡに申告し、それらは、ＩＡＥＡの文書であるＩＮＦＣＩＲＣ五四九（の毎年、追加される付属文書）において公表されている（プルトニウムに関しては九七年以降、高濃縮ウランに関しては二〇〇〇年以降）。プルトニウムと高濃縮ウランは核兵器の開発に利用できるため、それらに関する透明性を高める必要性が高いからこそ、ドイツはＩＡＥＡへの申告を続けている〔また、ドイツ以外にも日本等、原子力を高度に発展させた他の国々も同様の申告を行い、それらがまとめてＩＮＦＣＩＲＣ五四九（の付属文書）として毎年、公表されている〕[67]。

ところが、ドイツは国内で保有するプルトニウムの量だけを申告し、国外で保有するプルトニウムの量は申告していない。国外で保有するプルトニウムの問題について説明しておきたい。二〇〇二年の原子力法改正によって二〇〇五年七月一日以降の再処理は禁止されたが、より厳密には、この日付の後、国外での再処理を目的とした使用済み核燃料の輸送が禁止され、この日付より前に国外に輸送された使用済み核燃料に関しては、この日付の後も国外での再処理を実施することが認められた。したがって、二〇〇五年七月以降も国外での再処理（およびＭＯＸ燃料への加工）が続き、それはドイツに戻ってくるが、まだ戻っていないプルトニウムは国外（仏英、ベルギー）に残されており、その量をドイツはＩＡＥＡに申告していない[68]。

ただし、この問題に関するさまざまな情報をドイツ政府は（ＩＮＦＣＩＲＣ五四九以外で）公表している。政府は連邦議会における左翼党の小質問（二〇一〇年三月一六日）への回答（四月八日）で以下のように説明した。まず、ドイツが（西独時代を含めて）二〇〇八年末までに実施した原子力発電の結果、もたらされた使用済み核燃料に含まれているプルトニウムの総量は約一四五トンである。ただし、二〇〇二年の原子力法改正で再処理が禁止されたため、その全てに再処理が実施される訳ではないが、禁止されるまでに、再処理によって入手できたプルトニウムの総量は約六二・四トンである。その大部分が既にＭＯＸ燃料に加工され、ドイツに戻り、原発での使用を終えたが、その量は、二〇〇八年末の時点で五〇・八トンである。残りの一一・六トンのうち、多くがまだ国外に残されているが、それらもＭＯＸ燃料に加工されてドイツに戻り、残された一一・六トンのプルトニウムも（ＭＯＸ燃料として）二〇〇九年から二〇一六年までの間に使い切る予定である。要するに、プルトニウムは全てなくなる予定である。[69]

また、アールスヴェーデ（Johchen Ahlswede）等の研究者は以上の諸問題について、関連する多くのさまざまなデータ（仏英に輸出された使用済み核燃料の量等）に基づき、ドイツが保有するプルトニウムの量を推測しているが、その値は、政府が示した前述の数値と概ね一致している。また、アールスヴェーデ等は、政府と同様に、原発の完全閉鎖までにプルトニウムはＭＯＸ燃料として使い切り、なくなるであろうと予測している。そして、ドイツが保有するプルトニウムの使用目的は、無論、民生利用（発電）に特化しているが、民生用のプルトニウムが、もし完全になくなれば、民生用のプルトニウムを大量に保有する国々（ドイツの他、フランス、イギリス、ロシア、日本）の中でも特別な事例になるであろうとも、アールスヴェーデ等は指摘している。ただし、アールスヴェーデ等は、プルトニウムに関するドイツ政府の情報公開は必ずしも十分に詳細ではなく、改善するべきとも主張している。[70]

以上のように、ドイツが国内外で保有する備蓄プルトニウムは原発の完全閉鎖までにＭＯＸ燃料として使用し尽くされ、なくなるという予測が有力である。ただし、本当に完全になくなるかどうか、今後も注意し続ける必要がある。

グローナウのウラン濃縮施設——原発の完全閉鎖後も稼働を続ける見込み

グローナウのウラン濃縮施設による低濃縮ウランの生産能力は年間四千トン以上に達し、それは全世界における低濃縮ウランの総生産量の約七パーセントを占め、約二〇基の原発を稼働させ続けることができる量に相当し、その大部分が国外に輸出され、多大な収益を挙げている。この施設を所有し、運営しているのは国際合弁企業のウレンコである。すなわち、イギリス、オランダ、ドイツが共同で所有し、運営している。なお、現在、ウレンコにドイツの事業主体として参加し、株式を所有しているのは政府ではなく、電力会社のＲＷＥおよびエーオンであるが、ドイツ（西独）政府がウレンコに巨額の融資を行っていたため、政府は現在でもウレンコの諸問題について一定の影響力を保っている（株式は、イギリスとオランダがそれぞれ三分の一、ＲＷＥとエーオンがそれぞれ六分の一を所有している）[71]。

なお、パキスタンの核開発において中心的な役割を果たしたカーン（Abdul Qadeer Khan）が、核開発のために利用したウラン濃縮技術は、カーンがウレンコ（オランダのアルメロの施設）で七二年から七五年まで勤務していた時に取得し、パキスタンに持ち帰ったものである。この濃縮技術はその後、いわゆるカーンのネットワークを通じてリビア、イラン、北朝鮮にも伝わった可能性が指摘されている。ウレンコのウラン濃縮技術はパキスタンも証明してしまったように、世界で最も優れた濃縮技術の一つであり、グローナウの濃縮施設でもこの技術が用いられている[72]。

そして、この施設が閉鎖される予定はなく、ドイツ自身の原発が完全になくなってもウレンコの施設として低濃縮ウランの製造を続け、他国への輸出を続ける可能性がある。しかし、この施設も閉鎖するべきという意見が強まっている。すなわち、濃縮施設が存在するノルトライン・ヴェストファーレン州の議会は二〇一一年六月一七日、施設の閉鎖を主張する決議を採択し、連邦参議院では同年七月一七日、ウラン濃縮を止めるべきと主張する決議が全会一致で採択され、連邦議会でも緑の党および左翼党が施設の閉鎖を主張し、ＳＰＤも閉鎖を検討するべきと主張している[73]。しかし、第二次および第三次メルケル政権はこれらの決議や主張を受け入れず、以下のように主張し続けている。ウラン濃縮施設と原発は根本的に異なり、二〇二二年までの原発の完全閉鎖を規定した原子力法の改正（二〇一一年）でもウラン濃縮施設の閉鎖は規定されていない。グローナウのウラン濃縮施設は、無期限に操業を続けることが法的に認められている。また、ＣＤＵ／ＣＳＵも施設の閉鎖に反対している[74]。

そのように、ドイツ政府はグローナウのウラン濃縮施設が閉鎖される可能性を明確に否定し、ＣＤＵ／ＣＳＵ

も閉鎖に反対している。

ウレンコ株売却問題

ただし、二〇一一年以降、ウレンコの株主であるＲＷＥとエーオン、およびイギリスとオランダの政府もウレンコ株の売却を目指すようになっており、複数の企業が関心を示して交渉が進められ、ドイツ政府も売却の可能性を認めている。売却が目指されるようになった理由として以下の諸事情が指摘されている。すなわち、ドイツが二〇二二年までの原発の完全閉鎖を決定したため、原発の事業主体でもあるＲＷＥとエーオンにとっては、閉鎖に伴って増大した経済的負担を軽減するためにウレンコ株を売却する必要があること、原子力そのものへの反感がドイツで急激に強まっていること、福島原発事故の影響、とくに、事故の後、低濃縮ウランの需要が低下してウレンコの売上が低下したこと等[75]。

そのように、福島原発事故、およびドイツによる脱原発の決定はウレンコにも大きな変化を及ぼそうとしている。そして、ウレンコが所有する、グローナウのウラン濃縮施設をはじめとする複数の濃縮施設（オランダのアルメロの施設等）は核兵器の開発にも利用できるため、ドイツ政府は、核拡散問題の観点から問題がない場合にのみウレンコ株の売却を認めるという立場を繰り返し表明している[76]。最終的な売却の有無は現時点では不明で、売却によってグローナウのウラン濃縮施設の、所有の形態や運営にどのような変化がもたらされるかという問題も明らかではないが、以上の諸問題にも今後、十分に注意する必要がある。

なお、二〇一七年三月の時点の報道によると、ＲＷＥとエーオンは依然としてウレンコ株の売却を目指しているが、売却先はまだ決まっておらず、低濃縮ウランの世界市場が低迷していることもあり、売却が難しくなっていることも指摘されている。また、濃縮施設を閉鎖するべきという意見が強まっていることを受けて、ドイツ政府の環境省は、閉鎖について検討する立場を表明した。ただし、ＣＤＵ／ＣＳＵは依然として閉鎖に反対している。また、リンゲンのウラン燃料加工施設は、グローナウの濃縮施設ほどには注目を集めていないが、それと不可分の関係にあり、左翼党はリンゲンの施設も閉鎖するべきと主張している。[22]

ガルヒングの研究炉ＦＲＭ２による兵器級高濃縮ウランの使用と輸入

ドイツはこれまで（西独時代を含めて）計四七基の研究炉を建設したが、それらの多くが既に閉鎖され、解体されており、二〇一七年五月時点で七基の研究炉が稼働している。そのうちの一基は二〇一九年末に閉鎖される予定であるが、残りの六基については、現在のところ閉鎖される予定はない。[78] それらの中でも、核保有問題の観点からとくに注意を要するのがＦＲＭ２である。

ＦＲＭ２は兵器級の高濃縮ウランを、中性子を得るために使用し、中性子は物理学や化学、医学等に関する研究のために利用される。そのように、非軍事目的の研究に必要な中性子を得るために高濃縮ウランを研究炉で使用することは一九五〇年代以降、多くの国々で、多くの研究炉で行われていたが、そのために大量の高濃縮ウランが製造され、多くの国々が大量の高濃縮ウランを保有することに関しては、核拡散問題の観点から危機感が抱かれるようになった。そのため七八年以降、アメリカのイニシアティブを中心に、中性子を得るために使用する燃料を高濃縮ウランから低濃縮ウランに転換する国際的な取り組みが始まり、また、低濃縮ウランでも十分な量の中性子を入手できる技術の発展も進んだ。それらの取り組みの結果、高濃縮ウランの使用量も、その主な供給国であったアメリカによる輸出量も劇的に低下した。[79]

また、中性子を得るために高濃縮ウランを使用する研究炉が新規に建設される件数も八〇年代以降、劇的に減少したが、八〇年代以降、新規に建設された数少ない研究炉の一つがＦＲＭ２であり、西側諸国の中でそのような研究炉を新たに建設した国は西独（ドイツ）だけであった。ＦＲＭ２の建設計画はミュンヘン工科大学を中心に八〇年代半ばから始まり、バイエルン州政府の強力な支援を受けて進められ、ＦＲＭ２は二〇〇四年に稼働を開始した（ＦＲＭ２は現在に至るまでミュンヘン工科大学によって運営されている）。また、コール政権末期の九八年三月には、ＦＲＭ２で使用する高濃縮ウランをロシアから輸入する政府間協定も締結されていた。前述のとおり、アメリカは低濃縮ウランの使用を推奨し、高濃縮ウランの輸出を厳しく制限するようになっていたため、ドイツはロシアに頼らねばならなかった。そして、アメリカはドイツに対して九〇年代後半以降、ＦＲＭ２の設計を変更して低濃縮ウランを使用できるようにするべきと主張したが、ミュンヘン工科大学は技術的および財政的な諸問題を理由に難色を示し、当初の計画どおりに高濃縮ウランが使用されることになった。ただし、ＳＰＤと緑の党は高濃縮ウランの使用に反対しており、二〇〇一年にバイエルン州政府はシュレーダー政権に対し、二〇一〇年までにＦＲＭ２で使用する燃料を、より濃縮度の低いウランに転換することを約束した（前述のとおり、低濃縮ウランでも十分な量の中性子を入手できる技術の発展が進んでいる）。しかし、バイエルン州の首相は二〇一〇年、そのようなウランを入手し難いことを理由に、転換を二〇一八年まで延期するべきと主張し、現在でも高濃縮ウランが使用されている。(80)

以上のように、とくにミュンヘン工科大学とバイエルン州政府が高濃縮ウランの使用に執着しているが、連邦政府は、中性子を得るために研究炉で使用する燃料を高濃縮ウランから低濃縮ウランに転換すること（以下「低濃縮ウランへの転換」）を促す国際的な取り組みに賛同する立場を示し続けている。すなわち、二〇〇五年のＮＰＴ再検討会議では、低濃縮ウランへの転換を主張したノルウェーのイニシアティブに賛同し、二〇一二年の核セキュリティ・サミットでは、転換を主張した共同声明に署名、二〇一六年の核セキュリティ・サミットでも同様の共同声明に署名しただけではなく、より具体的に、ＦＲＭ２に関して転換を目指す方針を示し、アメリカから称賛された[81]。

ただし、低濃縮ウランへの転換が本当に進むのか否か、転換によって高濃縮ウランの輸入と保有がなくなるのか否か、今後も注意し続ける必要がある。

小　括

原発の完全閉鎖後も原子力関連施設や物質が完全になくなるわけではなく、したがって、核開発能力も完全になくなるわけではないことに今後も注意し続ける必要がある。とくに、グローナウのウラン濃縮施設、ＦＲＭ２、および高濃縮ウランに注意する必要がある。ただし、これらを除き、原子力や核開発能力が劇的に弱体化したことは確かであり、それらが再び発展する見込みは、少なくとも現在のところは乏しい。

では、ドイツが今後、核保有国になることは絶対にないのであろうか。

表８－９　ドイツが保有する兵器級高濃縮ウランの量（単位はトン、量は各年末時点）

(1) 研究炉で使用中の量 (2) 保管庫で貯蔵している量 (3) その他 (4) 計

	2000	2001	2002	2003	2004	2005	2006	2007	2008
(1)	0.05	0.07	0.04	0.06	0.08	0.09	0.14	0.18	0.16
(2)	0.53	0.73	0.73	0.73	0.73	0.73	0.73	0.73	0.73
(3)	0.06	0.03	0.03	0.25	0.23	0.24	0.03	0.03	0.03
(4)	0.64	0.83	0.8	1.04	1.04	1.06	0.9	0.94	0.92

	2009	2010	2011	2012	2013	2014	2015	2016
(1)	0.19	0.22	0.25	0.24	0.27	0.3	0.3	0.33
(2)	0.73	0.93	0.93	0.93	0.93	0.93	0.93	0.94
(3)	0.03	0.03	0.03	0.03	0.03	0.03	0.03	0.01
(4)	0.95	1.18	1.21	1.2	1.23	1.26	1.26	1.28

出典：IAEA, INFCIRC/549/Add.2/4-20 に基づいて筆者が作成

終章

多くの国々が西独の核保有を強く恐れ、それを防ごうとしたことが西独の核保有問題の基本的な解決、すなわちＮＰＴ加盟を導いた原動力の一つであったが、もう一つの、決定的に重要で不可欠な原動力は、西独自らがブラント率いるＳＰＤのイニシアティブによってＮＰＴ加盟を目指し、決断したことである。すなわち、西独は自らの力を封印して平和に貢献することを選択した。ただし、ＮＰＴ加盟後も西独は潜在的核保有国として核開発能力を保持した以上、核保有問題が全くなくなったわけではなかったが、脱原子力によって核保有問題の、より完全な解決が近づいている。そして、より完全な解決を導く原動力となっているのは、脱原子力を選択した国民の意思である。

そして、ドイツが核保有国にはならずにＮＰＴに加盟していることは、ヨーロッパの平和のために、また、ＮＰＴ体制のために決定的に重要である。ドイツほどの重要国がＮＰＴに非核保有国として加盟し続けることは、ＮＰＴ体制の存続にとって決定的に重要で、逆に、もし脱退すればＮＰＴ体制に致命的なダメージを与え、多くの国々に重大な影響を及ぼし、国際関係の全体を悪化させるであろう。

しかし、今後も以下の諸条件がドイツの核開発と保有を防ぎ続けると考えられる。第一に、ＮＰＴ体制に貢献せねばならないという意見が国民的合意として定着しているため、NPTから脱退することはほとんど考えられない。第二に、ドイツは国際協調を強く重視しているため、他の国々の意向を無視して核開発と保有を目指すことはほとんど考えられない。第三に、ドイツ人の大多数が反核平和主義の信念を強く抱き、守っているため、核開発と保有を望むことはほとんど考えられない。第四に、ヨーロッパの国際秩序が安定し、ドイツを取り巻く安全保障環境も安定しているため、安全保障のために核を開発し、保有する必要性が乏しい。とくに、冷戦期に西独は前線国家として東側からの重大な脅威に直接的に曝されていたが、冷戦後、東欧諸国が民主化し、NATOおよびEUに加盟してドイツの同盟国になったため、ドイツは前線国家ではなくなり、安全保障環境は劇的に改善された。ただし、ロシアが潜在的な脅威であり続けるとしても、かつてのソ連と比べて大幅に弱体化している。以上のように、ドイツを取り巻く安全保障環境が安定しているため、安全保障のために核開発と保有を目指す必要性が乏しい。

第五に、アメリカがヨーロッパの国際安全保障を守るために重要な役割を果たし、ドイツに「核の傘」をはじめ、安全保障を提供し続けているため、ドイツ自身が核を開発し、保有する必要性が乏しい。第六に、ドイツは核兵器を国家の威信や影響力の源泉として重視していない。ただし、かつてはアデナウアーをはじめCDU／CSUの議員の多くが核兵器をそのようなものとして重視し、だからこそアデナウアーは核保有を目指し、CDU／CSUの議員たちもNPT加盟で非核保有国になって西独の威信や影響力が低下することに不安を感じていた。しかし、ドイツ（西独）はNPTに加盟した後もヨーロッパで最も重要な、世界レベルでも重要な大国としての地位と影響力を強めた。したがって、（仏英とは異なり）地位や影響力を強めたいという理由で核を望んでいない。最後に、第七に、脱原子力によって原子力と核開発能力が劇的に弱体化しているため、核開発と保有が、技術的にも非常に難しくなっている。

すなわち、まず、ドイツは再処理施設の建設を断念し、他国への委託による再処理も自ら禁止したためプルトニウムを入手できなくなっており、備蓄プルトニウムも原発の完全閉鎖までにＭＯＸ燃料として使い切り、なくなる予定である。したがって、何らかの他の方法でプルトニウムを入手しない限り自力ではプルトニウム型原爆を開発できない。ただし、グローナウのウラン濃縮施設で兵器級の高濃縮ウランを製造し、ウラン型原爆を開発することは、技術的には可能かもしれない。しかし、ウラン濃縮施設はドイツが単独で所有し、管理しているわけではなく、ウレンコによって、すなわち独英蘭の共同で所有し、管理しているため、ドイツが単独で高濃縮ウランを製造することは容易ではないと考えられる。また、ウレンコ株の売却が目指されているため、グローナウの濃縮施設もドイツの手から離れる可能性がある。また、施設の閉鎖を主張する意見の影響力も強まっている。以上の諸問題のため、ウラン型原爆の開発も容易ではなく、総じて、ドイツによる核開発と保有は技術的にも非常に難しくなっている。

ただし、以上のように、ドイツがＮＰＴ体制を尊重し、自らが核開発と保有を望むことはない（また、そもそも、技術的にも非常に難しい）としても、冷戦終了後、現在でも、安全保障のために核を重視する意見の影響力がドイツでは根強く保たれていることに注意する必要がある。すなわち、とくにＣＤＵ／ＣＳＵはアメリカの核の傘を重視し、また、核配備と核共有政策、すなわち連邦軍の核武装を重視している。要するにＣＤＵ／ＣＳＵは核を重視している（また、ＣＤＵ／ＣＳＵはグローナウのウラン濃縮施設の閉鎖に反対している）。また、ＣＤＵ／ＣＳＵは冷戦終了後もＮＰＴに加盟する前提条件としてアメリカによる安全保障の提供、とくに核の傘が重要という立場を示している。それらがもしなくなれば、ＣＤＵ／ＣＳＵにとってはＮＰＴに加盟する前提条件が失われることになる。また、西独がＮＰＴに署名する一年前、一九六八年にアメリカは西独の求めに応じて以下の立場を公に示した。ＮＡＴＯの解体、すなわち、アメリカによる安全保障の提供がなくなることは、西独がＮＰＴから脱退できる事由に相当する。

そのように、ドイツがＮＰＴに加盟し、非核保有国であり続けるための最も重要な条件の一つは、アメリカによる安全保障の提供が、核の傘を含めて続くことである。そのような安全保障の提供は、ドイツ（西独）がＮＰＴに加盟してから現在に至るまで続いているが、二〇一六年末以降、安全保障の提供について少なからず不安を感じさせる事態が生じており、それは無論、核保有問題にも関わる。すなわち、二〇一七年、アメリカの大統領に就任したトランプ（Donald John Trump）の立場である。

トランプは選挙戦の最中からアメリカの国益を最優先にする方針を示し、ＮＡＴＯについては、同盟国がアメリカに依存し過ぎて防衛コストを十分に負担していないと批判し、この問題が解決されない限り、アメリカが負担を減らすためヨーロッパへの軍事的なコミットメントを弱める可能性を示し、端的にＮＡＴＯは「時代遅れ（obsolete）」であるとまで述べた。また、トランプはプーチン（Vladimir Putin）を称賛したが、ウクライナ危機によって大半のヨーロッパ諸国がロシア、とくにプーチンへの警戒を強めていたにも拘らず、トランプがプーチンを称賛したこともヨーロッパ諸国の不安を強めた。

そのようなトランプが大統領選で勝利した後、ドイツではアメリカによる安全保障の提供が弱まる可能性への不安が少なからず強まったが、一部の論者は、安全保障の提供が、核の傘も含めて、完全になくなる最悪の事態に注意して、ヨーロッパ諸国が独自の共通核戦力を発展させる選択肢、あるいはドイツ自身による核保有の選択肢を考慮するべきとまで主張している。ただし、そのように主張している論者はごくわずかで、核保有の是非がドイツで重要な争点になっているわけではない。また、トランプ政権の実際の政策を十分に見極める前の段階で、核保有の選択肢を考慮するべきとまで主張することは先走り過ぎた議論のようにも見受けられる。それでも、そのような主張をめぐって議論が少なからず盛り上がっていることには注意する必要がある。とくに、議論では核保有の是非について多くの重要な論点が提示されているため、ドイツの核保有問題について理解を深めるために有益である。以下、そのような議論について説明しておきたい。

まず、トランプが大統領選（二〇一六年一一月八日）で勝利してから約一週間後の一一月一六日、ＣＤＵの議員で安全保障問題の専門家であるキーゼヴェッター（Roderich Kiesewetter）は以下の立場を示した。アメリカによる安全保障の提供が、核の傘も含めて、大幅に弱体化する危険性に備えて、ヨーロッパ諸国は英仏の核を中心に独自の共通核戦力と抑止力を発展させる選択肢を考慮せねばならず、これにドイツは財政面で貢献する。ただし、ドイツ自身は核を保有するべきではない。ドイツが核を保有すれば他の多くのヨーロッパ諸国も核を保有する危険性があり、それは望ましくない[1]。

しかし、フランクフルター・アルゲマイネ・ツァイトゥングの編集者、コーラー（Berthold Kohler）は以下のように主張した（一一月二七日）。アメリカによる安全保障の提供が、核の傘も含めて弱まり、なくなる可能性にも注意せねばならず、したがってドイツが核を保有する選択肢も考慮せねばならない。英仏の核戦力は弱過ぎてロシアに対抗できない[2]。しかし、ＣＤＵのアルトマイヤー（Peter Altmaier）は以下のように主張した（一二月四日。アルトマイヤーは首相府長官という要職にあり、メルケルの側近である）。すなわち、アメリカがわれわれを見捨てることはなく、トランプ政権も従来の方針を守り、ヨーロッパの同盟国を守るために尽力するであろう。したがって、ヨーロッパ諸国の共通核戦力もドイツの核保有も不要である[3]。

また、シュピーゲル（電子版）は以下のように主張した（一二月一一日）。アメリカによる安全保障の提供が弱まる危険性に注意し、対策を考慮することは無論、重要だが、対策として、ドイツは決して核を保有するべきではない。悪影響が大き過ぎるからである。すなわち、ドイツが核を保有すれば他の多くのヨーロッパ諸国との関係が悪化し、それらの国々もドイツへの恐れから核を保有するため、ヨーロッパの秩序が崩壊するであろう。ドイツが核保有によって、軍事力において圧倒的な優位に立つことは二〇世紀前半の悪夢が再現されることを意味する。それが破滅を導いたという歴史の教訓を忘れてはならない。また、核を保有するためには、まず、NPTから脱退する必要があるが、ドイツほどの重要国が脱退すればNPTに致命的な打撃を与え、ヨーロッパ外の国々（例えば、近隣のトルコ等）にも重大な影響を与え、国際情勢が大きく悪化するであろう。以上のように、ドイツの核保有はドイツ自身にとっても大きな危険と不利益をもたらすことになる。アメリカによる安全保障の提供が核の傘に関しても大幅に弱体化する危険性への対策としては、英仏の核で十分である。[4]

しかし、二〇一七年、トランプが大統領に就任（一月二〇日）してから三日後、ターハレ（Maximilian Terhalle）という政治学者は以下のように主張した。まず、英仏の核は量的に不十分で旧式なため、弱過ぎ、ロシアの強大な核戦力に対抗できない。そもそも、イギリスがロシアの核の脅威からドイツを本当に守るのか疑問である。ドイツが本当に頼れるのは自分だけである。プーチンのロシアはウクライナ危機を起こし、その後も影響力と軍事力を強めようとしている危険な国家であり、トランプ政権がヨーロッパの同盟国への安全保障の提供を核の傘に関しても弱めれば、プーチンのロシアはチャンスを見逃さず、影響力を強めるためドイツをはじめとするヨーロッパ諸国への圧力を強めるであろう。そのような重大な危険に対処するため、ドイツは核保有という選択肢を真剣に考慮せねばならない。そのような危険はあまりにも重大なため、核保有のために、他のEU加盟国の同意は必要ではない。また、核保有の必要性がドイツ国内で議論されれば、トランプ政権に再考を促す可能性があるため、有益である。[5]

しかし、三月、ルドルフ・ヘルツォーク（Rudolph Herzog）は以下のように、ドイツの核保有に強く反対した〔ルドルフ・ヘルツォークは歴史家で、映像作家でもあり、著名な映画監督、ヴェルナー・ヘルツォーク（Werner Herzog）の息子である〕。すなわち、まず、核の重大な危険性に改めて注意せねばならず、そのために、そのような危険性に苦しみ続けた冷戦期を改めて思い起こす必要がある。とくに、西独は冷戦対立の最前線に位置したため、核戦争が発生すれば、その主な戦場になることが想定された国であった（もし核戦争が発生しても、戦場を西独だけに限定するべきという極端な議論もあったほどである）。つまり、ドイツ（西独）は核の危険性に最も苦しめられた国であり、それにも拘らず現在、ドイツの核保有を主張している人々は二〇世紀にはずっと眠っていたのであろう。また、ドイツが核を保有すれば、これまで長い年月をかけて大変な努力を積み重ねて獲得した、他国からの信頼やソフト・パワー、道徳的な影響力を全て失うことになる。ドイツは「二度も世界に火を放った」国であり、ヨーロッパを荒廃させたが、戦後、真摯な謝罪を繰り返すことによって、多くの人々から少なからず尊敬されるまでになったことは驚くべき成果である（日本がいまだに歴史の問題に捕らわれていると、近隣諸国から見なされていることに比べるとドイツの成果がわかる）。しかし、核を保有すればそのような成果も失うことになる。現在、ヨーロッパはトランプ政権の立場やイギリスのEU離脱等の難題のために揺れているが、だからこそ多くの人々がドイツに期待している。メルケル政権はEUのために尽力し続け、難民問題でも進んで難題を引き受けたこと等によって多くの人々から称賛され、信頼を深めたが、だからこそ、それらの人々は、ドイツが今後もヨーロッパのために尽力することを期待している。そのような期待を裏切ってはならない。ドイツは今後も平和国家であり続けねばならない[6]。

また、安全保障問題に関する研究者で、かつて国防省政策企画室長（八二―八八年）という要職にあったルーレ（Hans Rühle）は以下のように主張した（三月二二日）。まず、ヨーロッパ諸国の共通核戦力については、ヨーロッパ諸国の間で全く議論されておらず、そもそも実現可能性がない。ドイツの核保有に関しては、それを望む国は存在せず、ドイツ人自身がそれを望んでいない。ただし、アメリカが同盟国への核の傘の提供を止めれば、大規模な核拡散が起こる危険性には注意せねばならない。最良の策は、アメリカが核の傘の提供を続けることであり、

そのために良好な同盟関係を維持する努力が重要である。(7)

ルーレは、ドイツ人は核保有を望んでいないと主張しているが、注意を要するデータがある。ツァイト（電子版）は四月五日以降、ドイツによる核保有の必要性について賛否を問うインターネット上の投票を実施しているが、開始から一週間後、四月一二日時点で賛成は三六パーセント、反対が六四パーセントであった（その後も、以上の数値がほぼ一貫して保たれている〔四月二五日時点〕）。(8) ただし、インターネット上の投票のため国民全体の意思を十分に正確に反映しているとは限らないことに注意する必要がある。トランプ政権が成立する前の時期ではあるが、二〇一六年三月に実施された世論調査によると、第8章で紹介したとおり回答者の九三パーセントが核兵器禁止条約に賛成し、八八パーセントがドイツに配備されたアメリカの核の撤去に賛成した。この調査は、ドイツにおける世論調査に関する代表的な研究機関の一つであるフォルザ（forsa）によって実施された。反核平和主義が戦後から現在に至るまで、大多数のドイツ人が一貫して守り続けている信念であり、そのような信念はトランプの立場によって何らかの影響を受けることはあり得るとしても、簡単に失われるものではないと考えられる。そのような信念は、今後もドイツによる核開発と保有を防ぐための重要な一因であり続けると考えられる（が、アメリカによる安全保障の提供が核の傘も含めて大幅に弱まり、最悪の場合、完全になくなれば、そのような信念も大きな影響を受けるかもしれない）。

また、ツァイトの編集長（一九七三―九二年）を務め、長らくの間、ドイツ（西独）における代表的なオピニオンリーダーの一人であり続けているゾンマーは以下のように主張した（三月七日）。ドイツ人は核兵器に強く反対する信念を抱いているため、核保有が難しい。また、ドイツには核開発能力がないため、核開発と保有はそもそも技術的に不可能である。核開発能力を復活させるためには長い年月がかかるであろう。(9)

以上のような議論において、核保有に関する賛成派も反対派も多くの重要な論点を提示しており、議論は少なからず充実していると言える。賛成派（ターハレ）は、アメリカによる安全保障の提供が核の傘を含めてなくなれば、ロシアの強大な核戦力に対してドイツが無防備になり、ロシアに対してドイツが非常に弱くなる危険性をとくに重要な問題として強調しているが、核保有反対派はこの問題について十分に説得力のある解答を提示しているようには見受けられない。シュピーゲル（二〇一六年一二月一一日）は英仏の核で対処できると主張しているが、ターハレが指摘するように、英仏がロシアからドイツを本当に守るのか、また、守ろうとしても、そもそも守れるのかという疑問が残る。核保有に反対する他の論者も、ドイツの安全に関わるこの問題について説得力のある解答を提示しているようには見受けられない。

その一方で、反対派が指摘する、ドイツの核保有は悪影響が大き過ぎて、むしろドイツ自身に重大な危険と多くの不利益をもたらすという問題を賛成派は無視している。賛成派は概してドイツ一国の安全だけしか考えておらず、国際安全保障の全体に注意していない。とくに、ドイツの核保有が国際安全保障の全体を悪化させて、それがドイツの安全を悪化させるという問題に注意していない。

すなわち、ある国（A）が自国の安全だけを考えて軍事力を強化すれば、それが他の国々（B、C、D、……）を不安にさせて、対抗策として、それらの国々も軍事力を強化するため、結局、（A）の安全が悪化するという、いわゆる安全保障のジレンマの問題に核保有賛成派は注意していない。ドイツは世界レベルの大国のため、同国の核保有が引き起こす安全保障のジレンマの問題は甚大なものになると考えられる。

また、脱原子力によって、ゾンマーが指摘するようにドイツは核開発能力を失いつつあるため、核開発と保有が、そもそも技術的に不可能になりつつある。核開発能力を復活させるためには、原子力を復活させる必要があり、ドイツの国力ならば復活させることは難しくないと考えられるが、国民の大多数が原子力に強く反対しているため、復活させることは容易ではないと考えられる。国民が原子力に反対し続ける以上、今後も長らくの間、ドイツは核開発能力を十分に持てない状態が続くと考えられる。国民の大多数はそもそも核兵器自体を嫌っている。ただし、アメリカの核の傘がなくなった状態で、もしドイツが核を保有しなければロシアの核に対して無防備になるが、これを避けるために核を保有すれば、反対派が指摘するとおり多くの重大な諸問題が起きて、ドイツ自身にとっても不利益になる可能性が高い。つまり、アメリカの核の傘がなくなれば、ドイツが核を保有しても、しなくても重大な事態になる可能性が高いと考えられる。したがって、最良の選択肢は結局、ルーレが指摘するとおりアメリカが核の傘を提供し続けることであると考えられる。

現在のところ、選挙戦におけるトランプの立場にも拘らず、アメリカによる安全保障の提供が核の傘を含めて大幅に弱まる見込みは乏しい(10)。それでも、トランプの立場がドイツ国内で引き起こした議論は、アメリカによる安全保障の提供、とくに核の傘がドイツによる核保有の有無を左右する決定的な条件の一つであることを、改めて示したと言えるであろう。また、以上の議論に参加している人々の数は必ずしも多くはないが、少なからぬ数のドイツの人々が自らの核保有問題について真剣に考えていることを示していると言えるであろう。真剣に考えている理由は、それが非常に重大な問題だからである。

また、核の傘以外にも、前述のとおり多くの諸条件がドイツによる核開発と保有を防いでいるが、それらの諸条件が永続するとは限らない。例えば、アメリカによる安全保障の提供や核の傘の源である、アメリカの強大な力が永続するとは限らない。これまでの歴史上、存在した全ての大帝国が最後には必ず衰退したように、アメリカもいつかは衰退すると考えられる（いつになるかは、わからないが）。アメリカが衰退し、ドイツ（をはじめとする同盟国）に安全保障や核の傘を提供することが難しくなり、それらが消滅し、そして、ロシアの核が重大な脅威になれば（あるいは、将来において他に何らかの重大な脅威が存在すれば）、ドイツによる核保有の是非が現在よりも本格的に議論され、ドイツの核保有問題が重大な争点になるかもしれない。あるいは、ドイツによる核保有以外の選択肢として、現在の議論でも選択肢の一つとして提案されている、ヨーロッパ諸国の共通核戦力、あるいは、EUの共通核戦力が構想され、目指されるかもしれない。

ところで、アメリカの核の傘の信頼性について不安が抱かれた場合に、それに代わる核抑止力としてヨーロッパ諸国の共通核戦力、とくに欧州統合に基づく核の共有が考慮されることは、現在に限らず、一九五〇年代から七〇年代の時期にしばしば起きていたことであった。すなわち、まず、アデナウアーはアメリカへの不信感を強めたため核開発と保有を目指したが、第2章で説明したとおりアデナウアーが目指したのは欧州統合に基づく、西欧諸国との共同による核開発と保有であったと考えられる。また、ケネディ政権が六二年、柔軟反応戦略を公表して、アメリカの核抑止力への信頼性に不安が抱かれた時に、シュトラウスはそれに代わる、独立した核抑止力を確保するためフランスとの共同による核開発と保有を目指した。そして、六〇年代後半から七〇年代半ばまでの時期においてCDU／CSUは、NPTに加盟した後、アメリカの核の傘が将来においてなくなる危険性に注意して、アメリカに依存しない独立した核抑止力を確保するための手段として、フランスの核を欧州統合の完成によって共有できる権利（ヨーロピアン・オプション）を強硬に要求した。

以上のように、アメリカの核の傘の信頼性に不安が抱かれた場合に、西独がそれに代わる選択肢として単独核保有ではなく、欧州統合に基づく共同核保有を重視したことは、西独の核保有問題の最も重要な特徴の一つであったと言える。西独が単独核保有ではなく共同核保有を重視した理由は、西側統合という最重要原則を核の問題に関しても厳格に守ったからである。西側統合の原則とは、西独が西側諸国の共同体（NATOと欧州統合）に従い、共同体に基づいて行動し、単独行動を慎むという原則である。この原則を西独は核の問題に関しても厳格に守ったため、アメリカの核の傘の信頼性に不安を抱いた場合でも、代案として単独核保有ではなく、欧州統合に基づく共同核保有を重視した。また、西独の単独核保有には、西側諸国を含め多くの国々が強く反対する以上、それは、そもそも不可能であり、西独には、アメリカの核の傘に代わり得る核抑止力を確保するための選択肢としては、欧州統合に基づく共同核保有しかなかった〔単独核保有という選択肢を取ればほぼ完全に孤立するが、孤立を絶対に避けて、他の多くの国々との良好な関係を維持することが、戦後の西独（ドイツ）外交の最重要原則であった〕。

そして現在のドイツも、西独時代と同様の態度を取り続けると考えられる。何故なら、西独時代から引き続き西側統合の原則を厳格に守っているからである。したがって、今後、もし、アメリカの核の傘の信頼性が低下し、なくなっても、ドイツは直ちに単独核保有を考慮するのではなく、まずはヨーロッパ諸国の、とくにEUの共通核戦力を考慮すると考えられる（今後、EUが大幅に弱体化しない限り。また、イギリスはEUから離脱するため、ヨーロッパ諸国の共通核戦力が今後、構想されることがあるとすれば、フランスの核を中心とする、EUの共通核戦力という構想になると考えられる）。

ただし、欧州統合に基づく核の共有については一九五〇年代から七〇年代の時期に、以下の諸問題が指摘されていたことに注意する必要がある。すなわち、欧州統合に基づく核の共有は、専らフランスの核によって実現されねばならないが、フランスの核は弱過ぎてソ連に対抗できず、全く不十分である。また、フランスの核の共有（ヨーロピアン・オプション）は、欧州統合が完成して、西欧諸国の一体性が十分に強まらない限り実現し難いが、そもそも欧州統合の完成自体が難しい。要するに、ヨーロピアン・オプションの実現可能性は乏しい。

そして、現在の議論で提案されているヨーロッパ諸国の共通核戦力についても、同様に、それ（とくに英仏の核）は弱過ぎて、実現可能性がないという問題が指摘されている。アメリカの核の傘の信頼性が低下し、なくなった場合に、ドイツが代案としてヨーロッパの核、とくにEUの核を考慮するとしても、それは弱過ぎて、実現可能性が乏しいという問題に対処せねばならないと考えられる。弱過ぎるという問題を克服するためには、無論、強化する必要があるが、フランスが現在の国力で有している核戦力でも弱過ぎるならば、他の国々が核戦力の強化に貢献する必要がある。そして、最も貢献せねばならない国は、ＥＵで最大の国力を有する国、ドイツである。ドイツが最も貢献しない限り、ＥＵの核は強くならないであろう。

しかし、ドイツが最も貢献することによって設立されるＥＵの核に関しては、ドイツが強い影響力を有することになると考えられる。すなわち、十分に強いＥＵの核は、ドイツを中心とする核にならざるを得ないと考えられる。しかし、ドイツを中心とするＥＵの核に対しては、ＥＵの外部だけではなく内部でもさまざまな不安や反発が強まる可能性が考えられる。そのような問題を克服しながらドイツの力を利用したＥＵの核を強化するために、以下の方策が考えられる。すなわち、ドイツはＥＵの核に専ら財政面だけで貢献し、核戦力（核弾頭および運搬手段）の開発と保有、運用という軍事面での活動は他の国々が担当する。なお、シュトラウスが一九六二年に提案した独仏による共同の核開発と保有に関する構想は、そのような方策（ドイツは専ら財政面で貢献するという方策）に近いものであった。また、二〇一六年一一月、前述のとおりＣＤＵのキーゼヴェッター も同様の案を示した。

しかし、そのような方策によるＥＵの核は本当に実現できるであろうか。そのような方策に限らず、そもそもＥＵの核は実現できるであろうか。安全保障問題に関するＥＵの統合は始まったばかりで、核のレベルにまで統合が完成するまでには、非常に長い時間がかかると考えられる。また、十分に強い核戦力を保有するＥＵとは、現在のＥＵのイメージとはかなり異なったものである。多くの人々はＥＵを平和な共同体としてイメージし、愛好しているが、強力な核を保有するＥＵは本当に望まれるであろうか。

しかし、将来において、もし、アメリカが衰退し、同盟国に核の傘を提供できなくなり、ヨーロッパではロシアの核が重大な脅威となった場合にＥＵの核を実現できなければ、ドイツは最後の手段として単独核保有を決断するかもしれない。そのために原子力を復活させて、ＮＰＴから脱退するかもしれない。ドイツが、もし、単独核保有を目指すようになれば、その時には、国内の政治情勢はかなり右傾化していると考えられる。すなわち、一九三〇年代の、世界大戦を起こしたドイツと似たようなドイツが再び現れるかもしれない。そして、ドイツの核保有は国際関係の全体を決定的に、致命的に悪化させるであろう。

現在のところ、多くの諸条件がドイツの核保有を防いでいるが、長期的にはそれらが変化する可能性にも注意する必要がある。本書は一九四〇年代から二〇一〇年代までの約七〇年間の時期における核保有問題について分析したが、その間、核保有問題について多くの困難な問題が起こり、核保有問題はさまざまな変遷を遂げた。この七〇年間に、核保有問題を解決するために多くの人々が尽力した結果、問題が解決され、核保有を防ぐ諸条件が現在でも保たれている。しかし、現在から今後の七〇年の間にも核保有問題についてさまざまな、新たな問題が起こり、核保有問題が新たな展開を見せるかもしれない。七〇年後、ドイツは非核保有国のままであろうか。

註

序章

（1）書簡を起草したのはハンガリー系ユダヤ人の物理学者、レオ・シラード（Leo Szilard）である。シラードはナチスによる迫害や戦乱から逃れるためアメリカに亡命していたが、書簡の影響力を強めるため、同様の境遇にあったアインシュタインに署名を求めた。ただし、この書簡によって、原子力の軍事利用問題について政府に提言する科学者たちの諮問機関は設置されたが、大規模な予算を伴う本格的な研究計画を開始させるには至らなかった。そのため、シラードとアインシュタインは四〇年三月、そのような計画の開始を促す新たな書簡をルーズヴェルトに送付した。イギリス政府も原子力の軍事利用について調査する諮問機関を設置していたが、この機関は四一年、原子力の軍事利用は可能という判断を示す報告書を政府に提出し、アメリカにも知らせた。以上の動きを受けてアメリカ政府は四二年、原子力の軍事利用、すなわち原爆開発に関する本格的な計画を開始することになった。

以上のように、シラードとアインシュタインの最初の書簡（三九年八月二日付）だけで本格的な原爆開発計画が直ちに始まったわけではなかったが、それを開始するための最初の契機として、最初の書簡が重要であったという指摘において多くの研究が一致している。アメリカの原爆開発に関する研究として、Robert Jungk (translated by James Cleugh), *Brighter than a Thousand Suns: A Personal History of the Atomic Scientists*, San Diego, Harcourt Brace Jovanovich, 1958（ロベルト・ユンク著、菊盛英夫訳『千の太陽よりも明るく——原爆を造った科学者たち』平凡社、二〇〇九年）; Richard Rhodes, *The Making of the Atomic Bomb*, New York, Simon & Schuster, 1986（リチャード・ローズ著、神沼二真、渋谷泰一訳『原子爆弾の誕生——科学と国際政治の世界史』（上）（下）啓学出版、一九九三年）; Kai Bird and Martin J. Sherwin, *American Prometheus: The Triumph and Tragedy of J. Robert Oppenheimer*, New York, A.A. Knopf, 2005（カイ・バード、マーティン・シャーウィン著、河邉俊彦訳『オッペンハイマー——「原爆の父」と呼ばれた男の栄光と悲劇』ＰＨＰ研究所、二〇〇七年）.

なお、その後、シラードはアインシュタインと同様に書簡が原爆開発を開始させる契機となったことを後悔し、反核平和主義者になった。

（2） Wolfgang D. Müller, *Geschichte der Kernenergie in der Bundesrepublik Deutschland: Anfänge und Weichenstellungen*, Stuttgar, Schäffer Verlag für Wirtschaft und Steuern, 1990, S. 17-21.

（3） 第二次世界大戦中のドイツにおける原爆開発については、David Irving, *The German Atomic Bomb: The History of Nuclear Research in Nazi Germany*, reprinted in 1983, originally published in New York, Simon & Schuster, 1967; Müller, *op. cit.*, S. 21-40; Thomas Powers, *Heisenberg's War: The Secret History of the German Bomb*, London, Jonathan Cape, 1993（トマス・パワーズ著、鈴木主税訳『なぜナチスは原爆製造に失敗したか——連合国が最も恐れた男・天才ハイゼンベルクの闘い』（上）（下）福武書店、一九九四年）; Paul Lawrence Rose, *Heisenberg and the Nazi Atomic Bomb Project: A Study in German Culture*, Berkeley, University of California Press, 1998; Richard von Schirach, *Die Nacht der Physiker: Heisenberg, Hahn, Weizsäcker und die deutsche Bombe*, Berlin, Berenberg, 2012.

（4） Müller, *op. cit.*, S. 39-40.

（5） Ibid., S. 41-54; Peter Fischer, *Atomenergie und staatliches Interesse: Die Anfänge der Atompolitik in der Bundesrepublik Deutschland 1949-1955*, Baden-Baden, Nomos, 1994, S. 25-26.

（6） アデナウアーに関する最も優れた伝記として、Hans-Peter Schwarz, *Adenauer: Der Aufstieg, 1876-1952*, Stuttgart, DVA, 1986; Schwarz, *Adenauer: Der Staatsman, 1955-1967*, Stuttgart, DVA, 1991. 批判的な伝記として、Henning Köhler, *Adenauer: eine politische Biographie*, Frankfurt am Main, Propyläen, 1994. その他の伝記として、Charles Williams, *Adenauer: the father of the new Germany*, New York, J. Wiley, 2000; Werner Biermann, *Konrad Adenauer: Ein Jahrhundertleben*, Berlin, Rowohlt, 2017.

（7） Marc Trachtenberg, *A Constructed Peace: The Making of the European Settlement 1945-1963*, Princeton, Princeton University Press, 1999. 西独連邦軍等、同盟国の軍隊に提供されたアメリカの核弾頭の発射の指揮権は実際には緩やかなもので、発射の決定は連邦軍等の判断に委ねられている部分も大きかったという指摘がある。Trachtenberg, *History and Strategy*, Princeton, Princeton University Press, 1991, pp. 188-189.

（8） Schwarz, "Adenauer und die Kernwaffen," *Vierteljahrshefte für Zeitgeschichte*, Heft 4, 1989, S. 567-593; Schwarz, *Adenauer: Der Staatsman*, S. 449-450, 533. アデナウアーの核に関する考えや政策についての、その他の研究として、Köhler, *op. cit.*, S. 977-990; Annette Messemer, "Konrad Adenauer: Defence Diplomat on the Backstage," in John Lewis Gaddis, Philip

H. Gordon, Ernest R. May, Jonathan Rosenberg (eds.), *Cold War Statesmen Confront the Bomb: Nuclear Diplomacy since 1945*, New York, Oxford University Press, 1999, pp. 236-259.

（9）「ほぼ解決」という訳は青野利彦氏の訳に従った。青野利彦『「危機の年」の冷戦と同盟――ベルリン、キューバ、デタント（一九六一―六三年）』有斐閣、二〇一二年、五頁。

（10）『構築された平和』が西独のNPT加盟問題を全く分析していないことは、西独の核保有問題に関する研究としては致命的な欠陥であり、西独の外交と政治に関する分析が乏しいことも考慮すると、同書は西独の核保有問題に関する代表的な研究としては評価し難く、この問題に関するアメリカ外交（および、関連する軍事戦略）を六三年までの時期に限定して分析した研究として評価することが、より適切である。

（11）Matthias Küntzel, *Bonn und die Bombe: Deutsche Atomwaffenpolitik von Adenauer bis Brandt*, Frankfurt am Main, Campus Verlag, 1992 (Küntzel, *Bonn & the Bomb: German Politics and the Nuclear Option*, London, Pluto Press, 1995).

（12）参考文献一覧にも記していない。

（13）なお、ガイヤー（Stephan Geier）の『敷居国（Schwellenmacht）』という研究書も西独の核保有問題を、NPT加盟問題を含めて分析し、『ボンと原爆』が執筆された時には利用できなかったドイツ外務省の公刊史料等を分析することによって多くの諸事実を明らかにしているが、『敷居国』の基本的な主張は『ボンと原爆』の主張と概ね同じである。そのため、以下、『敷居国』にはとくに言及せず、『ボンと原爆』について論じる。なお、敷居国とは潜在的核保有国のことを意味する。そのように、『敷居国』は『ボンと原爆』と同様に、西独が潜在的核保有国であり、NPT加盟後も核オプションを保持したことを強調している。Stephan Geier, *Schwellenmacht: Bonns heimliche Atomdiplomatie von Adenauer bis Schmidt*, Paderborn, Ferdinand Schöningh, 2013. 西独の核保有問題を主なテーマとした、その他の研究として、Catherine McArdle Kelleher, *Germany & the Politics of Nuclear Weapons*, New York, Columbia University Press, 1975.

（14）再軍備交渉に関する研究として、Gerhard Wettig, *Entmilitarisierung und Wiederbewaffnung in Deutschland 1943-1955: Internationale Auseinandersetzungen um die Rolle der Deutschen in Europa*, München, Oldenbourg,1967; Arnulf Baring, *Aussenpolitik in Adenauers Kanzlerdemokratie: Bonns Beitrag zur europäischen Verteidigungsgemeinschaft*, München, Oldenbourg, 1969; Klaus A. Maier, "Die internationalen Auseinandersetzungen um die Westintegration der Bundesrepublik Deutschland und um ihre Bewaffung im Rahmen der Europäischen Verteidigungsgemeinschaft," in Militärgeschichtlichen Forschungsamt (Hg.), *Anfänge westdeutscher Sicherheitspolitik 1945-1956 (Band 2)*, München, Oldenbourg, 1990, S. 1-234;

David Clay Large, *Germans to the Front: West German Rearmament in the Adenauer Era*, Chapel Hill, University of North Carolina Press, 1996; Walter Schwengler, “Der doppelte Anspruch: Souveränität und Sicherheit. Zur Entwicklung des völkerrechtlichen Status der Bundesrepublik Deutschland 1949 bis 1955,” in Militärgeschichtlichen Forschungsamt (Hg.), *Anfänge westdeutscher Sicherheitspolitik 1945-1956 (Band 4)*, München, Oldenbourg, 1997, S. 187-566; Wolfgang Krieger (Hg.), *Adenauer und die Wiederbewaffnung*, Bonn, Bouvier, 2000; Lutz Hoeth, *Die Wiederbewaffung Deutschlands in den Jahren 1945-1958 und die Haltung der Evangelischen Kirche*, Norderstedt, Bod, 2008. 岩間陽子『ドイツ再軍備』中央公論社、一九九三年。

再軍備交渉における核保有禁止問題を主なテーマとする研究として、Fischer, *op.cit.*, S. 39-60, 127-153; Hanns Jürgen Küsters, “Souveränität und ABC-Waffen-Verzicht: Deutsche Diplomatie auf der Londoner Neunmächte-Konferenz 1954,” *Vierteljahrshefte für Zeitgeschichte*, Heft 4, 1994, S. 499-536.

(15) 岩間陽子教授も、そのように指摘されている。岩間「アデナウアーと西ドイツの核保有問題」GRIPSディスカッションペーパー、一六-一九、二〇一六年一〇月。

(16) ベルリン危機に関する研究として、Jack M. Schick, *The Berlin crisis, 1958-1962*, Philadelphia, University of Pennsylvania Press, 1971; Hope M. Harrison, “Ulbricht and the Concrete “Rose”: New Archival Evidence on the Dynamics of Soviet-East German Relations and the Berlin Crisis, 1958-61,” Cold War International History Project Working Paper No. 5, 1993; Vladislav Zubok, “Khrushchev and the Berlin Crisis (1958-62),” Cold War International History Project Working Paper No. 6, 1993; Andreas Wenger, *Living with Peril: Eisenhower, Kennedy, and Nuclear Weapons*, Lanham, Rowman & Littlefield Publishers, 1997, pp. 197-239; Christian Bremen, *Die Eisenhower-Administration und die zweite Berlin-Krise 1958-1961*, Berlin, Walter de Gruyter, 1998; Trachtenberg, *A Constructed Peace*, pp. 251-351; Harrison, *Driving the Soviets up the Wall: Soviet-East German Relations 1953-1961*, Princeton, Princeton University Press, 2003; Wettig, *Chruschtschows Berlin-Krise 1958 bis 1963: Drohpolitik und Mauerbau*, München, Oldenbourg, 2006; Rolf Steininger, *Berlinkrise und Mauerbau 1958 bis 1963*, München, Olzog, 2009; Wettig, *Sowjetische Deutschland-Politik 1953 bis 1958: Korrekturen an Stalins Erbe, Chruschtschows Aufstieg und der Weg zum Berlin-Ultimatum*, München, Oldenbourg, 2011; Manfred Wilke, *Der Weg zur Mauer: Stationen der Teilungsgeschichte*, Berlin, Christoph Links Verlag, 2011. 倉科一希『アイゼンハワー政権と西ドイツ——同盟政策としての東西軍備管理交渉』ミネルヴァ書房、二〇〇八年、一四九-一八四頁。

青野、前掲書。

(17) Glenn T. Seaborg and Benjamin S. Loeb, *Stemming the Tide: The Arms Control in the Johnson Years*, Lexington, Lexington Books, 1987, p. 79; The United Nations Staff, *The United Nations and Nuclear Non-Proliferation*, New York, the United Nations Department of Public Informations, 1995, p. 5. 黒沢満『軍縮国際法の新しい視座——核兵器不拡散体制の研究』有信堂、一九八六年、一一一三〇頁。

(18) エアハルト、キージンガーの伝記として、Volker Hentschel, *Ludwig Erhard: Ein Politikerleben*, München, Olzog, 1996; Philipp Gassert, *Kurt Georg Kiesinger, 1904-1988: Kanzler zwischen den Zeiten*, München, DVA, 2006.

(19) ブラントに関する最も優れた伝記として、Peter Merseburger, *Willy Brandt 1913-1992: Visionär und Realist*, Stuttgart, DVA, 2002. その他の伝記として、Gregor Schöllgen, *Willy Brandt: Die Biographie*, Berlin, Propyläen Verlag, 2001（グレゴーア・ショレゲン著、岡田浩平訳『ヴィリー・ブラントの生涯』三元社、二〇一五年）; Einhart Lorenz, *Willy Brandt: Deutscher-Europäer,-Weltbürger*, Stuttgart, Kohlhammer, 2012; Hans-Joachim Noack, *Willy Brandt: Ein Leben, Ein Jahrhundert*, Berlin, Rowohlt-Berlin Verlag, 2013. シュミットの伝記として、Hartmut Soell, *Helmut Schmidt 1918-1969: Vernunft und Leidenschaft*, München, DVA, 2003; Soell, *Helmut Schmidt 1969 bis heute: Macht und Verantwortung*, München, DVA, 2008.

(20) Peter Bender, *Neue Ostpolitik: vom Mauerbau bis zum Moskauer Vertrag*, München, Deutscher Taschenbuch Verlag, 1986, S. 171; Merseburger, *op.cit.*, S. 590-591; Oliver Bange, "NATO and the Non-Proliferation Treaty: Triangulations between Bonn, Washington, and Moscow," in Wenger, Christian Nünlist, Anna Locher (eds), *Transforming NATO in the Cold War - Challenges beyond deterrence in the 1960's*, London, Routledge, 2007, pp. 162-180; Julia von Dannenberg, *The Foundations of Ostpolitik: The Making of the Moscow Treaty between West Germany and the USSR*, Oxford, Oxford University Press, 2008, p. 47; Stephan Kieninger, *Dynamic Détente: The United States and Europe, 1964–1975*, Lanham, Lexington Books, 2016, p. 160. 妹尾哲志『戦後西ドイツ外交の分水嶺——東方政策と分断克服の戦略、一九六三 - 一九七五年』晃洋書房、二〇一一年、五一、五五 - 五六頁。山本健『同盟外交の力学——ヨーロッパ・デタントの国際政治史、一九六八 - 一九七三』勁草書房、二〇一〇年、七六頁。

東方外交に関する研究として、Richard Löwenthal, *Vom Kalten Krieg zur Ostpolitik*, Stuttgart, Seewald, 1974; Timothy Garton Ash, *In Europe's name: Germany and the divided continent*, New York, Random House, 1993（ティモシー・ガー

トン・アッシュ著、杉浦茂樹訳『ヨーロッパに架ける橋——東西冷戦とヨーロッパ外交（上）（下）』みすず書房、二〇〇九年）; Bender, *op.cit.*; Bender, *Die Neue Ostpolitik und ihre Folgen: vom Mauerbau bis zur Wiedervereinigung,* München, Deutscher Taschenbuch Verlag, 1995; M. E. Sarotte, *Dealing with the Devil: East Germany, détente, and Ostpolitik, 1969-1973,* Chapel Hill, University of North Carolina Press, 2001; Wolfgang Schmidt, *Kalter Krieg, Koexistenz und kleine Schritte: Willy Brandt und die Deutschlandpolitik 1948-1963,* Wiesbaden, Westdeutscher Verlag, 2001; Arne Hofmann, *The Emergence of Détente in Europe: Brandt, Kennedy and the Formation of Ostpolitik,* London, Routledge, 2007; Dannenberg, *op.cit.*; Carole Fink and Bernd Schaefer (eds.), *Ostpolitik, 1969-1974: European and global responses,* Washington, D.C., German Historical Institute, 2009; Wolfgang Schmidt, "Willy Brandts Ost-und Deutschlandpolitik," in Bernd Rother (Hg.), *Willy Brandts Außenpolitik,* Wiesbaden, Springer, 2014, S. 161-257. 妹尾、前掲書。

（21） NPT加盟問題に関するブラントの立場を分析した研究として、William Glenn Gray, "Abstinence and Ostpolitik: Brandt's Government and the Nuclear Question" in Fink and Schaefer, *op.cit.*, 2009, pp. 244-268. この研究は、西独のNPT加盟問題において最も重要な争点の一つになった原子力平和利用に関するブラントの立場を中心的な分析対象としており、その点では有益である。しかし、本書が明らかにする諸事実、とくにブラントが東方外交のためにNPT加盟を重視し、加盟を実現しようとした取り組みにはわずかしか触れていない。

（22） John D. Steinbruner, *The Cybernetic Theory of Decision,* Princeton, Princeton University Press, 1974, part2; David N. Schwartz, *NATO's Nuclear Dilemmas,* Washington, D.C., Brookings Institution, 1983, pp. 82-135; Gerald C. Smith, *Disarming Diplomat: The Memoirs of Ambassador Gerald C. Smith, Arms Control Negotiator,* Lanham, Madison Books, 1996, pp. 111-146; Hal Brands, "Non-Proliferation and the Dynamics of the Middle Cold War: The Superpowers, the MLF, and the NPT," *Cold War History,* Vol. 7, Issue 3, 2007, pp. 389-423; Shane J. Maddock, *Nuclear Apartheid: The Quest for American Atomic Supremacy from World War II to the Present,* Chapel Hill, University of North Carolina Press, 2010, pp. 221-270. 新垣拓「ジョンソン政権における核シェアリング政策」『国際政治』一六三号、二〇一一年一月、六八—八〇頁。倉科一希「NATO危機と核兵器共有——一九六〇年代における米欧同盟の変容」『二十世紀研究』一四号、二〇一三年一二月、二九—五一頁。新垣『ジョンソン政権における核不拡散政策の変容と進展』ミネルヴァ書房、二〇一六年。

アメリカおよびイギリスの外交を中心的な分析対象とする研究として、Susanna Schrafstetter and Stephen Twigge, *Avoiding Armageddon: Europe, the United States, and the Struggle for Nuclear Nonproliferation, 1945-1970,* Westport,

Praeger, 2004, pp. 133-162.

(23) Schrafstetter and Twigge, "Trick or Truth?: The British ANF Proposal, West Germany and US Non-Proliferation Policy, 1964-66," *Diplomacy and Statecraft*, Vol. 11, Issue 2, July 2000, pp. 161-184; John W. Young, "Killing the MLF? The Wilson Government and Nuclear Sharing in Europe, 1964-66," *Diplomacy and Statecraft*, Vol. 14, Issue 2, June 2003, pp. 295-324. 小川健一『冷戦変容期イギリスの核政策——大西洋核戦力構想におけるウィルソン政権の相克』吉田書店、二〇一七年。

(24) Burkard Schmitt, *Frankreich und die Nukleardebatte der Atlantischen Allianz 1956-1966*, München, Oldenbourg, 1998, S. 138-213. 川嶋周一『独仏関係と戦後ヨーロッパ国際秩序——ドゴール外交とヨーロッパの構築、一九五八—一九六九年』創文社、二〇〇七年、七六—九三、一一一—一一八、一二七—一四一頁。山本健太郎『ドゴールの核政策と同盟戦略——同盟と自立の狭間で』関西学院大学出版会、二〇一二年、五七—九五頁。

(25) MLFに関する西独の外交を分析した研究として以下のものがあるが、これらの研究でも外務省の史料は十分に分析されていない。これらの研究で明らかにされている諸事実は、米英仏の外交を分析した諸研究で明らかにされていた諸事実と概ね重複する。Kelleher, *op.cit.*, pp. 228-269; Christoph Hoppe, *Zwischen Teilhabe und Mitsprache: Die Nuklearfrage in der Allianzpolitik Deutschlands 1959-1966*, Baden-Baden, Nomos, 1993; Helga Haftendorn, *Kernwaffen und die Glaubwürdigkeit in der Allianz: Die NATO-Krise von 1966/67*, Baden-Baden, Nomos, 1994, S. 107-182; Christian Tuschhoff, *Deutschland, Kernwaffen und die NATO 1949-1967: zum Zusammenhalt von und friedlichem Wandel in Bündnissen*, Baden-Baden, Nomos, 2002, S. 276-344; Tim Geiger, *Atlantiker gegen Gaullisten: Außenpolitischer Konflikt und innerparteilicher Machtkampf in der CDU/CSU 1958-1969*, Baden-Baden/Frankfurt a.M, Oldenbourg, 2008, S. 176-180, 284-290, 331-340, 462-466.

(26) Küntzel, *op.cit.*, S. 106; Maddock, *op.cit.*, p. 269.

(27) Geier, *op.cit.*, S. 194-203.

(28) Küntzel, *op.cit.*, S. 188-201.

(29) キージンガー政権の外交政策を詳細かつ包括的に分析したクロエゲル（Dirk Kroegel）の優れた研究書は、そのようなブラントのイニシアティブがあったことを指摘している。本書はクロエゲルの研究書を参考にしつつ、より多くの知見を提供することを目指す。Dirk Kroegel, *Einen Anfang Finden!: Kurt Georg Kiesinger in der Außen-und-Deutschlandpolitik der Großen Koalition*, München, Oldenbourg, 1997, S. 242-263.

(30) "Fraktionsprotokoll der Fraktionssondersitzung 12.2.1974," Nachlass Karl Carstens (NL 1337), 24, Bundesarchiv (BA), Koblenz, S. 25-26; Geiger, *op.cit.*, S. 66, 177-178. シュトラウスの伝記として、Stefan Finger, *Franz Josef Strauß: Ein politisches Leben*, München, Olzog, 2005; Peter Siebenmorgen, *Franz Josef Strauß: Ein Leben im Übermaß*, München, Siedler, 2015.

(31) デタントに関する研究として、Raymond L. Garhoff, *Détente and Confrontation: American-Soviet Relations from Nixon to Reagan*, revised edition, Washington, D.C., Brookings Institution, 1994; Wilfried Loth and Georges-Henri Soutou (eds.), *The Making of Détente: Eastern and Western Europe in the Cold War, 1965-75*, London, Routledge, 2008; Kieninger, *op.cit.*. 山本健、前掲書。

(32) 注（20）参照。

(33) Lawrence Scheinman, *The International Atomic Energy Agency and World Nuclear Order*, Washington, D.C., Resources for the Future, 1987, pp. 159-161; Darryl A. Howlett, *EURATOM and Nuclear Safeguards*, London, Macmillan Press, 1990, pp. 149-153; Küntzel, *op.cit.*, S. 217-229.

(34) Gray, "Commercial Liberties and Nuclear Anxieties: The US-German Feud over Brazil, 1975–7," *The International History Review*, Vo. 34, No. 3, September 2012, pp. 449-474; Geier, *op.cit.*, S. 307-380.

(35) Dieter Rucht, *Von Wyhl nach Gorleben: Bürger gegen Atomprogramm und nukleare Entsorgung*, München, C.H.Beck, 1980; Redaktion des Atom Express, *…und auch nicht anderswo!: Die Geschichte der Anti-AKW-Bewegung*, Göttingen, Verlag Die Werkstatt, 1997; Anselm Tiggemann, *Die "Achillesferse" der Kernenergie in der Bundesrepublik Deutschland: zur Kernenergiekontroverse und Geschichte der nuklearen Entsorgung von den Anfängen bis Gorleben 1955 bis 1985* (2. Auflage), Lauf an der Pegnitz, Europaforum-Verlag, 2010; Wolfgang Sternstein, *Atomkraft - nein danke!: Der lamge Weg zum Ausstieg*, Frankfurt am Main, Brandes & Apsel Verlag, 2013. 本田宏「原子力をめぐるドイツの紛争的政治過程（一）反原発運動前史（一九五四―七四）」『北海学園大学法学研究』三六巻二号、二〇〇〇年、三九一―八九頁。「原子力をめぐるドイツの紛争的政治過程（二）反原発運動の全国化（一九七五―七七）」『北海学園大学法学研究』三六巻三号、二〇〇一年、四三一―一〇七頁。「原子力をめぐるドイツの紛争的政治過程（三）反原発運動の全国化（一九七七―八二）」『北海学園大学法学研究』三七巻一号、二〇〇一年、七九―一四一頁。西田慎『ドイツ・エコロジー政党の誕生――「六八年運動」から緑の党へ』昭和堂、二〇〇九年。若尾祐司・本田宏編著『反核から脱原発へ――ドイツとヨーロッパ諸国の選択』昭和堂、二〇一二年。

青木聡子『ドイツにおける原子力施設反対運動の展開——環境志向型社会へのイニシアティブ』ミネルヴァ書房、二〇一三年。川名英之『なぜドイツは脱原発を選んだのか——巨大事故・市民運動・国家』合同出版、二〇一三年。

(36) ただし、竹本真希子氏は以下のように指摘されていた。「ドイツは、二〇二二年までの脱原発を決定したことにより、潜在的核保有というオプションも捨てることになると言ってよい」。竹本真希子「一九八〇年代初頭の反核平和運動」若尾・本田編著『反核から脱原発へ』、一五五—一八四頁（とくに、一五六頁）。

(37) Trachtenberg, *A Constructed Peace*, pp. vii-viii.

(38) ただし、「ドイツ問題」という言葉はより多くの意味で用いられることも多い。「ドイツ問題」の山本健氏による、より正確な定義を紹介しておきたい。「「ドイツ問題」には大きく二つの意味がある。一つは、伝統的なドイツ問題。すなわち、ヨーロッパの中央にドイツという大国があり、そのドイツをどのように扱うのかがヨーロッパの安定にとっての要点であるという問題である。もう一つは、冷戦におけるドイツ問題である……これには二つの側面があり、分断された二つのドイツの再統一問題と、東ドイツ承認の問題である……ただし、伝統的なドイツ問題も、西ドイツの再軍備や核武装に対する不信感……などといったかたちで、冷戦期にも表れることになる」。山本健、前掲書、注の頁四五。

(39) Dirk Verheyen, *The German Question: A Cultural, Historical and Geopolitical Exploration (second edition)*, Boulder, Westview Press, 1999. 岩間、前掲書、二九一—三〇四頁。

(40) U.S. Department of State, Foreign Relations of the United States (FRUS) 1969-76, Vol. 41, p. 459.

(41) 五〇年代に西独国内では、西側統合が十分に支持されていたとは言い難い。何故なら、SPDが西側統合を十分に支持していなかったからである（SPDは東西ドイツの再統一を強く重視し、西側統合は再統一を難しくさせると批判した）。しかし、SPDも六〇年以降、CDU／CSUと同様に西側統合を明確に支持するようになった。そのため、西側統合の原則が、西独国内の支持にも基づいて十分に確立された時期は六〇年代以降である。

第1章　再軍備交渉における核保有禁止問題（一九五〇—五五年）

(1) アデナウアーは以下のように述べたことがあった。「ドイツがヨーロッパの共同体やNATOに統合されることは……単独主義に陥ることを防ぐ」ために不可欠で、「欧州統合はドイツの拡大を制限し……われわれが冒険に乗り出そうとすることを防ぐ」。Schwarz, *Adenauer: Der Staatsmann*, S. 288.

(2) Ibid., S. 331.

(3) FRUS 1951, Vol. 3, pp. 1703-1705.

(4) 宣言方式は、まず、五一年一一月末にイギリス外相のイーデン（Robert Anthony Eden）が提案し、一二月にはアメリカの高等弁務官マックロイ（John Jay McCloy）も賛成し、米英の立場となった。Ibid., pp. 1721-1725, 1735-1736, 1739-1743.

(5) ただし、最終的に成立したEDC条約によると、加盟国の全会一致による賛成があればSEZ（西独）でも核兵器を開発できるが、少なくともフランスが反対することはほぼ確実であった。Ibid., pp. 1719-1721, 1739-1741; Institut für Zeitgeschichte (im Auftrag des Auswärtigen Amts) (Hg.), Akten zur auswärtigen Politik der Bundesrepublik Deutschland (AAPD) : Adenauer und die Hohen Kommissare 1949-1951, Band 1, S. 421-427; Müller, *op.cit.*, S. 84.

(6) Fischer, *op.cit.*, S. 42-44.

(7) Müller, *op.cit.*, S. 43-57.

(8) FRUS 1952-1954, Vol. 5, pp. 257-258.

(9) Müller, *op.cit.*, S. 83-87; Fischer, *op.cit.*, S. 47.

(10) イギリスの高等弁務官カークパトリック（Ivone Kirkpatrick）は以下のように主張した。「ドイツが原爆を開発できるというニュースはイギリスの人々に極めて重大な衝撃を与えることになる、何故ならイギリスは（筆者註：第二次世界大戦で）ドイツによる爆撃の主な被害者だったからです」。AAPD: Adenauer und die Hohen Kommissare 1949-1951, Band 2, S. 135-137, 338-339; Fischer, *op.cit.*, S. 47-49.

(11) FRUS 1952-54, Vol. 7, pp. 167-168; Müller, *op.cit.*, S. 83-87; Fischer, *op.cit.*, S. 50-51.

(12) Ibid., S. 128.

(13) FRUS 1952-54, Vol. 5, pp. 1144-1145, 1152-1153; Fischer, *op.cit.*, S. 135-136.

(14) FRUS 1952-54, Vol. 5, pp. 1198-1199; Fischer, *op.cit.*, S. 138-140.

(15) Küsters, *op.cit.*, S. 526- 531; Fischer, *op.cit.*, S. 141, 144-147.

(16) Wettig, *Sowjetische Deutschland-Politik*, S. 96-97.

(17) ただし、濃縮ウランの濃度の上限を二・一パーセントとする、EDC条約にも規定されていた制限は保たれた。また、原子力の制限がなくなることにはイギリスが強い不安を感じたため、アデナウアーはイーデンへの書簡（五四年一一月一六日付）

で、当初の二年間は原子力に関する活動に一定の制限を課すことを約束した。Müller, *op.cit.*, S. 113-115; Küntzel, *op.cit.*, S. 20-22.

(18) Adenauer, *Erinnerungen 1953-1955*, Stuttgart, DVA, 1966, S. 347.

(19) Schwarz, *Adenauer: Der Staatsmann*, S. 299; FRUS 1961-63, Vol. 14, p. 616; AAPD 1962, S. 1154, 1213.

(20) Küsters, *op.cit.*, S. 532.

(21) Ibid., S. 533-535.

(22) 民間防衛についてアデナウアーは五三年四月、それを積極的に発展させようとしていたアメリカの諸技術を西独に提供するよう、ダレスに要請した。これを受けてアメリカは民間防衛に関する西独との政府間協議を一一月に開催し、以下のようなアドバイスを与えた。すなわち、ソ連から遠く離れているアメリカにとってはレーダー網の充実等による早期警戒がまずは重要である一方、対立の最前線に位置する西独は防衛施設の充実を優先させるべきで、これによって死傷者数を約一七万五千から二万にまで減らせるであろう。また、イギリスも西独を積極的に支援し、民間防衛に関するNATOの特別委員会への参加を求めた。当時、西独はNATOに加盟してもいなかったが、この特別委員会自体が西独のために設置されたものであった。米独間の政府間協議は五四年五、六月にも行われ、以上のような取り組みの成果として西独政府は五五年、民間防衛に関する暫定計画を策定した。以上のように、アメリカおよびイギリスは民間防衛について、西独のために格別の配慮を示した。Fischer, *op.cit.*, S. 117-125.

(23) Ibid., S. 120-121, 124; Frederick Zilian Jr., "The Shifting Military Balance in Central Europe," in Detlef Junker (ed.), *The United States and Germany in the Era of the Cold War, 1945–1990: A Handbook, Volume 1: 1945-1968*, Washington, D.C., German Historical Institute, 2011, p. 228.

第2章　核保有を目指すアデナウアー、これを禁止しようとする圧力（一九五五—五八年）

(1) "North Atlantic Committee Decision on M.C. 48," November 22, 1954 〈http://www.nato.int/docu/stratdoc/eng/a541122a.pdf〉（最終閲覧日、二〇一八年七月八日）; Trachtenberg, *A Constructed Peace*, pp. 156-178; Christian Greiner, Klaus A. Maier, Heinz Rebban (Hrsg.), *Die NATO als Militärallianz: Strategie, Organisation und nukleare Kontrolle im*

Bündnis 1949 bus 1959, München, Oldenbourg, 2003, S. 103-128.

(2) アイゼンハワー政権の戦略については、Saki Dockrill, *Eisenhower's New-Look National Security Policy, 1953-61*, New York, St. Martin's Press, 1996; Lawrence Freedman, *The Evolution of Nuclear Strategy*, Third Edition, New York, Palgrave Macmillan, 2003, pp. 72-85; Gaddis, *Strategies of Containment: A Critical Apprisal of American National Security Policy During the Cold War (revised and expanded edition)*, Oxford, Oxford University Press, 2005, pp. 125-161. 佐々木卓也『アイゼンハワー政権の封じ込め政策——ソ連の脅威、ミサイル・ギャップ論争と東西交流』有斐閣、二〇〇八年。

(3) "North Atlantic Committee Decision on M.C. 48," p. 7.

(4) Kellher, *op.cit.*, pp. 35-37.

(5) Ibid., p. 40; Fischer, *op.cit.*, S. 155-156, 159.

(6) Kellher, *op.cit.*, pp. 37-40. アデナウアー政権期における、シュトラウスの核に関する認識や政策については、Pertti Ahonen, "Franz-Josef Strauss and German Nuclear Question, 1956-1962," *Journal of Strategic Studies*, Vol. 18, No. 2, June 1995, pp. 22-51.

(7) その理由として、以下の事情を指摘できる。すなわち、まず、カルト・ブランシュ演習の結果、国民の間では、核兵器が非常に重要になったため通常戦力の意義が大幅に低下したという認識が強まり始めていた。そのため、再軍備にも疑問が抱かれることによって、その進展が阻まれることをアデナウアー政権は警戒していた。再軍備の進展が阻まれることを防ぐためにも、通常戦力の重要性を強調せねばならなかった。Kellher, *op.cit.*, pp. 40- 41.

(8) Ibid., pp. 43-44.

(9) Ibid., p. 44; Schwarz, *Adenauer: Der Staatsmann*, S. 291-296; Adenauer, *Erinnerungen 1955-1959*, Stuttgart, DVA, 1967, S. 207-212.

(10) Kellher, *op.cit.*, pp. 44-48; Schwarz, *Adenauer: Der Staatsmann*, S. 272-274.

(11) Die Kabinettsprotokolle der Bundesregierung, 5.10.1956; Schwarz, *Adenauer: Der Staatsmann*, S. 299.

(12) *Adenauer: Wir haben wirklich etwas geschaffen: Die Protokolle des CDU-Bundesvorstands 1953-1957*, Düsseldorf, Droste, 1990, S. 1029-1030, 1079.

(13) Ibid., S. 1028-1030. 一〇月二四日、一一月九日の閣議でもアデナウアーは、ラドフォード・プランが示すように、アメリカが孤立主義の傾向を強めていることに注意せねばならないと主張した。Die Kabinettsprotokolle der Bundesregierung,

24.10.1956, 9.11.1956.

(14) Schwarz (Hg.), *Konrad Adenauer Reden 1917-1967: Eine Auswahl*, Stuttgart, DVA, 1975, S. 329.

(15) FRUS 1955-1957 Vol. 4, pp. 150, 157; Ahonen, *op.cit.*, p. 30.

(16) FRUS 1955-1957 Vol. 4, pp. 150-151.

(17) Ibid., pp. 124-125.

(18) Carsten Penzlin, *Wahlkampf und Außenpolitik: eine vergleichende Studie zu den Bundestagswahlen von 1957 und 1972*, Rostock, Baltic Sea Press, 2009, S. 412.

(19) Michael Eckert, "Die Anfänge der Atompolitik in der Bundesrepublik Deutschland," *Vierteljahrshefte für Zeitgeschichte*, Heft 1, 1989, S. 115-143; Müller, *op.cit.*, S. 88-200; Fischer, *op.cit.*, S. 61-102.

(20) Eckert, *op.cit.*, S. 139.

(21) Geier, *op.cit.*, S. 66-67.

(22) なお、当初はイギリスも交渉に参加したが途中で脱退した。ユーラトムの設立に関する研究として、Peter Weilemann, *Die Anfänge der Europäischen Atomgemeinschaft: zur Gründungsgeschichte von EURATOM 1955-1957*, Baden-Baden, Nomos, 1983; Geier, *op.cit.*, S. 53-88.

(23) Adenauer, *Erinnerungen 1955-1959*, S. 253-255.

(24) Weilemann, *op.cit.*, S. 70-76.

(25) Ibid., S. 93, 103-104, 125-129.

(26) 妥協を促した理由として以下の諸事情を指摘できる。まず、スエズ危機で仏英が無様な敗北を喫し、その凋落が一層、明白になったため、仏英をはじめとする西欧諸国の凋落を防ぎ、西欧を復活させねばならないという強い問題意識をフランスだけではなく、西独ではとくにアデナウアーが抱くようになっていた。アデナウアーは西欧を復活させるために欧州統合を重視したからこそ、ユーラトム(およびEEC)の設立を急ぎ、そのための妥協を目指すようになった。そして、アデナウアーは五六年一一月上旬、ユーラトム(およびEEC)に関する妥協を成立させるため自らフランスに赴いた。当時、フランスはスエズ危機においてソ連から核使用の脅しをかけられたにも拘らず、(フランス自身の愚行のため)アメリカからも見放されて国際的に孤立していた。そのような状況でアデナウアーがただ一人、救いの手を差し伸べるようにしてフランスを訪れたことを、多くの人々が熱烈に歓迎したように、アデナウアーのイニシアティブは独仏和解や欧州統合を進める大きな一歩にもなり、ユーラトム（およびＥＥＣ）に関する妥協も促すことになった。Ibid., S. 130-132; Schwarz, *Adenauer: Der Staatsmann*, S. 301-307

(27) Weilemann, *op.cit.*, S. 133-143.

(28) Geier, *op.cit.*, S. 83-88.

(29) Die Kabinettsprotokolle der Bundesregierung, 15.1.1957.

(30) Schwarz, *Adenauer: Der Staatsmann*, S. 332-333; Köhler, *op.cit*, S. 958.

(31) Penzlin, *op.cit.*, S. 419.

(32) Schwarz, *Adenauer: Der Staatsmann*, S. 335; Robert Lorenz, *Protest der Physiker: Die "Göttinger Erklärung" von 1957*, Blelefeld, transcript Verlag, 2011.

(33) Schwarz, *Adenauer: Der Staatsmann*, S. 335-337; Köhler, *op.cit*, S. 960-961.

(34) Schwarz, *Adenauer: Der Staatsmann*, S. 338-341.

(35) Adenauer, *Erinnerungen 1955-1959*, S. 299-300; Penzlin, *op.cit.*, S. 431-433.

(36) Schwarz, *Adenauer: Der Staatsmann*, S. 344-346; Köhler, *op.cit*, S. 961-964; Penzlin, *op.cit.*, S. 422, 437-442.

(37) Ibid., S. 441.

(38) *Documents on Disarmament 1945-1959, Vol.1 (1945-1956)*, Washington, D.C., Government Printing Office, 1960, pp. 603-607; *Documents on Disarmament 1945-1959, Vol.2 (1957-1959)*, Washington, D.C., Government Printing Office, 1960, pp. 752-757.

(39) 黒沢、前掲書、八一一頁。

(40) Schwarz, *Adenauer: Der Staatsmann*, S. 382-384.

(41) Wettig, *Sowjetische Deutschland-Politik*, S. 96-97.

(42) Ibid., S. 97-101, 104-105.

(43) Aleksandr Fursenko and Timothy Naftali, *Khrushchev's Cold War: The Inside History of an American Adversary*, New York, W. W. Norton & Company, 2006, pp. 186-189.

(44) Adenauer, *Erinnerungen 1955-1959*, S. 283.

(45) Helga Haftendorn, *Abrüstungs-und Entspannungspolitik zwischen Sicherheitsbefriedigung und Friedenssicherung: Zur*

Außenpolitik der BRD 1955-1973, Düsseldorf, Bertelsmann Universitätsverlag, 1974, S. 29-60; Siebenmorgen, *Gezeitenwechsel: Aufbruch zur Entspannungspolitik*, Bonn, Bouvier, 1990, S. 173-177. 倉科『アイゼンハワー政権と西ドイツ』。

(46) Siebenmorgen, *Gezeitenwechsel*, S. 55-99; Schwarz, *Adenauer: Der Staatsmann*, S. 421-425, 428-430; Köhler, *op.cit*, S. 986-987.

(47) 註二六参照。

(48) 仏独伊共同核開発計画については、Schwarz, *Adenauer: Der Staatsmann*, S. 394-401; Köhler, *op.cit.*, S. 982-984; Küntzel, *op.cit.*, S. 28-32; Finger, *op.cit.*, S. 156-159; Siebenmorgen, *Franz Josef Strauß*, S. 140-147.

(49) Schwarz, *Adenauer: Der Staatsmann*, S. 397-399.

(50) FRUS 1955-57, Vol. 20, P. 309.

(51) Schwarz, *Adenauer: Der Staatsmann*, S. 399- 400.

(52) Ibid., S. 400-401.

(53) Ibid., S. 401.

(54) Ibid., S. 422.

(55) Bruno Thoß, *NATO-Strategie und nationale Verteidigungsplaning: Planing und Aufbau der Bundeswehr unter den Bedingungen einer massiven atomaren Vergeltungsstrategie, 1952 bis 1960*, München, Oldenbourg, 2006, S. 368.

(56) Hans Karl Rupp, *Außerparlamentarische Opposition in der Ära Adenauer: Der Kampf gegen Atombewaffung in den fünfziger Jahren: Eine Studie zur innenpolitischen Entwicklung der BRD*, Köln, Pahl-Rugenstein, 1984, S. 127-135.

(57) Schwarz, *Adenauer: Der Staatsmann*, S. 430; Köhler, *op.cit*, S. 987-990; Soell, *Schmidt: Vernunft und Leidenschaft*, S. 291-302.

(58) Schwarz, *Adenauer: Der Staatsmann*, S. 430, 434.

(59) FRUS 1955-57, Vol. 26, p. 339; FRUS 1958-60, Vol. 9, p. 642. 倉科『アイゼンハワー政権と西ドイツ』、二三〇—二三六頁。

(60) Küntzel, *op.cit.*, S. 33.

(61) Schwarz, *Adenauer: Der Staatsmann*, S. 533.

(62) 人口流出は五七年だけでも約二五万人に達していた（東独の総人口は約一七〇〇万人）。Ibid., S. 428; Zubok, *op.cit.*, pp. 7-10; William Taubman, *Khrushchev: The Man and his Era*, New York, W. W. Norton & Company, 2001, p. 398; Harrison,

Driving the Soviets up the Wall, pp. 12-95; Fursenko and Naftali, *op.cit.*, pp. 189-190; Wettig, *Sowjetische Deutschland-Politik*, S. 114.

（63） 危機の原因、とくに東側の目的を解明するために東側の史料を詳細に分析した研究としてはハリソン（Hope M. Harrison）およびヴェティッヒ（Gerhard Wettig）の研究がとくに優れている。東側の主な目的は東独を守ること、そのために人口流出を止めて、東独を西側に承認させることにあったという説を主張する代表的な研究者はハリソンである。ただし、ハリソンは連邦軍の核武装も危機の一因として重要であったと指摘している。ヴェティッヒもハリソンと同様に、東独を守る（とくに、人口流出を止める）ことが東側の目的として重要であったと指摘しているが、東側、とくに東独が連邦軍の核武装に強い脅威を感じたことも危機の一因として重要であったと指摘している（註六九で説明するとおり、東側は危機を起こす直前まで連邦軍の核武装を厳しく批判し続け、それを止めるように要求し続けた）。また、東独を守ることは、東側陣営の威信やフルシチョフ個人の威信を守るために、また、社会（共産）主義イデオロギーの信憑性と威信を守るためにも重要であった。Harrison, *Driving the Soviets up the Wall*, pp. 113-116; Wettig, *Chruschtschows Berlin-Krise*, S. 7-45; Wettig, *Sowjetische Deutschland-Politik*, S. 114-154.

なお、『構築された平和』は、ベルリン危機の最も重要な争点は西独の核保有問題であり、東側の主な目的は西独の核保有を防ぐことであったと主張しているが、東側の史料を全く分析せずにそのように主張しているため実証性と説得力が乏しい。『構築された平和』が刊行された後、東側の史料を詳細に分析したハリソン、ヴェティッヒ等の研究が刊行されたことによって、ベルリン危機の原因についてより精密な理解が得られるようになったが、『構築された平和』の主張は、現在の研究水準では単純過ぎて不正確と言わざるを得ない。Trachtenberg, *A Constructed Peace*, pp. 251-256.

ただし、確かに、西独の核保有問題もベルリン危機の重要な争点の一つであったが、それだけではなく東独の弱体化や人口流出等の諸問題、東側が東独を守ろうとした目的も、危機の重要な争点として注意する必要がある。より詳しくは以下、本文で説明する。

（64） ベルリン危機に関する先行研究では、危機で争点となった諸問題の優先順位は、危機の展開に応じて変化したことに十分な注意が払われていなかった。

（65） Harrison, *Driving the Soviets up the Wall*, pp. 99-101, 105-106; Paul Maddrell, "Exploiting and Securing the Open Border in Berlin: The Western Secret Services, the Stasi, and the Second Berlin Crisis, 1958-1961," Cold War International History Project Working Paper No. 58, 2009; Wettig, *Sowjetische Deutschland-Politik*, S. 137.

(66) Wettig, *Chruschtschows Berlin-Krise*, S. 16-19.

(67) Harrison, *Driving the Soviets up the Wall*, p. 102.

(68) Zubok, *op.cit.*, pp. 10-12; Taubman, *op.cit.*, p. 403; Zubok, *A Failed Empire: The Soviet Union in the Cold War from Stalin to Gorbachev*, Chapel Hill, The University of North Carolina Press, 2007, pp. 129-134; Harrison, *Driving the Soviets up the Wall*, p. 116; Fursenko and Naftali, *op.cit.*, pp. 194-195.

(69) 例えば、ソ連ではフルシチョフに次ぐ地位にあったミコヤン（Anastas Ivanovich Mikoyan）が五八年四月二六日のアデナウアーとの会談で核武装を止めるべきと主張していた。その後も、東側が核武装を批判し、それを止めるべきと主張した機会を以下に列挙する。ウルブリヒトの演説（モスクワ、五八年五月）、ソ連の外務次官と駐ソ連西独大使クロール（Hans Kroll）との会談（八月六日）、東独政府が西独政府に送付した覚書（九月四日付）、ウルブリヒトと駐東独ソ連大使との会談（一〇月二日）、アデナウアーと駐西独ソ連大使スミノフとの会談（一〇月一四日）、フルシチョフの講演（モスクワ、一一月六日）、ソ連政府が西独政府に送付した覚書（一一月二二日付）等。Wettig, *Chruschtschows Berlin-Krise*, S. 22-24; Wettig, *Sowjetische Deutschland-Politik*, S. 135, 139, 143-146, 152.

(70) Taubman, *op.cit.*, pp. 399-403; Zubok, *A Failed Empire*, pp. 133-134.

(71) Harrison, *Driving the Soviets up the Wall*, p. 103; Wettig, *Chruschtschows Berlin-Krise*, S. 25.

(72) Harrison, *Driving the Soviets up the Wall*, pp. 105-106.

(73) Fursenko and Naftali, *op.cit.*, pp. 201-210; Wettig, *Sowjetische Deutschland-Politik*, S. 150-151.

(74) Ibid., S. 152-153.

(75) U.S. Department of State, *Documents on Germany 1944-1985*, Washington, D.C., Office of the Historian, Bureau of Public Affairs, 1985, pp. 552-559; Schwarz, *Adenauer: Der Staatsmann*, S. 437-438.

(76) *Documents on Germany 1944-1985*, p. 601.

第3章　ベルリン危機（一九五八—六二年）

(1) 西ベルリンを放棄させようとした他の重要な理由は、西ベルリンを拠点とする西側の、東独に対する諜報および工作活動を止めさせようとしたからであった。

(2) *Documents on Germany 1944-1985*, pp. 559-560; Schwarz, *Adenauer: Der Staatsmann*, S. 471-474, 491. 倉科『アイゼンハワー政権と西ドイツ』、一五二頁。

(3) Schwarz, *Adenauer: Der Staatsmann*, S. 474-487, 490-491; Bremen, *op.cit.*, S. 410-418; Trachtenberg, *A Constructed Peace*, pp. 274-280. 倉科『アイゼンハワー政権と西ドイツ』、一五九—一六三頁。

(4) FRUS 1958-60, Vol. 8, pp. 299-305; *Documents on Germany 1944-1985*, pp. 607-608. 倉科『アイゼンハワー政権と西ドイツ』、一五四頁。

(5) Kitty Newman, *Macmillan, Khrushechev and the Berlin Crisis, 1958-1960*, New York, Routledge, 2007, pp. 63-82.

(6) Schwarz, *Adenauer: Der Staatsmann*, S. 494-496; Trachtenberg, *A Constructed Peace*, pp. 263-267.

(7) Harrison, *Driving the Soviets up the Wall*, p. 119; Taubman, *op.cit.*, pp. 409-412.

(8) *Documents on Germany 1944-1985*, pp. 609-611.

(9) Bremen, *op.cit.*, S. 315-431; Harrison, *Driving the Soviets up the Wall*, pp. 121-132; Wettig, *Chruschtschows Berlin-Krise*, S. 55-73. 倉科『アイゼンハワー政権と西ドイツ』、一五五—一六一頁。

(10) Trachtenberg, *A Constructed Peace*, pp. 254, 280-281.

(11) Adenauer, *Erinnnerungen 1955-1959*, S. 462-468; Schwarz, *Adenauer: Der Staatsmann*, S.481-482, 496-497; Trachtenberg, *A Constructed Peace*, pp. 280-282.

(12) FRUS 1958-60, Vol. 8, pp. 530-531.

(13) Schwarz, *Adenauer: Der Staatsmann*, S. 499-500. 倉科『アイゼンハワー政権と西ドイツ』、一六七—一六九頁。

(14) シュトラウスは以下のようにも主張した。すなわち、連邦軍の核武装に関する体制の整備（西独に配備する戦術核弾頭の増強等）を遅らせてはならず、現在の状況でもし遅らせれば事実上、ソ連への譲歩となる。体制の整備を早めることが最善の策であり、西側は「軍縮の罠」にはまってはならない。FRUS 1958-1960, Vol. 9, p. 15; Trachtenberg, *A Constructed Peace*, p. 281.

(15) Schwarz, *Adenauer: Der Staatsmann*, S. 552-554. 倉科『アイゼンハワー政権と西ドイツ』、一六九—一七五頁。

(16) Harrison, *Driving the Soviets up the Wall*, pp. 139-175.

(17) 例えばアメリカがそのように警戒していたが、詳しくは第4章第4節で説明する。

(18) Schwarz, *Adenauer: Der Staatsmann*, S. 449-450.

(19) 石田勇治『過去の克服――ヒトラー後のドイツ』白水社、二〇〇二年、一五三―一六六頁。
(20) Kennedy, "A Democrat Looks at Foreign Policy," *Foreign Affairs*, October 1957, pp. 44-59.
(21) ジョン・F・ケネディ著（細野軍治、小谷秀二郎訳）『平和のための戦略』日本外政学会、一九六一年、三七―三八頁。
(22) *Public Papers of the President of the United States: John F. Kennedy 1961*, Washington, D.C., Government Printing Office, 1962, p. 2.
(23) "Memorandum for Mr. McGeorge Bundy: Berlin," March 24, 1961, Records of the Policy Planning Staff, 1957-1961, Lot 67D548, Box 139, RG 59, National Archives (NA), College Park, ML.
(24) FRUS 1961-63, Vol. 14, pp. 236-241, 261.
(25) Ibid., pp. 359-360.
(26) National Security Archive, *The Berlin Crisis, 1958-1962*, microfiche 02386.
(27) "Memorandum for the President," August 28, 1961, National Security Files (NSF), Box 405, McGeorge Bundy Correspondence, Memos to the President 8/22/61-9/30/61, John F. Kennedy Library (JFKL), Boston, MA.
(28) FRUS 1961-63, Vol. 14, p. 393.
(29) "Memorandum for the Secretary: Draft final negotiating position on Berlin, Germany, and European Security," September 8, 1961, Records of the Policy Planning Staff, 1957-1961, Lot 67D548, Box 139, RG 59, NA.
(30) FRUS 1961-63, Vol. 14, pp. 431-433, 439-441, 456-460.
(31) Ibid., pp. 468-480.
(32) National Security Archive, *The Berlin Crisis*, microfiche 02526.
(33) "German delegation: Questions," October 10, 1961, NSF, Box 320, Germany, Berlin general 10/5/61-10/12/61, JFKL.
(34) ケネディは一一月二二日の会談では、西独の核開発と保有の禁止がベルリン危機に関するソ連との交渉で有効なカードとなり得る可能性を強調した。FRUS 1961-63, Vol. 14, pp. 620-632. また、ケネディはアデナウアーとの会談（一一月二一日）では以下のように、西独の核保有問題についてかなり率直に話し合った。すなわち、ケネディはまず、核開発放棄宣言（五四年）を今後も守り続けるか否かと質問したが、アデナウアーは、当時、ダレスが主張したようにこの宣言は事情が変化しない限り有効であると応じた（すなわち、事情が変われば宣言が無効になり得ることを示唆した）。これに対してケネディは、アメリカの核兵器が西独に配備されている限り、宣言が有効であり続けることが望ましいと釘を刺し、以下のように述べた。「もし西独が核兵器を開発すれば……戦争の危険性が急激に高まることを恐れています」。すなわち、西独の核開発と保有はとくにソ連を強く刺激して、国際関係を劇的に悪化させる危険性が高かった。また、ケネディは、アイゼンハワー政権が六〇年末に公表していたMLF構想を受け継ぐ立場を示していたが、MLFの目的は「独自の核戦力を発展させるべきであるという、ヨーロッパに存在しているように思われる感情を弱めること」にあると説明し、アデナウアーに対し、MLFは西独に関してこの目的を達成できるか否かと質問した。アデナウアーは、達成できると確信していると応じた。さらにケネディは、西独国内に核開発を望む勢力は存在するかと質問し、アデナウアーは全くないと答えた。Ibid., pp. 614-618.

(35) ただし、ソ連はアイルランド決議に賛成した後も、NATOの核共有政策や連邦軍の核武装に反対する立場を示したことがあり、とくにNPTがそれらを禁止するべきと主張したことがあった。例えば、ソ連が六五年九月二四日に国連総会に提出したNPT草案は、それらを禁止する可能性が高いものであった（したがって無論、西独をはじめ西側諸国は反対した）。ただし、ソ連はその後、六六年九月までにNPTがそれらを許容することを認めた。以上のような曲折はあったが、NPTがそれらを許容することに関する東西間の合意形成を最初に大きく促したものとしてアイルランド決議は重要であったと評価できる。AAPD 1965, S. 1600-1602; Geier, *op.cit.*, S. 204, 213. 黒沢、前掲書、五一―五三頁。新垣『ジョンソン政権における核不拡散政策』、一七五―一七八、二三八―二四〇頁。

(36) 津崎「核拡散防止条約の起源（一九五五―一九六一年）」（二）『法学論叢』一六一巻一号、二〇〇七年四月、五〇―五二頁。

(37) そうしなければ、核不拡散協定の影響力が不十分で、核不拡散のために役立たなくなる（具体的には、西独の核開発と保有を禁止するために役立たなくなる）可能性が高かった。例えば、東側諸国が国連総会で主張した、中欧地域を対象とした核不拡散の案、すなわちラパツキー案には西側諸国が反対したため、影響力がなく、西独の核開発と保有を禁止できなかった。

(38) 非核保有国が核開発と保有を行わず、核保有国が非核保有国に核兵器を提供するべきではないという主張は、厳密には、他の決議案への修正案で述べられたが、これらの主張も、アイルランドが一〇月一七日に提出した決議案と一体のものとして受け止められた。

(39) *Documents on Disarmament 1945-1959, Vol. 2 (1957-1959)*, pp. 1185-1186. 黒沢、前掲書、一一―一二頁。

(40) 五八年一一月三日にエイケンはアメリカの国連代表部に対し、西独核保有問題に対する東側諸国の恐怖感に配慮するべきと主張し、六一年三月末にもアメリカの国連代表部に対して以下のように主張していた。「ポーランド、チェコスロバキアおよびドイツの周辺のその他の多くの国々は、西側寄りの国々も含めて、彼らがいまだに強く恐れているドイツにアメリカが核兵器を与えることを、非常に強く恐れています」。"Incoming Telegram," November 11, 1958, Central Files 1955-1959,

320.11/11-358, Box 1266, RG 59, NA; "Incoming Telegram," March 31, 1961, Central Files 1960-1963, 600.0012/3-3161, Box 1093, RG 59, NA.

（41）津崎「核拡散防止条約の起源」（二）、五四頁。

（42）黒沢、前掲書、一二―一三頁。

（43）前掲書、一三―一四頁。

（44）*Official Records of the General Assembly*, A/C.1/SR. 1135, 19 December 1960, para 38.

（45）黒澤、前掲書、一四、二九頁。

（46）アメリカの国連代表部は国務省に、アイルランドの決議案に「あと少しの変更」があれば賛成するべきと提案していた（電信、六〇年一一月九日付）。"Disarmament: Irish Item," November 9, 1960, Central Files 1960-1963, 600.0012/11-960, Box 1093, RG 59, NA.

（47）黒澤、前掲書、一五、二七―三〇頁。

（48）FRUS 1961-63 Vol. 14, pp. 720-724, 751-755, 784-788, 797-800, 859-862.

（49）Ibid., pp. 759-760.

（50）例えば、ケネディはフルシチョフへの書簡（六二年二月一五日付）で以下のように提案した。「ベルリンについて何らかの一時的な妥協……を見出すことができれば……他の多くの諸問題について協定の可能性を開くことになるでしょう、すなわちドイツ国境……東西ドイツの核兵器の禁止、およびNATOとワルシャワ条約機構の不可侵協定についてです」。また、ケネディは、フルシチョフの女婿で「イズベスチヤ」編集長のアドジュベイ（Alexei Ivanovich Adzhubei）に以下のように述べた（一月三一日）。「ベルリンに関する最終的な解決は現在のところ不可能かもしれないが、緊張が高まることを防ぐ何らかの取り決めが必要である……しばらくの間は持続できる取り決めは可能であると信じている……西独の再軍備およびナショナリズムの復活、そして核兵器を獲得する可能性についてソ連が懸念を抱いていることを理解している……これらの全てについて何らかの取り決めを見出すことができるかもしれない」。Ibid., pp. 780-784, 819-822.

（51）アメリカの軍備管理軍縮庁の副長官フィッシャー（Adrian S. Fisher）は、ENDCにおけるNPTに関する交渉は「ベルリンの解決という文脈の中で」進むという判断を示していた（六二年一月一五日）。国務省ヨーロッパ局ドイツ課長〔後に駐西独大使（七二―七六年）〕のヒレンブランド（Martin J. Hillenbrand）も、ENDCにおける交渉はベルリン危機に関する交渉と関連することに政府内で注意を促した（三月六日）。フィッシャーはNPT作成交渉で中心的な役割を果たし続けることになり、ヒレンブランドは六一年からベルリン危機に関する政策立案作業で中心的な役割を果たし続けていた。"Memorandum of Conversation," 15 January, 1962, Central Files 1960-1963, 600.0012/1-1562, RG 59, NA; "Berlin Task Force: Minutes and Assignments of Meeting," March 6, 1962, Records Relating to the Berlin Crisis, Box 3, Lot 66D124, RG 59, NA.

(52) 核不拡散に関する文言は以下のとおり。「核兵器が、現在それを所有していない国家の政府の指揮下に入って拡散していくことは、永続的な平和の維持を困難にすると信じている……核兵器不拡散に関する諸政策を発展させていくことについて合意する。その諸政策に対しては、核兵器を所有する全ての国家が同意し、現在核兵器を所有していない国家も従うことになるであろう……現在核兵器を所有していない国家に対してその指揮権を譲渡しないこと、および核兵器の開発に関してそれらの国家を支援しないことを宣言する」。FRUS 1961-63, Vol. 15, pp. 1-6.

(53) AAPD 1962, S. 324-330.

(54) Ibid., S. 507-514.

(55) Ibid., S. 418-420, 489-501.

(56) Ibid., S. 573-575, 581.

(57) Schwarz, *Adenauer: Der Staatsmann*, S. 671-697. 川嶋、前掲書、七四—七五頁。

(58) Adenauer, *Erinnerungen 1955-1959*, S. 281-288; Schwarz, *Adenauer: Der Staatsmann*, S. 294, 336.

(59) FRUS 1961-63, Vol. 15, pp. 26-33, 51-71, 76-89.

(60) 核不拡散に関する箇所は以下のように変更されていた（以下、傍線が引かれているのが、新たに加えられた箇所）。「……現在核兵器を所有していないどのような国家あるいは組織（第四項の（c）で言及されているあらゆる国家、あるいは地域において活動している組織を含む）にも核兵器の指揮権を譲渡しないことを宣言する」。そして、この文書の第四項（不可侵協定）の（c）で言及されている国家は「ドイツ」だけであった。Ibid., pp. 95-98.

(61) Ibid., pp. 105-109,112.

(62) Ibid., pp. 114-119, 121-122, 161-172, 177-187, 215-222.

(63) Ibid., pp. 207-212, 224-229.

(64) FRUS 1961-63, Vol. 7, pp. 494-496.

(65) Ibid., pp. 541-547.

(66) ソ連は条文に関する案も提示したが、その内容は以下のようなものであった。「(一) 非核保有国に核兵器あるいはその開発に必要な技術に関する情報を提供しないという核保有国の義務、(二) 核兵器を開発せず他の核保有国からそれを入手しない、また、その開発に必要な技術に関する情報を受け取らないという非核保有国の義務」。そのように、東西ドイツの核保有禁止に言及した箇所はなかった。Ibid., pp. 556-559.

(67) Ibid., pp. 570-572.

(68) Ibid., p. 592.

(69) Ibid., pp. 618-621.

(70) 安野正明『戦後ドイツ社会民主党史研究序説——組織改革とゴーデスベルク綱領への道』、ミネルヴァ書房、二〇〇四年。

(71) Christoph Meyer, *Herbert Wehner: Biographie*, München, Deutscher Taschenbuch Verlag, 2006, S. 225-236.

(72) Abraham Ashkenasi, *Reformpartei und Außenpolitik: Die Außenpolitik der SPD Berlin-Bonn*, Köln, Westdeutscher Verlag, 1968, S. 14-141, 154-163; Merseburger, *op.cit*, S. 352-353.

(73) *Protokoll der Verhandlungen und Antäge* vom *Parteitag der Sozialdemokratischen Partei Deutschlands in Hannover 21. bis 25. November 1960*, S. 555-558, 655-657; Merseburger, *op.cit*, S. 385-386; Meyer, *op.cit.*, S. 236-240. 安野「ヴィリ・ブラント首相候補の誕生」『ゲシヒテ』第三号、二〇一〇年、三一一九頁。

(74) *Protokoll der Verhandlungen und Antäge* vom *Parteitag der Sozialdemokratischen Partei Deutschlands in Hannover 21. bis 25. November 1960*, S. 556.

(75) 書簡では以下のように記していた。「ベルリン問題はドイツ問題と不可分に結び付いているためにそれとともにのみ解決することができます……その際、われわれは、ドイツ問題は世界政治の他の諸問題、すなわちヨーロッパ安全保障、軍縮および東西関係の全体的な改善と緊密に結び付いていることを、見誤ることは決してありません」。*Berlin bleibt frei: Politik in und für Berlin, 1947-1966 (Berliner Ausgabe: Willy Brandt, Bd.3)*, Bonn, J.H.W. Dietz, 2004, S. 301-304.

(76) Ibid., S. 355-356, 359-365.

(77) FRUS 1961-63, Vol. 15, microfiche supplements, 327. 西独外務省も、アメリカから伝えられていた新たな（極秘の）方針をブラントに伝えたように、ブラントはベルリン危機をめぐる交渉に関わる重要人物の一人として、アメリカおよび西独政府から多くの重要な情報を提供されていた。"Der Bundesminister des Auswärtigen an den Regierenden Bürgermeister von Berlin, Herrn Willy Brandt," 11.4.1962, Willy Brandt Archiv（WBA）, A-6, Mappe72, Archiv der sozialen Demokratie

（AdsD）, Bonn.

(78) “Sitzung des Parteivorstandes am 13 und 14.4.1962,” 13, 14.4.1962, PV-Bestand Protokolle Parteivorstand Parteirat Januar-April 1962, AdsD.

(79) *Berlin bleibt frei*, S. 480-486.

(80) “Rede in Sandefjord Norwegen,” 8.8.1965, WBA, A-3, Mappe 215, AdsD.

第４章　ＮＰＴへの頑強な抵抗（一九六三―六六年）

(1) AAPD 1963, S. 907-908, 937-938; Geier, *op.cit.*, S. 162-167.

(2) AAPD 1963, S. 881-883, 947-948; Geier, *op.cit.*, S. 160, 165-166.

(3) Hoppe, *op.cit.*, S. 64-69; Geiger, *op.cit.*, S. 176-177. 三嶋、前掲書、八四―八八頁。

(4) Geiger, *op.cit.*, S. 177. 山本健太郎、前掲書、六九―七一。

(5) ゴーリストと大西洋派、および、両派の論争と対立に関する最も優れた研究として、Geiger, *op.cit.*.

(6) Ibid., S. 178-179. 三嶋、前掲書、九〇―九二頁。

(7) Geiger, *op.cit.*, S. 66, 177-178, 284-286. 三嶋、前掲書、八八―八九頁。

(8) Geiger, *op.cit.*, S. 177, 284-285. 三嶋、前掲書、八八―八九頁。

(9) Hoppe, op.cit., S. 70-71.

(10) 三嶋、前掲書、八三―八四頁。

(11) AAPD 1963, S. 1205-1206.

(12) Ibid., S. 1472-1474.

(13) Ibid., S. 1474-1475; AAPD 1964, S. 246.

(14) Ibid., S. 768, 775.

(15) Ibid., S. 154.

(16) AAPD 1963, S. 732-734, 1165-1166, 1441-1442.

(17) Ibid., S. 732-734, 1165-1166, 1429, 1441-1442; AAPD 1964, S. 1163.

(18) Geiger, *op.cit.*, S. 285.
(19) AAPD 1963, S. 117-118; Trachtenberg, *A Constructed Peace*, p. 373.
(20) Krone, *Tagebücher, Zweiter Band: 1961-1966*, Düsseldorf, Droste, 2003, S. 146; Schwarz, *Adenauer: Der Staatsmann*, S. 819.
(21) FRUS 1964-68, Vol. 13, pp. 161-162. 山本健太郎、前掲書、九三頁。
(22) *Berlin bleibt frei*, S. 484; FRUS 1969-76, Vol. 41, p. 459; Trachtenberg, *A Constructed Peace*, p. 373.
(23) 川嶋、前掲書、八八―八九頁。
(24) Bange, *op.cit.*, pp. 167-169.
(25) Hoppe, *op.cit.*, S. 298-300; *Berlin bleibt frei*, S. 417-419. 津崎「西ドイツのＮＰＴ加盟に関するブラントの構想（一九五八―六九年）」『西洋史学』二四三号、二〇一一年一二月、三九―五七頁（とくに四五―四六頁）。
(26) Schwartz, *op.cit.*, pp. 108-109; Hoppe, *op.cit.*, S. 31-44, 81-87, 97-112.
(27) AAPD 1963, S. 1640, 1697.
(28) Hoppe, *op.cit.*, S. 151-152, 180-184, 204-206.
(29) Ibid., S. 216-217; Schrafstetter and Twigge, "Trick or Truth"; Young, *op.cit.*.
(30) Seaborg and Loeb, *op.cit.*, pp. 121-152; Hoppe, *op.cit.*, S. 266-267.
(31) 新垣「ジョンソン政権における核シェアリング政策」、七三―七四頁。ＮＰＧが正式に成立したのは六六年一二月だが、それ以前の構想段階の時期に関しても、便宜上、ＮＰＧと表記する。
(32) AAPD 1966, S. 1390-1394. 新垣『ジョンソン政権における核不拡散政策』、二三九―二四〇頁。
(33) Maddock, *op.cit.*, p. 268. 新垣『ジョンソン政権における核不拡散政策』、二四〇―二四九頁。
(34) AAPD 1963, S. 585-589.
(35) Ibid., S. 1220-1221.
(36) Ibid., S. 1440.
(37) Ibid., S. 1439-1443.
(38) Ibid., S. 1696; AAPD 1964, S. 154.
(39) Ibid., S. 451-453.

(40) Ibid., S. 1053.

(41) Ibid., S. 453-456.

(42) Ibid., S. 691-693.

(43) Ibid., S. 1048-1050.

(44) Ibid., S. 1051-1056.

(45) Ibid., S. 1081-1084.

(46) Ibid., S. 1389-1390.

(47) 例えば、NATO常設代表部のハルトリープ（Wilhelm Hartlieb）は以下の判断を示していた（六四年一二月二一日付の文書）。すなわち、イギリスは潜水艦を主力とすることによって水上艦の数を可能な限り減らそうとしているが、その理由は西独とアメリカの影響力を弱めようとしているからである（本文で説明したとおり、水上艦の建造費は主に米独が負担する予定であったため、水上艦から構成されるMLFではとくに米独の影響力が強まることが予想された）。さらに、イギリスは核兵器発射に関する拒否権も要求することでアメリカと並ぶ決定的に重要な地位を得ようとしているが、アメリカの他にイギリスだけが拒否権を認められれば、西独をはじめとする他の参加国の影響力が著しく弱まる。以上の諸問題のため、ANFを受け入れることはできない。Ibid., S. 1498-1509, 1544-1555.

(48) Ibid., S. 1304-1309.

(49) Ibid., S. 1570-1577.

(50) AAPD 1965, S. 90-101.

(51) Ibid., S. 471-473, 1152.

(52) Ibid., S. 1152-1154.

(53) この事態を打開するため、アメリカはNPGで西独を満足させてMLFを諦めさせようとした。ただし、アメリカがNPGを六五年五月に公表する前から、これに相当する構想は西独外務省の内部でも検討されていた。まず、グレーヴェが六三年に記し、外務省内に配布した文書（七月二六日付）ではMLFへの代案の一つとして、ゴードン＝ウォーカーが講演（六三年五月一六日）で示した以下の構想が紹介されていた。すなわち、ヨーロッパのNATO加盟国は独自の、あるいは共同の核保有を放棄するが、その対価としてアメリカの核戦略の立案に対する発言権の強化を要求する。AAPD 1963, S. 799-800.
そのように、グレーヴェはまずゴードン＝ウォーカーの講演からNPGに相当する案の着想を得て、六四年には、MLF

への単なる代案ではなく、あくまでもＭＬＦを保ちながら、それを補強する「協議手続き」に関する以下の構想を示した（九月二八日付文書）。すなわち、西独はＮＡＴＯ核戦略の立案への参加を強化するべきであり、そのためには、アメリカ政府首脳レベルの決定過程に影響を及ぼすことができる、以下のようなＮＡＴＯ内の制度を具体的に発展させる必要がある。すなわち、それに参加する国々は核戦略に関する諸問題を一年に二度、協議する。それには外務担当大臣、国防担当大臣および軍のトップが参加する。協議の準備は共同で行い、協議に関わる全ての情報を参加国は定期的に交換する。AAPD 1964, S. 1078-1079.

そして、この構想に関心を示したカルステンスのイニシアティブに基づき、外務省と国防省の共同で「大西洋核問題協議会（Atlantischer Nuklear-Rat）」に関する構想が練られた（六四年一一月）。それはＭＬＦに参加する国々から構成され、協議が行われる段階を「平時における計画」「危機的状況における交渉」「核兵器発射の決定に関する段階」の三つに分け、いずれの段階でも西独の発言権を強化することが目標とされた。Ibid., S. 1080-1081, 1320-1323.

以上のように、ＮＰＧが発表される前から、それに相当する案が西独政府内で外務省を中心に検討されていたため、ＮＰＧは西独にとって受け入れ易かったと言える。ただし、外務省はＮＰＧのためにＭＬＦの重要性が低下することを警戒し、ＮＰＧに賛成しつつ、あくまでもＭＬＦを死守しようとした。AAPD 1965, S. 968-969, 1150.

(54) そのような方針はクラプフによる文書（六五年九月二四日付）等で明記された。Ibid., S. 1501-1510.

(55) バンディとの会談（六五年一〇月二〇日）に関する駐米西独大使クナップシュタイン（Karl Heinrich Knappstein）の報告、エアハルト訪米の準備としてアメリカ政府の要人たちと会談したビレンバッハのシュレーダーへの書簡（一一月一三日付）、マックロイとエアハルトの会談（一二月六日）等。Ibid., S. 1637-1639, 1734-1742, 1844-1846.

(56) Ibid., S. 1839-1840. ＭＬＦの実現可能性が低下したことを受けて西独国内では、ＳＰＤがＭＬＦは不要という立場を示すようになっただけではなく、ＣＤＵ議員の間でもＭＬＦへの熱意が失われ始め、代案としてのＮＰＧで満足すべきという意見も強まった。Hoppe, *op.cit.*, S. 297-300.

(57) AAPD 1965, S. 1934-1937.

(58) AAPD 1966, S. 210-218.

(59) Ibid., S. 281-284, 913-915.

(60) ただし、アメリカ政府の内部では六六年になっても西独への注意から、ハードウェア・ソリューションの具体的な内容が考慮されたことがあった。ただし、その内容はＭＬＦの当初の構想から大きく離れ、原型をほとんどとどめておらず、ＡＮ

Fに近かった。新垣『ジョンソン政権における核不拡散政策』、二〇一—二〇五頁。

(61) アメリカがNPTの成立を急ぐ理由について、西独外務省は以下のように判断した(六六年九月上旬)。すなわち、ベトナム戦争のために国内で強く批判されているジョンソンにとって、中間選挙に向けて得点を稼ぐことを期待できる数少ない問題の一つがNPTの成立であるため、それを阻んでいるハードウェア・ソリューションを放棄しようとしている。AAPD 1966, S. 1140-1143, 1161-1164.

(62) Ibid., S. 1216-1218. 外務省第二局A部長から第二局長に昇任したルエテも以下の判断を示した(六六年九月一四日付文書)。アメリカはハードウェア・ソリューションのためのイニシアティブをもう発揮しないだろう。NPGによる解決でNATOの同盟国は満足するという期待から、それに集中するだろう。Ibid., S. 1198.

(63) Ibid., S. 1242-1243.

(64) Ibid., S. 1390-1394.

(65) Aufzeichnung des Botschafters Schnippenkötter, “Betr.: Frage der Nichtverbreitung von Kernwaffen,” 19.10.1966, B 150, Politische Archiv des Auswärtigen Amts (PAAA), Berlin.

(66) AAPD 1966, S. 1437-1439.

(67) Botschafter Schnippenkötter, z.Z. New York an das Auswärtige Amt, “Betr.: amerikanisch-sowjetische Annäherung in der Frage der Nichtverbreitung”, 28.10.1966, B 150, PAAA.

(68) AAPD 1966, S. 1509-1510.

(59) エアハルトの指導力不足については、Hentschel, *op.cit.*, S. 437-439.

(70) Deutscher Bundestag (DB), 7. Wahlperiode, 64. Sitzung, 8.11.1973, S. 3708, 3713; Küntzel, *op.cit.*, S. 140-142, 165-166.

(71) Ibid., S. 85-86.

(72) AAPD 1965, S. 1203-1208.

(73) Ibid., S. 1245.

(74) Ibid., S. 1350.

(75) Ibid., S. 1208.

(76) Ibid., S. 1434-1435.

(77) 以上のようなNPT連関論に関する本書の説明は、『敷居国』(序章の注一三参照)の説明と一致している。Geier, *op.cit.*, S.

197-198, 203. しかし以下、本文で説明する、もう一つのＮＰＴ加盟回避策である、核保有放棄に関する非核保有国の共同宣言案については、『敷居国』は、それがあったことを指摘するにとどめ（Ibid., S. 209.）、詳しく説明していない。

（78） AAPD 1966, S. 747-753, 1017-1019, 1422.

（79） Aufzeichnung des Ministeriadirigenten Ruete, “Betr.: Skizze für Vortrag des Staatssekretärs Carstens im Bundesverteidigungsrat am 12. Juli 1966 über eine einseitige Erklärung der nichtnuklearen Mitglieder der NATO und des Warschauer Pakts über einen Verzicht auf die Herstellung von Kernwaffen im Anschluß an die Friedensnote,” 8.7.1966, B 150, PAAA; AAPD 1966, S. 1043-1045.

（80） Botschafter Herwarth von Bittenfeld, Rom an das Auswärtige Amt, “Betr.: Gespräch mit Botschafter Cavalleti und Simonetti über deutschen Vorschlag zur Nichtverbreitung von Nuklearwaffen gemäß der Friedensnote,” 7.10.1966, B 150, PAAA; Botschafter Oppler, Ottawa, an das Auswärtige Amt, “Betr.: Kanadische Stellungnahme zu Vorschlägen der Bundesrepublik über die Nichtverbreitung von Kernwaffen,” 7.10.1966, Ibid, PAAA; Gesandter von Lilienfeld, Washington, an das Auswärtige Amt, “Betr.: Nuklearverzicht in NATO und Warschauer Pakt gemäß der Friedensnote vom 25. März 1966,” 17.10.1966, Ibid, PAAA; AAPD 1966, S. 1158-1161, 1354-1356, 1421-1422, 1490-1492.

（81） Ibid., S. 1509.

（82） 共同宣言案の続行を求めたグレーヴェの主張に関しては、Botschafter Grewe, Paris（NATO）, an das Auswärtige Amt, “Betr.: Nichtverbreitung von Kernwaffen; deutsche Initiative gemäß der Friedensnote vom 25. März 1966,” 5.12.1966, B 150, PAAA; AAPD 1966, S. 1582.

（83） より厳密には第５章で詳しく説明するとおり、西独はＩＡＥＡにも一定の役割、すなわち、ユーラトム査察の結果を事後的に確認する作業である「検証」は認めたが、役割を検証のみに厳しく限定し、ＩＡＥＡが査察を行うことを一切、拒否した。

（84） Ibid., S. 61, 1419-1421, 1541-1550.

（85） Letter from Kurt Birrenbach to William C. Foster, November 17, 1966, Nachlass Kurt Birrenbach（1-433）, 117/2, Archiv für Christlich-Demokratische Politik（ACDP）, Sankt Augustin; Letter from Kurt Birrenbach to Henry Owen, November 17, 1966, Ibid., ACDP.

（86） Helga Bufe und Jürgen Grumbach, *Staat und Atomindustrie: Kernenergiepolitik in der BRD*, Köln, Pahl-Rugenstein, 1979, S. 132-161; Küntzel, *op.cit.*, S. 133.

(87) Bufe und Grumbach, *op.cit.*, S. 162-183.

(88) Küntzel, *op.cit.*, S. 124.

(89) CDU／CSUの支持者に関しては、(一)を選んだ人々は一八パーセント、(二)は三八パーセント、(三)は一三パーセント、その他は三一パーセント、SPDの支持者に関しては、(一)は一八パーセント、(二)は四八パーセント、(三)は一四パーセント、その他は二〇パーセント、FDPの支持者に関しては、(一)は二〇パーセント、(二)は四〇パーセント、(三)は一七パーセント、その他は二三パーセント。Institut für Demoskopie Allensbach, *Jahrbuch der Öffentlichen Meinung 1965-1967*, Allensbach, Verlag für Demoskopie, 1967, S. 427.

(90) 「(加盟すれば)」という文言は筆者が加えた。Department of State, "Background paper on factors which could influence national decisions concerning acquisition of nuclear weapons," December 12, 1964, National Security File, Committee File Committee on Nuclear Proliferation, Box 1, Lyndon B. Johnson Library, Austin, TX.

(91) AAPD 1967, S. 203.

(92) AAPD 1966, S. 1544-1545.

(93) Brandt (translated by Joel Carmichael), *A Peace Policy for Europe*, London, Weidenfeld and Nicolson, 1968, pp. 174-186.

(94) Küntzel, *op.cit.*, S. 110-111.

(95) "Niederschrift über die SItzung der Studiengruppe für Rüstungskontrolle, Rüstungsbeschränkung und international Sicherheit am 15. Oktober 1965," Nachlass Frizt Erler, 107, AdsD; Küntzel, *op.cit.*, S. 112-114.

(96) DB, 140. Sitzung, 6.12.1967, S. 7158; Küntzel, *op.cit.*, S. 124-125.

第5章　NPTへの執拗な抵抗と変化の兆し（一九六六—六九年）

(1) *Ein Volk der guten Nachbarn: Au*ßen und Deutschlandpolitik, 1966-1974 (Berliner Ausgabe: Willy Brandt, Bd.6), Bonn, J.H.W. Dietz, 2005, S. 104-107.

(2) AAPD 1968, S. 14-18.

(3) National Security Archive, *U.S. Nuclear Non-Proliferation Policy, 1945-1991*, microfiche 1204.

(4) FRUS 1964-68 Vol. 15, pp. 456-459.

(5) 国務長官のラスクは、まず、一二月一二日の会談でMLFを禁止したNPT草案の内容をブラントに知らせた（草案それ自体は見せなかった）が、ブラントはその内容を好意的に受け止め、西独がNPT作成交渉に「困難を及ぼすことはない」と述べた。Ibid., pp. 473-478. そのようなブラントの態度についてラスクは、最近の「最も重要な変化の一つ」と評価し、限られた同盟国（イギリス、カナダ、イタリア）に見せるにとどめていた、MLFを禁止した内容のNPT草案それ自体を、一六日の会談でブラントに見せた。FRUS 1964-68 Vol. 13, pp. 516-517. ブラントも後に、草案それ自体を初めて見せられたのが一六日であったと説明している。"Bulletin des Presse- und Informationsamtes der Budesregierung," 29.11.1969, WBA, A-3, Mappe 328, AdsD.

(6) Kroegel, *op.cit.*, S. 40.

(7) Geiger, *op.cit.*, S. 466.

(8) Robert E. Lester, *Western Europe: National Security Files, 1963-1969 First Supplement* (Lyndon B. Johnson national security files, general editor, George C. Herring), Bethesda, University Publications of America, 2000, microfilm reel 3, 741-743.

(9) Grewe, *Rückblenden 1976-1951*, Frankfurt a.M., Propyläen, 1979, S. 694.

(10) AAPD 1967, S. 603-604.

(11) Kurt Birrenbach, *Meine Sondermissionen: Rückschau auf zwei Jahrzehnte bundesdeutscher Außenpolitik vom Mauerbau bis heute*, Düsseldorf, Econ Verlag, 1984, S. 219-220.

(12) 「(NPT)」という文言は筆者が加えた。FRUS 1964-68, Vol. 11, p. 561.

(13) 「(NPT)」という文言は筆者が加えた。FRUS 1964-68, Vol. 15, p. 732.

(14) FRUS 1969-74 Vol. E-2, document 2, 〈https://history.state.gov/historicaldocuments/frus1969-76ve02/d2〉（最終閲覧日、二〇一八年七月八日)。

(15) AAPD 1968, S. 74-75.

(16) AAPD 1967, S. 617.

(17) Ibid., S. 146, 200-207.

(18) Ibid., S. 147-148.

(19) Aufzeichnung des Ministerialdirektors Ruete, "Betr.: Positionspapiere zum Nichtverbreitungsabkommen," 1.2.1968, B

150, PAAA.

（20）AAPD 1967, S. 302.

（21）Aufzeichnung des Ministerialdirektors Ruete, "Betr.: Einrichtung einer Arbeitsgruppe: Nichtverbreitungsabkommen im Auswärtigen Amt," 4.2.1968, B 150, PAAA.

（22）AAPD 1967, S. 302-304, 437.

（23）Geier, *op.cit.*, S. 244-249.

（24）シュニッペンケッターはポジション・ペーパーを総括した文書（六七年一月三〇日付）で、ペーパーに記した諸目標を達成するため、NPT草案に内容の追加を求める方針を明記していた。また、NPTの条文で明確に認めさせることが難しい要求（とくに、ヨーロピアン・オプションの保証）は、NPTに関する解釈においてアメリカ等に認めさせることも目指すようになった。AAPD 1967, S. 200-207.

（25）Ibid., S. 222, 225-227, 249-252.

（26）Ibid., S. 207, 221-225, 336-337.

（27）アレンスバッハが六七年三月に実施した世論調査によると、NPTについて聞いたことがあると回答した人々の割合は七八パーセントであった（聞いたことがない、は二二パーセント）。Institut für Demoskopie Allensbach, *Jahrbuch der Öffentlichen Meinung 1965-1967*, Allensbach, Verlag für Demoskopie, 1967, S. 426.

（28）AAPD 1967, S. 284, 423; *Der Spiegel*, Heft 10, 27.2.1967, S. 17.

（29）Küntzel, *op.cit.*, S. 27.

（30）AAPD 1967, S. 359, 424.

（31）Ibid., S. 422; *Der Spiegel*, Heft 10, 27.2.1967, S. 18.

（32）AAPD 1967, S. 312-313; *Der Spiegel*, Heft 10, 27.2.1967, S. 21.

（33）AAPD 1967, S. 437.

（34）Ibid., S. 489-492.

（35）Ibid., S. 437, 454.

（36）六七年二月二一日から開催されていたENDCは当初、三月までに一度、閉幕する予定で、閉幕するまでにアメリカは米ソ共同草案を提出しようとしていたが、第三条について明確な立場を示せず、ソ連との合意も形成できなかったため、共同草案を提出できなかった。それでもアメリカはＮＰＴの早急な成立を諦めず、ＥＮＤＣが閉幕する間際の三月二三日、会議を五月一九日まで延長することを主張し、ソ連も同意した。そして、アメリカは五月一九日までにソ連と合意に達し、共同草案を提出することを改めて目指すようになった。そしてアメリカは、自らの草案についてソ連が検討し、ソ連と交渉できる時間を確保するため、四月一九日までに草案を準備しようとした。したがって、西独が草案についてアメリカと交渉できるのは四月一九日までであり、それ以降の草案の変更は困難と予想された。実際に、軍備管理軍縮庁副長官のフィッシャーはクナップシュタインに対し、四月一九日までに西側同盟国との交渉を終えたいという意向を伝えた（三月三一日）。以上のような事情から、西独は、ＮＰＴ草案に関するアメリカとの交渉を四月一九日までに終えねばならなかった。すなわち、アメリカがまだ認めていない西独の諸要求を、四月一九日までに認めさせねばならないという、切迫した「時間の圧力」にさらされることになった（シュッツからグレーヴェへの電信、三月三一日付）。Ibid., S. 507-511, 516-519.

(37) Ibid., S. 597-605.
(38) Ibid., S. 605, 667, 735-737.
(39) Ibid., S. 669.
(40) Ibid., S. 740.
(41) Ibid., S. 740-742, 953-955.
(42) *Documents on Disarmament 1967*, Washington, D.C., Government Printing Office, 1968, pp. 338-341; AAPD 1967, S. 1239-1248.
(43) Ibid., S. 1269-1273.
(44) Ibid.
(45) FRUS 1964-68, Vol. 11, pp. 502- 505.
(46) AAPD 1967, S. 1379-1382.
(47) FRUS 1964-68, Vol. 11, pp. 503, 522.
(48) ラスクはジョンソンへの覚書（日付不詳）で、非同盟運動諸国が、米ソによるＮＰＴ作成交渉が失敗に終わりつつあるという批判を強めることへの懸念を示した。Ibid., p. 533.
(49) フォスターはドブルイニンとの会談（六七年一一月二日）で、ＮＰＴに関する非核保有国会議の前にＮＰＴを成立させねばならないと主張し、ドブルイニンも「ＮＰＴを完成させる緊急の必要性を理解している」と応じた。Ibid., p. 522.

(50) Ibid., pp. 519-520.
(51) AAPD 1967, S. 1383-1385, 1460-1463.
(52) Ibid., S. 1547-1553.
(53) Ibid., S. 1551-1553.
(54) Ibid., S. 1557-1559.
(55) Ibid., S. 1550-1551.
(56) FRUS 1964-68, Vol.11, p. 533.
(57) Ibid., pp. 533-534.
(58) Ibid., p. 534.
(59) Ibid., pp. 534-535.
(60) Ibid., pp. 533, 539˙
(61) Ibid., pp. 539-543.
(62) Ibid., pp. 539-540.
(63) Ibid., pp. 543-547.
(64) *Documents on Disarmament 1967*, p. 341.
(65) *Documents on Disarmament 1968*, Washington, D.C., Government Printing Office, 1969, pp. 1-6; Seaborg and Loeb, *op.cit.*, pp. 302-303; Küntzel, *op.cit.*, S. 184.
(66) AAPD 1968, S. 74-75.
(67) Gesandter von Lilienfeld, Washington, an das Auswärtige Amt, "Betr.: Nichtverbreitungsabkommen; amerikanische Reaktion zur Einigung in Genf," 19.1.1968, B 150, PAAA.
(68) Aufzeichnung der Vortragenden Legationsräte I. Klasse Lahusen und Ramisch, "Betr.: Bewertung des amerikanisch-sowjetischen Entwurfs für einen Nichtverbreitungsabkommen vom 18. Januar 1968," 22.1.1968, Ibid., PAAA.
(69) AAPD 1968, S. 163-164.
(70) Küntzel, *op.cit.*, S. 185.
(71) AAPD 1968, S. 163; FRUS 1964-68, Vol. 15, pp. 622-623.

(72) AAPD 1968, S. 163-164, 177-179, 226-227, 308-310.

(73) *Documents on Disarmament 1968*, pp. 172-177, 404-409.

(74) FRUS 1964-68 Vol. 11, pp. 548-549, 598-603.

(75) Botschafter Freiherr von Braun, New York (UNO), an das Auswärtige Amt, "Betr.: Konsultation der NATO-Staaten über den Nichtverbreitungsabkommen, 18.4.1968, B 150, PAAA.

(76) Aufzeichnung des Ministerialdirektors Ruete, "Betr.: Stand der Verhandlungen über den Nichtverbreitungsabkommen," 8.3.1968, Ibid., PAAA; Aufzeichnung des Botschafters Schnippenkötter, "Betr.: Stand der Verhandlungen über den Nichtverbreitungsabkommen; Unterlage für Sitzung des Bundesverteidigungsrats am 14 März 1968," 13.3.1968, Ibid., PAAA.

(77) AAPD 1968, S. 144-145.

(78) Ibid., S. 231-236.

(79) Ibid., S. 585-586.

(80) Ibid., S. 290-292.

(81) Aufzeichnung des Vortragenden Legationsrats Rückriegel, "Betr.: Nichtverbreitungsabkommen und nukleare Schutzgarantie," 4.4.1968, B 150, PAAA; Botschafter Knappstein, Washington, an das Auswärtige Amt, Betr.: Amerikanischer Vorschlage zur nukleare Schutzgarantie," 10.4.1968, Ibid., PAAA; Gesandter von Lilienfeld, Washington, an das Auswärtige Amt, "Betr.: Gespräch mit dem Unterstaatssekretär im amerikanischen Außenministerium Rostow: nukleare Schutzgarantie und Nichtverbreitungsabkommen," 2.5.1968, Ibid., PAAA.

(82) Ministerialdirigenten Sahm an die Botschaft in Rom, "Betr.: Nichtverbreitungsabkommen und nukleare Schutzgarantie," 8.5.1968, Ibid., PAAA; Runderlaß des Ministerialdirigenten Sahm, "Betr.: Nichtverbreitungsabkommen und Sicherheitsgarantie der Allianz," 31.5.1968, Ibid., PAAA.

(83) *Documents on Disarmament 1968*, pp. 458-460, 504-508.

(84) Botschafter Knappstein, Washington, an das Auswärtige Amt, "Betr.: Interpretationen zum Nichtverbreitungsabkommen," 25.6.1968, B 150, PAAA.

(85) Aufzeichnung des Ministerialdirigenten Sahm, "Betr.: Nichtverbreitungsabkommen und nukleare Schutzgarantie der

USA: Bekräftigung der NATO-Verpflichtungen," 12.7.1968, Ibid., PAAA.

（86） ソ連は旧敵国条項に基づく権利を西独に対して保持していることを、西独に送付した以下の諸文書で強調し続けていた。すなわち、六七年一月二八日付、一一月二一日付、一二月八日付、六八年七月五日付文書。AAPD 1969, S. 115.

（87） AAPD 1968, S. 586, 736-738.

（88） Ibid., S. 585; Aufzeichnung des Ministerialdirektors Bahr, "Betr.: weitere Behandlung des Nichtverbreitungsabkommens," 24.4.1968, B 150, PAAA. また、外務次官のラール（Rolf Larl）もシュニッペンケッターへの電信（四月二五日付）で以下のように注意した。すなわち、「NPTに対するわれわれの積極姿勢への疑念を引き起こす……行動を決して取ってはならない」。Staatssekretär Lahr an Botschafter Schnippenkötter, z.Z. New York（UNO）, "Betr.: Richtlinien für das Verhalten der Beobachterdelegation der Bundesrepublik während der UNO-Debatte über den Nichtverbreitungsabkommen," Ibid., PAAA. また、バールは四月二四日付文書で以下のような問題意識を示していた。すなわち、NPTが成立した後、西独が署名を「遅らせれば直ちに強力な外交上の圧力を加えられてわれわれの緊張緩和政策を危機に陥れることになる」。すなわち、バールは早急に署名せねばならないと考えていた。

（89） DB, 180. Sitzung, 20.6.1968, S. 9747.

（90） *Kiesinger: Wir leben in einer veränderten Welt: Protokolle des Bundesvorstands der CDU 1965-1969*, Düsseldorf, Droste, 2005, S. 976.

（91） Küntzel, *op.cit.*, S. 188.

（92） Ibid., S. 189.

（93） FRUS 1964-68, Vol. 15, pp. 662-669, 674-675; FRUS 1964-68, Vol. 13, pp. 716-718.

（94） AAPD 1968, S. 873; *Documents on Germany 1944-1985*, pp. 1017-1022.

（95） *Ein Volk der guten Nachbarn*, S. 155-158.

（96） AAPD 1968, S. 869-872.

（97） Ibid., S. 928-930.

（98） Ibid., S. 985-986.

（99） Botschafter Knappstein, Washington, an das Auswärtige Amt, "Betr.: Gespräch des Bundesministers Strauß mit dem amerikanischen Außenminister Rusk am 23. 7.: Nichtverbreitungsabkommen," 26.7.1968, B 150, PAAA; FRUS 1964-68, Vol.

15, pp. 728-733.

(100) CDU／CSUは、とくにソ連がヨーロピアン・オプションを明確には認めておらず、将来、それに反対しかねないことを警戒した。より詳しく説明すると、まず、NPTの第一条は、核保有国から非核保有国への核兵器の譲渡を禁止しているが、ヨーロピアン・オプション、すなわち、フランスの核を西独（および、その他の非核保有国）が共有することが、NPT第一条で禁止されている譲渡に該当するとソ連が指摘し、反対することをCDU／CSUは危惧した。なお、ヨーロピアン・オプションは欧州統合を安全保障面で発展させることによって達成するべき目標とされていたが、ヨーロピアン・オプションにソ連が国際法（NPT）を根拠として反対できることになると、欧州統合の、安全保障面での発展が阻害されることもCDU／CSUは危惧した。

(101) Letter from Kurt Birrenbach to Henry M. Jackson, July 13, 1968, Nachlass Kurt Birrenbach, 109/2, ACDP; Letter from Kurt Birrenbach to Jacov K. Javits, July 13, 1968, Ibid., ACDP; Letter from Kurt Birrenbach to Henry A. Kissinger, December 16, 1968, Nachlass Kurt Birrenbach, 111/1, ACDP; "CSU Correspondenz," 22.1.1969, Ibid., ACDP; Alois Mertes, "Message for Dr. Henry A. Kissinger: Bedenken und Sorgen wegen des NPT," 12.10.1968, Nachlass Alois Mertes (1-403), 93/1, ACDP; DB, 6. Wahlperiode, 10. Sitzung, 12.11.1969, S. 329. アデナウアーが最も信頼した側近の一人であったクローネもキージンガーに対し、ヨーロピアン・オプションの重要性を強調した（キージンガーへの書簡、六八年二月六日付）。Brief von Heinrich Krone an Herrn Bundeskanzler Dr. Kurt Georg Kiesinger, 6.2.68, Nachlass Kurt Georg Kiesinger (1-226), 005, ACDP.

(102) キージンガーの命を受けて西独政府の立場を伝えるために訪米したビレンバッハはラスクとの会談（九月九日）で以下のように述べた。「ヨーロッパの戦略状況は変化しました。チェコスロバキア西部には現在ソ連の一五個師団、ヴィスワ川西部には四〇個師団が配備され、三〇個師団が高度の準備態勢をとっています。ソ連軍は、われわれが思っていた以上にはるかに素早く移動できることを証明しました」。FRUS 1964-68, Vol. 15, pp. 737-740.

(103) AAPD 1968, S. 1053.

(104) DB, 186. Sitzung, 26.9.1968, S. 10087.

(105) Ibid., S. 10088-10096; AAPD 1968, S. 1166-1169. そのような状況で、グレーヴェはNPTへの、以下のような強い敵意を示した（ルエテへの電信、六八年九月五日付）。すなわち、NPTは「ドイツだけを標的とした条約」であり、アメリカは西独との関係よりもソ連との関係を重視してNPTを成立させたため、NPTは同盟関係を悪化させるに違いない。しかし、西独をはじめとする多くの潜在的核保有国が加盟を拒むことによってＮＰＴが失敗に終われば、同盟関係は損なわれずに済むであろう。Ibid., S. 1094-1097.

(106) Ibid., S. 1103-1108.

(107) Ibid., S. 1212-1219.

(108) DB, 186. Sitzung, 26.9.1968, S. 10109. また、外務省内では第五局第一部長のブロマイヤー・バルテンシュタイン（Horst Blomeyer-Bartenstein）も旧敵国条項の問題に執着することへの疑問を呈し、旧敵国条項は時間の経過と状況の変化に伴って実質的には既に無効になっているとアピールするだけで良いと提案した（六八年八月二七日付文書、および九月一二日付文書）。Vortragender Legationsrat I. Klasse Blomeyer an Referat 2A 4, “Betr.: Artikel 53 und 107 der UNO-Charta (Feindstaatenartikel) und Rechte der Siegermächte zu Kriegsfolgemaßnahmen,” 12.9.1968, B 150, PAAA; AAPD 1968, S. 1053-1054.

(109) AAPD 1969, S. 113-115.

(110) そのような立場をラスクは国連総会でも表明し（六八年一〇月三日）、また、ドブルイニンとの会談（九月二〇日）では、西独を脅迫する外交攻勢を止めるように強く要求した。AAPD 1968, S. 1167; FRUS 1964-1968, Vol. 15, pp. 746-748; Department of State Bulletin, October 21, 1968, p. 407.

(111) AAPD 1969, S. 149-150.

(112) Ibid., S. 508-510.

(113) Ibid., S. 180-185, 460, 465.

(114) Jonas Schneider, “Nuclear Nonproliferation within the Context of U.S.Alliances-Protection, Status, and the Psychology of West Germany’s Nuclear Reversal,” paper prepared for the International Studies Association annual convention, Toronto, Canada, March 26-29, 2014, p. 34.

(115) Birrenbach, *op.cit.*, S. 220: Hans-Peter E. Hinrichsen, *Der Ratgeber: Kurt Birrenbach und die Außenpolitik der Bundesrepublik Deutschland*, Berlin, Verlag für Wissenschaft und Forschung, 2000. S. 369.

(116) CDU/CSU Fraktion des Deutschen Bundestages, der Vorsitzende, “Zum Atomwaffensperrvertrag,” 11.2.1969, Nachlass Kurt Birrenbach, 111/1, ACDP; Kurt Birrenbach, “Die Bundesrepublik und der Nichtverbreitungsvertrag,” 12.2.1969, Ibid., ACDP.

(117) Brief von Kurt Birrenbach an Herrn Bundeskanzler Kurt Georg Kiesinger, 10.3.1969, Ibid., ACDP.

(118) *Die Zeit*, 7.2.1969, 〈http://www.zeit.de/1969/06/loyal-wem〉（最終閲覧日、二〇一八年七月八日）。

(119) シュニッペンケッターは、ＮＰＴに関する非核保有国会議（六八年八月二九日―九月二八日）を利用して加盟を難しくさせようとする以下の考えも示していた（九月三〇日付文書）。すなわち、まず、会議では西独以外にも多くの非核保有国が、ＮＰＴのために安全保障や原子力平和利用等の問題で核保有国よりも多大な不利益を蒙ることへの懸念を示した。そのような不利益を確実になくすために、非核保有国は結束を強めねばならず、そのために今回の会議と同様の会議を開催し続けねばならない。また、会議では、西独のＮＰＴ加盟を当然のことと見なす国はなかった。AAPD 1968, S. 1266-1271.

以上のように、シュニッペンケッターはＮＰＴ加盟を急ぐ必要はないと考えており、また、ＮＰＴに関する非核保有国会議を開催し続けることによって、ＮＰＴについて改めて多くの問題を提起することを主張したが、米英は（および、オランダ、カナダも）ＮＰＴに関する非核保有国会議の、これ以上の開催に反対した。何故ならアメリカは、この会議によって多くの非核保有国がＮＰＴへの不満を強め、加盟を拒むようになることを恐れたからである。（Seaborg and Loeb, *op.cit.* pp. 381-382.）。そのため、ＮＰＴに関する非核保有国会議に執着すれば、アメリカ（および、その他の西側諸国）との関係が悪化する危険があった。Gesandter Oncken, Brüssel (NATO), an das Auswärtige Amt, "Betr.: Konsultation des Ständigen NATO-Rats vom 9. August 1968 über die Konferenz der Nichtkernwaffenstaaten: Teilnehmer; Beteiligung der Volksrepublik China und der DDR; Institutionalisierung," 12.8.1968, B 150, PAAA; Botschafter Grewe, Brüssel (NATO), an das Auswärtige Amt, "Betr.: Konferenz der Nichtkernwaffenstaaten," 27.8.1968, Ibid., PAAA.

(120) DB,5 Wahlperiode, 221 Sitzung, 19.3.1969, S. 12018.

(121) *Der Spiegel*, Heft 36, 1.9.1969, S. 192.

(122) "SPD Pressenmitteilungen und Informationen," 30.8.69, WBA, A-3, Mappe 320, AdsD.

(123) AAPD 1969, S. 1061.

(124) Bahr, *Zu meiner Zeit*, München, Karl Blessing Verlag, 1996, S. 209.

(125) 註（19）参照。

(126) AAPD 1967, S. 302-304, 600-603.

(127) Aufzeichnung des Ministerialdirektors Ruete, "Betr.: Interpretation des Nichtverbreitungsabkommens betr.: Forschungen im nuklearen Bereich," 22.3.1968, B 150, PAAA.

第6章　NPT加盟（一九六九—七五年）

（1）Merseburger, *op.cit.*, S. 578-581.

（2）Ibid., S. 582-583.

（3）*Ein Volk der guten Nachbarn*, S. 245.

（4）DB, Drucksache 6/1, “Große Anfrage der Fraktion der CDU/CSU: betr. Atomwaffensperrvertrag,” 20.11.1969.

（5）DB, Drucksache 6/50, “Der Bundesminister des Auswärtigen An den Herrn Präsidenten des Deutschen Bundestages: Betr.: Atomwaffensperrvertrag, Bezug: Große Anfrage der Fraktion der CDU/CSU, Drucksache 6/1,” 7.11.1969. 日本の署名については、黒崎輝『核兵器と日米関係——アメリカの核不拡散政策と日本の選択、一九六〇—一九七六』有志舎、二〇〇六年、二三四—二三六頁。

（6）DB, 6. Wahlperiode, 10. Sitzung, 12.11.1969, S. 328-330.

（7）Ibid., S. 340-345.

（8）Ibid., S. 345-348.

（9）Brief von Kurt Birrenbach an Herrn Bundeskanzler Willy Brandt, 26.11.1969, Nachlass Kurt Birrenbach, 111/2, ACDP.

（10）AAPD 1969, S. 1101, 1116.

（11）黒崎、前掲書、二三四—二三六頁。

（12）AAPD 1969, S. 1101.

（13）Ibid., S. 1289-1290, 1379-1383.

（14）序章の註一九参照。

（15）山本健、前掲書、二〇一〇年、一三一頁。

（16）前掲書、一二八—一三九、一六三—一八七頁。

（17）AAPD 1971, S. 1452- 1455. 山本、前掲書、一八七—一八九頁。

（18）Baring, *Machtwechsel: Die Ära Brandt-Scheel*, Stuttgart, DVA, 1982, S. 396-403, 416-420. 妹尾、前掲書、一五九—一六〇頁。

（19）買収されたのはCDUのシュタイナー（Julius Steiner）およびCSUのヴァーグナー（Leo Wagner）である。”Zwei

Stimmen fehlten der Opposition," 5.4.2012, 〈http://www.bundestag.de/dokumente/textarchiv/2012/38507921_kw17_misstrauensvotum_brandt/208272〉（最終閲覧日、二〇一八年七月八日）; Schmidt, "Willy Brandts Ost-und Deutschlandpolitik," S. 218.

(20) 妹尾、前掲書、六六—八〇、一六〇—一六二頁。

(21) 山本健、前掲書、二五五—二六一頁。

(22) Merseburger, *op.cit.*, S. 593.

(23) Seaborg and Loeb, *op.cit.*, p. 304.

(24) モデル協定については、Küntzel, *op.cit.*, S. 219-225. 今井隆吉『IAEA査察と核拡散』日刊工業新聞社、一九九四年、四八—九〇頁。

(25) Küntzel, *op.cit.*, S. 225-229.

(26) Aufzeichnung, "Französische Haltung zum Verifikationsabkommen, " 20.1.1970, Bd. 107310, PAAA.

(27) Fernschreiben aus Wien, "Verifikationsabkommen," 17.2.1970, Ibid., PAAA; Drahterlass, "Verifikationsabkommen," 23.4.1970, Ibid., PAAA; Fernschreiben aus Brüssel, "Tagung des Ministerrats," 13.5.1970, Ibid., PAAA.

(28) Aufzeichnung, "Deutsch-französische Direktorenkonsultationen," 26.2.1970, Ibid., PAAA.

(29) Ibid., PAAA; Drahterlass, "Mandatsentwurf," 2.4.1970, Ibid., PAAA; Drahterlass, "Verifikationsabkommen," 23.4.1970, Ibid., PAAA; Fernschreiben aus Brüssel, "Tagung des Ministerrats," 13.5.1970, Ibid., PAAA.

(30) Fernschreiben aus Brüssel, "Verifikationsabkommen," 21.6.1970, Ibid., PAAA; Drahterlass, "Verifikationsabkommen," 25.6.1970, Ibid., PAAA; Aufzeichnung, "Verifikationsabkommen," 5.12.1970, Bd. 107312, PAAA; Aufzeichnung, "Verifikationsabkommen," 5.3.1971, Ibid., PAAA.

(31) Aufzeichnung, "Verifikationsabkommen," 13.7.1970, Bd. 107311, PAAA; Aufzeichnung, "Verifikationsabkommen," 16.7.1970, Ibid., PAAA.

(32) Ibid.; Fernschreiben aus Brüssel, "Verifikationsabkommen," 8.7.1971, Bd. 107314, PAAA.

(33) Aufzeichnung, "Besprechung der Staatssekretäre der AA, BMBW, BMWi," 8.8.1970, Bd. 107311, PAAA. ユーラトム加盟国間の交渉が難航した間も、西独をはじめとするユーラトム加盟非核保有国はマンデートの早期採択を目指していた。何故なら、採択が遅れれば結束の乱れが露見し、IAEAに対する交渉力が弱まることを警戒したからである。ただし、IA

ＥＡの側でも検証協定に関する交渉を開始する前に、モデル協定を完成させる必要があった（検証協定もモデル協定に基づかねばならなかったからである）。そのため、ユーラトム加盟非核保有国は、ＩＡＥＡがモデル協定を完成するまでの時間を利用して選択肢（二）を実現しようとした。Aufzeichnung, “Verifikationsabkommen,” 9.7.1970, Bd. 107311, PAAA.

（34） Aufzeichnung, “Verifikationsabkommen,” 20.11.1970, Ibid., PAAA.

（35） Aufzeichnung, “Verifikationsabkommen,” 15.9.1970, Bd. 107311, PAAA.

（36） Durchschlag als Konzept, “Verifikationsabkommen,” 22.1.1971, Bd. 107312, PAAA.

（37） Schnellbrief der Bundesminister für Bildung und Wissenschaft an das Auswärtige Amt, “Verifikationsabkommen,” 15.7.1970, Bd. 107314, PAAA. より厳密には、七一年一月以降、西独外務省を中心に以下の解決策（Ａ）（Ｂ）（Ｃ）をフランスに受け入れさせようとする努力がなされた。（Ａ）検証協定の締結後も、フランスは平和目的の原子力についてユーラトム査察を受け入れることを宣言する。（Ｂ）検証協定の締結後、フランスは原子力に関する経済的優位を求めないと宣言する。（Ｃ）検証協定の締結後、原子力に関する域内市場において公正な競争を阻害するような事案が発生した場合（つまり、フランスの経済的優位が発生した場合）、ＥＣ閣僚理事会はそのような事案を調査できる。

以上の解決策のうち、まず、（Ａ）は（二）と完全に一致するため、フランスが受け入れる見込みは乏しかった。（Ｂ）と（Ｃ）の実質的な意義は（後に説明する理由のため）乏しいが、だからこそ、フランスが受け入れることが予想できた。そして、西独外務省は、（Ｂ）と（Ｃ）をフランスが受け入れることによって、少なくとも（二）にある程度は近づいたような印象を与えることによって、（二）を求める西独経済省や教育科学省を宥めようとした。

そして、七一年七月一五日のＥＣ閣僚理事会で、フランスは予想どおり（Ａ）を拒否し、（Ｂ）と（Ｃ）を受け入れた。しかし、（Ｂ）と（Ｃ）の実際の意義は乏しいため、フランスは結局、（二）を拒絶し、（一）を達成したことになる。なお、（Ｂ）（Ｃ）の意義が乏しい理由は以下のとおりである。（Ｂ）については、経済的優位を求めないとフランスが宣言しても、宣言の実際の履行までは必要とされていないため、実際には経済的優位の発生を認めてしまうものであった。（Ｃ）については、当該の事案を解決できる権限まではＥＣ閣僚理事会に認められないため、やはり、実際には経済的優位の発生を認めてしまうものであった。Durchschlag als Konzept, “Verifikationsabkommen,” 22.1.1971, Bd. 107312, PAAA; Aufzeichnung, “Verifikationsabkommen,” 4.2.1971, Bd. 107313, PAAA.

（38） Fernschreiben aus Wien, “Verifikationsabkommen,” 2.7.1971, Bd. 107314, PAAA; Durchschlag als Konzept, “Verifikationsabkommen,” 20.7.1971, Bd. 107316, PAAA; Drahterlass, “Verifikationsabkommen,” 21.7.1971, Ibid., PAAA.

(39) Aufzeichnung, "Mandatserteilung für ein Verifikationsabkommen," 21.9.1971, Ibid., PAAA.

(40) Aufzeichnung, "Verifikationsabkommen," 18.6.1971, Bd. 107314, PAAA; Aufzeichnung, "Vertrag vom 1.7.1968 über die Nichtverbreitung von Kernwaffen," 10.11.1971, Bd. 107315, PAAA.

(41) Durchschlag als Konzept, "NV-Vertrag," 9.11.1971, Ibid., PAAA.

(42) Vermerk, "Lieferung von Kernbrennstoffen durch die USA an EURATOM," 13.4.1972, Bd. 105323, PAAA; Vermerk, "Amerikanische Auffassung zum Verifikationsabkommen," 27.4.1972, Ibid., PAAA; Vermerk, "Abrüstung," 6.6.1972, Ibid., PAAA.

(43) Aufzeichnung, "Sowjetische Demarche zur Ratifizierung des NV-Vertrages," 1.4.1971, Bd. 107312, PAAA; Fernschreiben aus Washington, "IAEO," 25.8.1971, Bd.107316, PAAA.

(44) Aufzeichnung, "Verifikationsabkommen," 15.9.1972, Bd. 105324, PAAA.

(45) Fernschreiben aus Washington, "Verifikationsabkommen," 13.1.1972, Bd. 105323, PAAA.

(46) Fernschreiben aus Wien, "Verifikationsabkommen," 20.1.1972, Ibid., PAAA; Vermerk, "Kritsche Aüßerungen von Beamten des State Department AEC und der ACDA zu den Verhandlungen über das Verifikationsabkommen," 30.5.1972, Ibid., PAAA.

(47) Drahterlass, "Verifikationsabkommen," 12.4.1972, Ibid., PAAA.

(48) Vermerk, "Japanische Vorstellungen zum NV-Vertrag," 20.4.1972, Bd. 107315, PAAA.

(49) Fernschreiben aus Wien, "Verifikationsabkommen," 8.4.1972, Bd. 105323, PAAA.

(50) Drahterlass, "Verifikationsabkommen," 5.1.1972, Ibid., PAAA; Fernschreiben aus Wien, "Verifikationsabkommen," 24.3.1972, Ibid., PAAA; Drahterlass, "Verifikationsabkommen," 5.5.1972, Ibid., PAAA.

(51) Drahterlass, "Verifikationsabkommen," 12.4.1972, Ibid., PAAA.

(52) Aufzeichnung, "Verifikationsabkommen," 15.5.1972, Ibid., PAAA.

(53) Ibid., PAAA.

(54) Aufzeichnung, "Zusammenhang zwischen dem soeben vorläufig vereinbarten Verifikationsabkommen zwischen EURATOM und IAEO einerseits und dem Beitritt der BD zum NV-Vertrag anderseits," 27.7.1972, Bd. 105324, PAAA.

(55) Vermerk, "Unterzeichnung des Verifikationsabkommens," 19.12.1972, Ibid., PAAA.

(56) Aufzeichnung, "Verifikationsabkommen," 15.9.1972, Ibid., PAAA.

(57) Fernschreiben, "Verifikationsabkommen," 14.9.1972, Ibid., PAAA.

(58) Kurt Birrenbach, "Wissenschaftlich-technologisch-Wirtschaftliche Apekte des Atomsperrvertrages (ASPV) und des Verifikationsabkommens (VA)," 19.10.1973, Nachlass Kurt Birrenbach, 119/2, ACDP; Kurt Birrenbach, "Sicherheits- und europapolitische Aspekte des Atomsperrvertrages (ASPV), 26.10.1973, Ibid., ACDP; Alois Mertes, "Europa-und sicherheitspolitische Fragen zum Atomsperrvertrag," 29.10.1973, Nachlass Alois Mertes, 93/2, ACDP.

(59) DB, 6. Wahlperiode, 64. Sitzung, 8.11.1973, S. 3708-3715; DB, Drucksache 7/1694, "Bericht der Abgeordneten Dr. Bangemann, Dr. Birrenbach, Dr. Mertes (Gerolstein), Pawelczyk," 14.2.1974.

(60) DB, 6. Wahlperiode, 81. Sitzung, 20.2.1974, S. 5253-5293.

(61) NPT批准書の寄託は検証協定の発効を条件としており、そして、検証協定が発効するためには全ての当事国の批准が必要であったが、イタリアの批准が遅れたため、検証協定の発効およびNPT批准書の寄託も遅れた。AAPD 1974, S. 611-616; AAPD 1975, S. 393.

(62) 連邦参議院でNPT批准を阻もうと画策した人物は、バイエルン州議会におけるCSU議員団のリーダーであったザイドル（Arfred Seidl）である。そのように、CSUの本拠地であるバイエルン州でもNPTへの反対は非常に強かった。Brief von Willly Brandt an den Ministerpräsident des Landes Rheinland-Pfalz, Herrn Dr. Helmut Kohl, 4.10.1973, WBA, Mappe 41, AdsD.

(63) "Fraktionsprotokoll der Fraktionssondersitzung 12.2.1974," Nachlass Karl Carstens, 24, BA.

(64) DB, 6. Wahlperiode, 81. Sitzung, 20.2.1974, S. 5283.

(65) Gerhard Stoltenberg, "Eilbrief an den Vorsitzenden der CDU/CSU-Bundestagsfraktion Herrn Professor Dr. Karl Carstens," 29.10.1973, Nachlass Karl Carstens, 175, BA.

(66) Brief von Karl Carstens an Kurt Birrenbach, 21.2.1974, Nachlass Kurt Birrenbach, 121/1, ACDP; Brief von Kurt Birrenbach an Eugene V. Rostow, 27.2.1974, Ibid., ACDP.

(67) "Fraktionsprotokoll der Fraktionssondersitzung 12.2.1974," Nachlass Karl Carstens, 24, S. 21-26, BA.

(68) Ibid., S. 52-53, BA.

(69) Friedlich Kießling, "Täter repräsentieren: Willy Brandts Kniefall in Warschau," in Johannes Paulmann (Hg.), *Auswärtige*

Repräsentationen: Deutsche Kulturdiplomatie nach 1945, Köln, Böhlau, 2005, S. 205-224; Michael Wolffson, Thomas Brechenmacher, *Denkmalsturz? - Brandts Kniefall*, München, Olzog, 2005; Christoph Schneider, *Der Warschauer Kniefall: Ritual, Eerignis und Erzährung*, Konstanz, UVK-Verlag, 2006.

（70） 過去の克服に関する研究として、Martin Broszat, *Nach Hitler: Der schwierige Umgang mit unserer Geschichte*, München, Oldenbourg, 1987; Ulrich Herbert, Olaf Groehler (Hg.), *Zweierlei Bewältigung: vier Beiträge über den Umgang mit der NS-Vergangenheit in den beiden deutschen Staaten*, Hamburg, Ergebnisse, 1992; Peter Reichel, *Politik mit der Erinnerung: Gedächtnisorte im Streit um die nationalsozialistische Vergangenheit*, München, Hanser, 1995; Jeffrey Herf, *Divided memory: the Nazi past in the two Germanys*, Cambridge, Harvard University Press, 1997; Helmut Dubiel, *Niemand ist frei von der Geschichte*, München, Hanser, 1999; Michael Kohlstruck, Claudia Fröhlich (Hg.), *Engagierte Demokraten: Vergangenheitspolitik in kritischer Absicht*, Münster, Westfälisches Dampfboot, 1999; Reichel, *Vergangenheitsbewältigung in Deutschland: die Auseinandersetzung mit der NS-Diktatur von 1945 bis heute*, München, Beck, 2001〔小川保博、芝野由和訳『ドイツ過去の克服――ナチ独裁に対する一九四五年以降の政治的・法的取り組み』八朔社、二〇〇六年〕; Reichel, Harald Schmid, Peter Steinbach (Hg.), *Der Nationalsozialismus, die zweite Geschichte: Überwindung, Deutung, Erinnerung*, München, C.H. Beck, 2009. 石田、前掲書。

（71） Brandt, *Draußen: Schriften während der Emigration* (2. Auflage), Bonn, J.H.W. Dietz, 1976〔ヴィリー・ブラント著、高橋正雄訳『抵抗』読売新聞社、一九七二年〕, S. 59. 引用した箇所の訳は、高橋氏の訳を踏襲した。なお、第二次世界大戦が四五年に終結した後もブラントはノルウェーを拠点とする活動を続け、ドイツ国籍を回復したのは四八年であったこともあり、本書では四八年までを亡命期とする。

（72） ただし、西独はアデナウアーの強力なリーダーシップによって西側諸国との関係では国際社会への復帰を概ね果たしたため、アデナウアー個人に対しては西側諸国も多大な信頼を寄せていたが、西独が全体として信頼を回復していた訳ではなかった。そのことをアデナウアー自身も認識し、嘆いていた。Schwarz, *Adenauer: Der Staatsmann*, S. 533.

（73） *Auf dem Weg nach vorn: Willy Brandt und die SPD, 1947-1972* (*Berliner Ausgabe: Willy Brandt*, Bd.4), Bonn, J.H.W. Dietz, 2000, S. 249.

（74） *Berlin bleibt frei*, S. 422.（しかし）の文言は筆者が追加した。

（75） *Auf dem Weg nach vorn*, S. 336-337.

(76) Rede des Außenministers der Bundesrepublik Deutschland, Willy Brandt, bei der Konferenz der Nichtkernwaffenstaaten in Genf, 3.9.1968.

(77) "Bulletin des Presse Und Informationsamtes der Budesregierung," 29.11.1969, WBA, A-3, Mappe 328, AdsD.

第７章　ＮＰＴ加盟後から九〇年代初頭まで

(1) 本田「ドイツの原子力政策の展開と隘路」本田・若尾編著『反核から脱原発へ』、五六―一〇四頁（参照した箇所は七三―七四頁）。

(2) 前掲書、九四―九六頁。

(3) AAPD 1974, S. 1004; AAPD 1975, S. 143-144.

(4) AAPD 1974, S. 1004; AAPD 1975, S. 144.

(5) AAPD 1974, S. 1150; AAPD 1975, S. 142.

(6) Geier, *op.cit.*, S. 319-320.

(7) AAPD 1974, S. 1585.

(8) 以上の基本方針は、外務省第四局第一部長のラウテンシュラーガー（Hans Lautenschlager）から駐ブラジル西独大使への電信（一二月五日付）、および外務省内の会議（一二月九日）で示された。Ibid., S. 1584-1587.

(9) Ibid., S. 1587.

(10) AAPD 1975, S. 140-146.

(11) Ibid., S. 140-146, 237-241, 296-299; Geier, *op.cit.*, S. 323-324.

(12) 会議で最大の争点となったのは以下のルールを定着させることの是非であった。すなわち、原子力技術を輸入しようとしている国がＩＡＥＡ査察を全面的に受け入れない限り、原子力技術、とくにセンシティブ技術を輸出するべきではない。このルールを定着させることを率先して主張したアメリカにソ連、イギリス、カナダが賛成したものの、フランスが反対したため、このルールはＮＳＧのルールとして採択されなかった。AAPD 1975, S. 392-396, 470-473; Geier, *op.cit.*, S. 325-328.

(13) AAPD 1975, S. 668-676, 739-744, 788-792; Geier, *op.cit.*, S. 328- 329, 334-335.

(14) 以上のようなフォードやキッシンジャーの立場に影響されたためか、米独間の実務レベルの協議でも、アメリカ側（国務省）はブラジルとの協定に強く反対しなくなっていた。また、ブラジル外相のシルベイラ（Antonio Francisco Azeredo da Silveira）はキッシンジャーに対し、協定についてアメリカが干渉できる権利はないと主張したが、キッシンジャーは理解を示したという。AAPD 1975, S. 627-632, 739-744, 771-772, 832-834; Geier, *op.cit.*, S. 329-335.

(15) AAPD 1975, S. 212-214, 725-736; Geier, *op.cit.*, S. 322, 331-333.

(16) AAPD 1975, S. 739, 771-772.

(17) Geier, *op.cit.*, S. 335.

(18) Ibid., S. 336-337.

(19) AAPD 1975, S. 889-892; Geier, *op.cit.*, S. 335.

(20) 西独外務省四一三課（原子力平和利用問題担当）長のランデルマン（Phil-Heiner Randermann）は、イランへの支援はアメリカとの関係を悪化させると警告した（四月二二日付文書）。また、二二〇課（軍備管理軍縮問題担当）長のアンドレアエ（Kurt Andreae）も、センシティブ技術をイランに提供すれば核開発能力を与え、他国から強く批判されると警告した（五月九日付文書）。Ibid., S. 326-327.

(21) AAPD 1975, S. 889-892, 1560, 1566-1567; Geier, *op.cit.*, S. 335.

(22) AAPD 1975, S. 1668-1674; Geier, *op.cit.*, S. 340.

(23) AAPD 1975, S. 1555-1564.

(24) Ibid., S. 1564-1568; Geier, *op.cit.*, S. 338-339.

(25) 例えば、ニューヨーク・タイムズ（七六年五月一一日）は以下のように主張した。すなわち、西独は、センシティブ技術の輸出を自制するべきというＮＳＧで合意されたルールを、ブラジルとの協定で破った最初の国であり、さらにイランにもセンシティブ技術を輸出することによって、輸出規制強化を目指すアメリカ政府の努力を無に帰そうとしている。また、サイミントン（Stuart Symington）上院議員（民主党）も西独を批判する記事をニューヨーク・タイムズ（五月一一日）に掲載した。ザブロツキー（Clement J. Zablocki）下院議員（民主党）も四月下旬、西独を批判し、原子力技術輸出について「責任感のあるステーツマンらしい」立場を取るべきと主張した。共和党のパーシー（Charles Harting Percy）上院議員も四月一二日、西独はセンシティブ技術の輸出がもたらす重大な危険性を十分に理解していないと批判した。AAPD 1976, S. 650; Geier, *op.cit.*, S. 344.

(26) Ibid., S. 342-346.

(27) AAPD 1976, S. 648-649, 704-706, 912-913; Geier, *op.cit.*, S. 345-346.

(28) AAPD 1976, S. 912-914; Geier, *op.cit.*, S. 346-347.

(29) なお、西独はフォード政権に対しブラジルとの協定は履行すること、すなわち、センシティブ技術も輸出するという方針を伝えていたが、フォード政権は黙認していた（キッシンジャーとゲンシャーの会談（七六年五月二三日）等）。AAPD 1976, S. 704-706, 1545-1546; Gray, “Commercial Liberties and Nuclear Anxieties,” p. 462; Geier, *op.cit.*, S. 345-346, 353.

(30) AAPD 1976, S. 1545-1546, 1617-1619; AAPD 1977, S. 13-17; Gray, “Commercial Liberties and Nuclear Anxieties,” p. 462; Geier, *op.cit.*, S. 353-354.

(31) AAPD 1976, S. 1617-1619; Geier, *op.cit.*, S. 354.

(32) AAPD 1977, S. 71, 170-175; Geier, *op.cit.*, S. 357-358.

(33) AAPD 1977, S. 427-431; Gray, “Commercial Liberties and Nuclear Anxieties,” pp. 462-463; Geier, *op.cit.*, S. 362-363.

(34) AAPD 1977, S.426-429, 829; Gray, “Commercial Liberties and Nuclear Anxieties,” p. 466; Geier, *op.cit.*, S. 373.

(35) AAPD 1977, S. 429.

(36) Ibid., S. 429, 792-794, 1480-1481; Gray, “Commercial Liberties and Nuclear Anxieties,” pp. 465-466; Geier, *op.cit.*, S. 362, 367-374, 378-379.

(37) AAPD 1977, S. 301, 359; Gray, “Commercial Liberties and Nuclear Anxieties,” p. 464.

(38) Joachim Krause, “German Nuclear Export Policy and the Proliferation of Nuclear Weapons - Another Sonderweg?,” paper presented for the Conference “Germany and Nuclear Nonproliferation”, Washington, D.C., February 26, 2005, p. 12; Gray, “Commercial Liberties and Nuclear Anxieties,” pp. 466-467.

(39) Krause, *op.cit.*, pp. 11-12.

(40) Zdenek Cervenka and Barbara Rogers, *The nuclear axis: Secret collaboration between West Germany and South Africa*, New York, New York Times Books, 1978; Geier, *op.cit.*, S. 375-376.

(41) Redaktion des Atom Express, *op.cit.*, S. 47-126.

(42) Tiggemann, *op.cit.*, S. 217-218. 青木、前掲書、三九―四八、九二―九五頁。

(43) 西田「反原発運動から緑の党へ――ハンブルクを例に」本田・若尾編著『反核から脱原発へ』、一一八―一一九頁。

(44) 前掲書、一一九―一二〇頁。

(45) 前掲書、一二〇―一二一頁。

(46) 前掲書、一二一―一二二頁。

(47) Tresantis, *op.cit.*, S. 35-42. 西田「反原発運動から緑の党へ」、一二三―一二四頁。川名、前掲書、五〇―五三頁。

(48) Tresantis, *op.cit.*, S. 45-49. 西田「反原発運動から緑の党へ」、一二五頁。川名、前掲書、五三―五五頁。

(49) Redaktion des Atom Express, *op.cit.*, S. 55- 80; Sternstein, *op.cit.*, S. 155-185. 川名、前掲書、五六―五九頁。青木、前掲書、二二四―二二八頁。

(50) Redaktion des Atom Express, *op.cit.*, S. 99. 川名、前掲書、五九―六〇頁。青木、前掲書、二二八―二二九、二三九―二四〇頁。

(51) 本田「日本の原子力政治過程（四）連合形成と紛争管理」北大法学論集、五四巻四号、二〇〇三年一〇月、三一六頁。本田「ドイツの原子力政策の展開と隘路」九八―九九頁。

(52) Institut für Demoskopie Allensbach, *Allensbacher Jahrbuch der Demoskopie 1984-1992*, Allensbach, Verlag für Demoskopie, 1993, S. 923.

(53) Institut für Demoskopie Allensbach, *Allensbacher Jahrbuch der Demoskopie 1978-1983*, München, K.G.Saur, 1983, S. 522; *Allensbacher Jahrbuch der Demoskopie 1984-1992*, S. 913, 914, 919.

(54) 本田「ドイツの原子力政策の展開と隘路」、七八―八〇頁。

(55) AAPD 1981, S. 904. 本田「ドイツの原子力政策の展開と隘路」、八〇―八一頁。

(56) 前掲書、八一―八二頁。

(57) 西田『ドイツ・エコロジー政党の誕生』、七四―七六頁。

(58) 前掲書、七六―九二頁。

(59) DB, Drucksache 10/1913, "Gesetzentwurf der Fraktion DIE GRÜNEN: Entwurf eines Gesetzes über die sofortige Stillegung von Atomanlagen in der Bundesrepublik Deutschland（Atomsperrgesetz）," 29.8.1984.

(60) Ibid., S. 12.

(61) Ibid.

(62) Ibid., S. 12-13.

(63) Ibid., S. 13.

（64） Ibid.

（65） Ibid., S. 14.

（66） Ibid., S. 8-9.

（67） 川名、前掲書、六三―六四頁。

（68） 前掲書、九三―一一四頁。

（69） 佐藤温子「チェルノブイリ原発事故後のドイツ社会」本田・若尾編著『反核から脱原発へ』、一九八―二〇〇頁。

（70） *Allensbacher Jahrbuch der Demoskopie 1984-1992*, S. 919-920. 事故の直後、エムニートは事故で感じた不安の度合いを六段階の数値で回答するように求める世論調査を実施した。六段階の数値とは、「概して不安を感じなかった」一から「非常に強い不安を感じた」六まで。六を選んだ人々の割合は五六パーセント、五は一九パーセント、四は一一パーセント、三は七パーセント、二は三パーセント、一は四パーセントであった。また、東側諸国から輸入された野菜や牛乳等に関する生活習慣を変えたかという質問に対し、六一パーセントの人々が変えたと回答した。*Der Spiegel*, Heft 20, 12.5.1986, S. 28.

（71） Redaktion des Atom Express, *op.cit.*, S. 108-114. 佐藤、前掲書、二〇一―二〇六頁。

（72） *Der Spiegel*, Heft 20, 12.5.1986, S. 28. 佐藤、前掲書、二〇一―二〇六頁。川名、前掲書、一一六―一一七頁。

（73） 前掲書、一一七―一一八頁。また、かつて原子力の発展を強く重視し、NPT作成交渉で原子力を守るために尽力したブラントも立場を大きく変えて脱原子力を主張するようになり、コールに対しSPDとCDU／CSUが一致団結して脱原子力に取り組むべきと主張した（書簡、八六年九月四日付）。ブラントは党大会（八月二九日）では、西独のように人口密度の高い国でチェルノブイリ原発事故と同様の事故が起これば甚大な被害がもたらされる危険性を指摘し、また、脱原子力は可能であると強調していた。第一線を退いた後も人気を保っていたブラントが脱原子力を熱心に主張し始めたことは、KWUをはじめとする原子力産業を警戒させて、KWUはブラントに対し、脱原子力に関する言動を控えるように求める書簡（八月一八日付）まで送った。Brief von KWU an Willy Brandt, 18.8.1986, WBA, A-11-2, Mappe 180, AdsD; Protokoll vom Parteitag der SPD in Nürunberg, 25-29.8.1986, S. 629; Brief von Willy Brandt an Helmut Kohl, 4.9.1986, WBA, A-11-2, Mappe 180, AdsD.

（74） DB, Drucksache 11/13, "Gesetzentwurf der Fraktion der SPD: Gesetz zur Beendigung der energiewirtschaftlichen Nutzung der Kernenergie und ihrer sicherheitstechnischen Behandlung in der Übergangszeit（Kernenergieabwicklungsgesetz)," 19.2.1987.

(75) DB, 11. Wahlperiode, 16. Sitzung, 4.6.1987, S. 1015.

(76) Soell, *Schmidt: Macht und Verantwortung*, S. 773-790; Erhard Eppler, *Links Leben: Erinnerungen eines Wertkonservativen*, Berlin, Proplyäen, 2015, S. 187-190. 西田『ドイツ・エコロジー政党の誕生』、三九―四四頁。佐藤、前掲書、二一〇―二一一頁。

(77) DB, 11. Wahlperiode, 16. Sitzung, 4.6.1987, S. 1020-1022.

(78) 小野一『ドイツにおける「赤と緑」の実験』御茶の水書房、二〇〇九年。なお、ヘッセン州の赤緑連立政権（九一―九九年）はハーナウのＭＯＸ燃料加工施設の稼働を認めなかった（そのため、ＭＯＸ燃料は他国への委託で加工されることになった）。Krause, *op.cit.*, p. 14.

(79) 青木、前掲書、一四三―一四七頁。

(80) 前掲書、一五三―一六二頁。

(81) Soell, *Schmidt: Macht und Verantwortung*, S. 709-772; Gassert, Geiger, Hermann Wentker (Hg.), *Zweiter Kalter Krieg und Friedensbewegung: Der NATO-Doppelbeschluss in deutsch-deutscher und internationaler Perspektive*, München, Oldenbourg, 2011.

(82) 竹本、前掲書、一六五頁。

(83) *Allensbacher Jahrbuch der Demoskopie 1978-1983*, S. 633; *Allensbacher Jahrbuch der Demoskopie 1984-1992*, S. 1064-1065.

(84) Ibid., S. 1066-1067.

第8章　一九九〇年代から二〇一〇年代まで

(1) DB, Drucksache 12/2076, "Antrag: Rüstungskontrolle und Abrüstung nach Ende des Ost-West-Konflikts," 12.2.1992.

(2) DB, Drucksache 13/398, "Antrag: Unbefristete und unkonditionierte Verlängerung des Nichtverbreitungs-Vertrages," 8.2.1995.

(3) DB, 13. Wahlperiode, 21. Sitzung, 16.2.1995, S. 1368.

(4) Ibid., S. 1369.

（5） Ibid., S. 1353, 1368.

（6） DB, Drucksache 14/2908, “Antrag: Überprüfungskonferenz zum Nichtverbreitungsvertrag zum Erfolg führen,” 14.3.2000; DB, Drucksache 15/5254, “Antrag: Verbreitung der Kernwaffen verhindern und die nukleare Abrüstung stärken - Die Überprüfungskonferenz 2005 des Atomwaffensperrvertrags（NVV）zum Erfolg führen,” 13.4.2005; DB, Drucksache 15/5257, “Antrag: Glaubwürdigkeit des nuklearen Nichtverbreitungsregimes stärken - US-Nuklearwaffen aus Deutschland abziehen,” 13.4.2005; DB, Drucksache 17/1159, “Antrag: Deutschland muss deutliche Zeichen für eine Welt frei von Atomwaffen setzen,” 24.3.2010; DB., Drucksache 18/4685, “Antrag: Die NVV-Überprüfungskonferenz zum Erfolg führen,” 21.4.2015.

（7） forsa, “Meinungen zu Atomwaffen,” 17, 18.3.2016, 〈https://www.ippnw.de/commonFiles/pdfs/Atomwaffen/forsaumfrage_Atomwaffen_2016.pdf〉（最終閲覧日、二〇一八年七月八日）。

（8） DB, 12. Wahlperiode, 77. Sitzung, 16.2.1992, S. 6400-6401, 6412-6413; DB., 13. Wahlperiode, 21. Sitzung, 16.2.1995, S. 1361-1365.

（9） “Deutschland will nicht über Atomwaffenverbot verhandeln,” *Spiegel Online*, 17.2.2017, 〈http://www.spiegel.de/politik/ausland/deutschland-will-nicht-ueber-atomwaffenverbot-verhandeln-a-1135014.html〉（最終閲覧日、二〇一八年七月八日）。

（10） DB, 13. Wahlperiode, 21. Sitzung, 16.2.1995, S. 1354-1356, 1366.

（11） Ibid., S. 1360-1361; DB., 13. Wahlperiode, 31. Sitzung, 30.3.1995, S. 2442-2443.

（12） DB, Drucksache 10/142, “Große Anfrage: der Abgeordneten Frau Beck-Oberdorf und der Fraktion DIE GRÜNEN: Atomwaffen-Rechtsgrundlage,” 13.6.1983, S. 1.

（13） “Clearing a Cold War Arsenal: No More Nuclear Weapons at Ramstein,” *Spiegel Online*, 10.7.2013, 〈http://www.spiegel.de/international/germany/clearing-a-cold-war-arsenal-no-more-nuclear-weapons-at-ramstein-a-493540.html〉（最終閲覧日、二〇一八年七月八日）; “US-Atombomben in Deutschland: Nuklearwaffen werden nicht abgezogen, sondern modernisiert,” *Tagesspiegel*, 23.7.2014, 〈www.tagesspiegel.de/politik/us-atombomben-in-deutschland-nuklearwaffen-werden-nicht-abgezogen-sondern-modernisiert/10236788.html〉（最終閲覧日、二〇一八年七月八日）。

（14） forsa, *op.cit.*.

（15） 第３章第３節で説明したとおり、非核保有国への核配備や核共有政策を認めるか否かはＮＰＴ作成交渉で最大の争点となった問題の一つだが、結局、それらは認められた（それらを明確な文言で許容しているわけではないが、禁止する内容とはなっていないため、認める内容となっている）。

(16) DB, Drucksache 12/5212, “Beschlußempfehlung und Bericht des Auswärtigen Ausschusses zum Antrag der Fraktion der SPD: Abrüstung taktischer Atomwaffen,” 21.6.1993.

(17) DB, Plenarprotokoll, 7.11.1991, S. 4460-4461.

(18) Ibid., S. 4462, 4464-4465.

(19) ＰＤＳは九五年二月九日の動議ではヨーロッパ全域の非核地帯化も主張し、九七年六月一〇日の動議ではドイツを含む中東欧地域の非核地帯化も主張した。また、九五年二月九日の動議では、同年のＮＰＴ再検討会議の成功に貢献するためにも核撤去・共有放棄を目指さねばならないと主張した。

(20) Hermann Theisen, “Die nukleare Teilhabe Deutschlands und das Völkerrecht: Befragung der Bundestagsabgeordneten zum Thema Atomwaffen,” 〈http://www.ag-friedensforschung.de/themen/Atomwaffen/umfrage-bt.html〉（最終閲覧日、二〇一八年七月八日）。以下、ＡＧ平和研究所による質問に対する議員たちの返答は全て、この註でアドレスを記したインターネット上の記事から引用。

(21) 政党支持別に見ると、ＦＤＰ、ＳＰＤ、緑の党の支持者のそれぞれ六六、八二、九〇パーセントが核撤去に賛成した（反対はそれぞれ二九、一五、五パーセント）。なおＣＤＵ／ＣＳＵの支持者でさえ七三パーセントが核撤去に賛成した（反対は二四パーセント）。“Nachgefragt: Waffenabzug,” *Der Spiegel*, Heft 18, 2.5.2005, S. 19.

(22) DB, Drucksache 15/5257, “Antrag: Glaubwürdigkeit des nuklearen Nichtverbreitungsregimes stärken - US-Nuklearwaffen aus Deutschland abziehen,” 13.4.2005.

(23) DB, Drucksache 15/5254, “Antrag: Verbreitung der Kernwaffen verhindern und die nukleare Abrüstung stärken - Die Überprüfungskonferenz 2005 des Atomwaffensperrvertrags（NVV）zum Erfolg führen,” 13.4.2005; DB, Plenarprotokoll, 14.4.2005, S. 15856.

(24) “Nato: Struck möchte US-Atomwaffen loswerden,” *Stern*, 6.5.2005, 〈http://www.stern.de/politik/deutschland/nato-struck-moechte-us-atomwaffen-loswerden-540061.html〉（最終閲覧日、二〇一八年七月八日）。

(25) DB, Plenarprotokoll, 18.1.2008, S. 14474- 14477. ＦＤＰのホーフ（Elke Hoff）は以下のようにも主張した（連邦議会、二〇〇六年三月一〇日）。「ドイツに配備されている戦術核は冷戦の遺物であり、二一世紀の安全保障政策のために戦略的な役割を全く果たしていない」。DB, Plenarprotokoll, 10.3.2006, S. 1803-1804.

(26) “SPD-Außenpolitiker: USA sollen Atomwaffen abziehen,” *Stern*, 13.7.2007, 〈http://www.stern.de/politik/deutschland/spd-aussenpolitiker-usa-sollen-atomwaffen-abziehen-3273456.html〉（最終閲覧日、二〇一八年七月八日）; “Sicherheitsmängel: Politiker fordern Abzug aller US-Atomwaffen,” *Stern*, 23.6.2008, 〈http://www.stern.de/politik/deutschland/sicherheitsmaengel-politiker-fordern-abzug-aller-us-atomwaffen-3853618.html〉（最終閲覧日、二〇一八年七月八日）; “Relikte des Kalten Krieges,” *Frankfurter Allgemeine Zeitung*, 23.6.2008; DB, Plenarprotokoll, 18.1.2008, S. 14469-14470.

(27) DB, Plenarprotokoll, 10.3.2006, S. 1802, 1804.

(28) Wolfgang Kötter, “Ein atomwaffenfreies Deutschland ?: Der Abzug der US-amerikanischen Nuklearwaffen könnte ein Schritt zur atomwaffenfreien Welt sein,” 11.4.2009, 〈http://www.ag-friedensforschung.de/themen/Atomwaffen/obama6.html〉（最終閲覧日、二〇一八年七月八日）; DB, Plenarprotokoll, 24.4.2009, S. 23734-23755.

(29) Koalitionsvertrag zwischen CDU, CSU und FDP, 26.10.2009, S. 120.

(30) “Amerikanische Atomwaffen aus Deutschland abziehen,” *Frankfurter Allgemeine Zeitung*, 4.25.2005; “Anstrittbesuch in USA: Westerwelle wirbt für Abrüstung,” *Stern*, 5.11.2009, 〈http://www.stern.de/politik/ausland/anstrittbesuch-in-usa-westerwelle-wirbt-fuer-abruestung-3445396.html〉（最終閲覧日、二〇一八年七月八日）。

(31) DB, Drucksache 17/1159, “Antrag: Deutschland muss deutliche Zeichen für eine Welt frei von Atomwaffen setzen,” 24.3.2010. この共同動議の内容の多くは、ＳＰＤが二〇〇九年一二月五日に提出した動議の内容を踏襲している。そして、ＳＰＤは動議を撤回していたが、自らの動議の内容の多くを踏襲した共同動議の内容に満足し、超党派間の合意形成をより重視したからこそ、自らの動議を撤回したと推察される。ただし、ＳＰＤの動議では核共有放棄も主張されていたが、共同動議では主張されなかったという違いがあり、この点ではＳＰＤが譲歩した形跡をうかがえる。

(32) “Umstrittener Abrüstungsplan: USA und Nato düpieren Westerwelle,” *Spiegel Online*, 22.4.2010, 〈http://www.spiegel.de/politik/ausland/umstrittener-abruestungsplan-usa-und-nato-duepieren-westerwelle-a-690703.html〉（最終閲覧日、二〇一八年七月八日）。

(33) この計画では、既存のＢ六一―一〇型核弾頭が、新型のＢ六一―一二型に換装されるが、これによって耐用年数だけではなく命中精度等も大幅に向上するため、核兵器としての全般的な性能が大幅に向上すると見られている。つまり、アメリカは欧州配備核を大幅に強化しようとしており、これがロシアを刺激することによって、米ロ間の戦術核軍縮交渉がさらに難しくなる可能性も指摘されている。"Modernisierung von Kernwaffen: Kostenexplosion bei US-Atombomben," *Spiegel Online*, 16.5.2012, 〈http://www.spiegel.de/wissenschaft/technik/modernisierung-der-b61-atombombe-wird-immer-teurer-a-832886.html〉（最終閲覧日、二〇一八年七月八日）。

（34） 配備延長の方針を政府はＳＰＤの大質問（二〇一〇年六月三〇日）への回答（同年七月二〇日）等で示した。DB, Drucksache 17/2639, "Antwort der Budesregierung auf die Kleine Anfrage der Abgeordneten Uta Zapf, Dr. Rolf Mützenich, Rainer Arnold, weiterer Abgeordneter und der Fraktion der SPD: Bisherige Fortschritte in Richtung auf einen Abzug der in Deutschland stationierten US-Atomwaffen und Einflussnahme der Bundesregierung auf die Reduzierung der Rolle von Nuklearwaffen im neuen Strategischen Konzept der NATO," 20.7.2010, S. 4. その後、ＳＰＤの大質問（二〇一一年九月二八日）への 回答（二〇一二年二月二九日）等でも同様の方針が示された。DB, Drucksache 17/8843, "Antwort der Budesregierung auf die Große Anfrage der Abgeordneten Uta Zapf, Dr. h. c. Gernot Erler, Petra Ernstberger, weiterer Abgeordneter und der Fraktion der SPD: Deutsche nukleare Abrüstungspolitik weiterentwickeln – Deutschlands Rolle in der Nichtverbreitung stärken und weiterentwickeln," 29.2.2012, S. 36.

（35） DB, Drucksache 17/1710, "Antwort der Bundesregierung auf die Kleine Anfrage der Abgeordneten Agnes Malczak, Marieluise Beck (Bremen), Volker Beck (Köln), weiterer Abgeordneter und der Fraktion BÜNDNIS 90/DIE GRÜNEN: Vorbereitung der Bundesregierung auf die Überprüfungskonferenz des Nichtverbreitungsvertrages und ihr Einsatz für nukleare Abrüstung," 11.5.2010.

（36） この計画は、アメリカが一国だけで決めることで、ＮＡＴＯによる協議事項の対象外であるという立場をドイツ政府は示し続けている。例えば、DB, Drucksache 17/11956, "Antwort der Budesregierung auf die Kleine Anfrage der Abgeordneten Agnes Brugger, Volker Beck (Köln), Marieluise Beck (Bremen), weiterer Abgeordneter und der Fraktion BÜNDNIS 90/DIE GRÜNEN: Abrüstungs- und Rüstungskontrollpolitik," 20.12.2012, S. 2.

（37） DB, Drucksache 17/14457, "Antwort der Budesregierung auf die Kleine Anfrage der Abgeordneten Inge Höger, Wolfgang Gehrcke, Jan van Aken, weiterer Abgeordneter und der Fraktion DIE LINKE: Abzug von US-Atomwaffen aus Deutschland," 30.7.2013, S. 3-4.

（38） DB, Drucksache 17/2639, "Antwort der Budesregierung auf die Kleine Anfrage der Abgeordneten Uta Zapf, Dr. Rolf Mützenich, Rainer Arnold, weiterer Abgeordneter und der Fraktion der SPD: Bisherige Fortschritte in Richtung auf einen

Abzug der in Deutschland stationierten US-Atomwaffen und Einflussnahme der Bundesregierung auf die Reduzierungder Rolle von Nuklearwaffen im neuen Strategischen Konzept der NATO," 20.7.2010, S. 5; DB, Plenarprotokoll, 11.11.2010, S. 7609.

(39) 緑の党は二〇一二年一一月二九日に提出した小質問でもわずかながら、核の使用結果に関する人道規範上の問題に触れていた。

(40) Koalitionsvertrag zwischen CDU, CSU und SPD, 17.11.2013, S. 118.

(41) "Debatte um Militäraktionen: Gaucks außenpolitische Haltung sorgt für Kritik," *Stern*, 17.6.2014, 〈http://www.stern.de/politik/deutschland/debatte-um-militaeraktionen-gaucks-aussenpolitische-haltung-sorgt-fuer-kritik-2117721.html〉（最終閲覧日、二〇一八年七月八日）。

(42) DB, Plenarprotokoll, 26.3.2015, S. 9281.

(43) forsa, *op.cit.*.

(44) 川名『なぜドイツは脱原発を選んだのか』、一二三―一二六頁。

(45) 前掲書、一二六―一三二頁。

(46) 前掲書、一三二―一三五頁。

(47) "Der Konsens spaltet; Der Atomkompromiss hat zwei erbitterte Gegner: die Anti-AKW-Kämpfer und die Konfrontationsstrategen der Union," *Der Spiegel*, Heft 25, 19.6.2000, S. 34. 小野「「政策過程」としての脱原発問題」若尾・本田編著『反核から脱原発へ』、二二三―二六〇頁（とくに二三四―二三九頁）。

(48) 再生可能エネルギー法に基づくエネルギー転換に関する以下の記述は渡邉斉志氏の研究を要約したものである。まず、コール政権が九一年に制定した電力供給法も再生可能エネルギーの開発促進を目指し、本文で説明したとおり風力や太陽光等を一定の価格以上で買い取ることを電力会社に義務づけたが、買い取り価格は小売価格に対応して変動するものであった。これに対し、再生可能エネルギー法では、固定価格による買い取りが義務づけられたため、リスクが大幅に低減し、再生可能エネルギーへの設備投資が大きく促されることになった。その後も状況の変化に応じてきめ細かな法改正を続けたことによって、現在に至るまで再生可能エネルギーの開発が増大し続けている一方、従来の主要なエネルギー源であった原子力や石炭、褐炭の利用が低下し続けている。渡邉斉志「ドイツの再生可能エネルギー法」『外国の立法』、二二五号（二〇〇五年八月）、六一―八六頁。

(49) AGEB, "Stromerzeugung nach Energieträgern 1990-2015 (Stand 25.11.2016)," 〈http://www.ag-energiebilanzen.de/〉(最終閲覧日、二〇一八年七月八日)。

(50) 小野「「政策過程」としての脱原発問題」、二三五—二四〇頁。

(51) 前掲書、二四〇—二四二頁。

(52) エネルギーは今後も十分に確保され得るかという質問に対し、二〇〇一年では、確保されると回答した人々は七三パーセント、難しくなると回答した人々は一八パーセントであったが、二〇〇四年にはそれぞれ六二パーセント、二五パーセントとなり、二〇〇七年には四〇パーセント、五一パーセントと逆転し、二〇〇九年には五〇パーセント、三六パーセントと再び逆転した。*Allensbacher Jahrbuch der Demoskopie 2003-2009*, Berlin, De Gruyter, 2009, S. 505.

(53) "Schon wieder Ärger mit dem Volk: Die Mehrheit der Deutschen ist gegen die Atomkraftpläne von Union und FDP," *Zeit Online*, 22.7.2010, 〈http://www.zeit.de/2010/30/Atomausstieg〉(最終閲覧日、二〇一八年七月八日)。

(54) *Allensbacher Jahrbuch der Demoskopie 2003-2009*, S. 509, 528, 536.

(55) "Ausstiegs-Debatte: CDU-Präsidiumsmitglied gegen neue Atomkraftwerke," *Spiegel Online*, 23.1.2007, 〈http://www.spiegel.de/politik/deutschland/ausstiegs-debatte-cdu-praesidiumsmitglied-gegen-neue-atomkraftwerke-a-461568.html〉(最終閲覧日、二〇一八年七月八日)。"Umweltminister Röttgen empfiehlt Union den Atomausstieg," *Spiegel Online*, 6.2.2010, 〈http://www.spiegel.de/politik/deutschland/umweltminister-roettgen-empfiehlt-union-den-atomausstieg-a-676284.html〉(最終閲覧日、二〇一八年七月八日)。

(56) Infratest dimap, "ARD-Deutschland TREND," März 2011 extra, 〈http://www.infratest-dimap.de/umfragen-analysen/bundesweit/ard-deutschlandtrend/2011/maerz-extra〉(最終閲覧日、二〇一六年二月一〇日)。本書が参照したインフラテスト・ディマップのウェブサイトのほとんどが現在では閲覧できなくなっているが、いわゆるインターネット・アーカイブを利用すれば現在でも閲覧可能である。一例として、〈http://web.archive.org/〉。

(57) "Hunderttausende demonstrieren gegen Atomkraft," *Welt*, 26.3.2011, 〈https://www.welt.de/politik/deutschland/article12970772/Hunderttausende-demonstrieren-gegen-Atomkraft.html〉(最終閲覧日、二〇一八年七月八日)。

(58) Infratest dimap, "ARD-DeutschlandTREND," April 2011, 〈http://www.infratest-dimap.de/umfragen-analysen/bundesweit/ard-deutschlandtrend/2011/april/〉(最終閲覧日、二〇一六年二月一〇日)。

(59) "Energiewende: Wulff unterschreibt Atomausstieg-Gesetz," *Spiegel Online*, 1.8.2011, 〈http://www.spiegel.de/politik/

deutschland/energiewende-wulff-unterschreibt-atomausstieg-gesetz-a-777808.html〉（最終閲覧日、二〇一八年七月八日）。

(60) Infratest dimap, "ARD-Deutschland TREND," Juni 2011, 〈http://www.infratest-dimap.de/umfragen-analysen/bundesweit/ard-deutschlandtrend/2011/juni/〉（最終閲覧日、二〇一六年二月一〇日）。

(61) "CDU-Kritik an Atomausstieg," *Handelsblatt*, 30.5.2011, 〈http://www.handelsblatt.com/politik/deutschland/cdu-kritik-an-atomausstieg-eine-nicht-wieder-gut-zu-machende-katastrophe/4237032.html〉（最終閲覧日、二〇一八年七月八日）; CDU/CSU, "Gemeinsam erfolgreich für Deutschland: Regierungsprogramm 2013 – 2017," S. 28-30.

(62) Infratest dimap, "ARD-Deutschland TREND," Juni 2012, 〈http://www.infratest-dimap.de/umfragen-analysen/bundesweit/ard-deutschlandtrend/2012/juni/〉（最終閲覧日、二〇一六年二月一〇日）。"Die Deutschen halten Atomausstieg für richtig," *Online Focus*, 21.10.2012, 〈http://www.focus.de/politik/deutschland/trotz-steigender-strompreise-die-deutschen-halten-atomausstieg-fuer-richtig_aid_843061.html〉（最終閲覧日、二〇一八年七月八日）。

(63) Verbraucherzentrale Bundesverband, "Verbraucherinteressen in der Energiewende: Ergebnisse einer repräsentativen Befragung," 12.8.2013; "Umfrage zur Atomkraft: Mehrheit fordert schnelleren Ausstieg," *taz.de*, 31.10.2013, 〈http://www.taz.de/Umfrage-zur-Atomkraft/!5055984〉（最終閲覧日、二〇一八年七月八日）。

(64) "Allensbach-Umfrage: Hohe Zustimmung für Energiewende," *Focus Online*, 14.6.2014, 〈http://www.focus.de/politik/deutschland/energie-allensbach-umfrage-hohe-zustimmung-fuer-energiewende_id_3921215.html〉（最終閲覧日、二〇一八年七月八日）; "Allensbach-Umfrage: Kohle unbeliebter als Atomkraft," *Zeit Online*, 16.9.2015, 〈http://www.zeit.de/wirtschaft/2015-09/energie-allensbach-umfrage-kohle-atomkraft〉（最終閲覧日、二〇一八年七月八日）。

(65) "Atomausstieg: Suche nach Experten," *Der Spiegel*, Heft 27, 1.7.2002, S. 19; "Atomausstieg: Energieriesen fordern 15 Milliarden Schadensersatz," *Spiegel Online*, 13.6.2012, 〈http://www.spiegel.de/wirtschaft/unternehmen/atomausstieg-energieriesen-fordern-15-milliarden-euro-schadensersatz-a-838527.html〉（最終閲覧日、二〇一八年七月八日）; "Nuclear Headache: Task of Decommissioning Plants Is Herculean," *Spiegel Online International*, May 10, 2013, 〈http://www.spiegel.de/international/germany/germany-faces-tough-decisions-as-it-dismantles-nuclear-plants-a-899063.html〉（最終閲覧日、二〇一八年七月八日）; "Atomkraft: Kanzleramt will Entscheidung," *Der Spiegel*, Heft 21, 16.5.2015, S. 56; "Niederlage vor EuGH - RWE und Eon ziehen vor Verfassungsgericht: Versorger scheitern mit Atom-Klage," *manager-magazine*, 4.6.2015, 〈http://www.manager-magazin.de/politik/artikel/eu-urteil-laesst-aktien-von-rwe-und-eon-einbrechen-a-1037098.html〉（最終

閲覧日、二〇一八年七月八日)。

(66) また、大量の使用済み核燃料が原発の完全閉鎖まで増え続ける。それらに再処理を実施してプルトニウムを抽出することは、前述のとおり二〇〇二年の原子力法改正で国内外を問わず二〇〇五年以降、一切、禁止されているため、これ以上、プルトニウムが分離・抽出されて増えることはないが、二〇二二年以降も残される大量の使用済み核燃料には、分離・抽出されていない大量のプルトニウムが含まれていることにも注意する必要がある。

(67) "INFCIRC/549; Communication Received from Certain Member States Concerning Their Policies Regarding the Management of Plutonium," 〈https://www.iaea.org/publications/documents/infcircs/communication-received-certain-member-states-concerning-their-policies-regarding-management-plutonium〉(最終閲覧日、二〇一八年七月八日)。

(68) International Panel on Fissile Materials, "2014 civilian plutonium (and HEU) reports submitted to IAEA," October 12, 2015, 〈http://fissilematerials.org/blog/2015/10/2014_civilian_plutonium_a.html〉(最終閲覧日、二〇一八年七月八日)。

(69) DB, Drucksache 17/1323, "Antwort der Bundesregierung auf die Kleine Anfrage der Abgeordneten Dorothee Menzner, Dr. Barbara Höll, Eva Bulling-Schröter, weiterer Abgeordneter und der Fraktion DIE LINKE: Sicherheit bei Transport, Lagerung und Einsatz von MOX-Brennelementen," S. 4-7, 8.4.2010.

(70) Jochen Ahlswede and Martin B. Kalinowski, "Germany's current and future plutonium inventory," *The Nonproliferation Review*, Vol. 19, Issue 2, July 2012, pp. 293-312.

(71) DB, Drucksache 17/8041, "Antwort der Bundesregierung auf die Kleine Anfrage der Abgeordneten Sylvia Kotting-Uhl, Oliver Krischer, Hans-Josef Fell, weiterer Abgeordneter und der Fraktion BÜNDNIS 90/ DIE GRÜNEN: Strategische Position der Anlage zur Urananreicherung in Gronau," S. 1, 1.12.2011; DB., Drucksache 18/1910, "Antwort der Bundesregierung auf die Kleine Anfrage der Abgeordneten Hubertus Zdebel, Caren Lay, Eva Bulling-Schröter, weiterer Abgeordneter und der Fraktion DIE LINKE: Förderung und Forschung für Urananreicherung in Deutschland," 26.6.2014.

(72) Geier, *op.cit.*, S. 343-344; "Streit um Urananreicherung in Deutschland," *FAZ.NET*, 24.2.2017, 〈http://www.faz.net/aktuell/wirtschaft/energiepolitik/regierung-laesst-die-schliessung-des-standorts-gronau-pruefen-14893944.html〉(最終閲覧日、二〇一八年七月八日)。

(73) "Urananreicherungsanlage Gronau," *AtomkraftwerkePlag*, 6.4.2016, 〈http://de.atomkraftwerkeplag.wikia.com/wiki/Urananreicherungsanlage_Gronau#cite_note-3〉(最終閲覧日、二〇一八年七月八日); "Streit um Uranfabrik Urenco

wird schärfer," *FAZ.NET*, 21.3.2017, 〈http://www.faz.net/aktuell/wirtschaft/energiepolitik/streit-um-uranfabrik-urenco-verschaerft-sich-14934552.html〉（最終閲覧日、二〇一八年七月八日）。

(74) DB, Drucksache 17/8041, "Antwort der Bundesregierung," S. 4; DB., Drucksache 18/1267, "Antwort der Bundesregierung auf die Kleine Anfrage der Abgeordneten Hubertus Zdebel, Eva Bulling-Schröter, Matthias W. Birkwald, weiterer Abgeordneter und der Fraktion DIE LINKE: Zukunft der Urananreicherungsanlage Gronau und der Urananreicherungsfirma URENCO," 22.4.2014, S. 9; "Streit um Uranfabrik Urenco wird schärfer," *FAZ.NET*.

(75) "Eon und RWE wollen Urenco-Anteile verkaufen," *Handelsblatt*, 7.9.2011, 〈handelsblatt.com/unternehmen/industrie/atomausstieg-eon-und-rwe-wollen-urenco-anteile-verkaufen/4585106.html〉（最終閲覧日、二〇一八年七月八日）；「ドイツ政府、ウラン濃縮会社ウレンコ株の売却を認める」、朝日新聞デジタル、二〇一三年一月二三日、〈http://www.asahi.com/business/reuters/RTR201301230079.html〉（最終閲覧日、二〇一八年七月八日）；"Auch Niederlande erwägen Verkauf von Urenco," *Handelsblatt*, 20.3.2013, 〈http://www.handelsblatt.com/unternehmen/industrie/atomfirma-auch-niederlande-erwaegen-verkauf-von-urenco/7955764.html〉（最終閲覧日、二〇一八年七月八日）；「UPDATE1: 英政府がウラン濃縮会社ウレンコ株式売却へ、アレバや東芝が名乗りか」、ロイター、二〇一三年四月二三日、〈http://jp.reuters.com/article/zhaesmb-idJPTK833143020130423〉（最終閲覧日、二〇一八年七月八日）；DB, Drucksache 18/3649, "Antwort der Bundesregierung auf die Kleine Anfrage der Abgeordneten Hubertus Zdebel, Eva Bulling-Schröter, Caren Lay, weiterer Abgeordneter und der Fraktion DIE LINKE: Bieterverfahren zum Verkauf der Urananreicherungsanlagen der Firma URENCO und Risiken der Weiterverbreitung von Atomwaffen-Technologie," 22.12.2014.

(76) DB., Drucksache 17/12364, "Antwort der Bundesregierung auf die Kleine Anfrage der Abgeordneten Sylvia Kotting-Uhl, Oliver Krischer, Hans-Josef Fell, weiterer Abgeordneter und der Fraktion BÜNDNIS 90/DIE GRÜNEN: Verkauf der URENCO," 19.2.2013, S. 2.

(77) "Streit um Urananreicherung in Deutschland," *FAZ.NET*; "Streit um Uranfabrik Urenco wird schärfer," *FAZ.NET*.

(78) M. Schneider, H.P. Berg, "Research Reactors in Germany: An Overview," 〈http://www-pub.iaea.org/MTCD/publications/PDF/P1360_ICRR_2007_CD/Papers/M.%20Schneider.pdf#search=%27Germany+research+reactor%27〉（最終閲覧日、二〇一八年七月八日）；Bundesamt für kerntechnische Entsorgungssicherheit, "Research reactors," 〈http://www.bfe.bund.de/EN/ns/ni-germany/research-reactors/research-reactors_node.html〉（最終閲覧日、二〇一八年七月八

日）; Helmholtz Zentrum Berlin, "Frequently Asked Questions about the Safety of the Research Reactor BER II," 〈https://www.helmholtz-berlin.de/quellen/ber/ber2/faq_en.html〉（最終閲覧日、二〇一八年七月八日）。

（79） Umweltinstitut München (Hg.), *FRM II: Die außenpolitische Bedeutung des neuen Forschungsreaktors*, 1999; NTI, "Why is Civilian Highly Enriched Uranium a Threat?," March 25, 2016, 〈http://www.nti.org/analysis/reports/civilian-heu-reduction-and-elimination〉（最終閲覧日、二〇一八年七月八日）; NTI, "Civilian HEU: Germany," April 26, 2016, 〈http://www.nti.org/analysis/articles/civilian-heu-germany〉（最終閲覧日、二〇一八年七月八日）。

（80） "Germany & Russia agree on HEU supply deal," *Wise*, March 13,1998, 〈https://www.wiseinternational.org/nuclear-monitor/488/germany-russia-agree-heu-supply-deal〉（最終閲覧日、二〇一八年七月八日）; DB, Drucksache 13/10649, "Antwort der Bundesregierung auf die Kleine Anfrage der Abgeordneten Simone Probst, Angelika Beer, Ursula Schönberger, Ludger Volmer und der Fraktion BÜNDNIS 90/DIE GRÜNEN: Verhandlungen über die Lieferung von hochangereichertem Uran aus Rußland für den Forschungsreaktor FRM II," 7.5.1998; Umweltinstitut München, *op.cit.*; "Germany: FRM-2 reactor to be converted to "medium" enriched uranium," *Wise*, November 2, 2001, 〈https://www.wiseinternational.org/nuclear-monitor/557/germany-frm-2-reactor-be-converted-medium-enriched-uranium〉（最終閲覧日、二〇一八年七月八日）; NTI, "Why is Civilian Highly Enriched Uranium a Threat?"; NTI, "Civilian HEU: Germany,"; International Panel on Fissile Materials, "Russia confirmed supplying HEU to the FRM-II reactor in Germany," July 18, 2016, 〈http://fissilematerials.org/blog/2016/07/russia_confirmed_supplyin.html〉（最終閲覧日、二〇一八年七月八日）。

（81） NTI, "Civilian HEU: Germany."

終章

（1） "German lawmaker says Europe must consider own nuclear deterrence plan," *Reuters*, November 16, 2016, 〈http://www.reuters.com/article/uk-germany-usa-nuclear-idUSKBN13B1GO〉（最終閲覧日、二〇一八年七月八日）。

（2） Berthold Kohler, "Nach Trumps Wahlsieg: Das ganz und gar Undenkbare," *FAZ.NET*, 26.11.2016, 〈http://www.faz.net/aktuell/politik/trumps-praesidentschaft/nach-donald-trump-sieg-deutschland-muss-aussenpolitik-aendern-14547858.html〉（最終閲覧日、二〇一八年七月八日）。

(3) “Amerika wird uns nicht den Rücken zukehren,” *Welt*, 4.12.2016, 〈https://www.welt.de/politik/deutschland/article159950957/Amerika-wird-uns-nicht-den-Ruecken-zukehren.html〉（最終閲覧日、二〇一八年七月八日）。

(4) Gunther Hellmann, Carlo Masala, Frank Sauer und Reinhard Wolf, “Deutschland braucht keine Atomwaffen,” *Spiegel Online*, 11.12.2016, 〈http://www.spiegel.de/politik/deutschland/gastbeitrag-deutschland-braucht-keine-atomwaffen-a-1125247.html〉（最終閲覧日、二〇一八年七月八日）。

(5) Maximilian Terhalle, ”Nuklearwaffen gegen Russland; Deutschland braucht Atomwaffen,” *Tagesspiegel*, 23.1.2017, 〈https://causa.tagesspiegel.de/politik/europa-und-die-weltweiten-krisen/deutschland-braucht-atomwaffen.html〉（最終閲覧日、二〇一八年七月八日）。

(6) Rudolph Herzog, “German Nukes Would Be a National Tragedy,” *Foreign Policy*, March 10, 2017, 〈https://foreignpolicy.com/2017/03/10/german-nukes-would-be-a-national-tragedy/〉（最終閲覧日、二〇一八年七月八日）。

(7) Hans Rühle, “German Nukes: The Phantom Menace,” *National Institute for Public Policy*, March 22, 2017, 〈http://www.nipp.org/2017/03/21/ruhle-hans-and-michael-ruhle-german-nukes-the-phantom-menace/〉（最終閲覧日、二〇一八年七月八日）。

(8) “Verteidigung: Braucht Deutschland eigene Atomwaffen?” *Zeit Online*, 5.4.2017, 〈http://www.zeit.de/politik/2017-04/verteidigung-atomwaffen-deutschland-pro-contra〉（最終閲覧日、二〇一八年七月八日）。

(9) Theo Sommer, “Nukleare Phantomdiskussion: Eine Kolumne von Theo Sommer,” *Zeit Online*, 7.3.2017, 〈http://www.zeit.de/politik/2017-03/atomwaffen-deutschland-aufruestung-the-economist-5vor8〉（最終閲覧日、二〇一八年七月八日）。

(10) トランプは、ＮＡＴＯ事務総長のストルテンベルグ（Jens Stoltenberg）との会談（二〇一七年四月一三日）で、ＮＡＴＯは「時代遅れ」という選挙戦中の発言を撤回し、「もはや時代遅れではない」と述べた。”Treffen mit Stoltenberg: Trump nennt Nato “nicht länger obsolet”,” 13.4.2017, *Spiegel Online*, 〈http://www.spiegel.de/politik/ausland/donald-trump-nach-treffen-mit-jens-stoltenberg-nato-nicht-laenger-obsolet-a-1143173.html〉（最終閲覧日、二〇一八年七月八日）。

あとがき

本書は筆者の以下の既発表の論文及び学会での報告に基づき、修正を加え、また、新規の研究を大幅に追加した（新規の研究は、1、2章、3章1節、5節の一部、4章1節、2節の一部、4節、5章2節の大部分、3節の一部、6章1、2節、4節の大部分、7章、8章1、3節の一部）。

「ベルリン危機における西ドイツ核武装問題と核拡散防止条約の起源——核不拡散体制の起源（一九六一—一九六二年）」（一）（二）〔『法学論叢』一五〇巻五号（二〇〇二年二月）九五—一一七頁、一五一巻四号（二〇〇二年七月）一一二—一三三頁〕（第3章第2、4節）。

「核拡散防止条約の起源（一九五五—一九六一年）」（一）（二）〔『法学論叢』一五九巻五号（二〇〇六年八月）五九—八一頁、一六一巻一号（二〇〇七年四月）四六—六七頁〕（第3章第3節）。

「西ドイツのNPT加盟に関するブラントの構想（一九五八—六九年）」〔『西洋史学』二四三号（二〇一一年一二月）三九—五七頁〕（第3章第5節の一部、5章第1節、第3節の一部）。

「ドイツの核保有問題——冷戦期（一九四九—七五年）を中心に、及びNPT加盟後から原発廃棄決定に至るまで（一九七五—二〇一二年）」〔国際安全保障学会二〇一三年度研究大会、自由論題部会（二〇一三年一二月八日、関西学院大学）〕（本書の全体に関する基本構想）。

「IAEA・ユーラトム協定に関する西ドイツ外交——NPT批准を目指して（一九七〇—七三年）」〔『国際政治』

一七六号（二〇一四年三月）七〇―八三頁）（第6章第3節の一部）。

「核拡散防止条約への加盟問題に関する西ドイツの外交――外務省内の様々な勢力を中心とする分析」（『西洋史学』二五七号（二〇一五年六月）四〇―五七頁）（第4章第3節の一部、第5章第2節の一部、第3節の一部）。

「ドイツの「過去の克服」に関するブラントの思想（一九三三―七〇年）」（『甲子園大学紀要』四三号（二〇一六年三月）六七―七五頁）（第6章第4節の一部）。

「多角的核戦力（MLF）に関する西ドイツ外交」（『ドイツ研究』五〇号（二〇一六年五月）八五―一〇〇頁）（第4章第2節の一部）。

「ドイツ連邦議会における核兵器の撤去、核兵器共有政策の放棄に関する議論（一九八三―二〇一七年）」（『広島平和研究』五号（二〇一八年三月）三五―五四頁）（第8章第2節）。

「ドイツの核開発能力――原発閉鎖後に残る関連施設と核物質」（『修道法学』四一巻一号（二〇一八年九月）一七―三三頁）（第8章第3節の一部）。


筆者は元来アメリカ外交、とくにNPTの形成に関するアメリカ外交を主な研究テーマとしていたが、研究を進めるにつれて西独の核保有問題が非常に重要であることに気づいたため、この問題を主な研究テーマに選び直し、本書の基本構想を発展させた。当初は分析対象とする時期を西独のNPT加盟が確定する七五年までに限定しようとしていたが、NPT加盟後も脱原子力や、ドイツ国内に配備された核兵器の撤去および核共有政策の放棄に関する議論等、重要な諸問題があることに気づき、それらも本書の分析対象に含めた。以上のように、筆者の元来の研究テーマから本書に至るまで分析対象は変遷を遂げ、構想も膨らみ、完成に至るまで長い時間がかかったが、時間がかかった理由は無論、筆者の能力と努力の不足による。また、西独の核保有問題で最も重要なアクターは西独であり、その次にアメリカ、その次にソ連が重要だが、やはり筆者の能力と努力の不足のため、ソ連の外交をわずかしか分析できていないことは本書の大きな欠点である。

その他にも筆者が気づいていない問題は当然、多くあり、本書をお読みいただいた方々からご指摘をいただければ幸いです。本書をとりあえず完成できたのは、多くの先生方からご指導を受け、さまざまな刺激を受けることができたからです。全ての先生方のお名前を記すことはできませんが、母校の京都大学やさまざまな研究会等でお世話になった先生方に、この場をお借りして御礼申し上げます。青野利彦先生、浅田正彦先生、足立研幾先生、新垣拓先生、岩間陽子先生、小川浩之先生、唐渡晃弘先生、川嶋周一先生、木村雅昭先生、倉科一希先生、栗崎周平先生、黒田友哉先生、斎藤嘉臣先生、鈴木基史先生、益田実先生、三宅康之先生、宮脇昇先生、森田吉彦先生、山田慎人先生。

本書の出版をお認めいただいた昭和堂様、とくに編集をご担当いただいた竹林克将様、鈴木了市様に篤く御礼申し上げます。最初に編集をご担当いただいた竹林様は本書の出版のために、非常に尽力してくださいました。編集部長の鈴木様はいつも親切に接してくださり、非常に多くの貴重なご指摘をいただきました（文章表現や内容に関する最終的な責任は無論、筆者にある）。竹林様、鈴木様のご尽力がなければ、本書は決してありませんでした。

そして、大学院での指導教官であり、現在に至るまでお世話になり続けている中西寛先生に篤く御礼申し上げます。大学院に進学して以来、いつも温かで時間を惜しまずに接してくださる先生のご指導と励ましがなければ、本書は決してありませんでした。

非力ではありますが、今後、一層努力して参りたいと考えております。

二〇一九年一月一五日　　**津崎直人**

人名索引

ア行

カ行

サ行

タ行

ナ行

ハ行

バール（Egon Bahr） 157, 200, 215, 226
ハーン（Otto Hahn） 2, 68
ハイゼンベルク（Werner Heisenberg） 2, 42-3, 62, 68
パウルス（Rolf Friedmann Pauls） 157, 223
パストール（John O. Pastore） 268
ハフテンドルン（Helga Haftendorn） 170
バルケン（Richard Balken） 114, 169
ハルシュタイン（Walter Hallstein） 42, 49-50
バルツェル（Rainer Barzel） 174, 188, 215, 221, 224, 235
バンディ（McGeorge Bundy） 99-101

ヒーリー（Dennis Healey） 78
ビスマルク（Otto von Bismarck） 33
ヒトラー（Adolf Hitler） 33-4, 229
ピニョー（Christian Pineau） 73
ビレンバッハ（Kurt Birrenbach） 131, 169, 220, 224, 230-31, 249, 251-2
ビンドゥング（Lothar Bindung） 324

フィッシャー（Adrian S. Fisher） 210
フィッシャー（Joschka Fischer） 326
プーチン（Vladimir Putin） 360, 362
フェルトマン（Olaf Feldmann） 322
フォード（Gerald Rudolph Ford） 266-7, 271
フォール（Maurice Faure） 73-4
フォスター（William C. Foster） 179, 187, 190, 196-7, 204-5
フォルマー（Ludger Volmer） 313
フォン・ブラウン（Sigismund Freiherr von Braun） 210, 247-8
プフリューガー（Friedbert Pflüger） 309-10, 322, 343
フランクリン・ルーズヴェルト（Franklin D. Roosevelt） 1
フランケ（Klaus Francke） 310
ブランケンホルン（Herbert Blankenhorn） 49
ブラント（Willy Brandt） 9, 15-7, 20, 24, 26-7, 35, 89, 121-25, 140, 155--7, 161, 165, 168, 172-4, 179, 185, 187, 190, 194, 198, 202, 208-9, 211, 214-6, 218-9, 222, 224-6, 229-35, 237-8, 240, 254-5, 283, 301, 357
フリードリッヒ・フォン・ヴァイツゼッカー（Carl Friedrich Freiherr von Weizsäcker） 2, 68, 169, 189
ブリューダーレ（Rainer Brüderle） 343
フルシチョフ（Nikita Sergeyevich Khrushchev） 46, 70-1, 79, 83-6, 92, 95, 100, 118-9
ブレンターノ（Heinrich von Brentano） 115

ヘーヒェル（Hermann Höcherl） 188
ベック（Kurt Beck） 326, 327
ベルク（Fritz Berg） 189
ヘルメス（Peter Hermes） 263-5, 273

ホイヤー（Werner Hoyer） 325
本田宏 30, 289, 292

マ行

マクミラン（Maurice Harold Macmillan） 78, 90-2, 97
マッギー（George C. McGhee） 127, 159, 174, 187, 204
マックロイ（John J. McCloy） 42
マットヘーファー（Hans Matthöfer） 264

ミコヤン（Anastas Ivanovich Mikoyan） 85
ミュツェニッヒ（Rolf Mützenich） 327
ミュラー（Hermann Müller） 229

メルケル（Angela Merkel） 312, 315, 317-8, 326-30, 333-6, 341-5, 347-8, 352, 361, 363

モネ（Jean Monnet） 64
モレ（Guy Mollet） 46, 70-1

ヤ行

ユージン・ロストウ（Eugene V. Rostow） 209, 212-3

ラ行

ラウテンシュラーガー（Hans Lautenschlager） 271
ラスムッセン（Anders Fogh Rasmussen） 331
ラドフォード（Arthur Radford） 57, 59-60
ラパツキー（Adam Rapacki） 70-1, 94, 104

ラフーゼン（Carl Lahusen） 209
ラミシュ（Rolf Ramisch） 209

リーリエンフェルト（Georg von Lilienfeld） 208
リビコフ（Abraham A. Ribicoff） 268
リヒャルト・フォン・ヴァイツゼッカー（Richard Karl Freiherr von Weizsäcker） 2

ルーレ（Hans Rühle） 363-4, 366
ルエテ（Hans Ruete） 151-2, 157, 159, 199, 210-11, 214, 221, 225, 227-8
ルドルフ・ヘルツォーク（Rudolph Herzog） 362

レーデーラー（Andrea Lederer） 314
レットゲン（Norbert Röttgen） 343

ロイド（Selwyn Lloyd） 61
ロート（Hellmuth Roth） 157, 225
ロシチン（Alexei Alexeevich Roshchin） 179, 196-7, 205
ロストウ（Walt W. Rostow） 204, 208-9, 212-3

事項索引

A-Z

ア行

カ行

サ行

タ行

ナ行

ハ行

マ行

ヤ行

ラ行

ワ行

参考文献表

(1) 未公刊史料

ドイツ

Archiv für Christlich-Demokratische Politik (ACDP), Sankt Augustin
1-226 Nachlass Kurt Georg Kiesinger
1-403 Nachlass Alois Mertes
1-433 Nachlass Kurt Birrenbach
I-483 Nachlass Gerhard Schröder
1-626 Nachlass Gerhard Stoltenberg
Archiv der sozialen Demokratie (AdsD), Bonn
Depositum Egon Bahr
Nachlass Fritz Erler
PV-Bestand Protokolle
Willy Brandt Archiv (WBA)
A-3
A-6
A-7
A-8
A-11-2
Bundesarchiv (BA), Koblenz
NL 1337 Nachlass Karl Carstens
Politische Archiv des Auswärtigen Amts (PAAA), Berlin
B 9
B 37
B 43
B 80
B 150
Bd. 105323, 105324, 107310, 107311, 107312, 107313, 107314, 107315
Nachlass Wilhelm Grewe

アメリカ

National Archives (NA), College Park, ML
Record Group (RG) 59
Central Files 1955-1959, 1960-1963
Lot Files
Records of the Policy Planning Staff, 1957-1961, Lot 67D548
John F. Kennedy Library (JFKL), Boston, MA
National Security Files
Lyndon B. Johnson Library, Austin, TX
National Security Files

(2) 公刊史料集

Akten zur auswärtigen Politik der Bundesrepublik Deutschland (AAPD)

Adenauer und die Hohen Kommissare 1949-1951

1951, 1962, 1963, 1964, 1965, 1966, 1967, 1968, 1969, 1970, 1971, 1972, 1973, 1974, 1975, 1976, 1977, 1978, 1979, 1980, 1981, 1982

Adenauer: Wir haben wirklich etwas geschaffen: Die Protokolle des CDU-Bundesvorstands 1953-1957, Düsseldorf, Droste, 1990

Adenauer: ...um den Frieden zu gewinnen: Die Protokolle des CDU-Bundesvorstands 1957-1961, Düsseldorf, Droste, 1994

Adenauer: Stetigkeit in der Politik: Die Protokolle des CDU-Bundesvorstands 1961-1965, Düsseldorf, Droste, 1998

Kiesinger: Wir leben in einer veränderten Welt: Protokolle des Bundesvorstands der CDU 1965-1969, Düsseldorf, Droste, 2005

Barzel: Unsere Alternativen für die Zeit der Opposition: Die Protokolle des CDU-Bundesvorstands 1969-1973, Düsseldorf, Droste, 2009

Hans-Peter Schwarz (Hg.), *Konrad Adenauer Reden 1917-1967: Eine Auswahl*, Stuttgart, DVA, 1975

Berlin bleibt frei: Politik in und für Berlin, 1947-1966 (*Berliner Ausgabe: Willy Brandt*, Bd.3), Bonn, J.H.W. Dietz, 2004

Auf dem Weg nach vorn: Willy Brandt und die SPD, 1947-1972 (*Berliner Ausgabe: Willy Brandt*, Bd.4), Bonn, J.H.W. Dietz, 2000

Ein Volk der guten Nachbarn: Außen und Deutschlandpolitik, 1966-1974 (*Berliner Ausgabe: Willy Brandt*, Bd.6), Bonn, J.H.W. Dietz, 2005

Institut für Demoskopie Allensbach, *Jahrbuch der Öffentlichen Meinung 1965-1967*, Allensbach, Verlag für Demoskopie, 1967

———, *Allensbacher Jahrbuch der Demoskopie 1978-1983*, München, K.G.Saur, 1983

———, *Allensbacher Jahrbuch der Demoskopie 1984-1992*, Allensbach, Verlag für Demoskopie, 1993

———, *Allensbacher Jahrbuch der Demoskopie 2003-2009*, Berlin, De Gruyter, 2009

Heinrich Krone, *Tagebücher, Zweiter Band: 1961-1966*, Düsseldorf, Droste, 2003

Foreign Relations of the United States (FRUS)

1951, Vol. 3

1952-1954, Vol. 5, 7

1955-57, Vol. 4, 20

1958-60, Vol. 8, 9

1961-63, Vol. 7, 14, 15

1964-68 Vol. 11, 15

1969-76, Vol. 41, E-2

Public Papers of the President of the United States: John F. Kennedy 1961, Washington, D.C., Government Printing Office, 1962

Documents on Disarmament 1945-1959, Vol. 1 (*1945-1956*), Washington, D.C., Government Printing Office, 1960

Documents on Disarmament 1945-1959, Vol. 2 (*1957-1959*), Washington, D.C., Government Printing Office, 1960

Documents on Disarmament 1967, Washington, D.C., Government Printing Office, 1968

Documents on Disarmament 1968, Washington, D.C., Government Printing Office, 1969

Documents on Germany 1944-1985, Washington, D.C., Office of the Historian, Bureau of Public Affairs, 1985

National Security Archive, *The Berlin Crisis, 1958-1962*

National Security Archive, *U.S. Nuclear Non-Proliferation Policy, 1945–1991*

The United Nations, *Official Records of the General Assembly*, 1958, 1959, 1960, 1961

(3) 回顧録

Adenauer, Konrad, *Erinnerungen 1953-1955*, Stuttgart, DVA, 1966

————, *Erinnerungen 1955-1959*, Stuttgart, DVA, 1967

————, *Erinnerungen 1959-1963*, Stuttgart, DVA, 1968

Bahr, Egon, *Zu meiner Zeit*, München, Karl Blessing Verlag, 1996

Birrenbach, Kurt, *Meine Sondermissionen: Rückschau auf zwei Jahrzehnte bundesdeutscher Außenpolitik vom Mauerbau bis heute*, Düsseldorf, Econ Verlag, 1984

Brandt, Willy, *Erinnerungen* (erweiterte Neuauflagen), Frankfurt am Main, Propyläen, 1989

Eppler, Erhard, *Links Leben: Erinnerungen eines Wertkonservativen*, Berlin, Proplyäen, 2015

Genscher, Hans-Dietrich, *Erinnerungen*, Berlin, Siedler, 1995

Grewe, Wilhelm, *Rückblenden 1976-1951*, Frankfurt a.M., Propyläen, 1979

Smith, Gerald C., *Disarming Diplomat: The Memoirs of Ambassador Gerald C. Smith, Arms Control Negotiator*, Lanham, Madison Books, 1996

(4) 欧文文献

Ahlswede, Jochen and Martin B. Kalinowski, "Germany's current and future plutonium inventory," *The Nonproliferation Review*, Vol. 19, Issue 2, July 2012, pp. 293-312.

Ahonen, Pertti, "Franz-Josef Strauss and German Nuclear Question, 1956-1962," Journal of Strategic Studies, Vol. 18, No. 2, June 1995, pp. 22-51.

Ash, Timothy Garton, *In Europe's name: Germany and the divided continent,* New York, Random House, 1993（ティモシー・ガートン・アッシュ著、杉浦茂樹訳『ヨーロッパに架ける橋 - 東西冷戦とヨーロッパ外交（上）（下）』みすず書房、2009 年）

Ashkenasi, Abraham, *Reformpartei und Außenpolitik: Die Außenpolitik der SPD Berlin-Bonn*, Köln, Westdeutscher Verlag, 1968

Bald, Detlef, *Die Atombewaffung der Bundeswehr: Militär, Öffentlichkeit und Politik in der Ära Adenauer*, Bremen, Edition Temmen, 1994

Baring, Arnulf, *Aussenpolitik in Adenauers Kanzlerdemokratie: Bonns Beitrag zur europäischen Verteidigungsgemeinschaft*, München, Oldenbourg, 1969

————, *Machtwechsel: Die Ära Brandt-Scheel*, Stuttgart, DVA, 1982

Bender, Peter, *Neue Ostpolitik: vom Mauerbau bis zum Moskauer Vertrag,* München, Deutscher Taschenbuch Verlag, 1986

————, *Die Neue Ostpolitik und ihre Folgen: vom Mauerbau bis zur Wiedervereinigung,* München, Deutscher Taschenbuch Verlag, 1995

Biermann, Werner, *Konrad Adenauer: Ein Jahrhundertleben*, Berlin, Rowohlt, 2017

Bird, Kai, and Martin J. Sherwin, *American Prometheus: The Triumph and Tragedy of J. Robert Oppenheimer*, New York, A.A. Knopf, 2005（カイ・バード、マーティン・シャーウィン著、河邉俊彦訳『オッペンハイマー -「原爆の父」と呼ばれた男の栄光と悲劇 』PHP 研究所、2007 年）

Brands, Hal, "Non-Proliferation and the Dynamics of the Middle Cold War: The Superpowers,

the MLF, and the NPT," *Cold War History*, Vol. 7, Issue 3, 2007, pp. 389-423.

Brandt, Willy (translated by Joel Carmichael), *A Peace Policy for Europe*, London, Weidenfeld and Nicolson, 1968

———, *Draußen: Schriften während der Emigration* (2. Auflage), Bonn, J.H.W. Dietz, 1976〔ヴィリー・ブラント著、高橋正雄訳『抵抗』読売新聞社、1972年〕

Bremen, Christian, *Die Eisenhower-Administration und die zweite Berlin-Krise 1958-1961*, Berlin, Walter de Gruyter, 1998

Broszat, Martin, *Nach Hitler: Der schwierige Umgang mit unserer Geschichte*, München, Oldenbourg, 1987

Bufe, Helga und Jürgen Grumbach, *Staat und Atomindustrie: Kernenergiepolitik in der BRD*, Köln, Pahl-Rugenstein, 1979

Cervenka, Zdenek and Barbara Rogers, *The nuclear axis: Secret collaboration between West Germany and South Africa*, New York, New York Times Books, 1978

Dannenberg, Julia von, *The Foundations of Ostpolitik: The Making of the Moscow Treaty between West Germany and the USSR*, Oxford, Oxford University Press, 2008

Dockrill, Saki Ruth, *Britain's Policy for West German Rearmament, 1950-1955*, Cambridge, Cambridge University Press, 1991

———, *Eisenhower's New-Look National Security Policy, 1953-61*, New York, St. Martin's Press, 1996

Dubiel, Helmut, *Niemand ist frei von der Geschichte*, München, Hanser, 1999

Eckert, Michael, "Die Anfänge der Atompolitik in der Bundesrepublik Deutschland," *Vierteljahrshefte für Zeitgeschichte*, Heft 1, 1989, S. 115-143.

Finger, Stefan, *Franz Josef Strauß: Ein politisches Leben*, München, Olzog, 2005

Fink, Carole and Bernd Schaefer (eds.), *Ostpolitik, 1969-1974: European and global responses*, Washington, D.C., German Historical Institute, 2009

Fischer, Peter, *Atomenergie und staatliches Interesse: Die Anfänge der Atompolitik in der Bundesrepublik Deutschland 1949-1955*, Baden-Baden, Nomos, 1994

Freedman, Lawrence, *The Evolution of Nuclear Strategy*, Third Edition, New York, Palgrave Macmillan, 2003

Fursenko, Aleksandr, and Timothy Naftali, *Khrushchev's Cold War: The Inside History of an American Adversary*, New York, W. W. Norton & Company, 2006

Gaddis, John Lewis, Philip H. Gordon, Ernest R. May, Jonathan Rosenberg (eds.), *Cold War Statesmen Confront the Bomb: Nuclear Diplomacy since 1945*, New York, Oxford University Press, 1999

———, *Strategies of Containment: A Critical Apprisal of American National Security Policy During the Cold War* (*revised and expanded edition*), Oxford, Oxford University Press, 2005

Garhoff, Raymond L., *Détente and Confrontation: American-Soviet Relations from Nixon to Reagan*, revised edition, Washington, D.C., Brookings Institution, 1994

Gassert, Philipp, *Kurt Georg Kiesinger, 1904-1988: Kanzler zwischen den Zeiten, München*, DVA, 2006

———, Tim Geiger, Hermann Wentker (Hg.), *Zweiter Kalter Krieg und Friedensbewegung: Der NATO-Doppelbeschluss in deutsch-deutscher und internationaler Perspektive, München*, Oldenbourg, 2011

Geier, Stephan, *Schwellenmacht: Bonns heimliche Atomdiplomatie von Adenauer bis Schmidt*, Paderborn, Ferdinand Schöningh, 2013

Geiger, Tim, *Atlantiker gegen Gaullisten: Außenpolitischer Konflikt und innerparteilicher*

Machtkampf in der CDU/CSU 1958-1969, Baden-Baden/Frankfurt a.M, Oldenbourg, 2008

Gray, William Glenn, "Abstinence and Ostpolitik: Brandt's Government and the Nuclear Question" in Carole Fink and Bernd Schaefer (eds.), *Ostpolitik, 1969-1974: European and global responses,* Washington, D.C., German Historical Institute, 2009, pp. 244-268.

———, "Commercial Liberties and Nuclear Anxieties: The US-German Feud over Brazil, 1975–7," *The International History Review*, Vo. 34, No. 3, September 2012, pp. 449-474.

Greiner, Christian, Klaus A. Maier, Heinz Rebban (Hg.), *Die NATO als Militärallianz: Strategie, Organisation und nukleare Kontrolle im Bündnis 1949 bus 1959*, München, Oldenbourg, 2003

Grunwald, Jürgen, *Das Energierecht der Europäischen Gemeinschaften: EGKS-EURATOM-EG, Grundlagen, Geschichte, Geltende Regelungen*, Berlin, Gruyter, 2003

Haftendorn, Helga, *Abrüstungs-und Entspannungspolitik zwischen Sicherheitsbefriedigung und Friedenssicherung: Zur Außenpolitik der BRD 1955-1973*, Düsseldorf, Bertelsmann Universitätsverlag, 1974

———, *Sicherheit und Entspannung: Zur Außenpolitik der Bundesrepublik Deutschland 1955-1982* (2. Auflage), Baden-Baden, Nomos, 1986

———, *Kernwaffen und die Glaubwürdigkeit in der Allianz: Die NATO-Krise von 1966/67*, Baden-Baden, Nomos, 1994

Harrison, Hope M., "Ulbricht and the Concrete "Rose": New Archival Evidence on the Dynamics of Soviet-East German Relations and the Berlin Crisis, 1958-61," Cold War International History Project Working Paper No. 5, 1993

———, *Driving the Soviets up the Wall: Soviet-East German Relations 1953-1961*, Princeton, Princeton University Press, 2003

Hentschel, Volker, *Ludwig Erhard: Ein Politikerleben*, München, Olzog, 1996

Herbert, Ulrich, Olaf Groehler (Hg.), *Zweierlei Bewältigung: vier Beiträge über den Umgang mit der NS-Vergangenheit in den beiden deutschen Staaten*, Hamburg, Ergebnisse, 1992

Herf, Jeffrey, *Divided memory: the Nazi past in the two Germanys*, Cambridge, Harvard University Press, 1997

Herken, Gregg, *Cardinal Choices: presidential science advising from the atomic bomb to SDI* (revised and expanded edition), Stanford, Stanford University Press, 2000

Hinrichsen, Hans-Peter E., *Der Ratgeber: Kurt Birrenbach und die Außenpolitik der Bundesrepublik Deutschland*, Berlin, Verlag für Wissenschaft und Forschung, 2000

Hoeth, Lutz, *Die Wiederbewaffung Deutschlands in den Jahren 1945-1958 und die Haltung der Evangelischen Kirche*, Norderstedt, Bod, 2008

Hofmann, Arne, *The Emergence of Détente in Europe: Brandt, Kennedy and the Formation of Ostpolitik,* London, Routledge, 2007

Hoppe, Christoph, *Zwischen Teilhabe und Mitsprache: Die Nuklearfrage in der Allianzpolitik Deutschlands 1959-1966*, Baden-Baden, Nomos, 1993

Howlett, Darryl A., *EURATOM and Nuclear Safeguards*, London, Macmillan Press, 1990

Irving, David, *The German Atomic Bomb: The History of Nuclear Research in Nazi Germany*, reprinted in 1983, originally published in New York, Simon & Schuster, 1967

Jungk, Robert (translated by James Cleugh), *Brighter than a Thousand Suns: A Personal History of the Atomic Scientists*, San Diego, Harcourt Brace Jovanovich, 1958（ロベルト・ユンク著、菊盛英夫訳『千の太陽よりも明るく - 原爆を造った科学者たち』平凡社、2009 年）

Kelleher, Catherine McArdle, *Germany & the Politics of Nuclear Weapons*, New York, Columbia University Press, 1975

Kieninger, Stephan, *Dynamic Détente: The United States and Europe, 1964–1975*, Lanham, Lexington Books, 2016

Kießling, Friedlich, "Täter repräsentieren: Willy Brandts Kniefall in Warschau," in Johannes Paulmann (Hg.), *Auswärtige Repräsentationen: Deutsche Kulturdiplomatie nach 1945*, Köln, Böhlau, 2005

Köhler, Henning, *Adenauer: eine politische Biographie*, Frankfurt am Main, Propyläen, 1994

Kohlstruck, Michael, Claudia Fröhlich (Hg.), *Engagierte Demokraten: Vergangenheitspolitik in kritischer Absicht*, Münster, Westfälisches Dampfboot, 1999

Krause, Joachim, "German Nuclear Export Policy and the Proliferation of Nuclear Weapons - Another Sonderweg?," paper presented for the Conference "Germany and Nuclear Nonproliferation", Washington, D.C., February 26, 2005

Krieger, Wolfgang (Hg.), *Adenauer und die Wiederbewaffnung*, Bonn, Bouvier, 2000

Kroegel, Dirk, *Einen Anfang Finden!: Kurt Georg Kiesinger in der Außen-und-Deutschland-politik der Großen Koalition*, München, Oldenbourg, 1997

Küntzel, Matthias, *Bonn und die Bombe: Deutsche Atomwaffenpolitik von Adenauer bis Brandt*, Frankfurt am Main, Campus Verlag, 1992 (Küntzel, *Bonn & the Bomb: German Politics and the Nuclear Option*, London, Pluto Press, 1995)

Küsters, Hanns Jürgen, "Souveränität und ABC-Waffen-Verzicht: Deutsche Diplomatie auf der Londoner Neunmächte-Konferenz 1954," *Vierteljahrshefte für Zeitgeschichte*, Heft 4, 1994, S. 499-536.

Large, David Clay, *Germans to the Front: West German Rearmament in the Adenauer Era*, Chapel Hill, University of North Carolina Press, 1996

Link, Werner, "Die Entstehung des Moskauer Vertrags im Lichte neuer Archivalien," *Vierteljahrshefte für Zeitgeschichte*, Heft 2, 2001, S. 295-316.

Lorenz, Einhart, *Willy Brandt: Deutscher-Europäer,-Weltbürger*, Stuttgart, Kohlhammer, 2012

Lorenz, Robert, *Protest der Physiker: Die "Göttinger Erklärung" von 1957*, Blelefeld, transcript Verlag, 2011

Loth, Wilfried and Georges-Henri Soutou (eds.), *The Making of Détente: Eastern and Western Europe in the Cold War, 1965-75*, London, Routledge, 2008

Löwenthal, Richard, *Vom Kalten Krieg zur Ostpolitik*, Stuttgart, Seewald, 1974

Maddock, Shane J., *Nuclear Apartheid: The Quest for American Atomic Supremacy from World War II to the Present*, Chapel Hill, University of North Carolina Press, 2010

Maddrell, Paul, "Exploiting and Securing the Open Border in Berlin: The Western Secret Services, the Stasi, and the Second Berlin Crisis, 1958-1961," Cold War International History Project Working Paper No. 58, 2009

Maier, Klaus A., "Die internationalen Auseinandersetzungen um die Westintegration der Bundesrepublik Deutschland und um ihre Bewaffung im Rahmen der Europäischen Verteidigungsgemeinschaft," in Militärgeschichtlichen Forschungsamt (Hrsg.), *Anfänge westdeutscher Sicherheitspolitik 1945-1956* (*Band 2*), München, Oldenbourg, 1990, S. 1-234.

Merseburger, Peter, *Willy Brandt 1913-1992: Visionär und Realist*, Stuttgart, DVA, 2002

Messemer, Annette "Konrad Adenauer: Defence Diplomat on the Backstage," in John Lewis Gaddis, Philip H. Gordon, Ernest R. May, Jonathan Rosenberg (eds.), *Cold War Statesmen Confront the Bomb: Nuclear Diplomacy since 1945*, New York, Oxford University Press, 1999, pp. 236-259.

Meyer, Christoph, *Herbert Wehner: Biographie*, München, Deutscher Taschenbuch Verlag,

2006

Müller, Wolfgang D., *Geschichte der Kernenergie in der Bundesrepublik Deutschland: Anfänge und Weichenstellungen*, Stuttgart, Schäffer Verlag für Wirtschaft und Steuern, 1990

Noack, Hans-Joachim, *Willy Brandt: Ein Leben, Ein Jahrhundert*, Berlin, Rowohlt-Berlin Verlag, 2013

Paulmann, Johannes（Hg.）, *Auswärtige Repräsentationen: Deutsche Kulturdiplomatie nach 1945*, Köln, Böhlau, 2005

Penzlin, Carsten, *Wahlkampf und Außenpolitik: eine vergleichende Studie zu den Bundestagswahlen von 1957 und 1972*, Rostock, Baltic Sea Press, 2009

Powers, Thomas, *Heisenberg's War: The Secret History of the German Bomb*, London, Jonathan Cape, 1993（トマス・パワーズ著、鈴木主税訳『なぜナチスは原爆製造に失敗したか - 連合国が最も恐れた男・天才ハイゼンベルクの闘い』（上）（下）福武書店、1994 年）

Redaktion des Atom Express（Hg.）, *…und auch nicht anderswo!: Die Geschichte der Anti-AKW-Bewegung*, Göttingen, Verlag Die Werkstatt, 1997

Reed, Thomas C. and Danny B. Stillman, *The Nuclear Express: A Political History of the Bomb and Its Proliferation*, Minneapolis, Zenith Press, 2009

Reichel, Peter, *Politik mit der Erinnerung: Gedächtnisorte im Streit um die nationalsozialistische Vergangenheit*, München, Hanser, 1995

――――, *Vergangenheitsbewältigung in Deutschland: die Auseinandersetzung mit der NS-Diktatur von 1945 bis heute*, München, Beck, 2001〔小川保博、芝野由和訳『ドイツ過去の克服―ナチ独裁に対する一九四五年以降の政治的・法的取り組み』八朔社、2006 年〕

――――, Harald Schmid, Peter Steinbach（Hg.）, *Der Nationalsozialismus, die zweite Geschichte: Überwindung, Deutung, Erinnerung*, München, C.H. Beck, 2009

Rhodes, Richard, *The Making of the Atomic Bomb*, New York, Simon & Schuster, 1986（リチャード・ローズ著、神沼二真、渋谷泰一訳『原子爆弾の誕生 - 科学と国際政治の世界史』（上）（下）啓学出版、1993 年）

Rose, Paul Lawrence, *Heisenberg and the Nazi Atomic Bomb Project: A Study in German Culture*, Berkeley, University of California Press, 1998

Rucht, Dieter, *Von Wyhl nach Gorleben: Bürger gegen Atomprogramm und nukleare Entsorgung*, München, C.H.Beck, 1980

Rupp, Hans Karl, *Außerparlamentarische Opposition in der Ära Adenauer: Der Kampf gegen Atombewaffung in den fünfziger Jahren: Eine Studie zur innenpolitischen Entwicklung der BRD*, Köln, Pahl-Rugenstein, 1984

Sarotte, M. E., *Dealing with the Devil: East Germany, détente, and Ostpolitik, 1969-1973,* Chapel Hill, University of North Carolina Press, 2001

Scheinman, Lawrence, *The International Atomic Energy Agency and World Nuclear Order*, Washington, D.C., Resources for the Future, 1987

Schick, Jack M., *The Berlin crisis, 1958-1962*, Philadelphia, University of Pennsylvania Press, 1971

Schirach, Richard von, *Die Nacht der Physiker: Heisenberg, Hahn, Weizsäcker und die deutsche Bombe*, Berlin, Berenberg, 2012

Schmidt, Wolfgang, *Kalter Krieg, Koexistenz und kleine Schritte: Willy Brandt und die Deutschlandpolitik 1948-1963,* Wiesbaden, Westdeutscher Verlag, 2001

――――, Willy Brandts Ost-und Deutschlandpolitik," in Bernd Rother（Hg.）, *Willy Brandts Außenpolitik*, Wiesbaden, Springer, 2014, S. 161-257.

Schmitt, Burkard, *Frankreich und die Nukleardebatte der Atlantischen Allianz 1956-1966,*

München, Oldenbourg, 1998

Schneider, Christoph, *Der Warschauer Kniefall: Ritual, Eerignis und Erzährung*, Konstanz, UVK-Verlag, 2006

Schneider, Jonas, "Nuclear Nonproliferation within the Context of U.S.Alliances-Protection, Status, and the Psychology of West Germany's Nuclear Reversal," paper prepared for the International Studies Association annual convention, Toronto, Canada, March 26-29, 2014

Schöllgen, Gregor, *Willy Brandt: Die Biographie*, Berlin, Propyläen Verlag, 2001（グレゴーア・ショレゲン著、岡田浩平訳『ヴィリー・ブラントの生涯』三元社、二〇一五年）

Schönhoven, Klaus, *Wendejahre: Die Sozialdemokratie in der Zeit der Großen Koalition, 1966-1969*, Bonn, J.H.W. Dietz, 2004

Schrafstetter, Susanna and Stephen Twigge, *Avoiding Armageddon: Europe, the United States, and the Struggle for Nuclear Nonproliferation, 1945-1970*, Westport, Praeger, 2004

──────, "Trick or Truth?: The British ANF Proposal, West Germany and US Non-Proliferation Policy, 1964-66," *Diplomacy and Statecraft*, Vol. 11, Issue 2, July 2000, pp. 161-184.

Schwartz, David N., *NATO's Nuclear Dilemmas*, Washington, D.C., Brookings Institution, 1983

Schwarz, Hans-Peter, "Adenauer und die Kernwaffen," *Vierteljahrshefte für Zeitgeschichte*, Heft 4, 1989, S. 567-593.

──────, *Adenauer: Der Aufstieg, 1876-1952*, Stuttgart, DVA, 1986

──────, *Adenauer: Der Staatsman, 1955-1967*, Stuttgart, DVA, 1991

Schwengler, Walter, "Der doppelte Anspruch: Souveränität und Sicherheit. Zur Entwicklung des völkerrechtlichen Status der Bundesrepublik Deutschland 1949 bis 1955," in Militärgeschichtlichen Forschungsamt（Hg.）, *Anfänge westdeutscher Sicherheitspolitik 1945-1956*（*Band 4*）, München, Oldenbourg, 1997, S. 187-566.

Seaborg, Glenn T. and Benjamin S. Loeb, *Stemming the Tide: The Arms Control in the Johnson Years,* Lexington, Lexington Books, 1987

Selvage, Douglas, "The Warsaw Pact and Nuclear Nonproliferation, 1963-1965," Cold War International History Project Working Paper No. 32, 2001

Siebenmorgen, Peter, *Gezeitenwechsel: Aufbruch zur Entspannungspolitik*, Bonn, Bouvier, 1990

──────, *Franz Josef Strauß: Ein Leben im Übermaß*, München, Siedler, 2015

Soell, Hartmut, *Helmut Schmidt 1918-1969: Vernunft und Leidenschaft*, München, DVA, 2003

──────, *Helmut Schmidt 1969 bis heute: Macht und Verantwortung*, München, DVA, 2008

Steinbruner, John D., *The Cybernetic Theory of Decision,* Princeton, Princeton University Press, 1974

Steininger, Rolf, *Berlinkrise und Mauerbau 1958 bis 1963*, München, Olzog, 2009

Sternstein, Wolfgang, *Atomkraft - nein danke!: Der lamge Weg zum Ausstieg*, Frankfurt am Main, Brandes & Apsel Verlag, 2013

Taubman, William, *Khrushchev: The Man and His Era*, New York, W. W. Norton & Company, 2003

The United Nations Staff, *The United Nations and Nuclear Non-Proliferatio*n, New York, the United Nations Department of Public Informations, 1995

Thoß, Bruno, *NATO-Strategie und nationale Verteidigungsplaning: Planing und Aufbau der Bundeswehr unter den Bedingungen einer massiven atomaren Vergeltungsstrategie, 1952*

bis 1960, München, Oldenbourg, 2006

Tiggemann, Anselm, *Die "Achillesferse" der Kernenergie in der Bundesrepublik Deutschland: zur Kernenergiekontroverse und Geschichte der nuklearen Entsorgung von den Anfängen bis Gorleben 1955 bis 1985* (2. Auflage), Lauf an der Pegnitz, Europaforum-Verlag, 2010

Trachtenberg, Marc, *History and Strategy*, Princeton, Princeton University Press, 1991

————, *A Constructed Peace: The Making of the European Settlement 1945-1963*, Princeton, Princeton University Press, 1999

Treffke, Jörg, *Gustav Heinemann: Wanderer zwischen den Parteien, Eine Politische Biographie*, München, Ferdinand Schöningh, 2009

Tresantis (Hg.), *Die anti-Atom Bewegung: Geschichte und Perspektiven*, Berlin, Assoziation A, 2015

Tuschhoff, Christian, *Deutschland, Kernwaffen und die NATO 1949-1967: zum Zusammenhalt von und friedlichem Wandel in Bündnissen*, Baden-Baden, Nomos, 2002

Umweltinstitut München (Hg.), *FRM II: Die außenpolitische Bedeutung des neuen Forschungsreaktors*, 1999

Verheyen, Dirk, *The German Question: A Cultural, Historical and Geopolitical Exploration* (*second edition*), Boulder, Westview Press, 1999

Weilemann, Peter, *Die Anfänge der Europäischen Atomgemeinschaft: Zur Gründungsgeschichte von EURATOM 1955-1957*, Baden-Baden, Nomos, 1983

Wenger, Andreas, *Living with Peril: Eisenhower, Kennedy, and Nuclear Weapons*, Lanham, Rowman & Littlefield Publishers, 1997

Wettig, Gerhard, *Entmilitarisierung und Wiederbewaffnung in Deutschland 1943-1955: Internationale Auseinandersetzungen um die Rolle der Deutschen in Europa*, München, Oldenbourg, 1967

————, *Chruschtschows Berlin-Krise 1958 bis 1963: Drohpolitik und Mauerbau*, München, Oldenbourg, 2006

————, *Sowjetische Deutschland-Politik 1953 bis 1958: Korrekturen an Stalins Erbe, Chruschtschows Aufstieg und der Weg zum Berlin-Ultimatum*, München, Oldenbourg, 2011

Wilke, Manfred, *Der Weg zur Mauer: Stationen der Teilungsgeschichte*, Berlin, Christoph Links Verlag, 2011

Williams, Charles, *Adenauer: the father of the new Germany*, New York, J. Wiley, 2000

Wittner, Lawrence S., *The Struggle Against the Bomb: One World* or *None: A History of the World Nuclear Disarmament Movement Through 1953*, Stanford, Stanford University Press, 1993

Wolffson, Michael, Thomas Brechenmacher, *Denkmalsturz? - Brandts Kniefall*, München, Olzog, 2005

Young, John W., "Killing the MLF? The Wilson Government and Nuclear Sharing in Europe, 1964-66," *Diplomacy and Statecraft*, Vol. 14, Issue 2, June 2003, pp. 295-324.

Zilian, Frederick Jr., "The Shifting Military Balance in Central Europe," in Detlef Junker (ed.), *The United States and Germany in the Era of the Cold War, 1945–1990: A Handbook, Volume 1: 1945-1968*, Washington, D.C., German Historical Institute, 2011, pp. 225-232.

Zubok, Vladislav, "Khrushchev and the Berlin Crisis (1958-62) ," Cold War International History Project Working Paper No. 6, 1993

————, *A Failed Empire: The Soviet Union in the Cold War from Stalin to Gorbachev*, Chapel Hill, The University of North Carolina Press, 2007

(5) 邦語文献

青木聡子『ドイツにおける原子力施設反対運動の展開 - 環境志向型社会へのイニシアティブ』ミネルヴァ書房、2013 年。

青野利彦『「危機の年」の冷戦と同盟――ベルリン、キューバ、デタント（1961-63 年）』有斐閣、2012 年。

新垣拓「ジョンソン政権における核シェアリング政策」『国際政治』163 号（2011 年 1 月）68-80 頁。

石田勇治『過去の克服――ヒトラー後のドイツ』白水社、2002 年。

今井隆吉『IAEA 査察と核拡散』日刊工業新聞社、1994 年。

岩間陽子『ドイツ再軍備』中央公論社、1993 年。

――――,「アデナウアーと西ドイツの核保有問題」GRIPS ディスカッションペーパー、16-19, 2016 年 10 月。

小野一『ドイツにおける「赤と緑」の実験』御茶の水書房、2009 年。

小川健一『冷戦変容期イギリスの核政策――大西洋核戦力構想におけるウィルソン政権の相克』吉田書店、2017 年。

川嶋周一『独仏関係と戦後ヨーロッパ国際秩序――ドゴール外交とヨーロッパの構築、1958-1969 年』創文社、2007 年。

川名英之『なぜドイツは脱原発を選んだのか――巨大事故・市民運動・国家』合同出版、2013 年。

倉科一希『アイゼンハワー政権と西ドイツ――同盟政策としての東西軍備管理交渉』ミネルヴァ書房、2008 年。

――――,「NATO 危機と核兵器共有――1960 年代における米欧同盟の変容」『二十世紀研究』14 号（2013 年 12 月）29-51 頁。

黒崎輝『核兵器と日米関係――アメリカの核不拡散政策と日本の選択、1960-1976』有志舎、2006 年。

黒沢満『軍縮国際法の新しい視座――核兵器不拡散体制の研究』有信堂、1986 年。

佐々木卓也『アイゼンハワー政権の封じ込め政策――ソ連の脅威、ミサイル・ギャップ論争と東西交流』有斐閣、2008 年。

妹尾哲志『戦後西ドイツ外交の分水嶺――東方政策と分断克服の戦略、1963-1975 年』晃洋書房、2011 年。

津崎直人「ベルリン危機における西ドイツ核武装問題と核拡散防止条約の起源――核不拡散体制の起源（1961 － 1962 年）」（一）（二）『法学論叢』150 巻 5 号（2002 年 2 月）95-117 頁、151 巻 4 号（2002 年 7 月）112-133 頁。

――――,「核拡散防止条約の起源（1955 － 1961 年）」（一）（二）『法学論叢』159 巻 5 号（2006 年 8 月）59-81 頁、161 巻 1 号（2007 年 4 月）46-67 頁。

――――,「西ドイツの NPT 加盟に関するブラントの構想（1958-69 年）」『西洋史学』243 号（2011 年 12 月）39-57 頁。

――――,「IAEA――ユーラトム協定に関する西ドイツ外交――NPT 批准を目指して（1970-73 年）」『国際政治』176 号（2014 年 3 月）70-83 頁。

――――,「核拡散防止条約への加盟問題に関する西ドイツの外交――外務省内の様々な勢力を中心とする分析」『西洋史学』257 号（2015 年 6 月）40-57 頁。

――――,「ドイツの「過去の克服」に関するブラントの思想（1933-70 年）」甲子園大学紀要 43 号（2016 年 3 月）67-75 頁。

――――,「多角的核戦力（MLF）に関する西ドイツ外交」『ドイツ研究』50 号（2016 年 5 月）85-100 頁。

――――,「ドイツ連邦議会における核兵器の撤去、核兵器共有政策の放棄に関する議論（1983-2017 年）」『広島平和研究』5 号（2018 年 3 月）35-54 頁。

――――,「ドイツの核開発能力――原発閉鎖後に残る関連施設と核物質」『修道法学』41 巻

1号（2018年9月）17-33頁。

西田慎『ドイツ・エコロジー政党の誕生――「六八年運動」から緑の党へ』昭和堂、2009年。

本田宏「原子力をめぐるドイツの紛争的政治過程（1）――反原発運動前史（1954-74）」『北海学園大学法学研究』36巻2号（2000年）39-89頁。

――――,「原子力をめぐるドイツの紛争的政治過程（2）――反原発運動の全国化（1975-77）」『北海学園大学法学研究』36巻3号（2001年）43-107頁。

――――,「原子力をめぐるドイツの紛争的政治過程（3）――反原発運動の全国化（1977-82）」『北海学園大学法学研究』37巻1号（2001年）79-141頁。

――――,「日本の原子力政治過程（四）連合形成と紛争管理」北大法学論集、54巻4号（2003年10月）1478-1411頁。

――――,『参加と交渉の政治学――ドイツが脱原発を決めるまで』法政大学出版局、2017年。

宮本光雄『エネルギーと環境の政治経済学――「エネルギー転換」へいたるドイツの道』国際書院、2015年。

安野正明『戦後ドイツ社会民主党史研究序説――組織改革とゴーデスベルク綱領への道』ミネルヴァ書房、2004年。

――――,「ヴィリ・ブラント首相候補の誕生」『ゲシヒテ』3号（2010年）3-19頁。

山本健太郎『ドゴールの核政策と同盟戦略――同盟と自立の狭間で』関西学院大学出版会、2012年。

山本健『同盟外交の力学――ヨーロッパ・デタントの国際政治史、1968-1973』勁草書房、2010年。

若尾祐司・本田宏編著『反核から脱原発へ――ドイツとヨーロッパ諸国の選択』昭和堂、2012年。

渡邉斉志「ドイツの再生可能エネルギー法」『外国の立法』225号（2005年8月）61-86頁。

■著者紹介

津崎直人（つざき・なおと）

1975年兵庫県生まれ。京都大学法学部卒業、京都大学大学院法学研究科博士課程修了、博士（京都大学）。国際政治学、国際政治史専攻（とくにドイツ、アメリカの外交・安全保障政策）。京都大学大学院法学研究科助教、甲子園大学栄養学部専任講師、非常勤講師（関西学院大学、武庫川女子大学、立命館大学、龍谷大学）を経て、現在、広島修道大学国際コミュニティ学部准教授（学部契約教員）。主な論文に「グローバル・ガバナンス論の社会民主主義的起源――ブラント、社会主義インターナショナルによるグローバル・ガバナンス委員会の形成（1976―1992年）」〔『国際政治』164号（2011年）〕、「冷戦後の国連総会における核軍縮議論――日本、非同盟運動諸国、新アジェンダ連合提出核軍縮決議の比較検討（1994―2013年）」〔『国連研究』16号（2015年）〕など。

ドイツの核保有問題――敗戦からNPT加盟、脱原子力まで――

2019年3月30日　初版第1刷発行

著者　津崎直人

発行者　杉田啓三

〒607-8494　京都市山科区日ノ岡堤谷町3-1

発行所　株式会社　昭和堂

振替口座　01060-5-9347

TEL（075）502-7500/ FAX（075）502-7501

印刷　亜細亜印刷

ISBN978-4-8122-1813-6

＊落丁本・乱丁本はお取り替えいたします

Printed in Japan